Akira Horoiwa, Masako Shinohara, Yasumasa Shinohara

PISA調査の解剖

An Anatomy of PISA for future student assessments in Japan

能力評価・調査のモデル

褾岩 晶・篠原 真子・篠原 康正

東信堂

はじめに　　調査で一番大事なものは何か？

　本書『PISA 調査の解剖―能力評価・調査のモデル―』は、能力評価や能力調査を伴う大規模教育調査を行う上で必要とされる調査手法を、調査の手順に沿って解説したものである。能力評価や能力調査を行うに当たって、グローバルスタンダードとなっている調査手法を踏まえることが最低限必要であるという認識から、経済協力開発機構（Organisation for Economic Co-operation and Development：OECD）の「生徒の学習到達度調査（Programme for International Student Assessment：PISA 調査）」を取り上げ、その調査手法で重要となるポイントを整理し、それを別の調査でも利用できるように説明している。

　大規模教育調査ないし大規模学力調査を実施している様々な国において、例えば PISA 調査で用いられているような「項目反応理論」の実践的な利用は長年の経験があり、なぜそれを用いるのか、それによって何がわかるのかについて、様々な知見が蓄積されている。そのため、PISA 調査の基本的な設計部分は、欧米を中心とする国々の大規模教育調査の専門家の間では当たり前の知識であり、知っていて当然と考えられている前提となっており、その細部については調査マニュアルや報告書でも言葉として表現されていない点が多々見られる。それゆえ、このような調査の設計から結果公表までを実際に経験しないと、報告書の行間に盛り込まれた一見些細な、しかし重要な情報が何を意味しているのか、理解できないまま見逃してしまうことがある。

　筆者らは日本での PISA 調査の実施に関わり、その調査手法をグローバルスタンダードとして当たり前のように捉えてきた。だが、PISA 調査が始まって 20 年近くにもなるが、日本ではその手法があまり知られていないのではないかと思うようになった。そこで本書を通じて、大規模教育調査に関する知識やスキルといったものを説明することにした訳である。

　「調査にとって一番大事なものは何か？」と考える時、筆者らは、「調査

設計」ないし「調査の枠組み」であると捉えている。調査の設計から結果の公表まで、調査を成り立たせているすべての要素の質がそれによって担保され、計画通りに実施されているかどうかを「コントロールする」、言い換えれば「調査全体を俯瞰しつつ、指揮する」ためには、それらが明確であることが不可欠なのである。

「調査設計」ないし「調査の枠組み」では、まず「何を測りたいのか」、「何を分析したいのか」、「仮説は何か」といった調査の目的について検討し、スケジュールを決めることが重要である。このスタート地点がそのままゴールとなる。何故なら、調査の目的が決まれば、必然的に取るべき手段、調査手法や調査技法が決まってくる。状況の変化による微調整はあっても、ゴールそのものを変えたり、予定や方法を変えたりする放浪の旅は、調査の実施にあってはならない。一度スタートした調査において、途中で調査手法や調査技術を変えることはほぼできないから、不適切な調査手法や調査技術を選択することは、目指すゴールにいつまでもたどり着けないことを意味する。

調査の「目的と手段」を示したのが「調査設計」ないし「調査の枠組み」であるが、これが決まれば、調査結果から「言えること」と「言えないこと」が自ずと見えてくる。例えばPISA調査の場合、得点や習熟度レベルの国際比較、それらの経年変化を通して、「参加国・地域の成績」を捉えることができる。また、習熟度レベルによって「生徒の能力」と「問題の難易度」を関係づけ、習熟度レベル別に見た「生徒の能力の特徴」を捉えることもできる。調査問題とともに行った質問調査から、成績と背景要因との「相関関係」を捉えることもできる。これらは調査結果から「言えること」である。

逆に、個々の生徒の成績、個々の学校の成績などは、元々調査目的に含まれていない。さらには、個々の施策の影響や効果といったものは、PISA調査のような国際比較調査では正確に捉えることはできない。その場合、施策と成績との「因果関係」を調べる必要があり、より実験的な調査が必要になってくる。また、項目反応理論で尺度化した能力以外の「多様な能力」や「詳細な能力」なども捉えることはできない。これら「言えないこと」は、調査のはじめから意図されていないことであり、これらを知るには、「調査

設計」、「調査の枠組み」自体を見直す必要があり、新たな別の調査に旅立つ必要がある。どういった規模の調査であれ、どのような手法を用いようとも、「すべてを知ることはできない」のである。

　筆者らの大規模教育調査に関わってきた経験から言えることは、闇雲に調査を実施するのではなく、自らの「目的」を明確にし、それを実現する「方法」を理解した上で、結果の分析、公表といったゴールで何を言いたいか、何が言えるのかを常に意識しながら、調査全体を「俯瞰」して実施する必要がある、ということである。その意味では、調査は家を建てることに似ている。どういう家族構成なのか、それぞれがどういう関係なのか、どんな雰囲気の家にしたいのか、いつまでに完成させたいのか、予算はいくらなのかといったことを家族で話し合い、設計士や工務店などと検討を重ねた上で、ようやく設計図が完成する。それとともに、工務店は部材をいつまでにどのくらい発注するのかを決め、手配し、建築現場では現場監督が設計図をもとに工程全体をコントロールし、決められた期間内の納品を目指す。そして、完成のあかつきには、引き渡しの手続きやらお披露目などがある。筆者らが持つ大規模教育調査のイメージとは、まさにこのようなものである。

　コンピュータの発達もあり、膨大な量のデータが簡単に集められ、複雑な解析も容易にできる時代になった。にもかかわらず、いったい何を測っているのかよくわからない調査があるとすれば、それは、調査の目的が明確ではないこと、そして調査の目的と手法・技法とが合致していないこと、調査の個々の要素を個々の専門家が担当するだけで、調査全体を見通し、ゴールを意識する役割が機能していないことなどが生じている可能性が高い。

　本書が、そういった課題の解決につながるヒントを伝えられるものであることを願っている。

目次／PISA 調査の解剖——能力評価・調査のモデル

はじめに　　調査で一番大事なものは何か？ (i)

本書を読まれる前に (xvi)

序　本書のねらいと概要 …………………………………………… 3

1　PISA 調査と日本の学力調査 ……………………………………… 9

1.1　PISA 調査の始まり、そのねらい——設計の重要性 (10)

(1) 調査誕生の背景 (11)

(2) 調査誕生の時 (12)

(3) 日本の教育政策へのインパクト (16)

(4) 調査モードの変更と経年変化に関する結果の解釈 (18)

1.2　日本における大規模学力調査の歴史 (21)

(1) 全国学力調査以前 (21)

(2) かつての全国学力調査 (23)

(3) 教育課程実施状況調査 (26)

(4) 新しい全国学力・学習状況調査 (28)

1.3　日本における大規模学力調査の新たな試み (32)

(1) 情報活用能力調査 (33)

(2) 大規模学力調査の設計の柱 (34)

① 経年比較可能性 (34)

② 問題数の拡張 (36)

③ 目的と調査方法の関係 (37)

2　大規模教育調査のための標本抽出 …………………………………39

2.1 大規模教育調査に適した標本抽出法 (42)

  (1) PISA 調査の母集団 (43)

  (2) PISA 調査の標本抽出法 (46)

    ① 標本サイズと第一次抽出単位の決定 (48)

    ② 層化 (50)

    ③ 抽出台帳の作成 (52)

    ④ 第一段抽出 (55)

    ⑤ 生徒名簿の入手 (58)

    ⑥ 第二段抽出 (60)

  (3) 標本サイズと層について (64)

    ① 標本サイズと標本誤差 (72)

    ② 多段抽出と標本誤差 (74)

    ③ 層化の効果 (78)

2.2 データの重み付けとその有効性 (85)

  (1) PISA 調査の重み付け (87)

    ① 学校基本ウェイト (w_{1j}) (87)

    ② 学校ウェイト修正係数 (t_{1j}) (88)

    ③ 生徒基本ウェイト (w_{2ij}) (88)

    ④ 学校不参加補正 (f_{1j}) (89)

    ⑤ 生徒不参加補正 (f_{2ij}) (90)

    ⑥ 最終ウェイト修正係数 (t_{2ij}) (91)

  (2) 重み付けの有効性 (93)

2.3 まとめ：調査と記録 (96)

3 標本誤差の計算 ……………………………………………… 97

3.1 標本誤差の計算方法 (98)

  (1) 標本誤差算出の必要性 (99)

  (2) 複雑な標本抽出法における標本誤差の計算方法 (104)

目 次　vii

　　　① 線形化法（105）

　　　② BRR 法（106）

　　　③ ブートストラップ法（110）

　　　④ ジャックナイフ法（112）

　　(3) PISA 調査での標本誤差の計算方法（115）

　　　① Fay による修正法（116）

　　　② 疑似層の使用（118）

　　　③ 部分的 BRR 法（120）

　　　④ 要素が奇数の場合（123）

　3.2　疑似層を用いた BRR 法の有効性について（129）

　　(1) 多段抽出の場合（132）

　　(2) 層化多段抽出の場合（140）

　　(3) 系統抽出の場合（147）

　3.3　まとめ : 標本抽出法と標本誤差（150）

4　能力測定における項目反応理論の利用 ················152

　4.1　PISA 調査における生徒の得点（155）

　4.2　項目反応モデルの種類（161）

　　(1) 1 パラメータ・ロジスティックモデル（161）

　　(2) 2 パラメータ・ロジスティックモデル（162）

　　(3) 3 パラメータ・ロジスティックモデル（163）

　　(4) 部分採点モデル（167）

　　(5) PISA 調査の項目反応モデル（171）

　4.3　問題の難易度の推定（179）

　　(1) 同時最尤推定法（182）

　　(2) 周辺最尤推定法（191）

　4.4　生徒の能力の推定（203）

　　(1) MLE : 最尤推定値（203）

（2）WLE：重み付き最尤推定値（210）

（3）MAP：事後確率最大推定値（213）

（4）EAP：期待事後推定値（214）

4.5　調査問題の取捨選択（217）

（1）重み付き平均2乗残差（217）

（2）点双列相関係数（219）

4.6　まとめ：能力検査と能力調査（222）

5　能力調査における項目反応モデルと母集団モデル……………224

5.1　母集団モデルの有効性（225）

（1）PV：Plausible Value（226）

（2）PVの有効性（231）

① 項目反応モデルにおける推定値の偏り（231）

② 標本サイズ、調査問題数と偏り（238）

③ PVの数（244）

（3）PVの限界と「条件付け」（247）

① 下位集団の特性の推定（247）

② 相関係数の推定（251）

③ 生徒個人の能力の推定（255）

（4）PISA調査での母集団モデル（261）

5.2　多次元項目反応モデルの有効性（269）

（1）推定値間の関係性（271）

① 混合効果多項ロジットモデル（271）

② 2つの能力の相関（273）

（2）PISA調査での多次元項目反応モデル（277）

5.3　大規模教育調査に適した項目反応モデル（284）

（1）解答がラッシュモデルに従う場合（285）

（2）解答が2PLモデルに従う場合（288）

（3）解答が 3PL モデルに従う場合（291）

5.4　まとめ：能力調査のための統合モデル（295）

6　能力調査の分析 ……297

6.1　習熟度レベルから見た能力（298）

（1）PISA 調査における習熟度レベルの設定方法（299）

（2）情報活用能力調査における習熟度レベル（301）

6.2　継続調査と調査対象の拡張（308）

（1）等化計画（309）

①　無作為集団計画（309）

②　釣り合い型単一集団計画（310）

③　共通項目非同一集団計画（311）

（2）変換定数の計算（312）

①　Mean/Sigma 法（313）

②　Mean/Mean 法（315）

③　変換定数を用いない方法（320）

④　「特性曲線」を用いる方法（321）

（3）リンク誤差の計算（325）

①　PISA2003 年調査の計算方法（328）

②　PISA2006 年調査の計算方法（329）

③　PISA2015 年調査の計算方法（331）

6.3　まとめ：分析のための準備（334）

おわりに　　日本の文脈を踏まえた調査手法とは？（335）

参考文献一覧（338）

索　引（347）

図一覧

図序-1　PISA 調査の調査プロセスと関連する研究 ……………………………… 4
図 1-1　第 3 回 INES 総会に出席した日本代表団 ………………………………… 17
図 2-1　RStudio の画面 …………………………………………………………… 66
図 2-2　R のスクリプトの入力 …………………………………………………… 67
図 2-3　表示例：生徒質問紙の変数一覧 ………………………………………… 70
図 2-4　標本サイズと標本誤差（二段抽出）…………………………………… 77
図 2-5　主層から見た習熟度レベル別生徒割合 ………………………………… 83
図 2-6　学校所在地から見た習熟度レベル別生徒割合 ………………………… 83
図 2-7　標本サイズと標本誤差（デザイン効果＝9）…………………………… 85
図 3-1　均衡した複製（半標本）の例 ………………………………………… 108
図 3-2　ブートストラップ法における抽出回数と標本誤差 ………………… 116
図 3-3　架空の母集団「population」のヒストグラム（1 点刻み）………… 132
図 3-4　平均得点の分布（二段抽出、復元あり）…………………………… 136
図 3-5　BRR 法で推定した標本誤差（二段抽出、復元あり）……………… 136
図 3-6　平均得点の分布（二段抽出、復元なし）…………………………… 139
図 3-7　BRR 法で推定した標本誤差（二段抽出、復元なし）……………… 140
図 3-8　平均得点の分布（層化二段抽出、4 層）…………………………… 143
図 3-9　BRR 法で推定した標本誤差（層化二段抽出、4 層）……………… 143
図 3-10　平均得点の分布（層化二段抽出、100 層）………………………… 146
図 3-11　BRR 法で推定した標本誤差（層化二段抽出、100 層）…………… 146
図 3-12　平均得点の分布（層化二段抽出、系統抽出）……………………… 149
図 3-13　BRR 法で推定した標本誤差（層化二段抽出、系統抽出）………… 150
図 4-1　PISA 調査における問題冊子の構成 ………………………………… 153
図 4-2　ラッシュモデルにおける能力と正答確率（難易度 0）…………… 157
図 4-3　ラッシュモデルにおける能力と正答確率（難易度-2、-1、0、1、2）…… 158
図 4-4　2PL モデルにおける能力と正答確率（難易度 0、識別力 0.0、0.3、0.6、0.9）
　　　　……………………………………………………………………………… 163
図 4-5　3PL モデルにおける能力と正答確率（当て推量 0.2、0.5）………… 165
図 4-6　部分採点モデルにおける能力と確率（完全正答、準正答、誤答）……… 170
図 4-7　3 つの問題の同時確率 ……………………………………………… 181
図 4-8　3 つの反応ベクトルの対数尤度関数 ……………………………… 205

図 4-9　全問正答、全問誤答の場合の対数尤度関数 ……………………… 206

図 4-10　対数尤度関数の 1 次導関数 …………………………………………… 207

図 4-11　対数尤度関数の 1 次導関数と接線 ………………………………… 208

図 4-12　MLE の出力例 …………………………………………………………… 210

図 4-13　WLE の出力例 …………………………………………………………… 212

図 4-14　EAP の出力例 …………………………………………………………… 217

図 4-15　重み付き平均 2 乗残差（一部のみ）……………………………… 218

図 4-16　点双列相関係数（一部のみ）……………………………………… 220

図 5-1　PV の出力例 ……………………………………………………………… 230

図 5-2　母集団の平均（=0）の推定 ………………………………………… 234

図 5-3　母集団の分散（=1）の推定 ………………………………………… 236

図 5-4　母集団の分散（=1）の推定（標本サイズを変更）…………… 240

図 5-5　母集団の分散（=1）の推定（調査問題数を変更）…………… 242

図 5-6　真の能力と推定値（MLE、WLE、EAP、PV）の関係 ……… 256

図 5-7　項目内多次元性と項目間多次元性 ………………………………… 270

図 6-1　習熟度レベル 3 の生徒（正答確率 50%の場合）……………… 300

図 6-2　習熟度レベル 3 の生徒（正答確率 62%の場合）……………… 300

図 6-3　情報活用能力調査における作問時のガイドライン（抜粋）…… 302

図 6-4　情報活用能力調査の問題例（「バスケットボール部」の問 2）… 303

図 6-5　情報活用能力調査の問題例（「バスケットボール部」の問 3）… 304

図 6-6　習熟度レベル別の生徒割合（情報活用能力調査）……………… 306

図 6-7　情報活用能力調査における習熟度レベルと問題の内容との関係 ………… 307

図 6-8　情報活用能力調査の習熟度レベルと生徒の特徴（概要）…… 307

表一覧

表 1-1　1980 年代後半〜2000 年代初めまでの OECD 教育インディケータ事業
（INES）………………………………………………………………………… 13

表 1-2　全国学力調査の調査対象学年と調査分野 ………………………… 25

表 1-3　全国学力・学習状況調査の参加児童生徒数 ……………………… 31

表 1-4　全国学力・学習状況調査の調査日のスケジュール ……………… 32

表 2-1　教育調査の規模と内容 ………………………………………………… 40

表 2-2　主層ごとの生徒数、生徒割合、抽出学科数、調査予定生徒数 ………… 51

表 2-3	抽出台帳の例（副層の作成）………………………………………53
表 2-4	抽出台帳の例（副層、生徒数で並び替え後）………………………54
表 2-5	抽出番号の作成例（3 学科抽出する場合）…………………………56
表 2-6	抽出台帳の例（抽出学科の抽出後）…………………………………56
表 2-7	生徒名簿の例 …………………………………………………………60
表 2-8	調査記録用紙（抽出後の生徒名簿）の例 …………………………63
表 2-9	抽出法別標本誤差（PISA2012 年調査、日本、数学的リテラシー）…………78
表 2-10	層化の効果（変数 PV1MATH、R を用いて計算）………………………80
表 2-11	層化の効果（5 つの PV、HLM7 を用いて計算）…………………………81
表 2-12	PISA2012 年調査のデザイン効果（日本）…………………………84
表 2-13	重み付け前後の平均得点と標準偏差（PISA2012 年調査、日本）…………94
表 2-14	重み付け前後の女子の割合（PISA2012 年調査、日本、%表示）…………95
表 3-1	抽出法と標本誤差（PISA2012 年調査、日本、数学的リテラシー）………104
表 3-2	計算法別で見た標本誤差（PISA2012 年調査、日本、数学的リテラシー）·114
表 3-3	「疑似層」と学科の関係（PISA2012 年調査、日本）………………………121
表 3-4	3 つの要素からなる「疑似層」の例…………………………………124
表 3-5	疑似層による標本誤差の計算（PISA2012 年調査、日本、数学的リテラシー）
	………………………………………………………………………128
表 3-6	標本誤差の計算方法の特徴 …………………………………………129
表 4-1	点双列相関係数に基づく調査問題の評価 …………………………220
表 5-1	母集団の平均（=0）の推定（1000 回の平均・標準偏差）………………235
表 5-2	母集団の平均（=0）の推定（1000 回の平均・標準偏差、難易度を平均 0）
	………………………………………………………………………236
表 5-3	母集団の分散（=1）の推定（1000 回の平均・標準偏差）………………237
表 5-4	母集団の分散（=1）の推定（1000 回の平均、調査問題数を変更）………243
表 5-5	母集団の平均（=0）の推定（1000 回の平均・標準偏差、PV の数を変更）246
表 5-6	測定誤差の推定（1000 回の平均・標準偏差、PV の数を変更）…………246
表 5-7	下位集団の平均（-0.1、0.1）の推定（1000 回の平均）………………250
表 5-8	下位集団の分散（=1）の推定（1000 回の平均）………………………250
表 5-9	相関係数（=0.4）の推定（1000 回の平均）………………………254
表 5-10	真の値と推定値の RMSE（1000 回の平均）………………………260
表 5-11	BOOKID に対するダミー変数の対応関係 …………………………263

目 次　xiii

表 5-12　相関係数（=0.8）の推定（1000 回の平均）……………………………277
表 5-13　モデルの比較（データがラッシュモデルに従う場合）………………288
表 5-14　モデルの比較（識別力が低い場合）……………………………………289
表 5-15　モデルの比較（識別力が高い場合）……………………………………289
表 5-16　モデルの比較（識別力が異なる場合）…………………………………290
表 5-17　モデルの比較（5 択問題の場合）………………………………………293
表 5-18　モデルの比較（5 択問題と記述問題の場合）…………………………294
表 5-19　モデルの比較（5 択問題と記述問題、識別力が異なる場合）………295
表 6-1　PISA 調査の習熟度レベルと生徒の特徴（数学的リテラシー）…………299

スクリプト一覧

スクリプト 2-1　第一段抽出のための VBA プログラム ……………………………57
スクリプト 2-2　第二段抽出のための VBA プログラム ……………………………61
スクリプト 2-3　R の準備 ……………………………………………………………65
スクリプト 2-4　PISA 調査データの取得 …………………………………………68
スクリプト 2-5　PISA 調査データの利用 …………………………………………70
スクリプト 2-6　標本誤差の計算（単純無作為抽出）……………………………72
スクリプト 2-7　標本誤差の計算（二段抽出）……………………………………75
スクリプト 2-8　級間分散と級内分散の計算 ………………………………………80
スクリプト 2-9　習熟度レベル別生徒割合（主層、学校所在地）………………82
スクリプト 2-10　R による csv ファイルの読み込み、書き出し ………………92
スクリプト 2-11　数学的リテラシーの平均得点（PV 使用、重みなし、重み付き）‥93
スクリプト 2-12　女子の割合（PV 使用、重みなし、重み付き）………………95
スクリプト 3-1　パッケージ「survey」のインストール …………………………99
スクリプト 3-2　単純無作為抽出を仮定した場合の標準誤差 ……………………101
スクリプト 3-3　二段抽出を仮定した場合の標準誤差 ……………………………102
スクリプト 3-4　層化抽出を仮定した場合の標準誤差 ……………………………103
スクリプト 3-5　層化二段抽出を仮定した場合の標準誤差 ………………………103
スクリプト 3-6　ブートストラップ法による標準誤差の計算 ……………………112
スクリプト 3-7　ジャックナイフ法による標準誤差の計算 ………………………114
スクリプト 3-8　疑似層の作成 ………………………………………………………124
スクリプト 3-9　BRR 法による標準誤差の計算 …………………………………127

スクリプト 3-10	Fay による修正法による標準誤差の計算	127
スクリプト 3-11	架空の有限母集団（シミュレーションデータ）の作成	130
スクリプト 3-12	多段抽出（復元あり）のシミュレーション	133
スクリプト 3-13	多段抽出（復元なし）のシミュレーション	137
スクリプト 3-14	層化二段抽出（4層）のシミュレーション	140
スクリプト 3-15	層化二段抽出（100層）のシミュレーション	144
スクリプト 3-16	系統抽出のシミュレーション	147
スクリプト 4-1	PISA2012年調査の解答データの準備	185
スクリプト 4-2	同時最尤推定法を用いた「問題の難易度」の推定	188
スクリプト 4-3	周辺最尤推定法を用いた「問題の難易度」の推定	201
スクリプト 4-4	MLE による「生徒の能力」の推定	209
スクリプト 4-5	WLE による「生徒の能力」の推定	212
スクリプト 4-6	EAP による「生徒の能力」の推定	216
スクリプト 4-7	重み付き平均2乗残差の計算	218
スクリプト 4-8	点双列相関係数の計算	219
スクリプト 5-1	PV の計算	229
スクリプト 5-2	シミュレーション1：母集団の平均と分散の推定	232
スクリプト 5-3	平均「0」になる基準の設定	235
スクリプト 5-4	シミュレーション2：母集団の分散の推定（標本サイズの変更）	239
スクリプト 5-5	シミュレーション3：母集団の分散の推定（調査問題数の変更）	241
スクリプト 5-6	シミュレーション4：測定誤差の推定（PV の数を変更）	244
スクリプト 5-7	シミュレーション5：下位集団の平均と分散の推定	248
スクリプト 5-8	シミュレーション6：相関係数の推定	252
スクリプト 5-9	シミュレーション7：個人の能力の推定	255
スクリプト 5-10	シミュレーション8：RMSE の計算（調査問題40問）	258
スクリプト 5-11	シミュレーション9：RMSE の計算（調査問題200問）	259
スクリプト 5-12	直接的な条件付け変数の準備	264
スクリプト 5-13	間接的な条件付け変数の準備	265
スクリプト 5-14	条件付けを行った PV の計算	268
スクリプト 5-15	ESCS と PV との相関	268
スクリプト 5-16	シミュレーション10：2つの能力の相関	274
スクリプト 5-17	多次元項目反応モデルを用いた PV の計算	279

目 次　xv

スクリプト 5-18　数学的リテラシーと読解力の相関 ……………………………282

スクリプト 5-19　数学的リテラシーと ESCS の相関 ………………………………284

スクリプト 5-20　シミュレーション 11：データがラッシュモデルに従う場合 …285

スクリプト 5-21　シミュレーション 12：識別力が低いデータの場合 ……………288

スクリプト 5-22　シミュレーション 13：識別力が高いデータの場合 ……………289

スクリプト 5-23　シミュレーション 14：データが 2PL モデルに従う場合 ………290

スクリプト 5-24　シミュレーション 15：データが 5 択問題の場合 ………………291

スクリプト 5-25　シミュレーション 16：データが 5 択問題と記述問題からなる場合

　……………………………………………………………………………………293

スクリプト 5-26　シミュレーション 17：データが 3PL モデルに従う場合 ………294

スクリプト 6-1　Mean/Mean 法によるリンキング ………………………………318

スクリプト 6-2　統合キャリブレーションによるリンキング ……………………320

スクリプト 6-3　「テスト特性曲線」を用いる方法によるリンキング …………325

本書を読まれる前に

　エビデンスに基づくことが、教育や教育政策のみならず様々な場面で求められている中、本書は、能力評価・調査の専門家だけでなく、何らかの教育調査の実施を考えている行政担当者や研究者、調査データを利用したいと考えている学生や他領域、他分野の研究者、そして、学校等の教育関係者、調査結果を報道する報道関係者をはじめ、様々な関心に応えることを目指している。そのため、多様な読者それぞれの関心に沿って読み進めていただけるように、本書の構成を工夫した。

　まず、**特に重要と思われる内容を太字で強調**し、これらを拾い読みしていただくことで、PISA 調査や大規模教育調査の調査手法のポイントを把握できる。本書で示された**数式が理解できなくても、太字部分を読むことで、概要を理解できる**ようにした。

　さらに、調査の専門家や具体的なデータ処理の方法を知りたい読者、調査方法をより深く理解したい読者向けには、本書で示した具体的な作業やデータ分析、シミュレーションに役立つ「スクリプト（短いコンピュータプログラム）」も併せて記載した。その際、「スクリプト」に関心のない読者が読み飛ばすこともできるよう、これに関わる説明部分の文字のポイントを小さくし、「スクリプト」自体を枠で囲んでいる。「スクリプト」に関する記述を読まなくても、**全体像の理解には支障がないようにしている。**

　なお、本書に使われている図表で、**特に出典を明示していないものは、筆者らが独自に作成したものである。**

PISA 調査の解剖

―能力評価・調査のモデル―

序　本書のねらいと概要

本書のねらい　本書『PISA 調査の解剖—能力評価・調査のモデル—』は、OECD が行っている PISA 調査の調査手法を明らかにし、その有効性を検証するとともに、「大規模教育調査」、特に「能力に関する集団の特性を測ろうとする調査」に必要とされる調査実施方法を解説したものである。本書では PISA 調査を中心に、文部科学省の「全国学力・学習状況調査」や「情報活用能力調査(高等学校)」を取り上げたが、それぞれの調査が評価しようとしている分野や評価の基準が異なることもあり、また、本書で取り上げる調査手法は、学校で学ぶカリキュラムに限定しない能力の評価が可能なものであることから、副題を「学力調査」ではなく、より広い意味の「能力評価・調査」とした。そして、手に取られた方が実際に利用できる評価・調査モデルをできるだけ具体的に提示することとした。

　日本も参加している PISA 調査は、15 歳児を対象とした学力に関する大規模国際比較調査である。2000 年の第 1 回調査から 3 年ごとに実施され、その結果は、日本を含む様々な国の教育政策に影響を与えているだけでなく、学術面でも教育学、社会学、統計学をはじめとする様々な分野の研究対象となっている。

　日本における PISA 調査の学術研究を見ると、①「PISA 調査が前提とする学力観とそれを実現するための教育課程の改善」に関するもの（例えば渡辺 2003、文部科学省 2006a；2006b；2006c）、そして②「PISA 調査のデータを使った国際比較や 2 次的データ分析、政策への影響」（例えば尾崎 2010、志

水・鈴木 2012)とに大別できる。これを PISA 調査の調査プロセスと比較すると、下の**図序-1**のように、①は調査の仮説・前提としての「評価の枠組み」であり、②は「結果の報告」に対応する。しかし、その間にあって両者をつなぐ「調査の実施」については、PISA 調査の結果報告書（国立教育政策研究所 2002; 2004; 2007; 2010a; 2013a; 2016a）で言及されるにとどまってきた。

　本書はこの「調査の実施」を取り上げ、これまであまり明らかにされてこなかった具体的な調査方法に光を当てた点に特徴がある。本書のタイトルが「PISA 調査の紹介」でも、「分析」でも、「本質」でもなく、「解剖」としているのは、この点を強調したかったからである。

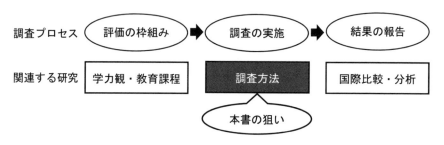

図序-1　PISA 調査の調査プロセスと関連する研究

　2007 年に復活した文部科学省の「全国学力・学習状況調査」や、各都道府県の独自の学力調査等、エビデンスに基づく学力評価に対するニーズがますます高まっているが、そのニーズに応えるためには、学術的な裏付けを持った学力測定とはどのようなものかを理解することが肝要である。

　これに対して日本では、大規模教育調査における調査方法の個々の側面に関する研究はあるものの（例えば東北大学 2013）、大規模教育調査を実施するために必要とされる調査方法全体を取り上げた研究は、ほとんど行われてこなかった。また、海外では PISA 調査やそれに関連する OECD の大規模教育調査の関係者が、調査方法に関する様々な業績を発表しているが、それを日本で紹介している研究も少なく、筆者らは、このような海外の動向を吸

収した上で、今後、日本の教育制度や文脈、文化を踏まえた調査方法を開発する必要があると考えている。

これまでも国の内外で様々な大規模教育調査が行われているが、残念なことに、調査の目的から見て適切とは言えない規模の調査（例えば、標本調査でも母集団全体の傾向がわかるのに全数調査を行ったり、標本サイズが極めて大きな標本調査を行ったりする場合）や、経年変化を見るための得点を算出する設計になっていない調査、調査の時間や分量が多く、生徒や教員に過重な負担がかかったりする調査など、適切な調査方法を踏まえていないものが見られる。そこで、PISA 調査の調査方法を明らかにし、応用可能な調査モデルを示すことができれば、調査にかかる予算や労力（調査主体だけでなく、調査対象としての生徒や教員の負担においても）を軽くできるだけでなく、時系列比較や地域間比較に耐えうる得点とその誤差を算出でき、より活用範囲の広いデータ分析が可能になるのではないかと考えた。

また、PISA 調査の調査方法に関する知識は、評価の枠組みを考える上でも、必要不可欠なものである。例えば、学力調査の問題を作成する際にも、「どのような難易度の問題をどの程度作成すればよいのか」や「どのような形式の問題を作成すればよいのか」といった点を考える上で、PISA 調査で蓄積されてきた調査手法に関する知識は有用である。そして、PISA 調査のような大規模教育調査のデータを分析し、それを解釈する際にも、そのデータがどのように作られているのかを知ることは、データが示している内容を正確に知り、その限界や可能性を知ることにもなる。調査方法を知ることは、先に示した調査プロセスにおける「調査の実施」だけでなく、「評価の枠組み」や「結果の報告」を理解する上でも重要になってくるのである。

本書は、次の 6 つの章からなる。第 1 章は、「PISA 調査と日本の学力調査」と題して、PISA 調査が何故始まったのか、その計画の端緒において何が目指されていたのかを解説する。そして、日本の学力調査の歴史と課題を取り上げる。第 2 章は、「大規模教育調査のための標本抽出」と題して、PISA 調査の標本抽出法とデータの重み付けに関する事柄を取り上げる。第

3章は、「標本誤差の計算」と題して、標本抽出に伴う誤差、すなわち「標本誤差」の計算方法を解説する。標本調査では、調査対象のすべてを調べている訳ではないため、標本抽出に伴う誤差が生じる。この誤差を推定するのに、PISA調査ではBRR法（Balanced Repeated Replication Method）が用いられており、PISA調査のデータを分析したい読者には、この知識が役に立つはずである。第4章は、「能力測定のための項目反応理論の利用」と題して、生徒の能力を得点化する方法である「項目反応理論（Item Response Theory）」を説明する。この章の最初では、項目反応理論に関する基礎的知識を提供しており、「項目反応理論」をご存知でない方には是非目を通していただきたい部分である。第5章は、「能力調査における項目反応モデルと母集団モデル」と題して、項目反応理論を用いた能力調査で、集団の特性を捉える際に必要となる「母集団モデル（Population Model）」について説明する。PISA調査の調査データでは、生徒の能力を表すのにPlausible Value（PV）が使われているが、何故それを使わなければならないのかも解説する。能力調査を含む大規模教育調査やPISA調査のような国際的な学力調査に関心のある読者には必読の内容となっている。第6章は、「能力調査の分析」と題して、PISA調査で用いられている「習熟度レベル」の概念を明らかにし、文部科学省「情報活用能力調査（高等学校）」を例として、実際の分析方法を説明する。また、別々の調査時点で経年変化を見る場合や、別の調査対象の間で得点を比較する場合の得点の「等化」方法についても論じる。

　第2章から第6章では、実際のデータ処理や計算を標準的なOfficeソフトや無料のソフトウェアを使って行えるよう、それらのソフトで実行できる「スクリプト」を示した。コンピュータ環境によっては、計算に多大な時間がかかるかもしれないが、本書を手にした読者のほとんどが、そこで紹介した方法を実行し、自ら検証できるようにしている。必要に応じて「スクリプト」を改変し、それを用いて調査や研究等に役立ていただければと思う。

　本書で紹介したPISA調査の手法について、筆者らは、「最も厳密で最も優れた調査方法」であると考えている訳ではない。しかしながら、少なくとも長年にわたる統計学、教育調査法、教育学、心理学、情報学といった様々

な分野の理論の蓄積を、調査の運営と実施という実践の場において具体化し、試行錯誤を重ね、改良を加えてきたものであり、今現在も使われているという意味において、グローバルスタンダードといえるものである。日本において、PISA調査の手法が理解されていない面が見受けられるのは、そもそもこうした試行錯誤の過程が理解されていないからかもしれない。

また同時に、PISA調査が項目反応理論を用いているからと言って、ただ単に、項目反応理論を用いれば良い訳でもない。調査目的から見た項目反応理論を用いることの利点、調査目的に合致した項目反応理論のモデル、項目反応理論に基づいた能力レベルの捉え方と、それを具体化した調査問題の体系（アイテムバンク）等々、理解しなければならないことは多々ある。そのため、本書の執筆にあたっては、大規模教育調査で必要な「最低限の踏まえるべき条件や要素」をできるだけ網羅するよう努めた。

筆者らは、PISA2012年調査の結果報告（2013年）まで、日本でのPISA調査の実施に携わってきた。このため本書で取り上げたPISA調査の方法は、PISA2012年調査までのそれを中心にしており、PISA2015年調査以降の調査方法については補足的に取り上げるにとどめている。

本書の一部は、JSPS科研費15K04388（「PISA調査の検証に基づく大規模教育調査実施方法のモデル構築」平成27〜29年度）とJSPS科研費18K02849（「母集団モデルと多次元項目反応モデルを用いた『情報活用能力調査』の推定モデルの構築」平成30〜34年度）の助成を受けた研究に基づいている。なお、本書で示される研究の成果は、著者自らの見解に基づくものであり、国立教育政策研究所、日本学術振興会及び文部科学省の見解を反映したものではないことをお断りしておきたい。なお、すべての章、すべての節が、著者3人の共同作業で執筆されている。

本研究を進めるにあたって、坂本孝徳氏（元国立教育政策研究所企画調整官）に様々なご指導をいただき、大規模調査に関する筆者らの知見を深めることができた。松本博幸氏（印西市立原山小学校校長）には、筆者らが参加した文部科学省「情報活用能力調査（高等学校）」において、当時の文部科学省生

涯学習政策局情報教育課係長の立場から共に調査を遂行し、その内容が特に本書の第1章と第6章に反映されている。また出版に当たっては、株式会社東信堂代表、下田勝司氏に様々なご助言をいただいた。この他、多くの方々の支えによって、筆者らの経験の蓄積をようやく形にすることができた。ここに、あらためて感謝したい。

1　PISA 調査と日本の学力調査

本章のねらい　この章では、最初に、そもそも PISA 調査が何故始まったのかについて、「PISA 調査の始まり、そのねらい」を述べる。その計画の端緒においてどのようなことが話し合われ、何が目指されていたのか、当時の経緯を知る筆者の一人がその経験を踏まえて解説する。ここを読めば、調査を設計するに当たって、決めておかなければならないポイント（PISA 調査では、国際比較可能性と経年比較可能性）が理解できる。

　次の節では、「日本における大規模学力調査の歴史」として、第二次世界大戦前から様々な目的と範囲で行われてきた文部省、現在の文部科学省の調査を中心に、日本の学力調査の歴史と課題を取り上げる。

　最後の節では、「日本における大規模学力調査の新たな試み」として、文部科学省の大規模学力調査も変わりつつあること、その一例として「情報活用能力調査（高等学校）」の試みを取り上げ、大規模学力調査の設計の柱となるものについて明らかにする。

　現在、児童生徒の学力を調べる調査は、OECD の「PISA 調査（生徒の学習到達度調査）」など国際的な取り組みのみならず、それぞれの国でも、国（中央政府など）や地方自治体（州政府など）、大学・研究機関等が調査主体となって様々に行われており、それに基づく調査結果報告書が印刷物やインターネットで公開されている。

　学力調査は、資格試験や大学入学試験と同じように、児童や生徒等を対象にした学力テストであるが、その目的は個人の能力を測るためではなく、国

全体や各都道府県、各州といった大規模な「調査対象」（「母集団」と呼ばれる）の特徴を捉えるために行われている。また、学力テストと同時に、生徒や学校に関する様々な背景情報が質問紙調査を通して調べられ、それらと学力との関係が分析されることもある。

　本章ではまず、日本も参加し、OECD が実施している国際的な大規模学力調査、「PISA 調査」がどのように始まり、何をねらいとしていたのかについて概観する。PISA 調査は当初から、大規模国際比較調査の実施にあたって想定される様々な課題を視野に入れ、それを中長期的に克服する方向で調査方法が検討されていた。ここでは、何故、PISA 調査の調査方法を明らかにする必要があるのか、その理由も明らかにする。

　次に、日本で行われてきた学力調査のうち、文部科学省が行ってきた調査、特に日本で行われている学力調査の中でも最大規模のものである「全国学力・学習状況調査」を中心に、主に日本全体を対象とした大規模学力調査の歴史を概観し、「全国学力・学習状況調査」以前の学力調査、そして「全国学力・学習状況調査」が始まった背景と現状について述べる。

　さらに、PISA 調査の手法を用いて実施された文部学省の「情報活用能力調査（高等学校）」を紹介するとともに、大規模学力調査において押さえておくべき課題、特に経年比較可能性、問題数の拡張、目的と調査方法の関係に関して考慮すべき点について明らかにする。

1.1　PISA 調査の始まり、そのねらい——設計の重要性

　教育改革に取り組んでいる多くの国は、何に基づいて改革の方向性や政策を決めているのだろうか。その国の歴史、文化、社会情勢などによる違いは見られるものの、近年、客観的で信頼性の高いデータや情報に基づいた改革の方向付けや政策立案を模索している国は少なくない。「エビデンスに基づく政策」である。自国の教育において何が強みで、それをどのように伸ばしたら良いのか、あるいは何が弱点でそれをどのように改善したらよいのか。

こうした点について、PISA 調査は国際的に比較可能な信頼性の高いデータを提供することで、議論のための共通の土台を提供している。

　ここでは、PISA 調査が生まれた背景と誕生の経緯、日本の教育に与えたインパクトを振り返る。先に述べたように、調査方法は調査の目的に応じて決まってくる。PISA 調査の目的は、「各国の子どもたちが将来生活していく上で必要とされる知識や技能が、義務教育終了段階において、どの程度身についているかを測定すること」（国立教育政策 2002: 2）である。調査が生まれた背景とその誕生過程を振り返ることで、PISA 調査が何を狙いとして行われているのか、そして、何故、PISA 調査が今のような調査方法を取っているのかが理解できる。

（1）調査誕生の背景

　PISA 調査はその着想当初から、客観的に自国の教育を見るという各国の政策的関心や必要に応えることを目指し、それに見合った調査の開発、実施、分析、そして様々な教育指標を提供してきた。では、PISA 調査が示すような教育指標への各国の関心が高まった 1980 年代後半とは、どのような時代で、何が求められていたのであろうか。

　PISA 調査の調査主体である OECD は、経済発展のための先進国の集まりであり、当時、その関心は次の 2 つの点に集まっていた。

　1 つ目は、1980 年代のアメリカにおける「双子の赤字」に代表される各国の財政事情の悪化と、その財政に対して国民の厳しい目が向けられるようになったということである。「財政赤字」によって、以前よりも公共事業の成果が問われるようになったにもかかわらず、税金の使い道が生産的で能率的であることを証明できるような適切な手段がないため、国も国民も事業の成果に確信を持てないという危機感が生まれた。そして、「エビデンスに基づく政策」を行うための「エビデンス」、政策を評価し、それに活かせる証拠なり根拠をどのように手に入れるのかに関心が集まったのである。これは教育政策においても同様であり、自国の教育システムが投入された予算に対して成果を上げているのか、いないのかが問われるようになった。

2つ目としては、1989年の「ベルリンの壁」の崩壊に象徴される、アメリカと旧ソビエト連邦、西側諸国と東側諸国の間での「冷戦」の終結によって生み出された（もしくはその終結を生み出した）、世界的規模での人、物、金の流動化、いわゆる「世界市場」の出現が挙げられる。「世界市場」の出現による経済競争の激化の中で、各国は国際競争力を一層高めることが必要となり、これを支える優れた人的資源の確保、すなわち人材養成手段としての教育の重要性が一層認識されるようになっていった。人、物、金、そして情報が地球規模で移動したり、伝達したりすることが容易になり、地球上のある場所で起こったことが国境を越えて瞬時に世界規模で影響し合う。このような「グローバリゼーション」の時代が、知識基盤型経済をもたらし、その中で人材養成の重要性が増し、国際的視野から教育の成果を示せるような指標が求められるようになった。

OECD加盟国の中でも、こうした認識を積極的に表明していたのがアメリカやフランス、オーストラリアなどである。特に連邦制をとり、教育は伝統的に州が管轄する分権的な仕組みによって営まれているため、国としての統一的な共通した基準がないアメリカやオーストラリアなどを中心に、国際的に見て自国の教育の現状がどのような水準にあるのか、その位置付けを示す教育指標の要望が急速に高まった。識字率で代表されるような教育の量的発展をある程度達成した先進国が、次に「グローバル人材の育成」といった質的な充実ないし転換を目指して教育改革に取り組み始めたこの時期、教育の「インプット」、「プロセス」、「アウトプット」の関係を明らかにする視点、「エビデンスに基づく政策」を可能にする数量化された統計データ、切り口としての新しい教育指標が必要とされたのである。

(2) 調査誕生の時

このようなエビデンス・ニーズに応えるため、OECDが1980年代後半に着手したのが、教育インディケータ事業（International Indicators of Education System: INES）である。INESは、1987年11月に、ワシントンで開催されたアメリカ政府主催の準備会合で検討されたのが始まりである。その後、**表**

1-1 にあるような変遷をたどるが、同表からも理解されるように、INES 事業は、教育の成果としての学習到達度だけを見ることを目指した事業ではない。教育費や教育資源、教育過程、教育の背景的データといったものの国際比較可能な指標の開発を目的としており、関連する指標の開発・データ収集

表 1-1　1980 年代後半～2000 年代初めまでの
OECD 教育インディケータ事業 (INES)

西暦	OECD の動向
1987 年	11 月　ワシントン会議（アメリカ）：INES 準備会合、ネットワーク方式の採用決定
1988 年	3 月　ポアティエ会議（フランス）：5 分野（就学統計、学習到達度、学校環境、教育財政、態度と期待）のインディケータに対応するネットワークを設置 6 月　INES 事業開始
1989 年	9 月　第 1 回 INES 総会（オーストリア・ゼメリング）：国際教育インディケータの開発が可能であることが示され、事業の第 2 期の実施を提起。
1991 年	9 月　第 2 回 INES 総会（スイス・ルガノ）：インディケータの暫定的な成果物の公表を承認し、国際教育インディケータを定期的に作成する第 3 期の実施を提起。
1992 年	● 事業の成果物（EAG）を初出版 ● OECD/CERI 運営理事会及び教育委員会において、教育統計・インディケータが最優先事業に
1995 年	6 月　第 3 回 INES 総会（フィンランド・ラハティ）：INES 事業第 3 期の成果や問題点を分析し、インディケータ 開発の優先順位や方向性を討議。 　→　教育の成果（学力）に関するインディケータの開発が最優先課題に。 9 月　第 9 回 INES/PRAG（イギリス・ロンドン）：ネットワーク A の教育の成果（学力）に関するインディケータ開発の進捗状況を確認しつつ、1996 年版 EAG にインディケータを掲載するための課題とスケジュールを議論
1997 年	OECD の事業として PISA が着手される
1999 年	PISA2000 年予備調査実施
2000 年	PISA2000 年本調査実施
2001 年	12 月　PISA 調査初の結果を OECD が公表

出典：篠原（2014a）。

ができた順に、その指標が『Education at a Glance』（邦題『図表でみる教育』）に掲載されるようになった（初刊はOECD 1992）。現在、『図表でみる教育』はOECDの年次刊行物の1つとして定着している。

　さて、PISA調査の具体化という点から見ると、表にある第3回INES総会が重要な意味を持っている。1995年6月にフィンランド・ラハティで開催され、日本を含むOECD加盟・非加盟の33か国から約200名が参加したこの総会において、各国は、教育システムがその投資に見合うだけの成果をあげているのかどうかを理解する上で、学習到達度（学力）に関する情報が政策策定に当たって決定的に重要であるとの認識を共有した。しかし同時に、この分野がINESの中でも最も事業が遅れているという認識が示され、今後は、まだ測れていないものを測るという意味で、従来の「統計を超えた統計」(Super Indicator) の開発と確立を急ぐべきだという結論が示された。

　そして、このフィンランド・ラハティでの第3回INES総会開催後の同年9月、総会でまとめられた結論を具体化するために、ロンドンで第9回INES政策評価・諮問委員会（Policy Review and Advisory Group: PRAG）が開催された。これは、OECD教育雇用労働社会局長（名称は当時のもの）が議長、そしてINESのネットワークの代表、及びOECDの組織であるCERI運営理事会（Governing Board of the Centre for Educational Research and Innovation）とOECD教育委員会（Education Committee、名称は当時のもの）のそれぞれの議長、代表1名ずつ、ハイレベルの教育統計専門家3名がメンバーとなり、INESの事業、加盟国の教育政策や優先事項に関連する事業に対して指導・助言を行う会合であり、当時、年2回開催されていたものである。

　この会合で、PISA調査の基本的な調査方法、設計など、実質的な事柄が決定した。会合の議論で興味深いのは、生徒の学習到達度を国際的に同じ尺度で比較する際に、OECDでオリジナルのデータ収集システムを構築するのか、あるいは既存のデータシステムを2次利用するのかについて議論していたことだ。既存のデータシステムとしては、国際教育到達度評価学会(The International Association for the Evaluation of Educational Achievement: IEA) の国際数学・理科教育動向調査（Trends in International Mathematics and Science Study: TIMSS）

などが挙げられた。自分でデータを収集するのか、他者が収集したデータを2次利用するのか。これは、調査設計のごくごく初期の段階で決めなければならないことである。1次データの収集は、自らの設計意図に合致したオリジナルのデータを収集することができるが、データ収集のための仕組みを構築しなければならないし、そのための経費がかかる。これに対して2次データのメリットは既存のデータがあればすぐに分析可能であり、何よりも経費を抑えることができることである。ただし、自らの設計意図に合致したデータをタイミングよく活用するという点から見ると、人頼みであり、データの信頼性、客観性、質のコントロールが必ずしも保証されるとは限らない。どちらにもメリット、デメリットがあるため、まずは何を評価したいのか、測定したいのかを柱に、システムの構築をどうするのか、予算確保はどうするのかという点も加味しながら検討する必要がある。

会合では、他の機関が実施する調査プログラムを2次利用するのではなく、新たなデータ収集の戦略を OECD 独自に持つこと、それによって、外部機関にデータの供給を依存することのデメリットを回避するという結論に至った。各国の政策決定者にとって有用なデータを定期的に収集することが目指され、これを担保するために、OECD 以外の機関や事業が行っている調査に頼らず、OECD がこの種の調査を実施する能力と専門性を有すると認めた外部機関に調査の全体的かつ国際的な運営を委託することとなった。その上で、ステップごとに各国が委託機関と必要な合意を形成しつつ、調査の実施に当たっての権限と責任を共有するという仕組みを採用したのである。

また、①学校のカリキュラムに限定した教科のアチーブメントを評価するということにとどまらない、それを超えた能力を測定することを目指すための理論的根拠と背景、②生徒のアチーブメントを国際的に妥当な方法で、かつ分かりやすく解釈してくれる「習熟度レベル」の設定が必要であること、③測定可能な3分野（読解、数学、科学）と、それらの各調査サイクルにおけるバランス、経年で変化を追跡するということを考慮して、調査サイクルは3年とするのが適切であること、④調査の設計及び実施の双方において、調査の質を保証することが極めて重要で、これに関する基準を明確に記述する

こと等も確認された。②と④は技術的な事柄であり、①と③は PISA 調査が誕生した背景を反映しているとも言えるが、いずれにしてもその設計に、各国の教育成果を同じ尺度で比較できる「国際比較可能性」と、自国の政策の開始前と開始後の違いを同じ尺度で比較できる「経年比較可能性」が盛り込まれたことに注目しなければならない。また、それらを実現するために、各国のカリキュラムを越えた、各国を同じ尺度で比較できる調査問題と採点基準の開発、習熟度レベルという能力尺度の設定が盛り込まれた点も同様である。これらは、最初から中長期的な視点で設計図に盛り込まなければ、実現できないものばかりである。

　その後、1997 年に OECD の事業としての準備が開始され、1999 年に最初の PISA 調査のための予備調査が、2000 年に第 1 回目の PISA 調査の本調査が実施され、その結果が 2001 年 12 月に公表された。

　PISA 調査の原型につながる議論は、すでに 1980 年代後半になされており、また、PISA 調査を決定づける議論は、1995 年にはなされていたのである。まるで見てきたかのように説明したが、実際、筆者の一人は、フィンランドで開催された第 3 回 INES 総会に出席していた（この会合の日本代表団については、図 1-1 を参照）。そこでは、行政機関の持つ既存の情報ではカバーできないデータの必要性、純粋な統計作業というよりも、政策と密接に結び付いたインディケータ開発への思い、教科を超えた能力といった、まだ見ぬものへのイマジネーションが議論され、発信されていた。総会のテーマは「教育システム比較：未来への挑戦」であった。その時にはまだ思いも至らなかったが、今日では当たり前とも言える「エビデンスに基づく政策」、政策にインパクトを持つデータを創り出すという意味において、その会合は、非常に重要な機会であった。

(3) 日本の教育政策へのインパクト

　PISA 調査は第 1 回目の PISA2000 年調査から現在まで、参加国を増やしながら 3 年ごとに行われており、日本も一貫して参加し、調査報告書が公刊されている（国立教育政策研究所 2002; 2004; 2007; 2010a; 2013a; 2016a）。

写真左から、坂本孝徳 国立教育研究所企画調整官（当時）、牧昌見 同教育経営研究部長（故人）、石井光夫 文部省調査統計企画課外国調査係長（現・東北大学教授）。1995年6月、篠原真子 同外国調査係員（現・国立教育政策研究所総括研究官）が撮影。初出：篠原（2014a）。

図 1-1　第 3 回 INES 総会に出席した日本代表団

　PISA 調査は、日本における近年の学力問題、いわゆる「PISA ショック」によって、新しい全国学力・学習状況調査実施のきっかけとなった。また、文部科学省の各種施策や中央教育審議会等の議論にもインパクトを与えてきた。例えば、2011 年度の新学習指導要領の実施の際、2009 年度からの移行措置期間中に算数・数学及び理科の内容を前倒して実施することになったが、その際、文部科学省は PISA2006 年調査の結果を踏まえ、「先行して実施する内容としては、まずは指導内容の増加が見込まれる算数・数学、理科を対象として検討を進めていくことが必要」としていた（文部科学省 2011）。また、2010 年 6 月に定められた閣議決定「新成長戦略～「元気な日本」復活のシナリオ～」では、2020 年までの目標として「国際的な学習到達度調査で常に世界トップレベルの順位へ」を掲げ（首相官邸 2010: 40）、具体的な成果目標としては「OECD 生徒の学習到達度調査等で世界トップクラスの順位」となること、「①最上位国の平均並みに、低学力層の子どもの割合の減

少と高学力層の子どもの割合の増加、②「読解力」等の各分野の平均得点が、すべて現在の最上位国の平均に相当するレベルに到達、③各分野への興味・関心について、各質問項目における肯定的な回答の割合を国際平均以上に上昇」ということを掲げた（首相官邸 2010: 84）。さらに、2013 年 4 月に公表された「第 2 期教育振興基本計画（答申）」においては、成果目標である「「生きる力」の確実な育成」、「社会全体の変化や新たな価値を主導・創造する人材等の養成」、「意欲ある全ての者への学習機会の確保」の 3 つにおいて、「国際的な学力調査の平均得点を調査国中トップレベルにする」ことや、「習熟度レベルの上位層の増加」、「習熟度レベルの下位層の減少」などが成果指標として掲げられた（文部科学省 2013: 41; 60; 65）。PISA 調査は、日本の教育政策に多大な影響を与えているだけでなく、教育政策の目指すべき方向性や、教育政策の成果を測る指標の役割も与えられており、国際機関が行っている調査でありながら、日本の「エビデンスに基づく政策」にとって重要なデータを提供するものとなったのである。

　こうした日本の教育政策へのインパクトを見ると、当初はその「順位」に注目が集まっていたのが、次第に「得点」や「習熟度レベル」が言及されるようになってきたことがわかる。データの蓄積がない初期の PISA 調査は他国との比較、すなわち「国際比較」に基づく「順位」で結果を解釈することしかできなかったが、調査を繰り返すうちにデータが積み重なり、自国の過去と現在の比較、つまり「得点の変化」という「経年比較」が可能になったためである。繰り返しになるが、政策の効果という意味では、政策の施行前と後での「得点の変化」こそが重要なのであり、調査の設計図に分析の視点として、そのための仕組みを盛り込んでおかないと、信頼できる経年比較可能なデータを得ることはできない。

（4）調査モードの変更と経年変化に関する結果の解釈

　「PISA ショック」と呼ばれた PISA2003 年調査と PISA2006 年調査以降、PISA2009 年調査と PISA2012 年調査では主要 3 分野（読解力、数学的リテラシー、科学的リテラシー）すべてで平均得点の上昇が見られたが（袰岩 2016 で

は、PISA2012 年調査までの得点の変化を調査方法と学習指導要領という 2 つの面から議論している）、PISA2015 年調査では PISA2012 年調査よりもすべての分野で平均得点が下がっており、特に読解力については 22 点と、2012 年調査と比べて統計的に有意な変化が見られた。

　PISA 調査は、PISA2012 年調査までの筆記型調査から、PISA2015 年調査以降、コンピュータ使用型調査に移行している。この調査モードの変更は突然行われた訳ではなく、少なくとも 1995 年の第 3 回 INES 総会において、鉛筆を使って紙に印刷された調査問題を解くという筆記型調査から、コンピュータを通じて調査問題を配信し、コンピュータ画面で解答し、その解答データを電子的に収集するコンピュータ使用型調査への移行が、将来設計として構想されていた。構想はできていたが、実現するには様々な課題があり時期尚早であったことから、コンピュータ使用型調査への移行を念頭におきつつ、まずは筆記型調査から経験を蓄積することとなった。その後、第 3 回目となる PISA2006 年調査以降、コンピュータ使用型調査への参加は国による任意としつつ、経験を積み重ね、徐々に体制を整え、筆記型からコンピュータ型への完全移行が可能であると判断されたのが PISA2015 年調査であった。ちなみに、コンピュータ使用型調査だけを見ると、PISA2006 年調査は 3 か国に過ぎなかったが、PISA2009 年調査は 19 か国・地域、PISA2012 年調査は 32 か国・地域と、参加国・地域が徐々に増え、OECD だけでなく参加国・地域にもコンピュータ使用型調査の経験が蓄積されてきたことが伺える。

　このように、PISA 調査における「調査モードの変更」、つまり、筆記型調査からコンピュータ使用型調査への移行は、長い時間をかけて様々な側面から検討され、準備されてきたものだが、その際、参加国から強く求められ、最も重視されたのが、調査結果の経年比較を保証することであった。つまり筆記型からコンピュータ使用型に調査モードが変わることによって、調査で出題される問題への解答状況が変わってしまうことのないように、言い換えれば、調査問題の難易度が変わらないようにすることであった。それが保証されなければ、「経年変化」を見るという重要な意義が失われ、長年の調査の蓄積が無駄になってしまうからである。

具体的に見ると、例えば、OECD は PISA2015 年調査の前年、2014 年に予備調査を実施しているが、その際に、以前に使われていた問題に対してモードエフェクト調査（Mode Effect Study）を行っている（OECD 2016: 310）。これは、予備調査に参加した生徒をランダムに、筆記型で解答する者とコンピュータ使用型で解答する者とに分け、同じ問題であっても調査モードの違いによって問題の難易度等が異なるかどうかを調べたものである。この結果、筆記型とコンピュータ使用型で難易度が同等の問題（グループ 1）、難易度が異なる（簡単になったり、難しくなったりしている）問題（グループ 2）、モードによって測っている能力が異なる問題（グループ 3）に分けられた。そして、グループ 3 は PISA2015 年調査で使われず、グループ 1 とグループ 2 が出題され、しかも、モード間の不変性が保証されているグループ 1 を使ってこれまでの調査と得点が同一尺度になるよう調整され（この調整は「等化」ないし「リンキング」と呼ばれる、第 6 章を参照）、グループ 2 は出題されるがこれまでの調査との得点の調整には使われなかった。OECD が、「モードエフェクトがあっても習熟度の推定に影響を与えているとは考えられない」としたのはこのためである（OECD 2017: 152）。

　PISA 調査のような項目反応理論を用いて能力を見る国際調査では、本調査で調査問題の難易度を算出する前に、予備調査で調査問題の分析をしておくことが欠かせない。予備調査では、本調査で採用する調査問題の 3 倍程度の問題が出題されるが、文化的なバイアスや男女差による影響、そして調査モードによる影響など、不自然な解答傾向がみられた問題が除かれ、本調査に使用できる調査問題が選別される。つまり、本調査で使用される調査問題は、予備調査というふるいをかけて生き残った問題である。調査問題にモードエフェクトの影響があるかないかは、予備調査の結果でほぼわかることであり、影響があるとわかっているものを本調査で使用したりはしない。また万が一、本調査における正答率の大きな変動がモードエフェクトの結果によるものだとわかったら、経年変化をみるための、これまでの調査の得点との調整に、そうした調査問題を使うことはしない。なぜなら、PISA 調査は項目反応理論を使っているため、モードエフェクトが認められる問題を分析か

ら除外することで、その影響を極小化でき、生徒の得点が本当に上がったのか、下がったのかを明らかにすることができるようになっているからである。

　ちなみに PISA 調査の場合、それぞれの調査の前年には必ず予備調査を行っている。調査マニュアルや調査問題、採点基準など様々な調査資料に問題点がないかどうか、調査実施上のすべての問題点を洗い出す機会であり、本調査の質を担保するための予行練習でもある。それゆえ、調査実施に携わる関係者にとっては、本調査よりも予備調査の方がむしろ本番といえる。予備調査の重要性や位置づけが理解できれば、結果における分析で言えることと、言えないことが自ずと見えてくる。

1.2　日本における大規模学力調査の歴史

　日本ではこれまで、学力テストを伴う様々な調査が行われてきた。中でも、1956 年から 1966 年までの 11 年間行われた「全国学力調査」と 2007 年から現在まで行われている「全国学力・学習状況調査」は、「文部科学省（以前の文部省）」、すなわち政府機関が主体となり、「日本全体」の児童生徒を母集団として「学力」を測定するという目的で行われた点で、特に重要な学力調査といえる。そこで、かつての「全国学力調査」と新しい「全国学力・学習状況調査」に注目して、日本の学力調査の歴史を次の 4 つの時期に分けて概説する。(1) 全国学力調査以前、(2) かつての全国学力調査、(3) 教育課程実施状況調査、(4) 新しい全国学力・学習状況調査である。

(1) 全国学力調査以前

　日本の学力調査の始まりはいつであろうか。学力調査を「ある集団」の「学力」を測る調査であると広く定義するならば、1905 年の「壮丁教育調査」が日本で最初の学力調査であると言える。「壮丁教育調査」は、当時の陸軍省と文部省がフランスの制度に倣って徴兵検査の際に行った壮丁（成人男子）の教育程度に関する調査である（清川 1992: 113）。ただし、当初は各地

方自治体が作成した問題で調査を行い、文部省がそれを取りまとめるという
もので、1925 年に文部省が標準問題を作成した後でも、全国で同じ問題が
使われることはなかった。調査事項や調査方法が改められ、全国で同じ問題
を使って調査がなされたのは、1931 年になってからである。この1931 年調
査が、狭義の意味での日本の学力調査の始まりといえるかもしれない。

　「壮丁教育調査」の母集団は徴兵の対象となる日本全国の満 20 歳の男子
全員、その調査方法は全数調査（調査対象者全員が参加する調査）であり、調
査内容は国語、修身・公民、算術の 3 分野となっている（文部省社会教育局
1933）。調査結果は 1925 年から毎年、文部省社会教育局から発行されてい
たが、第 2 次大戦が始まる 1939 年以降、調査結果は軍事機密とされたため
か、公にされなくなっている（読み書き能力調査委員会 1951: 8）。

　第 2 次大戦以前から直後にかけて、「壮丁教育調査」以外の学力調査とし
ては、「カナモジカイ」（国語国字改革を目指した民間の団体）による1935年、
1937 年、1941 年、1945-6 年の計 4 回行われた調査や、東京市教育局が行
った 1933 年の調査などがあるが、いずれも日本全体を対象としたものでは
なかった（読み書き能力調査委員会 1951: 10-12）。

　1948 年に実施された「読み書き能力調査」は、日本で初めて行われた近
代的な統計学に基づく科学的調査であり、第二次大戦後の日本で最初に行わ
れた全国規模の学力調査である。この調査は連合軍総司令部民間情報教育部
の協力と、文部省、教育研修所（現在の国立教育政策研究所）の援助の下で、
読み書き能力調査委員会によって行われた。調査の目的は「日本国民として、
これだけはどうしても読んだり、書いたりできなければならないと考えられ
る、現代の社会生活を営むうえに必要な文字言語を使う能力をしらべること」
（読み書き能力調査委員会 1951: 1）とされている。「読み書き能力調査」の母集
団は 15 歳以上、65 歳未満の男女であり、その調査方法は標本調査（調査対
象者の一部を抽出して行う調査）で、標本サイズは約 17,000 人、調査内容は日
本語の読み書き能力（Literacy）であり、文字や単語の読み書きだけでなく、
文章の読解力も測定された。

　この「読み書き能力調査」以降、第 2 次大戦後の「新教育」によって「学

力が低下したのではないか」という関心の下、様々な学力調査が行われた。代表的なものをあげると、久保舜一による主に横浜市の小中学生を対象として 1949 年度から 1955 年度にかけて行われた国語と数学に関する標本調査（久保 1956）、日本教育学会が 1950 年度から 1953 年度に行った全国の中学校 3 年生を対象とした標本調査（日本教育学会学力調査委員会 1954）、日本教職員組合が 1952 年度から 1953 年度に行った全国の小学校 6 年生と中学校 3 年生に対する標本調査（日教組学力調査委員会 1955）、国立教育研究所（現在の国立教育政策研究所）が 1952 年度から 1955 年度に行った小学校 6 年生と中学校 3 年生に対する「学力水準調査」（国立教育研究所 1959）などがある。

(2) かつての全国学力調査

　文部省（現在の文部科学省）は、1956 年度から 1966 年度の 11 年間、「全国学力調査」を実施した。その最初の報告書の序文では、「学力問題」について以下のように述べられている。

　　　最近、各方面で学力問題が議論されており、これが低下を論ずる向きがあるとともに、他面、学力は向上してきていると論ずる側もあるが、その論拠は必ずしも科学的な資料に基づいて行われているわけではない。……そこでわれわれは、この問題解決のために 1 つの資料を与えるとともに、直接行政的に、学習指導要領その他教育条件の整備・改善に寄与しようという目的で、国語・数学の 2 科目についての全国的な学力調査を実施したのである。（文部省調査局調査課 1957: 序文）

　この文章からは、第 2 次大戦以降の「学力問題」（学力が低下したのか、それとも上がったのか）とそれに付随する学力調査研究を背景にして、文部省が全国学力調査を実施したことが伺える。

　1956 年に行われた初めての調査（調査分野は国語と数学）では、調査の目的を次のように設定している。

この調査は、全国的な規模において、小学校・中学校・高等学校における児童生徒を対象とし、国語・数学（算数）の 2 教科における、いろいろの角度からの学力の実態をは握して、学習指導および教育条件の整備・改善に役立つ基礎資料を作成することを目的とする。（文部省調査局調査課 1957: 1）

つまり、1) 日本全体の学力を測定し、2) 学習指導や教育条件と学力との関係を調べ、3) その結果を学習指導や教育条件の改善に利用する、ということが目指されていたのである。

全国学力調査の調査対象学年と調査分野を**表 1-2** に示す。1956 年の第 1 回調査は、全国の高等学校の生徒を対象とした初めての学力調査と考えられ、1962 年調査まで行われた。小学校と中学校については、1956 年から 1966 年までの 11 年間、毎年調査が行われた。

調査対象は各学校段階の最終学年となっており、小学校では 6 年生、中学校では 3 年生、高等学校では 3 年生（定時制の高等学校では 4 年生）となっているが、調査年によって他の学年が加わることもあった。この調査対象となる学年の全体から、当初は、小中学校は全体の約 4%、高等学校は全体の約 20%の児童生徒を抽出する標本調査として行われていたが、1961 年調査から 1964 年調査の中学生に対する調査は全数調査で行われ、1962 年調査では小学校が約 20%抽出の標本調査となっている。また当初は、対象学校の抽出が各都道府県教委に任されており、統計学に基づくものではないため、報告書でも「やや客観性に欠ける点がある」（文部省調査局調査課 1957: 6）と述べられている。

調査分野は、小学校の場合、一部の例外はあるが、国語と算数、社会と理科が交互に行われており、音楽や図工、技術・家庭（中学校）、保健体育(高等学校)などの分野も広く調査された。学力を表す指標としては、通常のテストと同様の各教科 100 点満点の採点がなされている。調査問題の中には、小学校と中学校の共通問題、中学校と高等学校の共通問題、さらには小学校と中学校と高等学校の共通問題が存在し、学校段階間の学力比較が行わ

表 1-2　全国学力調査の調査対象学年と調査分野

年度	小学校		中学校		高等学校	
	学年	分野	学年	分野	学年	分野
1956	6年	国語、算数	3年	国語、数学	3 (4) 年	国語、数学
1957	6年	社会、理科	3年	社会、理科	3 (4) 年	社会、理科
1958	6年	音楽 図工など	2、3年	英語 職業・家庭	3 (4) 年	英語 保健体育
1959	6年	国語、算数	3年	国語、数学	3 (4) 年	国語、数学
1960	6年	社会、理科	3年	社会、理科	3 (4) 年	日本史 人文地理、化学
1961	6年	国語、算数	2、3年	国語、社会、数学 理科、英語	3 (4) 年	英語
1962	5、6年	国語、算数	2、3年	国語、社会、数学 理科、英語	3 (4) 年	数学
1963	5、6年	社会、理科	2、3年	国語、社会、数学 理科、英語	―	―
1964	5、6年	国語、算数	2、3年	国語、社会、数学 理科、英語	―	―
1965	5、6年	社会、理科	2、3年	国語、社会、数学 理科、英語	―	―
1966	5年	国語、算数 音楽	1、3年	国語、数学 技術・家庭	―	―

出典：安野（2010: 137-8）より作成。

れた（文部省調査局調査課 1957: 21）。

　11 年間続いた全国学力調査は、1966 年調査を最後に行われなくなった。その主な理由として浦岸（2010）は、教職員による反対運動と、学校間や地域間の競争激化を挙げている。日本教職員組合を中心として行われた反対運動では、学力調査によって国による教育への統制が強まるのではないかという批判から、調査の実施日に調査を行わず、通常の授業を実施するといった

調査妨害が行われた。この反対運動に対しては、教職員の刑事処分や行政処分が行われ、裁判に至るケースも見られた。学校間や地域間競争の激化については、1964 年に教育学者等からなる「文部省学力テスト問題学術調査団」によって、教育現場への調査が行われた。その調査報告書には、全国学力調査のための「テスト偏重」教育が行われているケースがあること、それが教育の荒廃をもたらしているのではないかという主張が示されている。また、清水（2009: 14）は、全国学力調査が明らかにした最大の事実は、「学力水準」ではなく、「学力格差」に関わる問題であったと指摘している。

(3) 教育課程実施状況調査

　全国学力調査が新しい全国学力・学習状況調査として再開されるまでの時期、日本で「学力調査」が行われなかった訳ではない。地方自治体の教育委員会では、全数調査の形で独自の学力調査が数多く行われた（浜中・杉澤 2004 を参照）。また日本教職員組合国民教育研究所が 1975 年から 1976 年にかけて行った調査や、国立教育研究所（現在の国立教育政策研究所）が 1975 年に行った「学力到達度と学習意識に関する調査」などがある。1970 年代においても「学力問題」とそれに答えるための学力調査が行われていた。

　全国学力調査以降、文部省も、1981 年度から 1983 年度にかけて 1 回目の「教育課程実施状況調査」を行った。これは「教育課程実施状況に関する総合的調査研究」の一環として行われたもので、その研究の趣旨は以下のように述べられている。

　　新学習指導要領に基づく教育課程の実施状況について、各教科における児童生徒の学習達成状況の把握や各種調査資料の検討等を通して総合的に調査研究し、新学習指導要領に基づく教育内容が実際上どの程度児童生徒に理解されているか、学習指導上の問題点は何かなどを明らかにし、将来の教育課程や学習指導の方法の改善に資する。（文部省初等中等教育局 1984: 5）

教育課程実施状況調査は、公立の小学校 5、6 年生、中学校 1、2、3 年生を調査対象とする標本調査であり、「層化二段クラスター抽出法」（第 2 章を参照）を用いて、全国の児童生徒の約 1%を抽出して実施された。小学校 5、6 年生には国語、社会、算数、理科の問題が、中学校 1、2、3 年生には国語、社会、数学、理科、外国語の問題が出題された（文部省初等中等教育局 1984: 5）。教育課程実施状況調査は、全国学力調査のように各分野の総体としての「学力」を測るものではなく、あくまでも学習指導要領で示された「個々の内容」を児童生徒がどの程度身に付けているのかを調べることが目指されていた。その意味で、「学力」を測ろうとした全国学力調査とは性質の異なる調査と言えるが、全国学力調査で使われた問題のいくつかが出題され、各問題の正答率の経年変化が調べられたり（文部省初等中等教育局 1984: 39-40）、算数の場合は 5、6 年生で共通する問題も出題され、その正答率の学年間比較も行われたりしている（文部省初等中等教育局 1984: 49）。

　2 回目の調査は、学習指導要領の改訂に合わせて、小学校は 1993 年度から 1994 年度、中学校は 1994 年度から 1995 年度にかけて行われた。1 回目から 10 年以上の期間が空いているが、生徒の抽出方法等の調査方法は同一であり、1 回目の調査で使用された調査問題のいくつかについては、各問題の正答率の経年変化が調べられている（文部省初等中等教育局 1997: 34）。

　3 回目からの調査は、調査主体が国立教育政策研究所（国立教育政策研究所教育課程研究センター 2003; 2005）となり、国立や私立の小中学校や高等学校の 3 年生、中等教育学校の前期課程、後期課程 3 年生も調べられている。小学校 5、6 年生は国語、社会、算数、理科、中学校（中等教育学校前期課程）1、2、3 年生は国語、社会、数学、理科、英語、高等学校（中等教育学校後期課程）3 年生は国語、数学、理科、英語、社会の分野が出題された。小学校と中学校では各分野ともに共通問題のない 3 つの冊子を用い、高等学校では各分野ともに共通問題のない 2 つの冊子を用いて調査が行われた。なお、この問題冊子の変更に伴い、全国の児童生徒の約 6%から 13%が抽出される標本調査となっている。また、第 3 回と第 4 回は調査間隔が第 1、2 回とは異なり、第 3 回が小学校と中学校が 2001 年度、高等学校が 2002 年度から 2003

年度となっており、第4回が小学校と中学校が2003年度、高等学校が2005年度と間隔をあまり置かずに行われた。これは、第3回で古い教育課程の最終年度を調べ、第4回は新しい教育課程の実施後に行われたためである。第2回調査と第3回調査、第3回調査と第4回調査には、第3回の英語を除いて、各教科で1割から5割の共通問題が使われており、それらの問題の通過率（正答、準正答の割合）について経年変化を見ることができる。

　調査主体の変更に伴って、教育課程実施状況調査には PISA 調査や TIMSS（国際数学・理科教育動向調査）といった国際的な大規模教育調査の調査方法が一部導入されている。調査対象の抽出に「層化二段クラスター抽出法」が用いられたが、それに付随する標本誤差（第2章を参照）の正確な計算が一部（調査問題の経年変化）で行われたり、児童生徒の学習に対する意識や教師の指導の実際を明らかにするために、児童生徒、教師を対象とした質問紙調査も併せて実施されたりしている。この質問紙調査の導入に伴って、3つの冊子ごとに児童生徒の通過率に基づく、平均500、標準偏差100の標準化された得点が計算され、質問項目とこの標準化された得点との関係が分析されている。教育課程実施状況調査は、調査問題として示された「個々の内容」の通過率を測ることを目的としているが、質問紙調査の分析では、児童生徒個々人の「学力」を得点化して分析しようとしていることが伺える。

(4) 新しい全国学力・学習状況調査

　かつての全国学力調査が終わった 1966 年以来、41 年ぶりに日本全体を対象とした文部科学省による「学力」を測る調査が行われた。それが、2007年度に1回目が行われた新しい「全国学力・学習状況調査」である。全国規模の学力調査が復活した背景としては、エビデンスに基づく政策立案が教育政策にも強く求められるようになったことのほか、「ゆとり教育」と呼ばれる当時の学習指導要領の改訂が学力の低下をもたらしているのではないかという「学力問題」も存在する（「ゆとり教育」と PISA 調査の得点との関係については裴岩 2016 を参照）。かつての全国学力調査も第 2 次大戦後の「新教育」に伴う「学力問題」を背景として始まったが、新しい全国学力・学習状況調

査も同じように「学力問題」を背景としているのである。

2000 年代の新しい「学力問題」は、TIMSS2003 年調査や PISA2003 年調査といった国際学力調査の結果が公表され、そこで学力低下が示されたことに由来する。特に 2004 年に公表された PISA2003 年調査の結果では、読解力の得点が、前回の PISA2000 年調査の 522 点に対して、44 点低い 498 点で平均以下となり、国としての順位も 8 位から 14 位に下がり、日本の生徒の読解力がもはや上位国ではないことが証明された（国立教育政策研究所 2004）。この日本版「PISA ショック」を受けて、当時の文部科学大臣が「全国的な学力調査の実施」という方針を 2005 年に打ち出し（文部科学省 2005）、2006 年の報告「全国的な学力調査の具体的な実施方法等について」（全国的な学力調査の実施方法等に関する専門家検討会議 2006）を受けて、2007 年の 4 月に 1 回目の新しい全国学力・学習状況調査が行われたのである。

なお、新しい全国学力・学習状況調査では、かつての全国学力調査に見られたような激しい反対運動は起こっていない。その理由としては、反対運動を主導した日本教職員組合が 1994 年から文部科学省（当時は文部省）と協調路線をとっていること、「PISA ショック」という明確な証拠に基づいて学力調査が始まったことなどが指摘されている（例えば清水 2009: 20 を参照）。

このような背景で始まった新しい全国学力・学習状況調査の目的は、次のように述べられている。

> 本調査の目的は，①全国的な義務教育の機会均等とその水準の維持向上の観点から，各地域における児童生徒の学力・学習状況等を把握・分析することにより，教育及び教育施策の成果と課題を検証し，その改善を図ること，②各教育委員会，学校等が全国的な状況との関係において自らの教育及び教育施策の成果と課題を把握し，その改善を図り，併せて児童生徒一人一人の学習改善や学習意欲の向上につなげることです。
> （文部科学省 2008: 1）

目的の前半部分が教育行政や「教育政策」の検証に関するものとするなら

ば、後半部分は調査結果を学校等での教育に役立てるという意味で、「教育実践」に関するものということができる。1956 年から 1966 年まで行われたかつての全国学力調査との違いは、「教育実践」に関する側面が加わったこととともに、「教育政策」の面でも、「学力」だけでなく、「学習状況」を把握することが含まれている点が指摘できる。かつての全国学力調査でも、学校規模や地域類型等の教育条件と学力との関係を調べようとしていたが、全国学力・学習状況調査では、教育課程実施状況調査と同様の児童生徒に対して学習意欲や学習方法等を聞く質問調査と、学校に対して指導方法に関する取り組みや教育条件の整備状況等を聞く質問調査を併せて行っている。

　全国学力・学習状況調査は、2007 年度の開始以来、東日本大震災の影響を受けて中止になった 2011 年調査を除いて、毎年実施されている。調査対象は、小学校 6 年生（特別支援学校小学部 6 年生を含む）と中学校 3 年生（中等教育学校前期課程 3 年生、特別支援学校中学部 3 年生を含む）となっている。調査方法は、2007 年度から 2009 年度までが全数調査、2010 年度、2012 年度が標本調査、2013 年度からは再び全数調査となっている。各調査年度の参加児童生徒数と母集団に対する実施率は**表 1-3** のとおりである。全数調査の場合、母集団に対する実施率は小学校で約 97%、中学校で約 90%となっている。なお調査は、4 月の特定の日に全国一斉に行われている（2016 年調査は熊本地方での地震により、一部地域で別の日に実施されたため、その分のデータが除かれている）。

　全国学力・学習状況調査の調査分野は国語と数学であり、2012 年度と 2015 年度は、国語、数学とともに理科が加わっている。国語と数学の問題は、主として「知識」に関する A 問題と、主として「活用」に関する B 問題に分かれている。理科については、「知識」に関する問題と「活用」に関する問題が一体的に出題されている。A 問題は「身に付けておかなければ後の学年等の学習内容に影響を及ぼす内容や、実生活において不可欠であり常に活用できるようになっていることが望ましい知識・技能など」を含み、B 問題は「知識・技能等を実生活の様々な場面に活用する力や、様々な課題解決のための構想を立て実践し評価・改善する力など」を含むとされている。

1 PISA調査と日本の学力調査　31

表 1-3　全国学力・学習状況調査の参加児童生徒数

年度	調査方法	小学校		中学校	
		児童数	母集団に対する実施率 (%)	生徒数	母集団に対する実施率 (%)
2007	全数調査	1,139,492	97	1,077,209	90
2008	全数調査	1,160,515	97	1,076,269	91
2009	全数調査	1,150,097	97	1,077,972	88
2010	標本調査	270,555	23	439,358	37
2011	東日本大震災のため調査中止				
2012	標本調査	262,086	22	442,612	37
2013	全数調査	1,121,164	97	1,070,833	90
2014	全数調査	1,093,806	97	1,060,010	91
2015	全数調査	1,074,707	97	1,056,921	90
2016*	全数調査	1,034,957	95	1,038,129	90
2017	全数調査	1,012,581	96	1,024,189	91

出典: 国立教育政策研究所（2008a; 2008b; 2009; 2010b; 2012; 2013b; 2014; 2015; 2016b; 2017a）より作成。
*2016 年は熊本地方での地震により、一部地域で別日に実施され、その分のデータが除かれている。

A 問題が従来の授業やテストの中で出題される問題（例えば、数学の計算問題）とするならば、B 問題では、ある場面が提示され、その中で知識をいかに活用するかが問われており（例えば、ある現実の場面に計算式を当てはめる）、この調査が始まるきっかけとなった PISA 調査の能力観の影響が見られる（全国的な学力調査の実施方法等に関する専門家検討会議 2006: 9）。また、国語、数学とともに理科を調査することになった理由の 1 つとして、PISA 調査の調査分野である「科学的リテラシー」と関係が深い教科であることがあげられている（全国的な学力調査の在り方等の検討に関する専門家会議 2011）。

　表 1-4 は、理科の調査があった 2012 年調査における各調査分野の調査時間（調査日のスケジュール）を示している。

　調査に使われる問題冊子は、小学校と中学校では異なっているが、同じ分野に対して一種類で、全員が同じ問題に答えるようになっている。この点が、

表 1-4 全国学力・学習状況調査の調査日のスケジュール

	1 時限目	2 時限目	3 時限目	4 時限目	5 時限目
小学校	国語 A (20 分) 算数 A (20 分)	国語 B (40 分)	算数 B (40 分)	理科 (40 分)	
中学校	国語 A (45 分)	国語 B (45 分)	算数 A (45 分)	算数 B (45 分)	理科 (45 分)

出典: 国立教育政策研究所 (2012)。

複数の冊子を使っていた第 3 回以降の教育課程実施状況調査と異なっている。また、かつての全国学力調査とは異なり、小学校と中学校で共通の問題を使うことはなく、すべての問題を調査後に公開しているため、同じ問題が別の年度の調査に使われることもない。

　全国学力・学習状況調査の調査結果は、国立教育政策研究所 (2008a; 2008b; 2009; 2010b; 2012; 2013b; 2014; 2015; 2016b; 2017a) による報告書や、各都道府県の Web ページ等で公開されている。また、教育委員会や学校には、その教育委員会自身、学校自身の結果が提供されている。そして児童生徒にも、自分の結果 (各問題の正答・誤答、各分野の正答数) と各問題の全国の正答率、正答数毎の児童生徒割合といった情報が提供されている。

1.3　日本における大規模学力調査の新たな試み

　本章の最後に、PISA 調査の調査手法の一部を用いた全国規模の能力調査である文部科学省の「情報活用能力調査」を取り上げ、日本における大規模学力調査の新しい動向を紹介するとともに、その導入の経緯にあった、大規模学力調査に求められている「成果」ないし「目的」を解説する。

　これまでの大規模学力調査の経緯を見ると、調査の終焉は、その調査方法と「目的」との乖離から始まるという側面がある。例えば、各学校や地域の学力が見たいのか、児童生徒個々人の学力を把握したいのか、ある調査時点での各学校や地域の順位、市街地や農村といった地域類型間、都道府県間、

1 PISA調査と日本の学力調査　33

学校間の「学力格差」を捉えたいのか、あるいは学力を上げるための支援や「政策の効果」を捉えたいのか、といった様々な調査目的が考えられる。これらのうち、「学力格差」を捉えること、学力が低いとされるところを特定することは比較的容易であるが、そういったところへの政策的支援や配慮を行う際に必要になってくる「政策の効果」を捉えるには、「学力の経年変化」を捉える仕組みが備わった調査設計が必要になってくる。

(1) 情報活用能力調査

　PISA 調査のように項目反応理論を用い、異なる問題冊子に答えた児童生徒間の学力を同一尺度で得点化し、「経年比較可能性」と「問題数の拡張」を考慮した全国規模の調査が、日本でも行われていることを紹介する。2015 年度に文部科学省が実施した、コンピュータ使用型の能力調査である「情報活用能力調査（高等学校）」（文部科学省 2017）では、全国の高校生を対象に項目反応理論に基づく「能力」の得点化が行われ、その得点を使った分析結果を文部科学省が公表した、日本独自の大規模学力調査である。

　「情報活用能力調査（高等学校）」では、共通する問題のある 20 の問題フォーム（問題冊子）を使用し、項目反応理論を用いて異なる問題フォームに答えた生徒の得点を同一尺度で比較できるようにしている（平均点 500、標準偏差100）。またさらに、異なる生徒が解答した調査問題の難易度も同一尺度で得点化し、その得点を用いて「習熟度レベル」別にみた生徒の分布と特徴を明らかにしている。調査問題の多くは非公表とされているが、これは次回実施が予定されている「情報活用能力調査（高等学校）」との経年比較可能性を考えてのことであり、同時に実施を予定している「情報活用能力調査（小・中学校）」でも一部で同じ問題が使われ、項目反応理論に基づく得点化を通して学校段階間の学力比較も想定されている。

　PISA 調査から遅れること 15 年にして、日本でも項目反応理論に基づく独自の調査が出始め、「経年比較可能性」と「問題数の拡張」が行われるようになってきたのである。「情報活用能力調査」は、測定する能力が「情報活用能力」のみであるため、教科に基づく学力調査よりも項目反応理論にな

じみやすいという面があるのかもしれない。「情報活用能力調査（高等学校）」
は、PISA 調査の調査方法と同様、生徒の能力と問題の難易度を同一尺度で
得点化し、「習熟度レベル」を用い、標本抽出に伴う「標本誤差」を BRR 法
(Balanced Repeated Replication Method) で計算しているが（文部科学省 2017: 20-2）、
PISA 調査と比べて不足している点が 1 つある。「情報活用能力調査（高等学
校）」は、生徒の得点に「EAP」(Expected A Posterior、事後期待値) を用いて
いるが、これによって、男女の得点差や、質問調査（調査問題に解答した後で
行われた学習状況等に関する質問）の各項目との相関が過小推定されてしまう。
そのため PISA 調査では、得点の算出に Plausible Value (PV) が使われてい
る。第 5 章では、PV を求めるための「母集団モデル」の有効性と限界につ
いて議論するが、それは「情報活用能力調査（高等学校）」に欠けている側
面を埋め、国際的な大規模学力調査のグローバルスタンダードに近づけるた
めの検証でもある。

(2) 大規模学力調査の設計の柱

　文部科学省の「情報活用能力（高等学校）」を設計するに当たっては、
PISA 調査で得られた知識と経験、そして日本の学力調査に関する知見を参
考にしている。この大規模学力調査を行うに当たって特に検討したのが、以
下に挙げる、①経年比較可能性、②問題数の拡張、③目的と調査方法の関係
という 3 点である。

①　経年比較可能性

　全国学力・学習状況調査の調査問題は、調査後すべて公開され、教科の指
導に活かされることになっている。そのため、翌年の調査に同じ問題を使う
ことができず、経年比較を行うことはできない設計になっている。一方、
TIMSS や PISA 調査のような国際的な学力調査では、出題された問題の多
くが非公開になっており、経年変化を見るために利用されている。学力が良
くなっているのか、それとも悪くなっているのかがわからなければ、「政策
の効果」は検証できないという考え方がそこにある。

1　PISA調査と日本の学力調査　35

　日本テスト学会によれば、全国学力・学習状況調査には「経年変化を見る手段が講じられていない」（日本テスト学会 2010: 62）として、「同じ問題項目を異なる受検者群に受検させ、両者の結果を比較する」ことが重要であり、そのためには「共通問題項目は原則公開しないこと」が必要であるとしている（日本テスト学会 2010: 31）。

　このような指摘もあり、2013 年度の全国学力・学習状況調査では、「きめ細かい調査」として、学力の経年変化を見るための追加の標本調査が行われている（国立教育政策研究所 2013c）。そこでは、過去に出題された公開問題を再び出題するとともに、今後の経年比較のための非公開問題も出題されている。そして 2016 年度の全国学力・学習状況調査では、第 2 回目の「きめ細かい調査」である「経年変化分析調査」が行われ、第 1 回目の 2013 年調査との共通問題について、正答率の変化が公表されている（国立教育政策研究所 2017b: 15）。なお、この調査の報告書では、項目反応理論に基づく得点は示されておらず、次回の第 3 回調査から項目反応理論に基づいた経年比較がなされる予定である（国立教育政策研究所 2017b: 2）。

　「きめ細かい調査」が標本調査で行われていることからわかるように、非公開問題を用意するとしても、それを全数調査で使用すれば、すべての学校に問題を知らせることになり、実質的には非公開でなくなってしまう。つまり、経年比較可能性を求めるならば、標本調査の方がふさわしいと考えられる。また、問題を非公開にするということは、その問題を学習指導で使うことができないことを意味する。問題が公開されない以上、児童生徒は、自分の解答が正しかったのか、間違っていたのかを知ることはできないし、それを授業の改善に生かすことも難しい。全国学力・学習状況調査は、「教育政策」的側面と「教育実践」的側面の 2 つの側面を持ち、現状では「教育実践」的側面を優先し、「教育政策」的側面を「きめ細かい調査」などで補おうとしている。一定の期間が過ぎたら非公開問題を公開とするなどの対応もありうるが、経年比較可能性と学習指導への活用とを 1 つの調査で両立させるのは、なかなか難しいことと言える。

② 問題数の拡張

　全国学力・学習状況調査の調査時間は、小学校の国語・算数で 60 分、中学の国語・数学で 90 分となっており、一人の児童生徒が解答できる問題数には限界がある。それに加えて、同じ分野の問題冊子は 1 種類となっており（A と B に分かれているが、どちらも問題冊子は 1 種類）、出題できる問題数が限られている。このことについて、全国学力・学習状況調査の報告書でも、「本調査の結果については、児童生徒が身に付けるべき学力の特定の一部分であること、学校における教育活動の一側面に過ぎないことに留意することが必要である」と述べられている（文部科学省 2008a: 6）。

　教科や能力の様々な面を幅広く捉えるには、出題する問題数を増やしていく必要がある。先述したように、教育課程実施状況調査では、3 種類の問題冊子を使うことで出題される問題数を拡張している。また、TIMSS や PISA 調査といった国際的な学力調査では、一部の問題が共通した複数種類の問題冊子（問題フォーム）を使いながら、項目反応理論を用いて、異なる問題冊子に答えた児童生徒間の学力を同一尺度で得点化している。このような方法は、重複テスト分冊法（Multiple Matrix Design）と呼ばれている（Rutkowski et al. 2013）。全国学力・学習状況調査と併せて行われた 2013 年度の「きめ細かい調査」では、教育課程実施状況調査と同じように、共通する問題のない問題冊子が 2 種類使われ（国立教育政策研究所 2013c: 1）、2016 年度の「経年変化分析調査」では、重複テスト分冊法に基づいた共通問題のある 13 種類の問題冊子が使われている（国立教育政策研究所 2017b: 34）。

　問題冊子の種類を増やさなければ、問題数を拡張するために調査時間を延長しなければならなくなる。この方法では児童生徒の負担が大きくなり、問題に取り組む際の集中力もなくなるため、限界がある。重複テスト分冊法のような方法を用いると、児童生徒は異なる問題を解くことになり、現在の全国学力・学習状況調査で行われているような正答数に基づく児童生徒への調査結果の提示は行えなくなり、それを用いた学習指導も難しくなるかもしれない。ただし、児童生徒が解答した問題冊子についてだけ結果を示すのであれば問題ないし、項目反応理論を用いれば問題冊子が異なっても同一尺度で

得点を比較することが可能である。そして問題数の拡張によって、今よりも多くの内容を調べることができれば、その知見を授業に活かすことが可能になるかもしれない。先に述べた経年比較可能性とは異なり、調査の目的の「教育政策」的側面にとっても、「教育実践」的側面にとっても、問題冊子の種類を増やすことによる問題数の拡張は、極めて有益である。

個々の生徒の成績を見る期末テストや資格試験と同じような問題を使っているため、同じ問題を出題して「公平」に児童生徒を評価する必要があると考えてしまう人もいるかもしれない。だがその目的が、教育政策や教育方針を検証するための「調査」なのか、それとも児童生徒の成績や順位を決めるための「検査」なのかによって、求められる「公平」さに違いがあるのではないだろうか。もし、「調査」を行うのであれば、この「公平」さに、過度に厳密になる必要はないように思える。

③　目的と調査方法の関係

すでに述べたように、経年比較可能性や問題数の拡張は、学力調査の調査方法だけでなく、目的とも密接に関わっている。調査結果を日本全体や地方自治体の「教育政策」に活かすのか、それとも学校での学習指導や「教育実践」に活かすのかで、求められる学力調査の方法は異なってくる。ましてや、同じ問題に同じ条件で解答するという公平さが求められる「検査」と、例えば重複テスト分冊法を用いて、解く問題は異なるがどの問題を解くのかは等しく知らされていないという、公平でなくとも参加者が平等に不公平であればよい「調査」とでは、目的も調査結果の使用用途もまったく異なっている。

全国学力・学習状況調査では、経年変化を見るために「きめ細かい調査」や「経年変化分析調査」が行われたが、結果の利用目的が異なるのであれば、1つの調査方法にこだわらず、全数調査と標本調査といった異なる調査方法を用いた複数の調査を併用したり、（実際に行われたが）調査年度ごとに調査方法を変えたりすることも必要かもしれない。

日本における大規模学力調査の歴史は、サンプリングの技術や問題数の拡張、経年比較といった様々な仕組みをかつては持ちながら、新しい調査では

その経験が活かしきれないという断絶の歴史であったかもしれない。このような断絶の原因として、木村 (2006) は、日本の大規模学力テスト (先に述べた「検査」も「調査」も含む) における「関係者」を調べ、当初は「教科の専門家」、「教育測定 (テスト理論) の専門家」、「サンプリングの専門家」からなっていたその構成が、次第に「教科の専門家」中心になり、これに「教育心理学者 (教育評価論者)」を含めた者が「テストの専門家」とされていることを指摘している。本書は、PISA 調査の調査方法を検証することで、日本の大規模学力調査に欠けている、もしくは失われている「サンプリング」の知識と「教育測定」の知識を補うことを目指している。

　ただし、これらの専門家や知識を必要に応じて組み合わせるには、目的も調査方法も含めて、学力調査の全体 (全てではないにしてもそのプロセス) を知っている必要がある。実のところ、日本において最も欠けているのは、調査の経験を蓄積する仕組みである。これは上述のような専門家の構成以上に、深刻な問題である。教科に関する研究、項目反応理論に代表される教育測定に関する研究、サンプリング手法も含む社会調査や社会統計学の研究は、多分に蓄積されているが、それらを俯瞰的に捉え、目的に合わせて組み合わせるには、個別の学術的な知見だけでなく、調査の経験やこれまでの経緯を知っている必要がある。本書のような調査方法の書籍で最初に歴史を振り返ったのは、このような事情を知っているかいないかで、大きな違いが生じると考えたからである。

2 大規模教育調査のための標本抽出

本章のねらい この章の 2 つの節では、「大規模教育調査に適した標本抽出法」、そして「データの重み付けとその有効性」と題して、PISA調査の標本抽出とそれに付随する事柄を取り上げる。

最初の節では、選ばれた一部の対象に対して大規模教育調査を行うこと（「標本調査」）のメリットを、「能力を測る」という点から明らかにし、PISA 調査で実際に行われている抽出方法「層化二段抽出法」を解説する。この節を読めば、標本抽出台帳の作成方法、そこからの調査対象の選び方がわかり、能力を測る調査はもとより、能力を測らない他の調査にも応用できる抽出方法を知ることができる。

次の節では、調査結果から正しい推定値を得るためのデータの重み付け（Weighting）について、PISA 調査ではどのように行われているのかを明らかにする。重み付けは、選ばれた対象が調査に参加しなかった場合の補正としても用いられており、調査を行う上で知っておくべき重要な概念の 1 つである。この節を読めば、標本調査の結果から、調査対象全体の特性を正確に推定することが可能になる。

調査の世界では、「調査の対象となり得る者（物）」すべてを指して「母集団（population）」と呼ぶ。調査とは、この母集団の特性（教育調査であれば、日本にある学校の全生徒数や全学校数、ある学年の平均身長、そして学力など）を調べるために行われる。

本章では、各国の教育政策や教育学等の学術分野に影響を与えている国際

的な大規模学力調査である PISA 調査の標本抽出方法とデータの重み付け方法を取り上げ、日本の大規模教育調査でその方法を用いる際の妥当性や利用可能性について考察する。ここでいう「大規模」とは、ある個人や学校を対象とするのではなく、市町村や都道府県、日本全国、そして PISA 調査であれば、OECD 加盟国や参加した世界各国・地域といった規模の大きな母集団の特性を知るために行う調査を意味する。また、「教育調査」が得ようとするデータは、児童数や生徒数、予算の規模やその執行状況のように記録でき、実際に見ることができるものだけでなく、「学力」や「到達度」といった直接見ることのできないものも含まれる。前者のような「顕在的」なものの代表が「教育統計」であり、後者のような「潜在的」なものの代表が学力や態度といえる（「顕在的」な値といっても、実際に見て数えているという訳ではないが、「潜在的」な値の場合は決して直接見ることができない）。調査を行う際、調査の目的から「どのような母集団の何を知りたいのか」を明確にしなければ、適切な調査方法や結果の分析方法を選ぶことができない。**表 2-1** は、母集団の規模と知りたい内容から、広義の「教育調査」を分類したものである。

　大規模教育調査の調査方法において、母集団の全部を調べる全数調査を行うべきか、それとも一部を選び出す標本調査を行うべきか、という問題がある。後者に関し、選ばれた集団を「標本（Sample）」、選ぶことを「標本抽出

表 2-1　教育調査の規模と内容

		知りたい内容	
		顕在的な値	潜在的な値
母集団の規模	個人・学校	身体測定 ＝成長記録	定期試験、入学試験 ＝「テスト」
	大規模	学校基本調査 ＝全数調査 学校保健統計調査 ＝標本調査	**全国学力・学習状況調査** ＝全数調査 PISA 調査、TIMSS ＝標本調査

（Sampling）」と呼び、母集団の一部である標本を調査することで母集団の特性を知ろうとする調査を「標本調査（Sampling Survey）」と呼ぶ。例えば、日本という国の基幹統計調査（統計法に定められている行政機関が作成する特に重要な調査）である「学校基本調査」は、日本国内の児童数、生徒数、学校数、学科数などや、卒業後の進路といった記録できるもの、実際に見ることができる「顕在的」な値を調査しており、日本のすべての「学校」が統計法に基づいて回答しなければならない全数調査（この場合は悉皆調査ともいう）である。もし、「顕在的」な値の推定値を知りたいだけならば、標本調査として実施されても問題はないが、「学校基本調査」は様々な教育調査の「抽出台帳」（標本抽出の際に用いられる母集団のリスト）としても利用されるため、全数調査で行う必要がある。他方、**学力が上がっているのか、下がっているのかを見ることを目的とする調査であれば「経年比較」が不可欠であり、そのためには問題を非公開にする必要がある。全数調査ではこれが極めて難しいため、このような目的では標本調査の方が望ましいということになる。標本調査は、この非公開性の確保のほか、第1章で説明した「問題数の拡張」を行う際に作業や分析がしやすくなること、予算や人員の経済性（調査主体だけでなく、学校の負担も軽減できる）といった長所もあるが、母集団の全体を調査しないことから「標本誤差」が生じるという短所もある。**もちろん、全生徒の公平な順位づけなどもできない。それが必要であれば、「問題数の拡張」を行わず、同じ問題を全生徒に出題する入学試験のようなものを行うべきである。

　いずれにしろ、調査の目的が決まり、母集団と調査内容が明確になったら、どのように調査を実施するのかを考えなければならない。この時、「0 から考える」のか、「同じような調査をまねる」のか、どちらかを選ぶことになる。後者であれば、ある程度の結果が予想でき、予算の見積もりも容易で、調査の様々な資料が準備しやすく、実査の手順もわかっているという意味で「調査の経験」を生かすことができる。「0 から考える」ことを繰り返すようでは、この「調査の経験」がいつまでも蓄積されないことになる。本書でPISA 調査の日本における調査方法を明らかにする理由はここにある。

42

本章では、PISA 調査の標本抽出法とデータの重み付け（Weighting）を解説
し、その有効性も併せて議論する。ここを読めば、学力調査を含む様々な大
規模調査で標本抽出が行えるようになり、平均や標準偏差といった母集団の
特性を正確に推定することが可能になる。

2.1 大規模教育調査に適した標本抽出法

PISA2000 年調査の国際報告書（OECD 2001）では、PISA 調査を次のよう
に述べている。

> OECD 生徒の学習到達度調査（PISA）は、OECD 加盟国が共同して、
> 義務教育終了段階の 15 歳児が、今日の知識社会における課題に対処す
> る準備がどの程度できているかを測る試みである。調査は、ある一定の
> 学校カリキュラムをどの程度習得したかではなく、将来を見据え、自ら
> の知識と技能を使って実生活で直面する課題に対処する能力を重点的に
> 測っている。（OECD 2001: 14）

この定義は、若干の表現を変えながらも、2000 年から 3 年ごとに行われ
ている PISA 調査に共通したものである。PISA 調査は、「15 歳児」を対象
とする調査であり、したがって、調査対象となり得る者すべてを意味する
「母集団」も、「特定の学年」などではなく「15 歳児」である。「15 歳児」
を母集団としているのは、PISA 調査が「実生活」で必要とされる知識・技
能の評価を目指している点と関係がある。「実生活」とは、職業人、社会人、
市民あるいは個人としての生活を指し、そうした場面で必要とされる知識・
技能は、必ずしも学校のカリキュラムや教科を通じて習得される能力に限定
されない。家庭での生活や地域社会の生活など、学校外での体験、経験を通
じて得る能力も多い。また、解決に至る道筋や方法、そして答えも、教えら
れるのではなく自ら見出さなければならないことが多々ある。PISA 調査の

調査分野が、学校で習う「数学」や「理科」ではなく、「数学的リテラシー」、「科学的リテラシー」とされているのは、実生活の様々な場面で知識・技能を活用できる能力が身に付いたかどうかが問われているからである。そして、このような実生活を送るための基礎となる能力を身に付けたとされるのが義務教育修了段階であり、多くの国でそれに相当するのが 15 歳である。PISA調査で母集団を「15 歳児」としているのは、このためである。

このように母集団と調査内容が明確になったら、PISA 調査に参加する国や地域は、自国の母集団となる「15 歳児」が具体的に誰なのか、そして誰を実際に調査するのかを決めなければならない。本節では、日本の PISA 調査における母集団の定義、標本抽出法を明らかにするとともに、日本で大規模教育調査を標本調査として行う際に考慮すべき点を議論する。

(1) PISA 調査の母集団

PISA 調査の母集団は「15 歳児」であるが、調査参加国が遵守する国際ルール（Technical Standard と呼ばれている）によって、その具体的な範囲が決まっている。第 1 章で紹介した日本の大規模教育調査や、IEA (国際教育到達度評価学会) が行っている TIMSS (国際数学・理科教育動向調査) は、「特定の学年の生徒」を母集団としているのに対して、PISA 調査は「特定の年齢の生徒」を母集団としている。そのため、「15 歳児」の範囲を決める必要があるが、これには調査実施期間が関係してくる。調査の国際ルールでは、各国で調査を実施する期間を「学年始業時から最低 6 週間を経過した後の連続する 6 週間以内」としている。学校での調査を円滑に実施するため、学校生活がある程度落ち着き、ある程度先生と生徒の関係ができるための時間として、学年始めから最低 6 週間は必要と考え、その上で、国や地域が、それぞれの教育制度や年間を通した学校の行事・予定、生活スタイルや気候・気象などの諸条件を加味することになる。そのため PISA 調査の実施期間は国によって異なっている。例えば、日本の場合、学年始業の 4 月から 6 週間後といえば 5月中旬であるから、それ以降の連続する 6 週間以内が調査実施期間となる。日本の 2012 年調査では、2012 年 6 月中旬から 7 月下旬に実施したが、国

によっては 3 月に行ったところもあれば 8 月に行った国もある。実施期間が決まれば、母集団の範囲も決まってくる。国際ルールでは、その国の調査期間が始まる時点で「満 15 歳 3 か月以上、満 16 歳 2 か月以下」とされており、これを基準に前後 1 か月の幅が許されている。つまり、「15 歳 2 か月以上 16 歳 1 か月以下」、「15 歳 3 か月以上 16 歳 2 か月以下」、「15 歳 4 か月以上 16 歳 3 か月以下」の 3 パターン（いずれも満年齢）のいずれかになるように調査実施期間と母集団の範囲を決めることになる。学年と年齢とがほぼ一致している日本の場合、中学 3 年の 3 学期に調査を実施するのは難しいため、2012 年調査では、2012 年 6 月下旬を調査期間開始日とし、「1996 年 4 月から 1997 年 3 月生まれの者」、つまり高等学校で言えば第 1 学年の生徒を母集団とした。これによって、「学年始業時から最低 6 週間を経過した後の連続する 6 週間以内」という基準と、「その国の調査期間開始時、満 15 歳 4 か月以上、満 16 歳 3 か月以下」の生徒という基準を満たしたことになる。

　また、国際ルールでは、調査対象になる 15 歳児はその国・地域にある「学校に通っている 15 歳児」であり、「学校に通っていない 15 歳児」は対象外である。能力を測る調査であるため、テストを実施できる場所が必要であり、それが「学校」なのである。通信制の学校に所属する生徒は、この時点で母集団から外される。15 歳児が 100% 近く学校に通っている国もあれば、そうでない 15 歳児が何千人、何万人といる国もある。また同時に、第 7 学年（日本の制度では中学 1 年生）以上の生徒という国際ルールもある。学年と年齢とがほぼ対応している日本では考慮する必要はないが、国際的に見れば、同じ 15 歳児でも、進級方法によって複数の学年にわたって在籍している国が少なくない。小学校までを対象にすると調査の負担が大きくなるため、このような限定が必要と考えられた。ちなみに、PISA2012 年調査で調査対象の生徒の学年が 1 つなのは、参加した 65 か国・地域中、日本とアイスランドだけであった（国立教育政策研究所 2013a: 351）。この時点で母集団は、「15 歳児人口」から「15 歳児就学人口」、「第 7 学年以上の 15 歳児就学人口」へと狭まり、この「第 7 学年以上の 15 歳児就学人口」が PISA 調査の「調査対象母集団（Target Population）」ということになる。

2　大規模教育調査のための標本抽出　45

　理想的には、この「調査対象母集団」のすべての生徒から「調査を受ける生徒（標本）」を選ぶべきであるが、様々な事情で調査が困難な者がこの中には含まれている。日本では、特別支援学校、インターナショナルスクール、専修学校及び各種学校に通う生徒については、調査実施が困難である等の理由から、学校単位で母集団から除外した。これについても国際ルールが定められており、地理的理由等で調査が実施できない生徒の割合は 0.5%以下、すべての生徒が機能的、知的、言語的なハンディキャップによって調査が困難である場合に学校単位で除外される生徒の割合は 2%以下、学校内で機能的、知的、言語的なハンディキャップによって調査が困難である生徒を除外する割合は 2.5%以下、そして、これらを合わせた「調査対象母集団」から除外される生徒の割合は 5%以下になるように決められている。先の除外対象となる学校を除くと、日本の PISA 調査の「学校除外後対象母集団」は、高等学校本科の全日制学科、定時制学科の 1 年生、中等教育学校後期課程 1 年生、高等専門学校 1 年生になる。PISA2012 年調査の日本の「学校除外割合」と「学校除外と生徒除外を合わせた割合」は、ともに 2.1%であり、国際ルールを満たしている（国立教育政策研究所 2013a: 70, OECD 2014a: 267）。なお、推定「15 歳児人口」に対する「学校除外後対象母集団」の割合（15 歳児カバー率）を PISA2012 年調査で見ると、日本は 91%と国際的に見て比較的高い値である。例えば、韓国 88%、アメリカ 89%、シンガポール 95%、フィンランド 96%であるのに対して、トルコ 68%、メキシコ 63%、最も低いのがコスタリカの 55%であった（OECD 2014a: 268）。

　実際に標本を選ぶ際は、調査の目的に示された漠然とした理想の母集団から、ここで示したような実際に調査可能な母集団へと絞っていく作業が必要になる。調査が容易になるからといって絞り過ぎると、本来知りたかった母集団から離れていくことになり、一体何を調べたかったのか、調査本来の目的を見失う可能性がある。例えば日本全体のことを知りたいのに、私立の学校を外したり、定時制の学校を外したりすれば、それは日本全体とは言えなくなってしまう。さらに言えば、特別支援学校の高等部への進学者が増え、日本語を母語としない生徒が増えてくれば、これらの生徒に対応する必要が

出てくる。PISA 調査では、特別な支援を必要とする生徒のために 1 時間で解答できる問題冊子（UH Booklet: Une Heure Booklet と呼ばれている）があり（OECD 2014b: 30）、言語についても、PISA2012 年調査では 46 の言語に調査問題が翻訳されている（OECD 2014b: 94）。これらはまだ、日本では使用されていないが、近い将来、用いる必要性が生じるかもしれない。なお、PISA調査の場合、国際ルールが明確であり、これに反する場合は国際版の調査データから自国のデータが除外されるといったペナルティーが科せられる。ここで PISA 調査の国際ルールを取り上げたのは、大規模教育調査を日本で独自に行う場合、特に委託業者を使って調査を行う場合に、母集団を絞ることに歯止めが利かなくなる可能性があるからである。調査に関わる者は、常に調査の目的、「どのような母集団の何を知りたいのか」を振り返りながら、調査の準備をする必要がある。

(2) PISA 調査の標本抽出法

　調査可能な母集団が決まると、次に母集団から実際に調査を受ける生徒を選ぶことになる。日本のような国では、全国学力・学習状況調査のように、母集団に属する生徒全員に対して調査を実施する「全数調査」も可能であろうが、PISA 調査のような様々な国・地域が同じ国際ルールで参加する大規模国際調査においては、多くの国・地域で「全数調査」は物理的にも経済的にも不可能である。また、「標本調査」の利点である「非公開性」が容易になるという点から見ても、PISA 調査のように経年比較を行う場合は「標本調査」の方が望ましい。そのため PISA 調査は、国際ルールで決められた手順に則って、母集団から一部の生徒を標本として選び出す、「標本調査」として実施されている。

　PISA 調査の標本抽出法は、PISA2012 年調査の場合、ロシアを除くすべての参加国で「層化二段抽出法（Two-Stage Stratified Sampling Design）」が用いられている（OECD 2014b: 66）。「二段抽出」とは、調査を受ける生徒を母集団から直接無作為（このような方法は「単純無作為抽出、Simple Random Sampling」と呼ばれる）に選ぶのではなく、初めに学校を選び、選ばれた学校の中から生

徒を選ぶというものである。ロシアの場合は、「二段抽出」の前に地域を選び、その中で学校を選ぶという「三段抽出」が行われている。標本調査として学力調査を行う場合、「学校から一人参加してもらう」というのは学校に依頼しづらく、調査を実施するときの負担も大きくなるため、多段抽出は避けられない。ただし、標本調査の短所、すなわち母集団の一部しか調査しないことで生じる「標本誤差」は、多段抽出を行うことで大きくなってしまう。

　では、実際の標本抽出の過程を説明する前に、「層化二段抽出法」の概略を述べる。まず母集団に属する生徒が在籍している学校をその特徴に基づいてグループ分けし（その際のグループを「層」、グループ分けを「層化」と呼ぶ）、母集団の生徒数に対する各層の生徒数の割合に基づいて抽出すべき学校数を決める。そして、第一段階の抽出として、各層ごとに、母集団に含まれる生徒の在籍数に比例した確率で学校を選び（これを「確率比例抽出、Probability Proportional to Size Sampling」と呼ぶ）、第二段階の抽出として、第一段階で選ばれた学校ごとに、一定数の生徒を無作為に選んでいる（各学校から生徒を選ぶ方法は、単純無作為抽出となっている）。この方法を用いると、母集団の生徒一人ひとりが選ばれる確率がほぼ等しくなる。例えば、100万人の母集団から 7000 人（第一段抽出で 200 校、第二段抽出で各学校 35 人）を選ぶ場合、母集団に含まれる生徒の在籍数が各学校で異なっていても、生徒が選ばれる確率（生徒の抽出確率）は以下のように等しくなる。

$$\text{生徒の抽出確率} = (\text{学校が選ばれる確率}) \times (\text{各学校で生徒が選ばれる確率})$$

$$= \left(200 \times \frac{\text{母集団に含まれる生徒の在籍数}}{1{,}000{,}000}\right) \times \left(\frac{35}{\text{母集団に含まれる生徒の在籍数}}\right)$$

$$= 200 \times \frac{\text{母集団に含まれる生徒の在籍数}}{1{,}000{,}000} \times \frac{35}{\text{母集団に含まれる生徒の在籍数}}$$

$$= \frac{200 \times 35}{1{,}000{,}000} = \frac{7{,}000}{1{,}000{,}000}$$

ただし、多段抽出の前に層化を行うと、その際の層ごとの抽出学校数に四捨五入による丸め誤差が発生するため、実際の生徒が選ばれる確率は層ごとに微妙に異なってくるし、母集団に含まれる生徒の在籍数が 35 人未満の学校では、先の式の「35」の値が小さくなるため、生徒の抽出確率は小さくなる。規模の小さい学校（small school）の扱いについては、PISA 調査の調査年度によって異なっており、日本の PISA2012 年調査では、35 人未満になる割合を考慮して、抽出される生徒数が少なくならないように第一段抽出時の数を多くしている（国立教育政策研究所 2013a: 74）。PISA2012 年調査以前や PISA2015 年調査では、国際ルールが異なっていたため、このような規模の小さい学校に対する操作は行っていない。

　それでは、日本の PISA2012 年調査を例に、実際の標本抽出の作業を、①標本サイズと第一次抽出単位の決定、②層化、③抽出台帳の作成、④第一段抽出、⑤生徒名簿の入手、⑥第二段抽出、といった実際の作業プロセスに沿って説明する。これらの作業は、実際にはステップごとに PISA 調査を統括する国際センターの承認を得ながら行われるが、本書では、日本において大規模教育調査を行う上での抽出方法のモデルないし見本の全体像を提示するため、国際センターが行っている作業も合わせて解説する。

①　標本サイズと第一次抽出単位の決定

　標本抽出の作業を始めるとき、最初に「調査する生徒の人数」を決める必要がある。これは「標本サイズ（Sample Size）」と呼ばれている。時々、同じことを標本数と書いている調査もあるが、母集団から抽出されたものを標本と呼ぶため、標本数だと母集団から抽出した標本の数、すなわち抽出回数と混乱するため、本書では「標本サイズ」という用語を使用している。PISA2012 年調査の国際ルールでは、調査に参加した生徒の人数が 4500 人以上、参加した学校の数が 150 校以上と決められている（OECD 2014b: 449）。なお、全学校数が 150 校に満たないアイスランドやルクセンブルクなどは全学校が調査対象校となっているが、この場合も学校ごとに生徒を抽出しているようである。また、参加国・地域は通常、各学校 35 人の生徒を抽出して

いる。この人数を PISA 調査では TCS (Target Cluster Size) と呼んでいる（OECD 2014b: 449）。日本の場合、PISA2000 年調査と 2003 年調査では、学校数を 150 としていたが、「標本誤差」を少しでも小さくするため、その数を 200 へと増やし、200×35 で 7000 人としている。標本サイズを大きくすれば 「標本誤差」は小さくなるが、二段抽出であれば、TCS（各学校で抽出される 生徒数）を増やすよりも学校数を増やした方が効果的にそれを小さくできる (その理由は本節の「（3）標本サイズと層について」で説明する）。

　標本サイズを「標本誤差をどれぐらい許容するか」で決めることがあるが、 この決定は柔軟になされるべきである。標本サイズの拡大による標本誤差の 縮小は、標本サイズが大きくなるほど、その縮小の度合いが小さくなる。そ のため、標本サイズを倍にしたからといって、標本誤差が半分になる訳では なく、標本サイズの拡大に伴うコストの上昇も加味しながら、標本サイズを 決めるのが妥当である。ちなみに、筆者らの経験から、学校で学力調査をす るとき、1 つの調査主体、調査拠点、研究チームが調査を円滑に行えるのは 200 校ぐらいが限界ではないかと考えている。学校をこれ以上増やす場合、 調査関係者による綿密な調査計画やステップごとの確認、責任ある調査体制 等々の工夫が必要になると思われる。

　次に、標本サイズの決定とともに、第一次抽出単位（PSU: Primary Sampling Unit）を決める必要がある（PISA 調査では Sampling Frame Unit と呼ぶ）。PISA 調 査では通常、第一段抽出では「学校」を抽出するため、ここまでの説明にお いて「初めに学校を選んでから、選ばれた学校の中から生徒を選ぶ」として きた。ただし具体的に見ると、日本は例外的に「学科」を第一次抽出単位と している。この第一次抽出単位を「普通科」であるか、「専門学科（工業、商 業、農業など）」であるかを基準にして分類する際、学校単位ではその分類 ができないため、学科単位で生徒集団を捉えている。日本の PISA 調査の母 集団は高校生であるため、「学科」を第一次抽出単位にできるが、小学校や 中学校を対象にした教育調査、例えば小学 4 年生と中学 2 年生を対象にした 国際的な学力調査である TIMSS では、第一次抽出単位は「学校」である。 ちなみに日本と同じような第一次抽出単位を使っているのはルーマニアで、オ

ーストリア、スロベニアでも一部で同じ抽出単位が使われている（OECD 2014b: 86-7）。そして、日本の PISA 調査での「学科」は、例えば「農業経営科」、「園芸科」、「機械科」、「自動車科」などといった小分類ではなく、「農業」、「工業」といった大分類を用いている（国立教育政策研究所 2013a: 73）。小分類での学科では生徒数が少ない学科が多くなってしまう点や、後述する「層化」で「副層」の作成に使う「大学・短大志願者割合」が大分類でしか集計できないことなどから、大分類の学科が用いられている。また、同じ学校の普通科に全日制と定時制がある場合は、別の学科として抽出している。これも「大学・短大志願者割合」が集計できないためである。こうしたことから抽出単位の決定には、母集団のどの情報を入手することができるのか、その中からどれを層化に使うことができるのかも考慮する必要がある。

② 層化

「層化二段抽出法」では、第一次抽出単位が決まった後（日本の場合は学科と決まった後）、母集団に関する情報を使って第一次抽出単位のグループ化を行う。これによって作られるグループを「層（Stratum）」、グループ化のことを「層化（stratification）」と呼ぶ。「層化」は「標本誤差」を減らすために用いられたり、母集団に含まれる様々な下位集団を確実に標本に含めるために用いられたりする。PISA 調査に特徴的なのは、通常の「層」を「主層（Explicit Stratum）」と呼び、それとは別に「副層（Implicit Stratum）」というものを使っている点にある。

日本の PISA 調査の「層」ないし「主層」は、学校基本調査における「設置者」と「学科の種類」の情報によって作られている。「設置者」とは、その学校がどのような設置者によって運営されているのかを示しており、国立、公立（県立や市立など）、私立といった情報を意味する。これを使って、第一次抽出単位である学科を「公立」と「国立、私立」の２つに分ける。次に、「学科の種類」であるが、先述の「学科の大分類」を用いて、職業系の「農業」、「工業」、「商業」、「水産」、「家庭」、「看護・情報・福祉」、「総合学科」を「専門学科等」とし、「普通科」と「その他（理数科や外国語科など）」を

「普通科等」として、学科を2つに分ける。この「設置者」と「学科の種類」によって、学科は「公立、普通科等」、「公立、専門学科等」、「国立・私立、普通科等」、「国立・私立、専門学科等」の4つのグループ、つまり主層は4「層」に分けられる。ちなみにPISA調査では、4層はあまり多い方ではなく、イタリアの104層、メキシコの97層から、インドネシアとリヒテンシュタインの1層（ただし「副層」は用いている）まで様々である（OECD 2014b: 71-2）。使用されている情報としては、日本のように学科の種類（Programmeや School Type）、公立・私立（Funding）も多いが、地域（Region）を使っている国・地域も多い（OECD 2014b: 72-3）。PISA調査と同様の国際的な学力調査であるTIMSSでは、日本の母集団が小学校4年生と中学校2年生であるため、小学校は学校の「所在地の地域類型」によって、「大都市（東京23区及び政令指定都市）」、「人口30万人以上の市（「大都市」以外の市で中核市を含む）」、「その他の市」、「町村部」の4層、中学校は「国立・私立」を1つの層として分類し、計5層としている（国立教育政策研究所 2013d: 24）。

　学科が層化できたら、各層から抽出する学科数を決める（このプロセスは、次に行われる「抽出台帳の作成」と同時になされる）。最終的な抽出単位、つまり第二次抽出単位が「生徒」であるため、生徒数に比例させて抽出学科数は決まってくる。PISA2012年調査において、日本の層別抽出学科数は**表 2-2**のとおりである。層ごとの生徒割合から200学科を96学科、42学科、51学科、11学科に分け、それぞれの層で独立に、これらの抽出学科数に応じ

表 2-2　主層ごとの生徒数、生徒割合、抽出学科数、調査予定生徒数

主層	生徒数	生徒割合	抽出学科数	調査予定生徒数
公立、普通科等	572,979	48.2%	96	3,360
公立、専門学科等	250,226	21.1%	42	1,470
国立・私立、普通科等	314,345	26.5%	51	1,785
国立・私立、専門学科等	51,107	4.3%	11	385
合計	1,188,657	100.0%	200	7,000

出典：国立教育政策研究所（2013a: 74）

た第一段抽出が行われる。

　以上は「主層」の話だが、PISA 調査には「副層」というものも存在する。これは、「主層」のそれぞれの層をさらに分割した層であり、第一段抽出を行う際の学科の「並び順」に影響し、「標本誤差」を少なくするためだけに用いられる。よって、公開されている PISA 調査のデータには「副層」の情報が入っておらず、日本版の報告書（国立教育政策研究所 2013a）にもこのことは記載されていない。日本の PISA 調査の副層は、「大学・短大志願者割合」を用いている（OECD 2014b: 72）。この情報は、学校基本調査の個票データ（集計結果ではなく、集計前の各学校からの回答データ）にある、各学校の大分類の学科ごとの「大学・短大志願者数」をその「卒業者数」で割ることで求めている。そして各主層で、この割合の小さい方から大きい方に学科を 4 層（4 副層）に分類している。つまり副層は 4×4 の 16 層あることになり、抽出台帳における学科の並び順のみに影響する。日本の副層は計算によって導き出しているが、多くの参加国・地域では、「主層」に使わなかった「学校所在地」や「学校の種類」といったものを使っている（OECD 2014b: 72-3）。

③　抽出台帳の作成

　層が決まった後、学科の抽出（第一段抽出、First Stage Sampling）を始める前に、抽出のための学科一覧、すなわち抽出台帳（Sampling Frame）を作る必要がある。日本の PISA2012 年調査では、2010 年度の学校基本調査の個票データを用いて、これを作成している。このような個票データを利用する機会がない場合は、入手できるものを使って抽出台帳を作成する必要があるが、それによって層化の内容や抽出方法も違ってくる可能性がある。いずれにしても、実際に使用できる抽出台帳が作れるかどうかが、標本調査が可能になるのかどうかのカギを握っている。抽出台帳自体は、Microsoft の Excel のような一般的な表計算ソフトで扱えるファイルとして作成することができ、第一段抽出も Excel 上で行うことができる。

　日本の PISA 調査における抽出台帳の具体的な作成方法としては、まず、学校名、住所、設置者、学科の種類（大分類）、課程（全日制、定時制）の情

報とともに、各学校の大分類の学科（同じ学科に全日制と定時制がある場合は別学科と見なす）ごとに生徒数を集計し、「大学・短大志願者割合」を計算し、設置者と学科の種類に基づいた主層の区分（日本の場合は1から4までの値で、それぞれ「公立、普通科等」、「公立、専門学科等」、「国立・私立、普通科等」、「国立・私立、専門学科等」を表す）を行い、「1行が1学科」に対応した学科一覧を作成する。また、PISA調査では、生徒数とは別に、生徒数に基づく「MOS (Measure of Size)」というものを使っている。学科の生徒数がTCS（各学科で抽出される生徒数）を下回る場合、MOSの値を一律にTCSの値（通常は35）にし、上回る場合は生徒数をMOSとし、学科が抽出される確率をこのMOSの値に比例させている。何故生徒数の代わりにMOSを使うのか。その理由は、抽出台帳の生徒数と実際の生徒数に違いがあるとき、生徒数が少ない学科（学校）ほど抽出確率への影響が大きくなる（例えば抽出台帳で2人、実際は4人の場合、抽出確率が半分になってしまう）ため、生徒数が少ないところにある程度の大きさの値を補っていると考えられる。

　ここまで出来たら、日本の場合は副層を作成することになる。例として、10学科からなる主層「1」で、4つの副層を作った場合の抽出台帳を**表2-3**に示す。生徒数が35未満の学科は、MOSの値が35になっている。

表2-3　抽出台帳の例（副層の作成）

学科 ID	主層	…	生徒数	MOS	…	累積 MOS	志願者 割合	副層
005	1		50	50		50	0.233	1
006	1		60	60		110	0.335	1
003	1		30	**35**		145	0.527	1
007	1		70	70		215	0.537	2
001	1		10	**35**		250	0.577	2
008	1		80	80		330	0.602	3
002	1		20	**35**		365	0.629	3
009	1		90	90		455	0.847	4
010	1		100	100		555	0.874	4
004	1		40	40		595	0.881	4

この作業は、初めに、層ごとに「大学・短大志願者割合」の小さい方から大きい方に学科を昇順で並び替え、この学科一覧の上から MOS を順に足した「累積 MOS」を計算する。次に、例にある主層「1」では、MOS の総数は 595 であるため、これを 4 で割った値「148.8」を下回る累積 MOS の学科を副層「1」とし、そこから累積 MOS が「297.5」を下回る学科を副層「2」、「446.3」を下回る学科を副層「3」、残りを副層「4」とする。このようにすれば、各副層の MOS の合計を近づけることができる。副層ができたら、志願者割合の値とここでの累積 MOS の情報は不要になるため、抽出台帳から削除してもよい。

　必要な情報がそろったら、学科の並べ替えを行う。まず主層の値で昇順に並べ替え、主層の中で副層の値で昇順に並べ替え、そして最初の副層の中で生徒数の小さい方から大きい方に昇順で並べ替え、次の副層では大きい方から小さい方に降順に並べ替え、さらに次の副層では生徒数で昇順、さらに次の副層では降順というように並べ替える。先ほどの例を並べ替えたものを**表 2-4** に示す。並べ替えが終わったら、新たにこの並びで主層ごとに累積 MOS の計算を行う（主層が変われば、累積 MOS は計算し直す）。

表 2-4　抽出台帳の例（副層、生徒数で並び替え後）

学科 ID	主層	副層	…		生徒数	MOS	…		累積 MOS
003	1	1			30	35			35
005	1	1			50	50	昇順		85
006	1	1			60	60			145
007	1	2	副層で昇順		70	70	降順		215
001	1	2			10	35			250
002	1	3			20	35	昇順		285
008	1	3			80	80			365
010	1	4			100	100			465
009	1	4			90	90	降順		555
004	1	4			40	40			595

2　大規模教育調査のための標本抽出　55

　ここまできて、第一段抽出の準備は終了である。この抽出台帳の作り方は、主層や副層、学科や学校の数がどれほど増えても同じである。これができれば、第一段目の抽出が可能になる。

④　第一段抽出

　PISA 調査では、第一段抽出は「確率比例抽出」であり、先述の説明を日本の文脈に合わせて具体的に述べると、主層別に学科の MOS（生徒数から作成）に比例した確率で抽出学科を選び出す、ということになる。この作業も特別なソフトウェアは必要なく、Excel などの表計算ソフトを使って行うことができる。主層ごとに別々に行われるため、主層がいくつになっても、作業は次の 5 つのプロセスで行うことになる（OECD 2014b: 74-5）。

　1）まず、抽出を行う主層の MOS の合計を確認する（PISA 調査では、これを「S」と呼んでいる）。抽出台帳で、抽出を行う主層における累積MOSの最後の値、先の例でいえば「595」がその値 S である。

　2）次に、抽出間隔（「I」と呼ばれている）を計算する。この主層で抽出する学科の数（「D」と呼ばれている、各主層の抽出学科数は「層化」の際に決定している、表 2-2 を参照）で、MOS の合計値 S を割った値が抽出間隔 I である（つまり、I＝S÷D）。先の例でいえば、この主層から 3 学科を抽出するとしたら、595÷3 で「198.3333」が抽出間隔 I となる。

　3）そして、0 から 1 の範囲でランダムな値を 1 つ作り（「RN」と呼ばれている）、抽出間隔 I と掛け合わせて、最初の抽出番号（Selection Number）を作成する。RN は、Excel であれば「=RAND()」というワークシート関数で簡単に作り出すことができる。この値が、仮に「0.4242」であったとすると、先の例では、最初の抽出番号は、「84.1330」となる。

　4）あとは、最初の抽出番号に抽出間隔 I を足して 2 番目の抽出番号を作り、さらに 2 番目の抽出番号に抽出間隔 I を対して 3 番目の抽出番号を作るというようにして、この主層で抽出する学科の数だけ抽出番号を作成する。ここまでの作業は**表 2-5** のように表すことができる。「n」は、抽出される学科の順番を示し、抽出番号は I×(RN＋n－1) で求めることができる。

表 2-5 抽出番号の作成例（3 学科抽出する場合）

S: 合計 MOS	595		n	抽出番号	
D: 抽出学科数	3		1	84.1330	=I*(RN+n-1)
I: 抽出間隔	198.3333	=S/D	2	282.4663	=I*(RN+n-1)
RN: 乱数	0.4242	=RAND()	3	480.7996	=I*(RN+n-1)

5）抽出台帳（表2-4）の累積MOSを上から順番に見て、最初に1番目の抽出番号以上になった学科を最初の抽出学科とし、以下同様に、最初に2番目の抽出番号以上になった学科を2番目の抽出学科、最初に3番目の抽出番号以上になった学科を3番目の抽出学科というように抽出学科を決めていく。この時、抽出台帳において、抽出学科の1つ下の学科を「第一代替学科」、1つ上の学科を「第二代替学科」として一緒に選ぶ。これは、PISA調査では、抽出学科に参加を断られた時、第一代替学科に参加を依頼し、そこにも断られた時は第二代替学科に依頼することになっているためである。**表 2-6** は、これまで用いてきた 10 学科からなる主層で、3 つの抽出学科を選んだ場合の例である。抽出学科には「PISA ID」として 001、002、003 を付与し、それらに対応する第一代替学科には301、302、303、第二代替学科には601、602、603 を付与している。

表 2-6 抽出台帳の例（抽出学科の抽出後）

学科 ID	主層	副層	…	生徒数	MOS	…	累積 MOS	PISA ID
003	1	1		30	35		35	601
005	1	1		50	50		85	**001**
006	1	1		60	60		145	301
007	1	2		70	70		215	
001	1	2		10	35		250	602
002	1	3		20	35		285	**002**
008	1	3		80	80		365	302
010	1	4		100	100		465	603
009	1	4		90	90		555	**003**
004	1	4		40	40		595	303

2 大規模教育調査のための標本抽出　57

スクリプト 2-1　第一段抽出のための VBA プログラム

　　この作業は、直接見ながら行うこともできるが、抽出学科数が多くなると間違うことも増えるため、Excel であれば VBA のプログラムを使うことをお薦めする。以下では、上記の例で用いた、筆者らによる VBA プログラムを示す。同様の作業をする際に、適宜、変更して使っていただければと思う（特に網掛け部分を変える必要あり）。

```
Sub first_stage_sampling()
'抽出番号を配列変数に取り込む
    Dim Temp As Range
    Dim i As Integer
    Dim SelectNUM(200) As Double   '「200」は抽出学科数
    i = 0

    For Each Temp In Range("Q4:Q6")   '抽出番号の範囲を指定
        SelectNUM(i) = Temp.Value
        i = i + 1
    Next Temp

'累計 MOS と抽出番号を比較し、PISA ID をつける
    Dim cumMOS As Range
    Dim pisaID As Integer
    i = 0
    pisaID = 1          'この主層での PISA ID の初期値

    For Each cumMOS In Range("I4:I13")   '累積 MOS の範囲を指定
            If cumMOS.Value >= SelectNUM(i) Then
            With cumMOS.Offset(, 1) '抽出学科に ID を付与
                .NumberFormat = "@"
                .Value = Format(pisaID, "000")
            End With
            With cumMOS.Offset(1, 1) '第一代替学科に ID を付与
                .NumberFormat = "@"
                .Value = Format(pisaID + 300, "000")
            End With
            With cumMOS.Offset(-1, 1)'第二代替学科に ID を付与
                .NumberFormat = "@"
                .Value = Format(pisaID + 600, "000")
```

```
            End With
            i = i + 1
            pisaID = pisaID + 1
            If SelectNUM(i) = 0 Then Exit For
        End If
    Next cumMOS
End Sub
```

　以上で第一段抽出は終了である。PISA 調査の第一段抽出では、MOS に
比例して抽出確率が変わる「確率比例抽出」であると同時に、非復元的に
(これは、同じ学科が再び選ばれることがないという意味) 一定の抽出間隔で選ば
れる「系統抽出 (Systematic Sampling)」が行われている (系統抽出は、等間隔抽
出とも呼ばれる)。なお、次節で説明する「データの重み付け」において、
調査に参加する学科の「MOS」と各層の「抽出間隔」の値が必要になるた
め、抽出が終わったからといって消去せずに、調査結果の分析が終わるまで
保存しておかなければならない。

⑤　生徒名簿の入手

　抽出学科が決まったら、抽出学科が属する学校に調査への協力を依頼する
ことになる。ここで抽出学科、第一代替学科、第二代替学科からなる学科一
覧を作り、学校とのやり取りをそこに記録しておくことをお薦めする。学科
と学校を分けて表現している理由は、2 つの学科が抽出学科になっている学
校が存在する可能性もあるためである。抽出学科が属する学校から依頼を断
られた場合は、第一代替学科が属する学校に、そこで断られたら第二代替学
科が属する学校に協力依頼を行うことになる。PISA 調査では、廃校などの
理由で学科が無くなった場合は、代替を行っていない。また、第二代替学科
にも断られた場合は、第三代替は認められない。国際ルールとして、抽出学
科で 85%以上の実施が求められており (この「学校 (学科) 実施率」は、「重み
付け後の生徒の割合」で計算されている)、それに達しない場合は代替学科を含
めて調査された標本の質が評価され、国際版の調査データに含められるかど

うかが判定される（OECD 2014b: 68-9）。いずれにしろ、この学校（学科）実施率が代替学科を含めて 65%に満たない場合は、国際版の調査データからその国・地域のデータが除外されることになる。PISA2000 年調査ではオランダが、PISA2003 年調査ではイギリスがこの基準を満たせなかったために、国際版の調査データから除外されている。PISA 調査を行う上で、調査問題の翻訳（本書では扱わない）と並んで、学校への協力依頼が最も神経を使うプロセスであるが、それはこのような厳しい基準があるためである。

　そして調査への参加が決まったら、その学校で調査を実施する先生の決定や調査実施のスケジュール調整とともに、第二段抽出（Second Stage Sampling）において、調査を受ける生徒を選び出すのに必要な学科ごとの抽出台帳、すなわち参加が決まった学科の「生徒名簿」を学校から入手する必要がある。この生徒名簿は、氏名、性別、生年月日（本当に PISA 調査の母集団に含まれるかを判定）、機能的・知的・言語的なハンディキャップの有無（調査を受けることが可能かどうかを判定）といった情報があることが望ましいが、「個人情報の保護」に関する条例などの影響で、近年、これらの一部、またはすべてを入手することが困難になってきている。そこで、少なくとも参加が決まった学科の生徒が特定できる番号や記号のみを学校から入手し、それを生徒名簿の代わりとして使うこともある。

　PISA 調査では、第二段抽出で用いるソフトウェアに合わせた形式の Excel ファイルを用いているが、大規模教育調査を独自に行う場合も、生徒名簿（所属する者の名簿ならばどのようなものでも）を使用するのであれば、1 人の生徒に付き 1 行、1 つの情報を 1 列で表せる同じ形式の Excel ファイルなどを使用した方が、その後の処理が楽になる。**表 2-7** に示すのは、PISA 調査で実際に使われているものではないが、生徒名簿の一例である。

　なお、学校から入手した生徒名簿は、第一段抽出時のその学科の生徒数と比較し、大きな違いがないか、必ず確認する必要がある。特に PISA 調査は大学科単位で抽出しているため、どの学科が調査に選ばれたのか、学校側で混乱することもあるからである。違いが数人であれば問題ないが、10 人を超えるような時、選ばれた学科について誤解がないか（選ばれた学科の一部を

表 2-7　生徒名簿の例

番号	氏名	性別	生年月日			備考欄
			年	月	月	
1						
2						
3						
4						
5						
6						
7						
8						
9						
10						
⋮	⋮	⋮	⋮	⋮	⋮	⋮

除いていないか、選ばれていない学科を加えていないか）、学校に連絡して明らかにしなければならない。もしその原因が、定員の増加や削減、学科の分割等の場合であれば、そのまま生徒名簿を使用してよいが、何らかの誤解があるのであれば、修正した生徒名簿を再度入手する必要がある。

⑥　第二段抽出

　学校から学科の生徒名簿を入手したら、第二段抽出として、その中から実際に調査に参加する生徒を選ぶことになる。生徒名簿の人数が 35 人以下の場合は全員、35 人より多い場合はその中から 35 人を選ぶが、この作業はPISA 調査の国際センターが提供するソフトウェア「KeyQuest」（OECD 2014b: 85）で行うことが国際ルールとして決められている。ただし、このソフトの抽出プロセスが公開情報にないため、本書では、35 人以上の場合の一般的な抽出方法について説明する。

　PISA 調査の第二段抽出は「単純無作為」、つまり生徒が同じ確率でランダムに選ばれることになるが、同じ生徒が二回選ばれるような「復元抽出」（集団から一人選んだら、その一人を集団に戻して、再び人を選ぶ方法）ではなく、

2　大規模教育調査のための標本抽出　61

「非復元抽出」が用いられている。その方法には様々なものが考えられるが、ここでは2つ紹介する。1つ目は、生徒に0から1の範囲でランダムな値を割り当て、その値の小さい方から35番目までを抽出するという方法である。これは、Excelであれば「=RAND()」というワークシート関数を使って値を割り当て、その値を基準に生徒を昇順に並ばせ、不要な生徒のデータを削除するだけで簡単に行える。2つ目は、性別などの情報を第一段抽出での「副層」のように使って、抽出精度を高める方法である。性別などの情報を使って生徒名簿を並べ替えた後、第一段抽出で用いた「系統抽出」を行う。この時、「合計MOS」の代わりに生徒数、「累計MOS」の代わりに通し番号（1、2、3から生徒数の値まで）などを使えば、抽出番号を作成することができる。

スクリプト2-2　第二段抽出のためのVBAプログラム

　　第一段抽出とは異なり、第二段抽出は調査への参加を承諾したすべての学科に対して行うため、上記の方法を手動で行うと時間もかかり、間違いもそれだけ多く発生する。そのため、ここでもExcelであればVBAのプログラムを使うことをお薦めする。以下では、2つ目の方法を用いた、筆者らによるVBAプログラムを示す。同様の作業をする際に、適宜、変更して使っていただきたい。

```
Sub second_stage_sampling()
'氏名など、生徒全員に何らかのデータがある列が必要
'予め、並べ替えをしておくこと
'生徒名簿を別シートにコピー
    ActiveSheet.Copy Before:=Worksheets(1)

'生徒数の計算
    Dim startRow As Integer
    Dim endRow As Integer
    Dim StuNum As Integer

    Range("B3").Select              'B3は氏名の先頭のセル
    startRow = Selection.Row        '氏名の先頭行を取得
    endRow = Selection.End(xlDown).Row '氏名の最終行を取得
    StuNum = endRow - startRow + 1  '生徒数の計算
```

```
'抽出
    Dim D As Integer
    Dim I As Double
    Dim RN As Double
    Dim SN As Double

    D = 35            '抽出数 (TCS)
    I = StuNum / D    '抽出間隔
    RN = Rnd()        '乱数
    SN = I * RN       '抽出番号の初期値

    Dim n As Integer

    For n = 1 To StuNum
        If n < SN Then
            Selection.EntireRow.Delete
        Else
            Selection.Offset(1, 0).Select
            SN = SN + I
        End If
    Next n
End Sub
```

　系統抽出を行う際は、特に名簿の並び順に注意する必要がある。例えば、学科が男子 35 人、女子 35 人、計 70 人であり、名簿が男子と女子が交互に並んでいたとすると（性別が男女男女男女……）、そこから並び替えをせずに 35 名を系統抽出すると、全員が男子または女子になってしまう。これを避けるには、性別で並べ替えた後で、系統抽出をする必要がある。

　実際の PISA 調査では、抽出された生徒の情報、問題冊子の種類、調査当日の出席状況の記入欄などが含まれる調査記録用紙（抽出後の生徒名簿）は、ソフトウェア「KeyQuest」によって自動的に作成される。PISA 調査では複数の問題冊子を使用していることを第 1 章で述べたが、この問題冊子の割振りもこの時点で行われる。PISA 調査のように 13 種類の冊子があるとすると、最初に第二段抽出が終わった学科の最初の生徒に 1 種類目、次の生徒

2 大規模教育調査のための標本抽出　63

に 2 種類目というように割当て、最後の生徒が 9 種類目だったら、次に第二
段抽出が終わった学科の生徒に 10 種類目から割当てれば、均等に冊子を配
布することができる。そして、調査に参加する生徒を学校に知らせるため、
この調査記録用紙が学校に送られる。**表 2-8** に示すのは、PISA 調査で実際
に使われているものではないが、調査記録用紙（抽出後の生徒名簿）の一例で
ある。100 人から 35 人を系統抽出したため、番号の列を見ると、2 人から 3
人間隔になっていることがわかる。なお、抽出前の生徒名簿の生徒数も、抽
出後の調査記録用紙にある抽出された生徒の数も、次節で説明するデータの
重み付けで必要になるため、調査終了後も必ず保存しておく必要がある。

表 2-8　**調査記録用紙（抽出後の生徒名簿）の例**

| 番号 | 氏名 | 性別 | 生年月日 | | | 問題冊子の種類 | 出欠状況 |
			年	月	月		
2	○○○	○	○○○○	○○	○○	1	
5	○○○	○	○○○○	○○	○○	2	
8	○○○	○	○○○○	○○	○○	3	
11	○○○	○	○○○○	○○	○○	4	
13	○○○	○	○○○○	○○	○○	5	
16	○○○	○	○○○○	○○	○○	6	
19	○○○	○	○○○○	○○	○○	7	
22	○○○	○	○○○○	○○	○○	8	
25	○○○	○	○○○○	○○	○○	9	
28	○○○	○	○○○○	○○	○○	10	

　以上で、PISA 調査の標本抽出は終了である。学科（学校）とは異なり、
生徒の不参加に対する代替は認められていない（調査当日に欠席した生徒の代
わりを見つけてくる必要はない）。ただし、欠席した当該生徒に対してのみ、
後日、調査を行うことは認められている（OECD 2014b: 109）。
　調査後、各学科（学校）の生徒参加率が計算されるが、これが 50%に満た
ない学科（学校）は、学校自体が参加しなかったことにされてしまい、実際
に参加しなかった学校と合算されて、先述の学校（学科）参加率の計算に用

いられる。そして、重み付け後の「全生徒数」に対する重み付け後の「参加と見なされた学科（学校）の実際に参加した生徒数」の割合が「生徒参加率」として計算され、この値が 80％以上になることが国際ルールとして求められている（OECD 2014b: 69-70）。

　PISA 調査では、調査の質を確保するために、標本抽出方法や抽出結果に対して厳しい基準が求められている。これに対して、日本で独自に大規模教育調査を行う場合、この基準を調査主体が自ら決めていかなければならない。PISA 調査と同等の基準を設けることは難しいかもしれないが、少なくとも、抽出方法や抽出結果、データの回収状況などを調査結果報告書で示し、データが母集団をどれぐらい捉えられているのか、明らかにするべきである。

　なお、ここで補足するが、PISA 調査のような国際的な大規模教育調査である TIMSS や、第 1 章で説明した教育課程実施状況調査で使われている「層化二段クラスター抽出法」（集落抽出とも呼ばれる）は、第一段抽出までは PISA 調査とほぼ同じ（小学校、中学校が対象なので、第一次抽出単位は学科ではなく学校）であり、第二段抽出の際に、生徒ではなく学級（クラス）を選び、選ばれた学級の生徒（児童）全員に調査を実施する方法である。各学校では、通常、1 学級が調査対象になる。

（3）標本サイズと層について

　先述したように、標本調査は全数調査と違い、母集団の一部を調べることで全体の特性を推定するため、その推定値には「標本誤差」が生じる。特に学力調査を標本調査として行う場合、学校や学科を抽出単位とした「多段抽出」は避けられないが、その場合、学校や学科によって能力や得点に違いがあれば、成績の良い学校が当たったり、成績が良くない学校が当たったりすることで、「標本誤差」は「単純無作為抽出」よりも大きくなる。しかし、「層化」を行うことで、「主層」とした学校や学科の集団間では偏りが無くなるため「標本誤差」は「層化」を行わない場合よりも小さくなる。PISA調査の場合、日本を例にとると、層化によって公立と私立、普通科等と専門学科等のどちらかが多くなるという偏りがなくなる。

2 大規模教育調査のための標本抽出 65

　ここでは、「多段抽出」の「標本誤差」に対する影響を説明し、標本サイ
ズ、学校（学科）数、TCS（抽出学校・学科での抽出生徒数）を増やした場合に
「標本誤差」がどのように変わっていくのかを検証する。そしてさらに、
「層化」の「標本誤差」に対する影響を説明し、PISA 調査の層化が「標本
誤差」にどの程度関わっているのかも検証する。なお、ここでは重み付けを
行わずに検証を行うが、その場合は PISA 調査の分析結果（重み付けを行って
いる）も併せて示す。

スクリプト 2-3　R の準備

　これらの検証を行う前に、PISA2012 年調査の調査データの取得方法、並び
に使用方法について解説する。本書のはじめにも述べたように、標準的な
Office ソフトと無料のソフトウェアだけで調査データを分析する方法を示す。
　PISA 調査の調査データは、OECD（経済協力開発機構）の PISA 調査の Web
サイトにある「Data」（http://www.oecd.org/pisa/data/）から入手することがで
きる。しかし、PISA2015 年調査よりも前の調査データは、データが入ったテ
キスト形式のファイル（拡張子が「.txt」のファイル）と有料の統計ソフトであ
る SAS（SAS Institute Inc., Cary, NC, USA）と SPSS（IBM Corp., Armonk, NY, USA）
のコントロールファイルに分かれており、SAS や SPSS がなければ、調査デー
タのファイルを用意することが難しく、分析もこれらのソフトウェアで行う方
法しか OECD では公開されていない（OECD 2009a; 2009b）。SAS や SPSS が使
える方は、OECD（2009a; 2009b）を参考にしてファイルの入手と分析を行ってい
ただきたいが、本書では無料の統計ソフト「Microsoft R Open」（Microsoft
2016）を用いて、PISA 調査のデータを分析する方法を紹介する。
　「Microsoft R Open」は、無料の統計ソフト「R」（R Core Team 2017）の拡張
版であり、第 3 章や第 5 章で行うシミュレーションを容易にするため、本書で
は「R」でなく、「Microsoft R Open」を用いる。最初に「Microsoft R Open」
を入手し、インストールする必要がある。ソフトウェアは、Microsoft R
Application Network（https://mran.microsoft.com/open）のサイトからダウンロー
ドすることができる。使用しているコンピュータにあったバージョンをダウン
ロード後、インストールすれば使うことができる。次に必ず必要な訳ではない
が、分析を実行するためのプログラム（「スクリプト」と呼ばれる）を作成しや

すくするため、R 用の統合開発環境であるソフトウェア「RStudio」（RStudio Team 2016）も入手し、インストールする。RStudio のダウンロードサイト（https://www.rstudio.com/products/rstudio/download/）から使用しているコンピュータにあったバージョン（「RStudio Desktop」であれば無料）をダウンロードし、インストールすれば、RStudio で「Microsoft R Open」を動かすことができる。

PISA 調査のデータを使うには、もう 1 つだけソフトウェア「Rtools」をインストールする必要がある。R プロジェクトの Web サイトから「Building R for Windows」（https://cran.r-project.org/bin/windows/Rtools/）で、「Microsoft R Open」のバージョンにあった「Rtools」をダウンロードし、インストールする。その際、インストール中の「Select Additional Tasks」の画面で、「Edit the system PATH」にチェックを入れておく必要がある（チェックを忘れた場合は、再度インストールする）。

以上の作業を終え、「RStudio」を起動したら、図 2-1 ような画面が表示される。左下の「Console」ペインを見れば、「Microsoft R Open」を使っていることが確認できる（図 2-1 の黒い丸で囲んだ部分、以下、「Microsoft R Open」を使っている場合でも R と呼ぶ）。

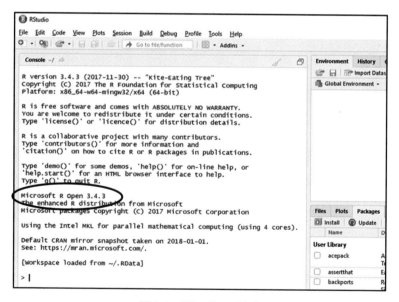

図 2-1　RStudio の画面

Rは、Consoleパネル上からでもスクリプトを実行することができるが、スクリプトをファイルとして保存しておくと、分析で行ったことを記録でき、分析を再現したり、同じような分析のために修正したりすることができる。そこで、スクリプトファイルの作り方と実行の仕方を説明する。例として、データや分析結果を保存するフォルダを指定する関数「setwd()」を使って、Cドライブに作ったフォルダ「C:/R/PISA」を指定する（スクリプトファイルの実行前にCドライブにフォルダ「R」を作り、その中にフォルダ「PISA」を作っておく必要がある）。画面左上のメニュー「File」をクリックし、「New File」から「R Script」をクリックすると空のソースペインが開く。ここで以下のように入力する。なお「#」より右の文は、説明のために入れたコメントであり、スクリプトの実行には影響しない。

```
#Set working directory and read data file
setwd("C:/R/PISA")
```

このスクリプトを実行するには、スクリプトの行にカーソルを置くか、スクリプトを選択して、スクリプトエディタの右上にある「Run」ボタンをクリックする。保存は保存ボタン、Rを終えるときは画面右上の終了ボタンを押す。図 2-2 の例では、スクリプトファイルを「PISA」という名前で保存している（丸で囲んだ部分、ソースペインにあるタブに「PISA.R」と表示されている）。

図 2-2　Rのスクリプトの入力

Rでは、様々な分析のための関数やデータが「パッケージ」という形でまとめられており、それを関数「install.packages()」でインストールし、関数「library()」で呼び出すことで使えるようになる。Rのパッケージや関数につい

て調べたい時は、関数「help()」が役に立つ。例えば、「setwd()」なら、「help("setwd")」というスクリプトを入力して実行すれば、その使い方を見ることができる（ただし、説明はすべて英語）。R に関する文献は日本語でも多々あるが、基本操作については舟尾と高浪（2005）、心理・教育系でよく使われる分析方法については服部（2011）などがある。

スクリプト 2-4　PISA 調査データの取得

PISA2012 年調査のデータを使うには、次のスクリプトを入力し、実行する。

```
#Install packages
install.packages("devtools")

#Load library
library(devtools)

#Install packages
install_github("pbiecek/PISA2012lite")

#Load library
library(PISA2012lite)
```

　パッケージ「PISA2012lite」（Biecek 2017）をそのまま使うことができれば問題ないのだが、PISA 調査のデータが大きすぎるため、一旦パッケージ「devtools」（Wickham and Chang 2017）を関数「install.packages()」を使ってインストールし、パッケージ「devtools」の関数「install_github()」に「pbiecek/PISA2012lite」と指定し、実行することでパッケージ「PISA2012lite」をインストールしている（データのダウンロードが行われるが、使用するコンピュータの環境によっては非常に時間がかかる）。
　PISA 調査の得点のデータは、「生徒質問紙」のデータの中に保存されている。ここでは「学校質問紙」のデータも使うため、両者を呼び出してデータを結合する必要がある。そのためのスクリプトは以下のとおりである（ダウンロードしたデータを R に読み込む作業があるため、使用するコンピュータ環境によっては非常に時間がかかる可能性がある）。

2 大規模教育調査のための標本抽出　69

```
#Load data
data("student2012")
data("student2012weights")
data("school2012")

#Make dataset of PISA2012
stu2012 <- cbind(student2012[,-552:-555],
                 student2012weights[,-1:-4])
pisa2012 <- merge(stu2012, school2012,

by=c("CNT","SUBNATIO","STRATUM","OECD","NC","SCHOOLID"),
    all.x=TRUE)
rm("stu2012","student2012","student2012weights","school2012")

#Make dataset of Japan
JPN2012 <- pisa2012[pisa2012$CNT=="Japan",]
rm("pisa2012")
```

　関数「data()」でデータ「student2012」（生徒質問紙と得点のデータ）、
「student2012weight」（生徒に対する「重み」の情報が入ったデータ、生徒質
問紙や得点のデータと標本誤差を計算するための「重み」が別々になっている
のは、両者を合わせるとデータが大きくなりすぎるため）、「school2012」（学
校質問紙のデータ）を読み込み、データ「student2012」と
「student2012weight」の必要な部分を関数「cbind」で結合する。そして、関
数「merge()」を使って、生徒質問紙と学校質問紙を結合している。本章では、
日本のデータしか使わないため、結合したデータ「pisa2012」から日本のデー
タのみを取り出し、データ「JPN2012」としている。なお、不要になったデー
タは関数「rm()」で消去しながら作業を進めている。
　パッケージ「PISA2012lite」には、調査データにどのような変数があるのか
も、データとして保存されている。例えば生徒質問紙と学校質問紙では、以下
のスクリプトでそれを見ることができる。

```
#Load data
data("student2012dict")
data("school2012dict")
```

```
student2012dict <- as.data.frame(student2012dict)
school2012dict <- as.data.frame(school2012dict)

#View variable list
View(student2012dict)
View(school2012dict)
```

このスクリプトを実行すると、ソースペインに図2-3のようにデータが表示される。「student2012dict」は生徒質問紙の、「school2012dict」は学校質問紙の情報である。ソースペインの上部のタブで表示を切り替えることができる（消したい時は、タブに表示されている「×」をクリック）。

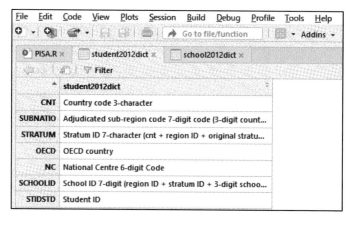

図2-3　表示例：生徒質問紙の変数一覧

スクリプト2-5　PISA調査データの利用

　Rには、国際的な大規模教育調査の分析に使えるパッケージ「intsvy」(Caro and Biecek 2017) があり、これを使えばPISA調査のデータから各領域の平均得点や質問項目の回答割合、それらの標準誤差を計算することができる。以下は、数学的リテラシーの平均得点と標準偏差、層別の生徒割合（変数STRATUMが層を意味する）、学校所在地別の生徒割合（変数SC03Q01が学校所在地）を求めるスクリプトである。

2 大規模教育調査のための標本抽出 71

```
#Install packages
install.packages("intsvy")

#Load library
library(intsvy)

#Culculate mean and SD
pisa.mean.pv(pvlabel="MATH", data=JPN2012)

#Culculate percent
pisa.table(variable="STRATUM", data=JPN2012)
pisa.table(variable="SC03Q01", data=JPN2012)
```

　関数「pisa.mean.pv()」は、生徒の平均得点と標準偏差を計算する関数であり、「data=」でデータ「JPN2012」を指定し、数学的リテラシーの場合は「pvlabel=」に「MATH」と指定する。なお、「MATH」の代わりに「READ」とすれば読解力を、「SCIE」とすれば科学的リテラシーを指定することができる。関数「pisa.table()」は、質問項目などを集計する関数であり、「data=」でデータ「JPN2012」を指定し、「variable=」で集計したい項目（ここではSTRATUMとSC03Q01）を指定する。

　コンソールペインには、以下のように計算結果が表示される。「Mean」の「536.41」が平均得点であり、その横の「s.e.」が「標準誤差（Standard Error）」で、「3.59」となっている（丸で囲んだ部分）。この値は、PISA調査の報告書（国立教育政策研究所　2013a: 113）と一致する。なお、通常は「標本誤差（Sampling Error）」と同じ意味であるが、PISA調査ではそれに測定誤差を加味した値を「標準誤差」としている。また、平均得点は、重み付けした5つの「Plausible Value（PV）」で平均を求め、これら5つの値を平均したものである。

```
> #Culculate mean and SD
> pisa.mean.pv(pvlabel="MATH", data=JPN2012)
  Freq  Mean s.e.   SD s.e
1 6351 536.41 3.59 93.52 2.19
>
> #Culculate percent
```

```
> pisa.table(variable="STRATUM", data=JPN2012)
       STRATUM Freq Percentage Std.err.
688 JPN0101 3137      48.08     0.77
689 JPN0202 1355      20.64     0.52
690 JPN0203 1532      26.88     0.90
691 JPN0204  327       4.41     0.20
> pisa.table(variable="SC03Q01", data=JPN2012)
       SC03Q01 Freq Percentage Std.err.
2 Small Town    95      1.64     0.98
3       Town 1689      25.75     2.69
4       City 3144      49.42     3.40
5 Large City 1423      23.20     3.31
```

① 標本サイズと標本誤差

「多段抽出」の「標本誤差」を考える前に、「復元単純無作為抽出」、つまり選ばれた生徒をもう一度母集団に戻して選び直す、単純無作為抽出を行った場合の「標本誤差」を説明する。これは、同じ生徒が何度も当たる可能性があり、無限母集団から1回ずつ単純無作為抽出する場合と同じになる。議論を単純化するため、重み付けを行わず、数学的リテラシーの5つのPVの1つである変数「PV1MATH」の値のみを使い、この変数の平均値、つまり平均得点の「標本誤差」を計算する。

単純無作為抽出の場合、「標本誤差」の計算式は次のようになる（本書では、分散は小数点以下を、標本誤差は小数点以下2桁を四捨五入する）。

$$\text{復元単純無作為抽出での標本誤差} = \sqrt{\frac{\text{分散}}{\text{標本サイズ}}} = \sqrt{\frac{8864}{6351}} = 1.18$$

スクリプト 2-6　標本誤差の計算（単純無作為抽出）

Rで求めるには、次のスクリプトを使う。

```
all_var <- var(JPN2012$PV1MATH)      #variance
stuNum <- length(JPN2012$PV1MATH)    #sample size
```

```
sqrt(all_var/stuNum)                    #sampling error
```

関数「var()」は分散を、関数「length()」はデータの数を求める関数であり、関数「sqrt()」を使って、分散を標本サイズで割った値の平方根を求めている。

平均得点の「標本誤差」が「1.18」であるということは、「±標本誤差×1.96」の範囲に母集団の真の平均得点が存在する確率が 95%であることを意味する。例えば、平均得点が「536 点」である場合、母集団の真の平均得点がおおよそ「534 点から538 点」の間にあると考えられる。この式を見ると、**分子の分散（生徒の得点のばらつき具合を示す）が小さいほど標本誤差は小さくなり、分母の標本サイズ（調査データが有効な生徒の人数）が大きいほど、同じく標本誤差が小さくなることがわかる。**みんなが１問も解けないテストや満点になるテストであれば、分散は 0 であり、標本誤差は生じないが、そのようなテストから得られる情報はまったくといっていいほど無いため、分散を小さくするよりも標本サイズを大きくする方が重要になってくる。

ちなみに「非復元単純無作為抽出」、選ばれた生徒を母集団に戻さずに単純無作為抽出を行った場合の「標本誤差」も説明する。これは、PISA 調査のような教育調査で通常行われているように、生徒が一度しか当たる可能性が無い場合であり、有限母集団から標本を同時に単純無作為抽出する場合と同じである。式は、「復元単純無作為抽出」の標本誤差を求める平方根の中で、抽出率（標本サイズ÷母集団サイズ）に基づく「有限母集団修正（Finite Population Correction）」（1−抽出率）をかけたものになる（Cochran 1977:23）。PISA2012 年調査の場合は、次のとおりである。

$$\text{非復元単純無作為抽出での標本誤差} = \sqrt{\frac{\text{分散}}{\text{標本サイズ}} \times \left(1 - \frac{\text{標本サイズ}}{\text{母集団サイズ}}\right)}$$

$$= \sqrt{\frac{8864}{6351} \times \left(1 - \frac{6351}{1188657}\right)} = \sqrt{1.40 \times 0.99} = 1.18$$

「標本誤差」は、復元抽出でも、非復元抽出でもほとんど違いが見られない。これは母集団のサイズが百万人以上と大きいためである。「有限母集団修正」に注目すると、抽出率が大きいほど、つまり母集団に対して標本のサイズが大きくなるほど、逆に母集団のサイズが相対的に小さくなるほど、「有限母集団修正」の値は小さくなり、「標本誤差」は小さくなる。全数調査のように標本サイズと母集団サイズが一致するとき、「有限母集団修正」の値は最小値の「0」になり、当然ながら「標本誤差」は生じない。逆に、抽出率が小さいほど、「有限母集団修正」の値は大きくなり、「標本誤差」も大きくなる。抽出率が最小になるのは、「標本サイズ÷∞＝0」、つまり無限母集団の場合であり、その時「有限母集団修正」の値は「1－0」で最大値の「1」になり、「復元単純無作為抽出」の「標本誤差」と一致する。

②　多段抽出と標本誤差

　では、「二段抽出」（層化なし）の場合の「標本誤差」はどうなるのであろうか。「単純無作為抽出」の場合と同様、議論を単純化するため、重み付けを行わず、数学的リテラシーの PV の１つである変数「PV1MATH」の値のみを使い、この変数の平均値、つまり平均得点の「標本誤差」を計算する。

　ここでは、母集団の学校（学科）が無限にあり、学校（学科）内の生徒が無限にいると仮定し、重み付けも「有限母集団修正」も行わない。この場合の「二段抽出」における「標本誤差」を求める式は、以下のとおりである（「有限母集団修正」を行った場合については、Cochran 1977: 277 を参照）。

$$\text{二段抽出での標本誤差} = \sqrt{\frac{\text{学校間分散}}{\text{学校数}} + \frac{\text{学校内分散}}{\text{生徒数}}} = \sqrt{\frac{4908}{191} + \frac{4122}{6351}} = 5.14$$

　学校間分散とは、学校（学科）ごとの平均得点について分散を求めた値であり、学校内分散は、分散全体から学校間分散を除いた値であり、学校（学科）内での生徒の得点の分散を意味する。前者は、「級間分散（Between-Class Variance）」とも呼ばれるが（大谷 2014: 209）、本書では国立教育政策研究所

2　大規模教育調査のための標本抽出　75

(2013a: 336) で用いられている表現を使う。後者は「級内分散 (Within-Class Variance)」とも呼ばれる (大谷 2014: 209)。

スクリプト 2-7　標本誤差の計算 (二段抽出)

R で求めるには、次のスクリプトを使う。パッケージ「lme4」 (Bates et al. 2017) の関数「lmer()」を用いている。

```
#Install packages
install.packages("lme4")

#Load library
library(lme4)

#Fit linear mixed model
m_model1 <- lmer(PV1MATH~ (1|SCHOOLID), data=JPN2012)
summary(m_model1)
```

関数「lmer()」の中の式「PV1MATH~ (1|SCHOOLID)」は、「SCHOOLID」 (学校を表すコード) を使って「PV1MATH」 (数学的リテラシーの得点) の分散を「学校間分散」と「学校内分散」に分解するために用いており、データには「JPN2012」を指定している。この計算結果を「m_model1」に保存しており、関数「summary()」を使って、コンソールペインに表示させている。結果は、以下のとおりである。

```
> summary(m_model1)
Linear mixed model fit by REML ['lmerMod']
Formula: PV1MATH ~ (1 | SCHOOLID)
   Data: JPN2012

REML criterion at convergence: 71588.1

Scaled residuals:
    Min     1Q Median     3Q    Max
-4.1009 -0.6316  0.0161  0.6439  3.7507
```

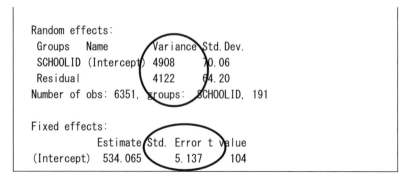

　この分析結果では、中ほどにある「Random effects:」の列「Variance」、行「SCHOOLID」にある「4908」が学校間分散（級間分散）、行「Residual（残り）」にある「4122」が学校内分散（級内分散）である（黒い丸で囲んだ部分）。なお、2つの値を足しても単純無作為抽出の説明の際に求めた分散と若干異なるが、これは計算方法の違いによる。そして、一番下の「Std.Error」の値「5.137」が「標本誤差」である（黒い丸で囲んだ部分）。

　「二段抽出」における「標本誤差」の式を見ると、**標本サイズを大きくするために TCS（各学校・学科で抽出する生徒数）だけを増やすと「学校内分散÷生徒数」だけが小さくなるのに対して、TCS はそのままに、学校（学科）数を増やすと「学校間分散÷学校数」も「学校内分散÷生徒数」も小さくなり、より効果的に「標本誤差」を小さくすることができる。**図2-4 は、この関係を示したものである。3つの線で抽出方法を示しているが、いずれも無限母集団（分散が 8864）を仮定し、横軸に示された標本サイズの時に、縦軸に示された「標本誤差×1.96」の値がいくつになるのかを示している。「平均得点±標本誤差×1.96」の範囲に母集団の平均得点が 95%の確率で存在する、つまりこの範囲に真の値があると推定される。二段抽出の2つの線は、先ほどの「二段抽出」における「標本誤差」を求める式を使って、学校（学科）数を 200 とし、TCS だけを変えた場合と、TCS を 35 とし、学校（学科）数だけを変えた場合を図示したものである。

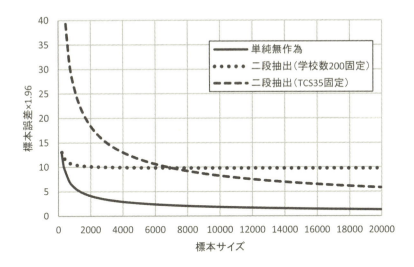

図 2-4 標本サイズと標本誤差（二段抽出）

　同じ標本サイズであれば、単純無作為抽出の方が二段抽出よりも「標本誤差×1.96」の値が常に小さくなっている。また、「標本誤差×1.96」の値を5未満にするには、単純無作為抽出であれば標本サイズが1400程度で済むが、二段抽出（TCSを35に固定）の場合は、標本サイズが28000（＝800校×35人）程度必要になっている。

　ここで示した値は、重み付けを行っておらず、数学的リテラシーの5つのPVの1つである変数「PV1MATH」の値のみを使ったものであるが、OECDが公表している、重み付けを行い、5つのPVを用いた場合の「単純無作為抽出」、「二段抽出（層化なし）」、「層化二段抽出（BRR法を用いたPISA調査本来の計算方法）」に基づく、PISA2012年調査の数学的リテラシーの「標本誤差」は、表2-9のとおりである。

　本節では重み付けを行わなかったが、この表と本節の「標本誤差」には、単純無作為抽出の値で0.01、二段抽出の値で0.04の違いしかない。二段抽出と比べて層化二段抽出の「標本誤差」が小さくなっているが、この違いは「層化」の効果と考えられる。

表 2-9　抽出法別標本誤差（PISA2012 年調査、日本、数学的リテラシー）

	単純無作為抽出	二段抽出 （層化なし）	層化二段抽出 （BRR 法で計算）
標本誤差	1．174	5．104	3．587

出典：OECD (2014b: 188)。

　大規模教育調査では、学校や学科を第一次抽出単位にすることは避けられ
ないが、「標本誤差」を小さくするには、第一次抽出単位である学校・学科
数を増やしていく必要がある。TCS を増やすことは、比較的負担が小さい
が、「標本誤差」を小さくする効果が期待できない。しかし、学校・学科数
を増やすことは調査実施の負担も増大させる。繰り返しになるが、筆者らの
経験から学力調査の場合は、1 つの調査主体、調査拠点、研究チームが調査
を円滑に行えるのは 200 校ぐらいが限界と思われ、これ以上増やす場合は、
調査関係者による綿密な調査計画やステップごとの確認、責任ある調査体制
等々の工夫が必要になると思われる。

③　層化の効果

　表 2-9 にある通り、PISA 調査の数学的リテラシーの平均得点について、
抽出方法が二段抽出と仮定した場合は「標本誤差」が 5.1 になるのに対して、
層化二段抽出として本来の方法で計算した場合は 3.6 となり、7 割程度に小
さくなっている。つまり、誤差が 3 割程度無くなっているのであるが、これ
は「層化」によって小さくなったと考えられる。ここでは、主に「主層」が
もたらす「層化の効果」を検証し、日本の大規模教育調査でどのような層化
を行うことが効果的であるのかを検討する。特に「層」として、PISA 調査
のように「設置者（国公私立）」と「学科の種類」を使う場合（PISA 調査の主
層）と、TIMSS のような他の調査で用いられている「学校所在地」（所在地
の規模、TIMSS の層とは若干異なる）を使う場合との比較を行う。

　多段抽出を行わずに「層化抽出」を行った場合、平均得点の「標本誤差」
を求める式は、次のとおりである（Cochran 1977: 93）。ここでの「Σ」は、各
層の値を足し合わせるという意味である。

2　大規模教育調査のための標本抽出　79

$$\text{層化抽出での標本誤差} =$$

$$\sqrt{\sum^{\text{層の数}}\left\{\left(\frac{\text{各層の母集団サイズ}}{\text{母集団サイズ}}\right)^2 \times \frac{\text{各層内での分散}}{\text{各層の標本サイズ}} \times \left(1 - \frac{\text{各層の標本サイズ}}{\text{各層の母集団サイズ}}\right)\right\}}$$

　一番右の「1-各層の標本サイズ÷各層の母集団サイズ」は「有限母集団修正」であり、無限母集団の場合は無視することができる。また、「各層の標本サイズ」は「標本サイズ×（各層の母集団サイズ÷母集団サイズ）」であるため（本節 (2) の「②　層化」を参照）、層化抽出での標本誤差の計算式は、次のように簡略化することができる。

$$\text{層化抽出での標本誤差} = \sqrt{\sum^{\text{層の数}}\left\{\left(\frac{\text{各層の母集団サイズ}}{\text{母集団サイズ}}\right)^2 \times \frac{\text{各層内での分散}}{\text{各層の標本サイズ}}\right\}}$$

$$= \sqrt{\sum^{\text{層の数}}\left\{\left(\frac{\text{各層の母集団サイズ}}{\text{母集団サイズ}}\right)^2 \times \frac{\text{各層内での分散}}{\text{標本サイズ} \times \dfrac{\text{各層の母集団サイズ}}{\text{母集団サイズ}}}\right\}}$$

$$= \sqrt{\sum^{\text{層の数}}\left(\frac{\text{各層の母集団サイズ}}{\text{母集団サイズ}} \times \frac{\text{各層内での分散}}{\text{標本サイズ}}\right)}$$

　そして「各層の母集団サイズ÷母集団サイズ」は、「各層内での分散」を足し合わせるときの重みと考え、分散が「級間分散」と「級内分散」に分離できること（分散=級間分散+級内分散）、「各層内での分散」を重み付けして足した値が「級内分散」を意味することから、さらに次のように簡略化することができる。

$$\text{層化抽出での標本誤差} = \sqrt{\sum^{\text{層の数}}\left(\frac{\text{各層の母集団サイズ}}{\text{母集団サイズ}} \times \frac{\text{各層内での分散}}{\text{標本サイズ}}\right)}$$

$$= \sqrt{\frac{\text{級内分散}}{\text{標本サイズ}}} = \sqrt{\frac{\text{分散} - \text{級間分散}}{\text{標本サイズ}}}$$

　つまり、層の平均得点のばらつき（級間分散）が大きいほど標本誤差が小さくなる、つまり「層化の効果」が高くなるのである。そこで、PISA 調査の「主層」（変数 STRATUM）の効果と、仮に「学校所在地」（変数 SC03Q01）を層として用いた場合の効果を比べてみる。議論を単純化するため、重み付けを行わず、数学的リテラシーの 5 つの PV の 1 つである変数「PV1MATH」の値のみを使い、この変数の級間分散と級内分散を計算する。

スクリプト 2-8　級間分散と級内分散の計算

　　R のパッケージ「lme4」（Bates et al. 2017）の関数「lmer()」を用いて、級間分散と級内分散を計算するスクリプトは以下のとおりである（パッケージ「lme4」がインストール済みの場合）。

```
m_model2 <- lmer(PV1MATH~(1|STRATUM), data=JPN2012)
summary(m_model2)

m_model3 <- lmer(PV1MATH~(1|SC03Q01), data=JPN2012)
summary(m_model3)
```

級間分散と級内分散、「デザイン効果」の値は、**表 2-10** のとおりである。

表 2-10　層化の効果（変数 PV1MATH、R を用いて計算）

	級間分散	級内分散	デザイン効果
主層	674	8441	0.926
学校所在地	3926	8447	0.683

「学校所在地」は、実際の層ではないため、分散の推定値が大きく、級内分散を直接比較できない。そのため、「デザイン効果」の値を示した。デザイン効果とは、「ある抽出方法における標本誤差の 2 乗」を「単純無作為抽出における標本誤差の 2 乗」で割った値であり、1 に近いほど標本誤差が単純無作為抽出に近く、1 を上回ると標本誤差が単純無作為抽出よりも大きくなり（多段抽出を用いた場合は 1 よりも大きくなる）、1 を下回ると標本誤差が単純無作為抽出よりも小さくなる（層化抽出の場合などでは、下回るほど「層化の効果」が高いことになる）。これを使えば、抽出方法（抽出デザイン）の相対的な効果を見ることができる（Cochran 1977: 93）。本来は非復元抽出の値を用いるべきだが、ここでは復元抽出（無限母集団）を仮定した値で計算する。層化抽出のデザイン効果を求める式は、以下のとおりである（例として、学校所在地を層とした場合の値を入れている）。

$$\text{デザイン効果} = \text{層化抽出での標本誤差}^2 \div \text{単純無作為抽での標本誤差}^2$$

$$= \frac{\text{級内分散}}{\text{標本サイズ}} \div \frac{\text{分散}}{\text{標本サイズ}} = \frac{\text{級内分散}}{\text{級間分散} + \text{級内分散}}$$

$$= \frac{8447}{3926 + 8477} = 0.68 = 0.83^2$$

この式で示した値は、重み付けを行っておらず、数学的リテラシーの 5 つの PV の 1 つである変数「PV1MATH」の値のみを使ったものであるが、有料の統計ソフトである HLM7 (SSI Inc., Skokie, IL, USA) を使えば、重み付けを行い、5 つの PV を使って「級間分散」と「級内分散」を計算することができる。HLM7 による計算結果は、**表 2-11** のとおりである。

表 2-11　層化の効果（5 つの PV、HLM7 を用いて計算）

	級間分散	級内分散	デザイン効果
主層	468	8363	0.947
学校所在地	3138	8316	0.726

デザイン効果の値は、「主層」よりも「学校所在地」の方が小さい。つまり、より標本誤差を小さくしていることがわかる。「学校所在地」のデザイン効果は「0.73＝0.85²」で、標本誤差を 85％まで縮められる可能性があるが、「主層」のデザイン効果は「0.95＝0.97²」で、ほとんど効果が見られない。この原因を調べるには、生徒の得点分布を見る必要がある。

PISA 調査の報告書では、習熟度レベルと称して、数学的リテラシーの場合は 62 点間隔で生徒を 7 段階に分け、それぞれのレベルに属する生徒の割合を示している（国立教育政策研究所 2013a: 94）。「主層」及び「学校所在地」から見た習熟度レベル別生徒割合を見れば、「主層」や「学校所在地」で生徒を分けた時の生徒の得点分布を見ることができる

スクリプト 2-9　習熟度レベル別生徒割合（主層、学校所在地）
　　R で計算するには、以下のスクリプトを実行すればよい（パッケージ「intsvy」がインストール済みの場合）。

```
pisa.ben.pv(pvlabel="MATH", by="STRATUM", data=JPN2012)
pisa.ben.pv(pvlabel="MATH", by="SC03Q01", data=JPN2012)
```

　　関数「pisa.ben.pv()」は、習熟度レベル別生徒割合を求める関数であり、「pvlabel=」で求めたい分野を（得点間隔や習熟度レベルの数は分野によって異なるが、パッケージ「intsvy」にはそれが保存されており、分野を指定するだけでよい）、「by=」で生徒を分類したい変数を指定できる。

「主層」及び「学校所在地」から見た習熟度レベル別生徒割合をグラフにしたのが、**図 2-5** と**図 2-6** である。

習熟度レベル別生徒割合は、62 点間隔で集計した生徒の得点分布となっているが、「学校所在地」が「人口 3000 人〜約 1 万 5000 人未満の市町村」に該当する生徒の分布だけ、他の分布よりも習熟度レベルが低い位置で高くなっている。この生徒群と他の生徒群を層化できれば、「標本誤差」を小さくすることができるかもしれない。ただし、「学校所在地」が「人口 3000 人

2 大規模教育調査のための標本抽出 83

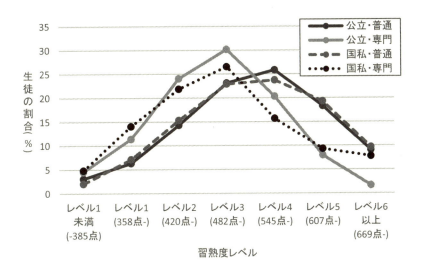

図 2-5 主層から見た習熟度レベル別生徒割合

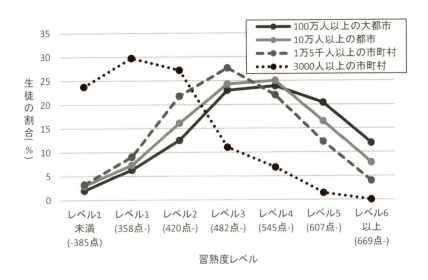

図 2-6 学校所在地から見た習熟度レベル別生徒割合

84

〜約 1 万 5000 人未満の市町村」に該当する学科は 3 学科のみであり、今回の結果が一般化できるかどうかはわからない。

先述したように、日本の PISA 調査の主層は、そのデザイン効果があまり大きくない。実は、この主層は、「標本誤差」を小さくするためだけではなく、主層で分類された下位母集団の平均得点を比較するためにも使われている。表 2-9 で示した二段抽出の「標本誤差」の値「5.10」を層化二段抽出での値「3.59」にまで縮めているのは、主層ではなく「大学・短大進学率」に基づいて作られた「副層」であると考えられる。ただし、「副層」の情報は公開されていないため、本書では検証していない。

なお、OECD は PISA 調査のデザイン効果を公表している。重み付けを行い、5 つの PV を用いた場合の「層化二段抽出（BRR 法を用いた PISA 調査本来の計算方法）」に基づく、PISA2012 年調査のデザイン効果は**表 2-12** のとおりである（数学的リテラシーだけでなく、読解力、科学的リテラシーも示す）。

表 2-12　PISA2012 年調査のデザイン効果（日本）

	読解力	数学的リテラシー	科学的リテラシー
デザイン効果	8.73	9.32	8.81

出典：OECD (2014b: 200)。

おおよそデザイン効果は「9＝3²」であり、PISA 調査に類似する（母集団、標本抽出法、調査内容が似ている）大規模教育調査を行う場合、このデザイン効果の値を参考にすることができる。**図 2-7** は、図 2-4 で「単純無作為抽出」を前提とした「標本誤差×1.96」と標本サイズの関係を示したグラフに、「デザイン効果＝9＝3²」の場合として、「単純無作為抽出」の「標本誤差×1.96」の値を 3 倍にしたグラフを追加したものである。先述したように「平均得点±標本誤差×1.96」の範囲に母集団の平均得点が 95%の確率で存在する、つまりこの範囲に真の値があると推定される。なお分散は「8864」と仮定している。

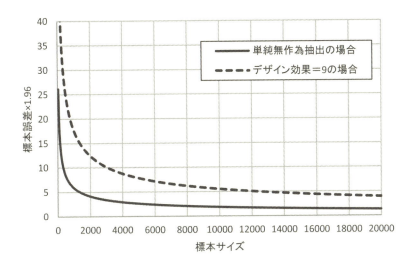

図 2-7　標本サイズと標本誤差（デザイン効果＝9）

　標本サイズの決定は、「標本誤差」から一方的に決めるのではなく、2 回目以降の継続した調査であれば前回の調査結果からデザイン効果を求め、新規の調査であれば類似する調査の結果からデザイン効果を求め、上記のような「標本誤差」と標本サイズのグラフを作り、両者のバランスを考えながら決めるべきである。

2.2　データの重み付けとその有効性

　前節では、PISA 調査の標本抽出法を明らかにした。本節では、「ある確率に沿って無作為に」選ばれた標本から母集団の特性を歪みなく推定する際に必要となる「データの重み付け」について、PISA 調査の方法に基づきながら説明する。
　もし母集団から標本として選ばれる確率が全ての生徒で等しく、標本として選ばれた生徒の得点や回答データがすべて有効（参加拒否やデータの欠損がない）であれば、平均得点や質問項目の回答割合を求めるのに、生徒の得点

や回答データに重み付けを行う必要はない（「割合」や「平均」ではなく、母集団の中のある下位集団の「人数」などを推測する場合には重み付けが必要になる）。また、全数調査で生徒のデータがすべて有効であれば、どのような母集団の特性を推定するにせよ、重み付けは必要ない。つまり、大規模教育調査でデータの重み付けを行う目的は、1）生徒が抽出される確率が異なる際の推定値の歪み（バイアス）を補正し、2）不参加やデータの破損などによる欠損を補完するためである。

PISA 調査では、参加国・地域で生徒の人数が異なっているため、当然、国や地域ごとに生徒の抽出確率は異なるが、この抽出確率の逆数を使って、標本データは母集団のサイズに近い大きさになるよう重み付けがなされている。日本における大規模教育調査で、都道府県単位で標本抽出を行ったとしても（各都道府県の標本サイズが同じであっても）、この抽出確率の逆数を使えば各都道府県の母集団と同じ大きさにデータを重み付けることができ、重み付けされたデータを使うことで、歪みの無い日本全体の推定値を得ることができる。また、層化の際に、各層の標本サイズを決めるときの四捨五入によって若干抽出確率が層ごとに異なった時や、特定の層があまりにも大きすぎるためにその層だけ標本サイズを小さくした時（アンダーサンプリング Under-Sampling と呼ぶ）、人数に比例させるとその層だけ標本サイズが小さすぎるため他の層との比較ができない場合に標本サイズを大きくする時（オーバーサンプリング Over-Sampling と呼ぶ）などにも、重み付けをすることで、歪みのない母集団の推定値を得ることができる。

欠損の補正のための重み付けについては、抽出校にも代替校にも断られた場合や、調査日に災害等で学校閉鎖になった等の理由で学校や学科が不参加の場合、また、生徒が調査を欠席したり、問題冊子やコンピュータの不具合で調査データが回収できなかった場合等に必要になる。一部でも回答がある場合は、その回答から「欠損データを推定する補正」も行われるが（Rust and Rao1996: 284）、回答がまったくなされていない場合は、「重み付けによる補正」が一般的である。PISA 調査では、何らかの解答（調査問題に対する）や回答（質問紙調査に対する）がある場合、能力を示す得点については

「欠損データを推定する補正」がなされているが、質問項目への回答については「欠損データを推定する補正」はなされていない。

PISA調査では、重みは1人に付き1つの値が割り当てられる（調査データの変数「W_FSTUWT」がこれに当たる）。この値の計算方法と、重みを使ったときと使わなかったときの推定値の違いを明らかにする。

(1) PISA調査の重み付け

ある学科「i」の生徒「j」の重みを「W_{ij}」と表すと、PISA調査のデータの重み付けは、次の式で計算される（OECD 2014b: 133-8）。

$$W_{ij} = w_{1i} \times t_{1i} \times w_{2ij} \times f_{1i} \times f_{2ij} \times t_{2ij}$$

w_{1i} ： 学校基本ウェイト (School Base Weight)

t_{1i} ： 学校ウェイト修正係数 (School Base Weight Trimming Factor)

w_{2ij} ： 生徒基本ウェイト (Within-School Base Weight)

f_{1j} ： 学校不参加補正 (School Non-Response Adjustment)

f_{2ij} ： 生徒不参加補正 (Within-School Non-Response Adjustment)

t_{2ij} ： 最終ウェイト修正係数 (Final Student Weight Trimming Factor)

右辺は、抽出確率の逆数である「基本ウェイト」、欠損値に対する「不参加補正」、異常な重み付けに対する「修正係数」からなり、それぞれに学校（学科）に対するものと生徒に対するものがある（3×2=6個）。これら6つの値の計算方法をそれぞれ説明する。

① 学校基本ウェイト (w_{1i})

学校基本ウェイトは、学校や学科の抽出確率の逆数である。第2章第1節(2)の「④ 第一段抽出」の内容に対応しており、第一段抽出での系統抽出時に用いた抽出間隔「I」（「MOS合計値÷抽出学科数」の値、ここでは層「h」の抽出間隔を「I_h」とする）と学科の生徒数から作られた値「MOS」（ある学科

「i」の MOS を「MOS$_i$」とする) を使って、次のように計算される。

$$w_{1i} = \frac{I_h}{MOS_i}$$

この「MOS$_i$」は、調査時点での生徒数ではなく、抽出台帳を作成したときの生徒数を元に、生徒数が TCS (選ばれた学科から選ばれる生徒の人数) である「35」を下回るときには「35」に変更し、上回るときには生徒数をそのまま使った値である。各層の抽出間隔と、調査に参加した学科の MOS は、学校基本ウェイトを計算するため、第一段抽出後も記録しておく必要がある。

② **学校ウェイト修正係数** (t_{1i})

学校ウェイト修正係数は、通常は「1」であるが、ある学科の調査時点での生徒数が抽出台帳の MOS の 3 倍を超えたとき、MOS の値を 3 倍に修正するために使われる。次の生徒基本ウェイトでは MOS の代わりに「調査時点での生徒数」が使われるため、調査時点での生徒数が多くなると、重みが極端に大きくなる (予想の 3 倍以上)。これを防ぐために用いられる係数である。日本においても数名の学校ならば、生徒数が 3 倍になることは考えられるが、その場合でも MOS の 3 倍になることはほぼないため、日本の大規模調査では使わなくてもよいかもしれない。

③ **生徒基本ウェイト** (w_{2ij})

生徒基本ウェイトは、選ばれた学校や学科における生徒の抽出確率の逆数であり、本章第 1 節 (2) の「⑥　第二段抽出」の内容に対応している。ある学科「i」の調査時点での生徒数 (第二段抽出で用いた「生徒名簿」での生徒数) を「enr$_i$」 (enrollment の略)、選ばれた生徒数を「sam$_i$」 (sample の略) とすると、次のように計算される。

$$w_{2ij} = \frac{enr_i}{sam_i}$$

「enr$_i$」は「MOS$_i$」と等しい場合は多々あるが、前者が「生徒名簿」の生徒数なのに対して、後者は「抽出台帳」での生徒数であり、基本的に違う値である。「sam$_i$」は、多くの学校や学科では TCS (Target Cluster Size、日本の PISA 調査では 35) と同じであるが、生徒数が TCS を下回る場合は、生徒数と一致する。その時は、生徒基本ウェイトの値が「1」となる。多くの場合、生徒基本ウェイトは 1 よりも大きい値である。同じ学校（学科）であれば、生徒基本ウェイトの値は同じになる。

国際的な大規模学力調査である TIMSS や日本の教育課程実施状況調査のように「層化二段クラスター抽出」を用いた場合は、この生徒基本ウェイトの式が異なってくる。分子が「選ばれた学校の調査対象学年の学級数」、分母が「選ばれた学級数」となるが、通常は 1 つの学校から 1 つの学級が選ばれるため、この値は「選ばれた学校の調査対象学年の学級数」となる。

④ 学校不参加補正 (f_{1j})

学校不参加補正は、抽出学校（学科）が参加を拒否し、代替校（学科）からも参加を拒否された時に、その学校や学科の生徒に割り当てられるはずだった重みを他の「同じような学校（学科）」に分け与えることで、母集団の推定値の歪みを補正するものである。例えば、成績の良い学校が不参加だった場合、この補正を行わなければ選ばれた生徒の平均得点は母集団の平均得点よりも低くなるし、成績の悪い学校が不参加だった場合は母集団の平均得点よりも推定値の方が高くなる。そこで、同じような学校の重みを増やすことで、データの欠損を補うのである。

PISA 調査では、「同じような学校（学科）」を「同じ層に属している」と見なしている。この層は、主層だけでなく副層も含んでおり、第 2 章第 1 節 (2) の「② 層化」で見たように、日本の場合は 4 つの主層それぞれの中の 4 つの副層を使い、16 層に学校を分けている。副層がない国・地域などで

は、生徒数を基準に主層を 3 分割している。ただし、この層に属する学校
（学科）の数が少ないと不参加補正が効きすぎてしまうため、各学科で参加学校
（学科）数が 6 以上、かつ補正の値が 2 未満になるまで層の統合が行われる。
日本の場合は、最終的に 16 層から 13 層に統合されている（OECD 2014b: 136）。

　ある層に属する学校「i」に対する学校不参加補正の値は、次の式で計算
される。なお、学科単位で抽出した場合は、学校を学科に読み替えればよい。

$$f_{1i} = \frac{\text{層内の全学校の重み付き生徒数}}{\text{層内の参加学校の重み付き生徒数}} = \frac{\sum_{k \in \Omega}(w_{1k} \times enr_k)}{\sum_{k \in \Gamma}(w_{1k} \times enr_k)}$$

　「Ω」が付いた分子の値は、学校「i」が属する層の「全学校の重み付き
生徒数」、つまりこの層の「母集団での生徒数」を意味し、「Γ」が付いた分
母の値は、学校「i」が属する層の「参加学校の重み付き生徒数」、つまりこ
の層の「参加学校が代表している母集団での生徒数」を意味している。「全
学校の重み付き生徒数」は、「参加学校の重み付き生徒数」に「参加を拒否
した抽出学校の生徒数」（公開情報では明確ではないが、抽出台帳の生徒数と思
われる）を足したものである。この時、「調査対象者がいない学校」や「閉
校や学科の改変でなくなった学科」の生徒は「全学校の重み付き生徒数」か
ら除かれている。なお、この層内で不参加の学校（学科）がない場合、この
補正の値は「1」となる。

⑤　生徒不参加補正 (f_{2ij})

　生徒不参加補正の計算方法は、PISA2000 年調査とそれ以降で異なってい
る。PISA2000 年調査では、調査に参加しなかった生徒の重みを同じ学校
（学科）の別の生徒に分け与えるという方法が取られており、これは TIMSS
などと同じ方法である。PISA2003 年調査以降では、学校（学科）の中で生
徒を性別、学年（低い学年と高い学年に 2 分割）で 4 分割し、その中で重みを
分け与える方法が取られている。ただしこのままでは、不参加補正が効きす
ぎてしまうため、学校不参加補正で作成した層（日本の場合は 13 層）の中で、

同じ性別と学年の生徒グループを統合していき（同じ学校で性別と学年が異なるグループを統合することはない）、補正値が「2」未満になるようにしている。この補正グループを使うという点を除けば、学校不参加補正と同様の計算方法が取られている。

ある学科「i」の生徒「j」の生徒不参加補正の値は、次の式で計算される。

$$f_{2ij} = \frac{\text{グループ内の全生徒の重みの合計}}{\text{グループ内の参加した生徒の重みの合計}} = \frac{\sum_{k \in X}(f_{1i} \times w_{1i} \times w_{2ik})}{\sum_{k \in \Delta}(f_{1i} \times w_{1i} \times w_{2ik})}$$

「X」が付いた分子の値は、生徒「j」が属する補正グループの「全生徒の重みの合計」、つまりこのグループの「母集団での生徒数」を意味し、「Δ」が付いた分母の値は、生徒「j」が属するグループの「参加した生徒の重みの合計」、つまりこのグループの「参加した生徒が代表している母集団での生徒数」を意味している。なお、PISA 調査では、学校（学科）内での生徒の参加率が 25%未満の場合は、学校（学科）が不参加とされるだけでなく、生徒のデータ自体も調査結果から取り除かれる。この参加率が 25%から 50%の場合は、学校は不参加となるが、生徒のデータ自体は調査結果の中に含まれる。その際、生徒不参加補正が 2 から 4 の値にならないよう、補正グループの統合がなされている。

⑥ 最終ウェイト修正係数 (t_{2ij})

上記の重み付けと不参加補正が終わった後、生徒の重みが極端に高くなっていないか、確認する必要がある。特に標本抽出時の情報に間違いがある場合、異常な重みが割り当てられる可能性がある。PISA 調査では主層ごとに、生徒の重みの中央値を求め、その値の 4 倍を超えている生徒の重みを「中央値の 4 倍」になるよう修正することになっている。最終ウェイト修正係数は、そのための値である。

以上の値を生徒一人ひとりについて計算し、合算した生徒の最終ウェイトを調査データに追加することになる。この重みを使うことで、歪みの少ない母集団の推定値を得ることができる。なお、PISA 調査の不参加補正は、補正値の値を確認しながら行われるため、かなりの手間がかかる。実際の大規模教育調査で、より簡易にデータの重み付けを行いたい場合は、学校不参加補正は「主層」の中で重みを分配し、生徒不参加補正は「学校（学科）」の中で重みを分配するという方法が考えられる。この方法であれば、学校（学科）内の生徒の重みは同じになり、計算しやすくなるはずである。

スクリプト 2-10　R による csv ファイルの読み込み、書き出し

　　重み付けの作業だけでなく、問題冊子や質問紙からのデータの入力やそのチェック作業は、R で行うよりも、Microsoft の Excel のような一般的な表計算ソフトで計算する方が簡単かもしれない。ただし重み付きのデータを用いて計算、分析する作業は、R の方が容易である。そこで、R で作ったデータを Excel で読み込めるファイルに保存するスクリプトと、Excel で作ったデータを R に読み込む方法を紹介する。例として、これまでつかってきた PISA2012 年調査の日本のデータ「JPN2012」を csv 形式（Excel だけでなく、他の表計算ソフトでも読み込めるファイル形式）で保存し、このファイルを再度「JPN2012_2」という名前で読み込む作業を行う。この作業は、関数「setwd()」で指定したフォルダで行われる。スクリプトは以下のとおりである。

```
#write csv file
write.csv(JPN2012, "JPN2012.csv", quote=TRUE, row.names=FALSE)

#read csv file
JPN2012_2 <- read.csv("JPN2012.csv", header=TRUE)
```

　　関数「write.csv()」でファイルに書き出し、関数「read.csv()」でファイルを読み込んでいる。なお、R での重み付きデータの計算方法は、次の本節「(2)重み付けの有効性」で紹介する。

2　大規模教育調査のための標本抽出　93

（2）重み付けの有効性

　重み付けは、標本抽出と調査の実施状況に基づいてなされ、調査結果とその分析に影響する。では、重み付けの効果はどの程度あるのであろうか。これを検証するため、PISA2012 年調査における日本の数学的リテラシーの得点について、重み付け前と後での平均得点と標準偏差を計算する。

スクリプト 2-11　数学的リテラシーの平均得点（PV 使用、重みなし、重み付き）

　ここではパッケージ「intsvy」を使わずに、PISA 調査で用いられている 5 つの PV から母集団の特性値を計算する。これまでつかってきたデータ「JPN2012」には、数学的リテラシーに関して「PV1MATH」から「PV5MATH」までの 5 つの PV が存在する。これらの PV それぞれで値を計算し、その 5 つの結果を平均したものが母集団の特性値とされる（OECD 2009b: 100）。重み付けを行わない場合の日本の数学的リテラシーの平均得点と標準偏差を計算する R のスクリプトは、次のとおりである。関数「mean()」で平均を、関数「sd()」で標準偏差を計算し、それを関数「mean()」で平均している。

```
#Culculate unweighted mean
mean(c(mean(JPN2012$PV1MATH),
       mean(JPN2012$PV2MATH),
       mean(JPN2012$PV3MATH),
       mean(JPN2012$PV4MATH),
       mean(JPN2012$PV5MATH)))

#Culculate unweighted standard deviation
mean(c(sd(JPN2012$PV1MATH),
       sd(JPN2012$PV2MATH),
       sd(JPN2012$PV3MATH),
       sd(JPN2012$PV4MATH),
       sd(JPN2012$PV5MATH)))
```

　重み付けを行った値を計算するのに、ここではパッケージ「Hmisc」を用いる（Harrell 2017）。このパッケージをインストールして呼び出し、重み付けを行った場合の日本の数学的リテラシーの平均得点と標準偏差を計算する R のスクリプトは、次のとおりである。関数「wtd.mean()」で重み付きの平均を、関数

「wtd.var()」で重み付きの分散を求めてから関数「sqrt()」でその平方根、つまり標準偏差を計算している。

```
#Install packages
install.packages("Hmisc")
library(Hmisc)

#Culculate weighted mean
mean(c(wtd.mean(JPN2012$PV1MATH, JPN2012$W_FSTUWT),
    wtd.mean(JPN2012$PV2MATH, JPN2012$W_FSTUWT),
    wtd.mean(JPN2012$PV3MATH, JPN2012$W_FSTUWT),
    wtd.mean(JPN2012$PV4MATH, JPN2012$W_FSTUWT),
    wtd.mean(JPN2012$PV5MATH, JPN2012$W_FSTUWT)))

#Culculate weighted standard deviation
mean(c(sqrt(wtd.var(JPN2012$PV1MATH, JPN2012$W_FSTUWT)),
    sqrt(wtd.var(JPN2012$PV2MATH, JPN2012$W_FSTUWT)),
    sqrt(wtd.var(JPN2012$PV3MATH, JPN2012$W_FSTUWT)),
    sqrt(wtd.var(JPN2012$PV4MATH, JPN2012$W_FSTUWT)),
    sqrt(wtd.var(JPN2012$PV5MATH, JPN2012$W_FSTUWT))))) 
```

　重み付け前と後での平均得点と標準偏差、そしてそれぞれの違い（差）は、**表2-13**のとおりである。重み付け前と後での差は、どちらの値でも「0.5」であり、違いはそれほど見られない。

表2-13　重み付け前後の平均得点と標準偏差（PISA2012年調査、日本）

	重み付け前	重み付け後	差（後－前）
数学的リテラシーの平均得点	535.93	536.41	0.48
数学的リテラシーの標準偏差	94.06	93.53	-0.52

　では、質問紙での回答別生徒割合において、重み付け前と後で違いは見られるのであろうか。PISA2012年調査では、生徒質問紙「ST04Q01」で、生徒の「性別」を聞いている。この質問（男子、女子の二択）で「女子」と答えた生徒の割合を重み付け前と後で比較する。

2　大規模教育調査のための標本抽出　95

スクリプト 2-12　女子の割合（PV 使用、重みなし、重み付き）

　R のスクリプトは、次のとおりである。重み付けを行わない場合は関数「table()」、重み付けを行う場合はパッケージ「Hmisc」の関数「wtd.table()」で回答別生徒数を求め、関数「prop.table()」で生徒割合を計算する。

```
#Culculate unweighted propotion of ST04Q01
prop.table(table(JPN2012$ST04Q01))

#Culculate weighted propotion of ST04Q01
prop.table(wtd.table(JPN2012$ST04Q01, JPN2012$W_FSTUWT,
           type="table"))
```

　重み付け前と後での女子の割合、そしてその違い（差）は、**表 2-14** のとおりである（計算結果を%表示）。その差は「0.1 ポイント」であり、やはり違いは見られない。

表 2-14　重み付け前後の女子の割合（PISA2012 年調査、日本、%表示）

	重み付け前	重み付け後	差（後－前）
女子の割合	47.57	47.43	-0.14

　歪みの少ない正確な母集団の推定値を得るのに重み付けは不可欠であるが、日本の PISA2012 年調査の場合、学校実施率が 96%、生徒実施率が 96%とデータの回収率が高く、欠損の補正が小さいこと、母集団からの生徒の選ばれる確率、つまり抽出確率に違いがほとんどないことによって、重み付けの効果が小さくなっている。逆に言うと、生徒の抽出確率が異なっている場合（オーバーサンプリングやアンダーサンプリングが行われている）や、回収率が低い場合は、重み付けの効果が重要になってくる。第 2 節の「（1）PISA 調査の重み付け」の最後で、PISA 調査の不参加補正とは異なる簡易な方法について説明したが、調査の実施率、データの回収率が高い場合は、PISA 調査ほど複雑な不参加補正は必要ないかもしれない。

2.3　まとめ：調査と記録

　本章では、PISA 調査の標本抽出法とデータの重み付けについて説明して
きた。全数調査は、予算や人員がかかるという点だけでなく、学力調査で重
要な、「問題の非公開性」が担保できないという点で標本調査に劣っている。
一方、標本調査は、母集団の全体を調査しないことから「標本誤差」が生じ、
適切な重み付けを行わなければ推定値に偏りが生じる。「標本誤差」につい
ては次章で詳しく説明する。原則は「母集団から、ある確率（抽出確率）に
沿って無作為に選ぶ」ということであり、そのための一方法として、PISA
調査の「層化二段抽出法」を説明してきた。標本調査としての大規模教育調
査においては、学校や学科を単位とする「多段抽出」は避けられないが、そ
の場合は「標本誤差」が大きくなる点に注意が必要である。「標本サイズ」
を大きくすれば、つまり調査する生徒数を多くすれば、それだけ「標本誤差」
は小さくなるが、特に多段抽出の場合は、第一次抽出単位、つまり学校や学
科の数を多くすることが「標本誤差」を小さくすることにつながる。とはい
え、学校や学科数を増やすことは、調査を行う側の負担を増大させるため、
予算や人員、調査の実施体制を考慮しながら調査を計画していく必要がある。
重み付けについて、日本の PISA 調査では、重み付けを行っても、行わなく
ても結果がそれほど変わらないと述べたが、これは「抽出確率がほぼ等し
い」、「データの回収率が高い」ためであり、抽出確率が児童や生徒によって
異なり、学校や学科、児童や生徒の参加率が低ければ、重み付けはそれだけ
重要になってくる。標本抽出時の抽出確率は、調査結果が公表されるまで、
必ず保存しておくべきであり、同じことが調査実施時の調査対象の参加状況
にも言える。大規模教育調査を実施する時は、集めたデータを適切に保管す
るだけでなく、標本抽出やデータを集める過程も適切に記録しておく必要が
ある。

3 標本誤差の計算

本章のねらい この章の 2 つの節では、「標本誤差の計算方法」、「疑似層を用いた BRR 法の有効性について」と題して、標本抽出に伴う誤差、すなわち「標本誤差」の計算方法を解説する。

最初の節では、標本誤差を計算する必要性、及び PISA 調査で用いられている計算方法を明らかにする。標本調査では、調査対象のすべてを調べている訳ではないため、知りたい集団の特性（例えば、生徒の平均得点など）には標本抽出に伴う誤差が生じる。この誤差を推定するのに、PISA 調査では BRR 法（Balanced Repeated Replication Method）が用いられており、PISA 調査のデータを分析したい読者には、この節の知識が役に立つはずである。

次の節では、BRR 法を様々な標本調査で用いるために使われる「疑似層」について、その有効性を検証する。調査方法の説明というよりも、「疑似層」の有効性を検証するためのシミュレーションとなっており、標本誤差の計算方法をより深く知りたい読者向けの内容となっている。

本章では、標本調査に伴う「標本誤差」について解説する。最初の節では、PISA 調査で平均や標準偏差といった母集団の特性を推定する際に、その推定値の誤差をどのように計算しているのかを示す。次の節では、第 1 節の補足として、PISA 調査で用いられている「標本誤差」の計算方法がどの程度有効であるのかを検証する。

標本調査では、母集団の中から「ある確率に沿って無作為に」標本を選び出す必要がある。「ある確率に沿って無作為に」標本抽出が行われない場合

は、母集団の特性を正確に推定したり、その特性値の「標本誤差」を計算したりすることはできなくなる。本章は、第2章で説明した標本抽出法に関する知識を前提としている。

3.1　標本誤差の計算方法

　標本調査には「標本誤差」が伴うため、母集団の真の特性値がどの程度の範囲の中にあるのか、ある集団と別の集団、例えば男子と女子で平均得点に違いがあるのかといったことを明らかにするためには、この「標本誤差」を正確に知る必要がある。「標本誤差」がわかれば、平均得点の「±1.96×標本誤差」の範囲に 95%の確率で母集団の真の平均得点が存在すると言ったり（この範囲を「95%信頼区間」と呼ぶ）、男子と女子の平均得点の差の「±1.96×標本誤差」の範囲に「0」があれば、統計学的に見て意味のある差は見られない（その差は「統計学的に有意ではない」）と言ったりすることが可能になる。第1章でその重要性を指摘した**「経年変化」**を見る上でも、**「標本誤差」は不可欠である。**

　第 2 章第 1 節の「（3）標本サイズと層について」では、「単純無作為抽出」、「二段抽出」、「層化抽出」における標本誤差の計算方法を説明した。本節では、重み付けを加味して、PISA2012 年調査の数学的リテラシーの平均得点の「標本誤差」と、それに「測定誤差」を加味した「標準誤差」を計算する。最初に、「単純無作為抽出」、「二段抽出」、「層化抽出」、「層化二段抽出」、「PISA 調査本来の計算方法」による「標本誤差」を比較することで、標本抽出法に対応した「標本誤差」算出の必要性を明らかにする。次に、複雑な標本抽出法の時に、複雑な計算を伴う推定値に対応できる 4 つの「標本誤差」の計算方法を概観し、それらの方法で計算した「標本誤差」を比較する。最後に、PISA 調査で行われている計算方法の詳細を説明する。これによって、様々な標本調査で「標本誤差」を計算することが可能になる。

3 標本誤差の計算 99

(1) 標本誤差算出の必要性

　標本抽出法によって「標本誤差」の計算方法が異なることを第 1 節の「(3) 標本サイズと層について」で説明したが、仮定される標本抽出法によって、「標本誤差」がどの程度違ってくるのか、特に重み付けを行った場合の違いをここでは見ていく。ここまで使ってきたPISA2012年調査の日本のデータ「JPN2012」を元に、数学的リテラシーの 5 つの PV (Plausible Value、第 4 章第 2 節の「(1) 母集団モデルと PV」を参照) を使って生徒の平均得点を計算する時に、標本抽出法として「単純無作為抽出」、「二段抽出」、「層化抽出」、「層化二段抽出」を仮定して平均得点の「標本誤差」を計算し、それらと「PISA 調査本来の計算方法」とを比較する。

スクリプト 3-1　パッケージ「survey」のインストール

　　「PISA 調査本来の計算方法」にはパッケージ「intsvy」を用いるが、他の標本抽出方法を仮定した場合の「標本誤差」の計算には、R のパッケージ「survey」を使用する (Lumley 2017)。次のスクリプトで、パッケージ「survey」が使えるようになる。

```
#Install packages
install.packages("survey")

#Load library
library(survey)
```

　　「PISA 調査本来の計算方法」を行うパッケージ「intsvy」では、「標本誤差」ではなく、「標準誤差 (Standard Error)」しか算出されないため、他の仮定に基づく場合も「標本誤差」とともに「標準誤差」を合わせて計算する。なお、PISA 調査の「標準誤差」は、「標本誤差 (Sampling Error)」に「測定誤差 (Imputation Error)」を加味した値を指している。

　まず、5 つの PV を用いた場合の平均得点 (「PV を用いた推定値」) とその「標本誤差」、「標準誤差」の計算方法を示す。数学的リテラシーの平均得点

は、5 つの PV で求めた生徒の平均得点の平均値であり、式で表すと以下のようになる（OECD 2014b: 147）。

$$PV \text{ を用いた推定値} = \frac{1}{PV \text{ の数}} \times \sum \text{各 PV の平均}$$

$$= \frac{1}{5} \times (536.66 + 536.28 + 536.39 + 536.22 + 536.49) = 536.41$$

　数学的リテラシーの平均得点の「標本誤差」は、5 つの PV で生徒の平均得点を求めた時の「標本誤差」をそれぞれ 2 乗し、その平均値の平方根であり、式で表すと以下のようになる（OECD 2014b: 148）。なお、ここで示した数値は「単純無作為抽出」を仮定した場合の値である。表 2-9 に示した OECD による計算結果「1.174」と小数第 2 位以下で異なっている。OECD が計算方法の詳細を明らかにしていないため、その原因はわからない。

$$PV \text{ を用いた推定値の標本誤差} = \sqrt{\frac{1}{PV \text{ の数}} \times \sum \text{各 PV の標本誤差}^2}$$

$$= \sqrt{\frac{1}{5} \times (1.1960^2 + 1.1938^2 + 1.1997^2 + 1.1974^2 + 1.1968^2)} = \sqrt{1.4321} = 1.1967$$

　PISA 調査の「標準誤差」については、「PV を用いた推定値の標本誤差」の 2 乗に、5 つの PV それぞれで求めた平均得点（推定値）の分散（この値は Imputation Variance と呼ばれているが、本書では 5 回行った測定結果のばらつきと考え、この値の平方根、つまり推定値の標準偏差を「測定誤差」と呼ぶ）に「1＋1÷PV の数」を掛けた値を足し合わせ、その平方根が数学的リテラシーの平均得点の「標準誤差」となる（OECD 2009b: 100）。「測定誤差」と PV を用いた推定値の場合の「標準誤差」を式で表すと、次の通りである（「標本誤差」には、「単純無作為抽出」を仮定した場合の値を使用）。

$$測定誤差 = \sqrt{\frac{1}{PV \, の数 - 1} \times \sum \left(各 PV \, の推定値 — 推定値の平均 \right)^2}$$

$$= \sqrt{0.0303} = 0.1740$$

PV を用いた推定値の標準誤差

$$= \sqrt{PV \, を用いた標本誤差^2 + \left(1 + \frac{1}{PV \, の数} \right) \times 測定誤差^2}$$

$$= \sqrt{1.4303 + \frac{6}{5} \times 0.0303} = 1.2181$$

PISA 調査の場合、生徒の得点が関係する推定値はすべて PV を伴っており、上記のように「標本誤差」と「測定誤差」を合わせたものを「標準誤差」と呼んでいるが、それ以外の質問紙への回答などの場合、「標本誤差」はそのまま「標準誤差」とされている。

スクリプト 3-2 単純無作為抽出を仮定した場合の標準誤差

標本抽出法を単純無作為抽出と仮定した場合の数学的リテラシーの平均得点と「標本誤差」、そして「標準誤差」は、次のスクリプトで求めることができる。

```
#Simple random sampling
sam_d <- svydesign(id=~0, data=JPN2012, weights=~W_FSTUWT)

p1 <- svymean(~PV1MATH, sam_d)
p2 <- svymean(~PV2MATH, sam_d)
p3 <- svymean(~PV3MATH, sam_d)
p4 <- svymean(~PV4MATH, sam_d)
p5 <- svymean(~PV5MATH, sam_d)

#Culculate mean
mean(c(p1, p2, p3, p4, p5))

#Culculate sampling error
sqrt(mean(c(SE(p1)^2, SE(p2)^2, SE(p3)^2, SE(p4)^2, SE(p5)^2)))
```

```
#Culculate standard error
sam_v <- mean(c(SE(p1)^2, SE(p2)^2, SE(p3)^2, SE(p4)^2, SE(p5)^2))
imp_v <- var(c(p1, p2, p3, p4, p5))
sqrt(sam_v + (1+1/5) * imp_v)
```

　最初に関数「svydesign()」を使って、抽出法（「id=~0」で単純無作為抽出）、
使用するデータ（「data=JPN2012」で指定）、重み（「weights=~W_FSTUWT」
で指定）を指定し、変数「sam_d」に保存している。次に関数「svymean()」を
使って、「PV1MATH」から「PV5MATH」までのそれぞれの平均値を求めてい
る。PV ごとの「標本誤差」は、関数「svymean()」の結果を使って、関数
「SE()」で求めることができる。この 5 つの「標本誤差」を 2 乗した値を平均
し、関数「sqrt()」を使って平方根を求めた値が数学的リテラシーの平均得点の
「標本誤差」である。PV 間の分散を関数「var()」で求めたのが「測定誤差」を
2 乗した値であり、それと「標本誤差」の 2 乗の値を使って、「標準誤差」を計
算している。先の式に示したとおり、数学的リテラシーの平均得点は「536.41」、
標本誤差は「1.20」、標準誤差は「1.22」である。

スクリプト3-3　二段抽出を仮定した場合の標準誤差

　標本抽出法を二段抽出と仮定した場合の数学的リテラシーの平均得点と「標
本誤差」、そして「標準誤差」を求めるには、単純無作為抽出の場合のスクリプ
トを使い、最初を次のように変えるだけでよい。

```
#two stage sampling
sam_d <- svydesign(id=~SCHOOLID, data=JPN2012, weights=~W_FSTUWT)
```

　関数「svydesign()」で、「id=~0」を「id=~SCHOOLID」に変更すれば、学
校（学科）単位での二段抽出であることが指定できる。数学的リテラシーの平均
得点は、単純無作為抽出の場合と同じ「536.41」、標本誤差は「5.01」、標準誤
差は「5.01」である。ここでも標本誤差の結果は、表 2-9 に示した OECD によ
る計算結果と小数点以下の値が若干異なっている。

スクリプト 3-4 層化抽出を仮定した場合の標準誤差

　標本抽出法を層化抽出（「主層」のみ）と仮定した場合の数学的リテラシーの平均得点と「標本誤差」、そして「標準誤差」を求めるには、単純無作為抽出の場合のスクリプトを使い、最初を次のように変えるだけでよい。

```
#stratified sampling
sam_d <- svydesign(id=~0, strata=~STRATUM, data=JPN2012,
                    weights=~W_FSTUWT)
```

　関数「svydesign」で、「strata=~STRATUM」を追加すれば、「STRATUM」に基づく層化抽出であることが指定できる。数学的リテラシーの平均得点は単純無作為抽出の場合と同じ「536.41」、そして標本誤差は「1.17」、標準誤差は「1.19」であり、単純無作為抽出を仮定した場合よりも若干小さくなっている。

スクリプト 3-5 層化二段抽出を仮定した場合の標準誤差

　標本抽出法を層化二段抽出（層は「主層」のみ）と仮定した場合の数学的リテラシーの平均得点と「標本誤差」、そして「標準誤差」を求めるには、単純無作為抽出の場合のスクリプトを使い、最初を二段抽出と層化抽出の設定を合わせたものに変えるだけでよい。

```
#stratified two stage sampling
sam_d <- svydesign(id=~SCHOOLID, strata=~STRATUM, data=JPN2012,
 weights=~W_FSTUWT)
```

　数学的リテラシーの平均得点は単純無作為抽出の場合と同じ「536.41」、そして標本誤差は「4.84」、標準誤差は「4.85」であり、二段抽出よりは若干小さくなっているが、単純無作為抽出を仮定した場合よりはかなり大きくなっている。

　標本抽出法として「**単純無作為抽出**」、「**二段抽出**」、「**層化抽出**」、「**層化二段抽出**」を仮定した数学的リテラシーの「**平均得点**」、「**標本誤差**」、「**標準誤差**」と、「**PISA調査本来の計算方法**」とを比較したのが表3-1である。

表 3-1　抽出法と標本誤差（PISA2012 年調査、日本、数学的リテラシー）

	平均得点	標本誤差	標準誤差
単純無作為抽出	536. 41	1. 20	1. 22
二段抽出	536. 41	5. 01	5. 01
層化抽出	536. 41	1. 17	1. 19
層化二段抽出	536. 41	4. 84	4. 85
PISA 調査の計算方法	536. 41	－	3. 59

　平均得点という母集団の特性を表す推定値の値は、どれも重み付け後の値であるため、違いは見られない。「標準誤差」については、PISA 調査本来の計算方法と比べて、単純無作為抽出と層化抽出を仮定した値は過小評価に、二段抽出と層化二段抽出を仮定した値は過大評価になっている。単純無作為抽出や層化抽出を仮定した計算方法では、標本誤差が3分の1程度になっており、実際には誤差でしかない差（経年変化や下位集団間の違い）を「統計的に有意な差」だと判断する危険性が高くなっている。PISA 調査の計算方法を取ることができない場合は、それに最も近い「層化二段抽出」を仮定した計算方法が無難であり、少なくとも計算が簡単だからと言って単純無作為抽出を仮定した方法は取るべきではない。

(2) 複雑な標本抽出法における標本誤差の計算方法

　PISA 調査の標本誤差の計算方法は、「BRR 法（Balanced Repeated Replication Method、均衡反復複製法）」である。この BRR 法がどのような標本抽出法の時に使えるのかを知っている人からすると、第 2 章第 1 節で説明した抽出法で、何故 BRR 法が利用できるのか不思議に思えるかもしれない。そこで PISA 調査の方法を説明する前に、層化や多段抽出を組み合わせた、複雑な標本抽出法を用いた際の「標本誤差」の計算方法について、BRR 法も含めて代表的なものを 4 つ紹介する。本節では PISA2012 年調査の数学的リテラシーの平均得点における「標本誤差」に注目してきたが、これらの方法では、割合や相関係数といった、平均よりも複雑な計算を必要とする推定値にも対応することができる。4 つの方法を大きく分けると線形化法

（Linearization Method）と複製法（Replication Method）からなり、後者の複製法は複製の作り方によって、BRR 法、ブートストラップ法（Bootstrap Method）、ジャックナイフ法（Jackknife Method）に分かれる。**日本において大規模教育調査を行う際、PISA 調査とは母集団が異なったり、標本抽出法が異なったりすることが当然考えられるが、ここで説明する4つの方法の特徴を知っていれば、抽出法や分析したい内容に合わせて、BRR 法以外の方法も検討することができるはずである。**ブートストラップ法とジャックナイフ法については、主層に基づく層化二段抽出を仮定した場合の「標本誤差」を R で計算できるため、PISA2012 年調査における日本の数学的リテラシーの平均得点とその「標本誤差」の求め方、そして計算結果の比較も併せて行う。

① 線形化法

母集団における平均得点については、第 2 章第 1 節の「（3）標本サイズと層について」で紹介した方法を組み合わせて用いることで、「層化二段抽出」のような場合の「標本誤差」も計算することができる。本節では R を用いて、それを求める方法を紹介してきた。しかし、ある質問への回答別生徒割合やある変数と得点との相関といったものについては、これまで紹介してきた方法をそのまま使うことができない。

線形化法（Linearization Method）は、**テイラー級数法（Taylor Series Method）とも呼ばれるが、生徒割合や相関といった複雑な推定値を扱う際に、その推定値を求める式を平均や総数の式の組み合わせに変換し、テイラー展開（テイラー級数への展開）を用いて、直接計算できない式の組合せの「標本誤差」を近似的に求める方法である。**Wolter（2007: 226）によると、「線形関数によって非線形の推定値を近似する」（線形化する）ことで、非線形の推定値の標本誤差を推定する方法である。後述する複製法が「標本誤差」を直接計算するのに対して、線形化法は非線形の式を線形の式に変換してから計算するため、直接「標本誤差」を推定する訳ではない。つまり、これまで計算してきた「標本誤差」の計算方法がこの線形化法の土台となっており、平均得点の「標本誤差」を計算するのにこの方法は必要ない。

線形化法は、有料の統計ソフトである SAS や SPSS（追加のモジュールである Complex Samples が必要）、Stata (StataCorp LLC, College Station, TX, USA)、SUDAAN (RTI International, Research Triangle Park, NC, USA) などで用いることができる。R では、すでに紹介したパッケージ「survey」が、線形化法による「標本誤差」の計算に対応している。本節の「(1) 標本誤差算出の必要性」で使用した関数「svydesign()」の設定をそのまま使えば、割合や相関係数を求める際、「標本誤差」の計算に線形化法が用いられる。

　線形化法、そして線形化法の土台となっている通常の「標本誤差」の計算方法は、後述する複製法と比べると、使用するまでの準備がほとんど必要なく、計算時間もかなり短いという長所がある。しかし、あらゆる場面で線形化法が適用できる訳ではない。Lohr (2010: 369) は、線形化法が推定値ごとに「異なる式」、「特別なプログラム」、「異なる方法」を必要としており、さらには、すべての推定値にその式がある訳ではなく、「中央値やパーセンタイル値などではこの方法が適用できない」と指摘している。つまり、使用した標本抽出法、求めたい推定値に対応したプログラムがあれば、線形化法は有用であるが、そうでない場合は通常、使うことができない。また、標本抽出時に使用した情報が「標本誤差」の計算に必要となるため、学校や個人が特定化されやすくなる可能性があり、その点では複製法に劣っている。

② BRR 法

　複製法（Replication Method）は、標本から標本抽出（これをリサンプリング Resampling と呼ぶ）して複製を複数作り出し、調査データによる推定値と複製による推定値の差から標本誤差を計算する方法である。このリサンプリングの仕方によって、複製法にはいくつかのバリエーションが存在する。

　BRR 法の説明の前に、最もシンプルな複製法である「副標本法（Random Group Method）」を紹介する。これは、標本抽出法に従って標本を無作為に分割し、複製（副標本）を複数作る方法である。例えば PISA2012 年調査における日本のデータの場合、層化二段抽出であるため層の大きさに比例させて学科単位で標本を分割する。その時、主層で最も小さい「国立・私立、専

門学科等」の標本サイズが9学科であるため、最大で9つの複製を作ること
ができる（他の3つの主層に属する学科は、無作為に9分割される）。このように、
標本サイズは小さいが、同じ抽出方法で複数回、標本抽出を行った結果が存
在することになり、この複数の複製から求められた推定値のばらつき（分散）
を複製の数で割った値の平方根（単純無作為抽出の「標本誤差」の求め方と類似
する）が「標本誤差」となる。式で表すと次のようになる。

$$
\text{副標本法の標本誤差} = \sqrt{\frac{\text{各複製の推定値の分散}}{\text{複製数}}}
$$

$$
= \sqrt{\frac{1}{\text{複製数}} \times \frac{\sum\left(\text{複製の推定値} - \text{標本の推定値}\right)^2}{\text{複製数} - 1}}
$$

　副標本法は、どのような種類の推定値に対しても、特別な式やソフトウェ
ア、プログラムを用意することなく、「標本誤差」を計算することができる。
この特徴は、他の複製法での「標本誤差」の計算にも当てはまる。ただし、
副標本法は、作り出せる複製の数に限りがあるのに、少なくとも副標本が
10以上なければ安定した「標本誤差」の推定が難しいこと（Lohr 2010: 373）、
また、複製が母集団から独立して抽出されたものではないため、「標本誤差」
を過大推定してしまうこと（土屋 2009: 186）などが短所として指摘されてい
る。本書では、副標本法による「標本誤差」の計算は行わないが、標本から
複数の複製を作り、それぞれの複製で推定値を計算して、その分散から「標
本誤差」を求めるという方法は、すべての複製法に共通している。
　では、「BRR法」はどのように複製を作るのであろうか。BRR法は
「Balanced Half-Sample Method」とも呼ばれるが、この方法が確立する
以前の1950年代半では、層化抽出や層化多段抽出で各層の要素が「2つ」
の場合に、無作為に一方を選んで「半標本（Half-Sample）」ないし「疑似複製
（Pseudo Replication）」を作ることを繰り返し、それら複数の複製の推定値から
「標本誤差」を計算する方法が用いられていた（Wolter 2007: 107）。この複製

を繰り返す方法に、McCarthy (1966) が「均衡 (Balanced、平衡、釣り合い)」という考えを導入して、BRR 法は生まれた。複製、つまり半標本が偏り (層の要素のどちらか一方が多く選ばれること) なく選ばれるには、層のどちらかが選ばれるという組み合わせのすべて、つまり「2^{層数} (2 の層数乗)」の組合せ (無限に複製を繰り返した場合に等しい) が理想であるが、これと同等になるものとして、「任意の異なる 2 つの層で、可能な要素の組合せ (2×2 の 4 組) が複製に現れる数が等しい」かつ「すべての層で、層の中の要素が複製に現れる数が等しい」という、「均衡」した組合せが代わりに用いられたのである。ここで例として、7 層からなる標本 (各層は 2 つの学科からなる) で 8 つの複製 (半標本) を均衡させて作った場合を**図 3-1** として図示する。「除く」と書かれた行は、とりあえず無視してほしい。

	複製 1	複製 2	複製 3	複製 4	複製 5	複製 6	複製 7	複製 8
除く	1	1	1	1	1	1	1	1
層 1	1	0	1	0	1	0	1	0
層 2	1	1	0	0	1	1	0	0
層 3	1	0	0	1	1	0	0	1
層 4	1	1	1	1	0	0	0	0
層 5	1	0	1	0	0	1	0	1
層 6	1	1	0	0	0	0	1	1
層 7	1	0	0	1	0	1	1	0

図 3-1　均衡した複製 (半標本) の例

「層 1」という行では、「1」という数字がその層の 1 番目の学科が選ばれた複製、「0」が 2 番目の学科が選ばれた複製を意味する。8 つある複製に「層 1」の 1 番目の学科が 4 回、2 番目の学科が 4 回というように、7 つあるすべての層で 1 番目の学科が 4 回、2 番目の学科が 4 回現れている。そして「層 1」と「層 2」の行を見ると、「層 1 の 1 番目と層 2 の 1 番目」が選ばれた複製が 2 つ、「層 1 の 1 番目と層 2 の 2 番目」が選ばれた複製が 2 つ、「層 1 の 2 番目と層 2 の 1 番目」が選ばれた複製が 2 つ、「層 1 の 2 番目と層 2 の 2 番目」が選ばれた複製が 2 つというように、任意の異なる 2 つの層

で、可能な組み合わせが等しく表れている。この「1」と「0」からなる行列は、「アダマール行列」と呼ばれる直交行列から作られており（実際のアダマール行列は「0」の部分が「-1」）、最初の行はすべて「1番目」が選ばれてしまうため、その行を除いた残りの行が複製を作る際に使われる。なお、「アダマール行列」は行数（列数）が1と2、そして4の倍数でとなっているため（1と2の時は使えない）、層の数が「4×n未満」で、「4×(n−1)以上」の場合は「4×n」行（列）の「アダマール行列」が使われる。先の例では層の数が7であり、「4×2未満」で「4×1以上」であるため「4×2＝8」行（列）の「アダマール行列」が使われている。なお、Rのパッケージ「survey」の関数「hadamard()」に層の数、例えば「hadamard(7)」と入れて実行すれば、先ほどの行列を得ることができる。

BRR法による「標本誤差」を式で表すと次のようになる。副標本法よりも単純であり、複製の標準偏差がそのまま「標本誤差」になっている。

$$\text{BRR 法の標本誤差} = \sqrt{\frac{\sum(\text{複製の推定値} - \text{標本の推定値})^2}{\text{複製数}}}$$

実際にBRR法を用いる時は、複製データを作るのではなく、選ばれた場合はその要素の重みを「2倍」に、選ばれなかった場合は重みを「0」にした複製数分の重みを調査データに付けることで行われる。第2章第1節の「（3）標本サイズと層について」で、PISA2012年調査のデータを用意する際、データ「student2012weight」を使ったが、これがBRR法で用いる重みを格納しているデータであった。本書で用いているデータ「JPN2012」の場合、通常の重みである「W_FSTUWT」で計算した値が先ほどの式の「標本の推定値」である。そして、この重みの後に続いている列「W_FSTR1」から「W_FSTR80」までが複製用の重みであり、これらの1つを重みとして計算した値が先ほどの式の「複製の推定値」となる。PISA調査のBRR法の場合、通常の重みで推定値を計算するとともに、複製用の

重みで推定値を 80 回計算している（質問項目への回答割合では 80＋1＝81 回であるが、Plausible Value を使う場合は 81×5＝405 回、同じ推定値を計算している）。

　以上の説明を読んで、不思議に思われた人も多いと思う。まず、「W_FSTR1」から「W_FSTR80」までの複製用の重みを見た人は、それらの中に「0」が無いことに気づいたかもしれない。また、PISA 調査の標本抽出法の説明を思い出した人は、日本の PISA 調査の「主層」は必ず学科が 2 つ以上になっており、公開されていない「副層」についてもほとんどの場合で学科が 2 つ以上になっているはずであること、「191 学科」が参加しているのであるから「191÷2」を超える 4 の倍数は「96」であるのに、複製の重みの数が「80」となっていること（これはすべての参加国・地域で共通）、そして学科数が奇数で「2 つ」ずつに分けても 1 つ余ることから、PISA 調査のデータには BRR 法が適用できないと思うかもしれない。これらの理由については後述するが、PISA 調査の BRR 法は、ここで紹介した通常の方法とは異なっており、PISA 調査のデータをそのままの形で BRR 法にかけている訳ではない。なお、「アダマール行列」以外の行列が均衡の条件を満たすのであれば、各要素が 2 つでない BRR 法も可能になる（Gupta and Nigam 1987; Wu 1991）。ただし西郷によると、このような行列の構成方法は必ずしも自明でないため、実用上の制約になっている（西郷 2000: 542-3）。筆者らが知る限りでも、大規模教育調査でそのような BRR 法が使われた事例は存在しなかった。

　BRR 法は、ほとんどすべての推定値、分析に対して適用できる「標本誤差」の計算方法であるが、実質的には「2 つの要素からなる層」にしか使えない。本節で用いている R のパッケージ「survey」でも、「2 つの要素からなる層」でしか BRR 法は使えない。

③　ブートストラップ法

　ブートストラップ法（Bootstrap Method）は、BRR 法と同じく標本から複製（副標本）を作り出して「標本誤差」を計算する方法であるが、BRR 法が「2 つの要素からなる層」という限定的な状況で均衡した複製を作るのに対して、

ブートストラップ法は標本抽出法に合わせて標本からリサンプリングを繰り返すことで複製を作り出す。Efron (1977) が最初にブートストラップ法を「標本誤差」の計算に用いた理由は、次に説明するジャックナイフ法の欠点（中央値などで「標本誤差」が上手く推定できない）を補うためであったが、この時は単純無作為抽出を前提としていた。その後、様々な標本抽出法に対するブートストラップ法が研究されており、Wolter (2007: 194-225) や Shao (2003) などで紹介されている。本書では、Lohr (2010: 385) の説明に基づきながら、層化多段抽出に対応した Rao と Wu (1988) のリスケーリング・ブートストラップ（rescaling bootstrap）法を解説する。

　この方法では、まず 1）各層で別々に、層の中の要素数（学科数）から 1 引いた数だけ、要素（学科）を復元単純無作為抽出して複製を作り出す。この時、要素（学科）は複数回選ばれることがある。なお、実際に複製データを作るのではなく、抽出回数に応じて重みを増やした複製用の重みを付けることで、後の計算を行う。次に 2）このリサンプリングを複数回繰り返し、複製用の重みをその回数分だけ作り出す。何回リサンプリングをすればよいのかは、Efron と Tibshirani (1986: 56) は 50 回から 200 回、Lohr (2010: 385) は 500 回または 1000 回としている。「標本誤差」の精度を高めるには回数が多いほどよいが、あまり多くしても精度はそれほど向上せず、計算時間が非常に長くなる。そして最後に 3）以下の式で「標本誤差」を計算する。

$$\text{ブートストラップ法の標本誤差} = \sqrt{\frac{\sum(\text{複製の推定値} - \text{標本の推定値})^2}{\text{複製数} - 1}}$$

　ブートストラップ法は、BRR 法と同様、ほとんどすべての推定値、分析に対して適用できる「標本誤差」の計算方法であり、しかも BRR 法のような「2 つの要素からなる層」にしか使えないといった制限がない。しかし、BRR 法や次に説明するジャックナイフ法と比べると、計算時間が非常にかかり、しかも精度はそれほど高くない。

スクリプト 3-6 ブートストラップ法による標準誤差の計算

ここでは R のパッケージ「survey」を使って、主層に基づく層化二段抽出を仮定した場合に、PISA2012 年調査における日本の数学的リテラシーの平均得点とその「標本誤差」、そして「標準誤差」をブートストラップ法（リスケーリング・ブートストラップ）で求める方法を示す。層化二段抽出の場合のスクリプト 3-5 を使い、1 行目はそのままに、その下に次の 1 行を加えるだけでよい。

```
#Bootstrap method
sam_d <- svydesign(id=~SCHOOLID, strata=~STRATUM, data=JPN2012,
                   weights=~W_FSTUWT)
sam_d <- as.svrepdesign(sam_d, type="subbootstrap",
                        replicates=1000)
```

関数「as.svrepdesign()」の「type="subbootstrap"」で Rao と Wu のリスケーリング・ブートストラップ法を、「replicates=1000」でリサンプリングの回数（複製数）を指定している。これまでの「標本誤差」の計算と比べてかなり時間がかかり、しかも計算するたびに結果が変わってしまい、安定していない。筆者らが行った計算の結果は、ジャックナイフ法の説明の後で示す。

④ ジャックナイフ法

ジャックナイフ法 (Jackknife Method: JK) も複製法の一種であり、標本の一部を取り除くことで複製を作り出す方法である。元々は系列相関係数の偏りを減らすために提案された方法であるが (Quenouille 1949)、その後、Tukey (1958) によって、標本誤差の推定にも使われるようになった。ブートストラップ法と同様、様々な標本抽出法に合わせて利用することができ、TIMSS (国際数学・理科教育動向調査) でも使われている (ただし、TIMSS で用いられている方法は、ここで紹介するジャックナイフ法ではない)。

R のパッケージ「survey」では、層化抽出でない場合の「JK1」法と層化抽出の場合の「JKn」法を使うことができるが、複製の作り方がわかりやすい「JK1」法から説明する。なお、本書の説明は Lohr (2010: 380-2) と Westat (2007: 220-2) に基づいている。

「JK1」法を二段抽出に用いる場合、第一次抽出単位である学校（学科）を1つずつ取り除くことで、複製を作っていく。例えば、標本が「A校、B校、C校、D校、E校」の5校からなっていた場合、最初の複製はA校を除く「B校、C校、D校、E校」の4校で作り、次の複製はB校を除く「A校、C校、D校、E校」の4校で作るというようにして、第一次抽出単位の数に等しい5つの複製を作ることができる。なお、取り除かれた第一次抽出単位の重みを相殺するため、他の第一次抽出単位の重みを「複製数÷（複製数−1）」倍する必要がある。ここでの例では、各校の重みを「1.25倍」することになる（除かれた学校の重みは「0」になる）。そして、以下の式で「標本誤差」を計算する。

$$
\text{JK1 法の標本誤差} = \sqrt{\frac{複製数 - 1}{複製数} \times \sum \left(複製の推定値 - 標本の推定値\right)^2}
$$

　層化二段抽出の場合は、「JKn」法を用いることになるが、違いは、取り除かれた第一次抽出単位の重みを層の中で相殺する点にある。例えば、標本が「A校、B校」からなる層1と「C校、D校、E校」からなる層2の2つの層からなっていると考えると、最初の複製はA校を除く「B校、C校、D校、E校」の4校で作る点は「JK1」法と同じであるが、重みは同じ層の「B校」のみを2倍にし（A校の重みは「0」）、層の異なる他の3校の重みはそのままにする。次の複製ではB校を除くが、この時も「A校」の重みを2倍にし、他の3校の重みはそのままにする。そして、3番目の複製では、C校を除くことになるが、A校とB校の重みはそのままに、「D校とE校」の重みを1.5倍にする。このようにして、5つの複製を作っていく。重みについて整理すると、除かれる場合は「0」、同じ層に除かれたものがある場合は「層内の要素の数÷（層内の要素の数−1）」倍、除かれたものが別の層の場合は「1」倍になる。そして、「標本誤差」は以下の式で計算される。

$$\text{JKn 法の標本誤差} = \sqrt{\sum^{\text{層の数}}\left\{\frac{\text{層内の要素数}-1}{\text{層内の要素数}}\times\sum\left(\text{複製の推定値}-\text{標本の推定値}\right)^2\right\}}$$

　つまり、層ごとの値を足し合わせた値の平方根が「JKn」法による「標本誤差」の推定値となる。「JK1」法や「JKn」法のように、要素を 1 つだけ取り除くジャックナイフ法を「deleted－1 ジャックナイフ法」と呼ぶ (要素を 2 つ以上取り除く方法もあるが、国際的な大規模教育調査では用いられていない)。

スクリプト 3-7　ジャックナイフ法による標準誤差の計算
　　R のパッケージ「survey」を使って、主層に基づく層化二段抽出を仮定した場合に、PISA2012 年調査における日本の数学的リテラシーの平均得点とその「標本誤差」をジャックナイフ法 (JKn) で求める方法を示す。スクリプト 3-6 を使い、1 行目はそのままに、2 行目を次のように変えるだけでよい。関数「as.svrepdesign()」の「type="JKn"」で「JKn」法を指定している。

```
#JackKnife method
sam_d <- svydesign(id=~SCHOOLID, strata=~STRATUM, data=JPN2012,
 weights=~W_FSTUWT)
sam_d <- as.svrepdesign(sam_d, type="JKn")
```

　ここで、先に示した表 3-1 での「層化二段抽出」の結果とともに、ブートストラップ法 (1000 回) とジャックナイフ法で推定した「標本誤差」及び「標準誤差」それぞれを**表 3-2** に示す。

表 3-2　計算法別で見た標本誤差 (PISA2012 年調査、日本、数学的リテラシー)

	平均得点	標本誤差	標準誤差
層化二段抽出 (表 3-1 より)	536.41	4.84	4.85
ブートストラップ法 (1000 回)	536.41	4.76	4.76
ジャックナイフ法 (JKn 法)	536.41	4.84	4.85

「副層」や並び順の効果が反映されていないため、PISA 調査での値「3.59」とは異なっているが、表 3-1 と比べて、ブートストラップ法はそこから「0.09」異なっており、ジャックナイフ法はほぼ一致している。

　ジャックナイフ法は、ブートストラップ法と比べて計算にかかる時間も比較的少なく、精度も高く、さらに BRR 法のような「層内の要素が 2 つ」といった制約もないため、様々な抽出方法に対応できるといった長所を持っている。また、単純無作為抽出のような多段抽出でない場合、ジャックナイフ法は中央値、パーセンタイル値などで「標本誤差」の推定が上手くできないとされているが（Wolter 2007: 161; Lohr 2010: 383）、多段抽出の場合は、経験的にあまり問題にならないことが指摘されている（Rust 2013: 146）。Raoら（1992: 212-3）は、層化クラスター抽出に基づくシミュレーションから、TCS（例えば第一次抽出単位に含まれる生徒数）が大きくなるほど、中央値の「標本誤差」推定における歪みが小さくなるとしている。ただし、この主張が成り立つ理由は理論的には明らかにされていない（西郷 2003: 249-50）。

　ちなみに、ブートストラップ法の抽出回数（複製数）を増やした場合にどうなるのか、1000 回から 10000 回まで、1000 回ずつ増やして「標本誤差」を計算した結果を図 3-2 に示す（スクリプト 3-6 で「replicates=」の値を変えて計算、結果は計算するたびに異なってくることに注意）。抽出回数を増やすほど「4.84」の周りに近づいており、10000 回の時は「4.83」となっている。なお、これらの計算を R で行うには、かなりの時間がかかるため、試したい場合は、少ない回数から実行することをお薦めする 。

(3) PISA 調査での標本誤差の計算方法

　副層や並び順といったものを使わない層化二段抽出法や層化二段クラスター抽出法で大規模教育調査を行った場合、計算時間と汎用性を考えると、ジャックナイフ法が比較的有効な「標本誤差」の計算方法といえるのかもしれない。また、表 3-2 で示したように、計算方法が異なっても推定結果はほぼ同じであるため、線形化法が使える推定値は線形化法で、中央値や複雑な分析の場合はブートストラップ法で計算するという方法も考えられる。しかし、

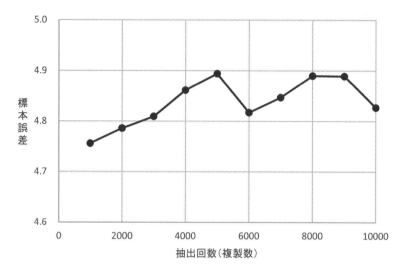

図3-2　ブートストラップ法における抽出回数と標本誤差

PISA調査ではこれらの方法ではなく、BRR法を用いて副層や並び順の効果を加味した「標本誤差」の計算方法が取られている。

　BRR法の説明の際に、1) 複製用の重みが「0」になっているところがないこと、2) 日本のPISA調査の「主層」は必ず学科が2つ以上になっていること、3) データが191学科からなり、「191÷2」を超える4の倍数は「96」であるのに、複製用の重みの数が「80」となっていること、そして、4) そもそも191学科は奇数であるため「2つ」の要素からなる層に分けられないことを指摘した。ここでは4つの指摘に答える形で、PISA調査における「標本誤差」の計算方法の特徴である「Fayによる修正法」、「疑似層の使用」、「部分的BRR法」、「要素が奇数の時の処理」について説明する。

① Fayによる修正法

　BRR法は層内の2つの要素のうち、片方を取り出して複製を作るが、その際にデータの半分が無視されることになる。RustとRao (1996: 291) が指摘しているが、ある下位集団の人数が少ない場合、複製によってはこの下位

3 標本誤差の計算　117

集団がまったく含まれず、この下位集団内での平均得点や質問への回答割合が計算できないことが起こりうる（ジャックナイフ法の場合は、標本の 1 要素しか取り除かれないため、この問題はほとんど起こらない）。この問題に対処するため、Fay は複製を作る際の重みを「2 倍」と「0」ではなく、「1.5 倍」と「0.5 倍」に修正することで標本全体を反映した複製を作り出す方法を編み出した（Dippo et al. 1984: 492）。そして、Judkins（1990）がこの「Fay による修正法（Fay's Method）」と通常の BRR 法、ジャックナイフ法を比較し、BRR 法とジャックナイフ法の欠点に対する妥協案として「Fay による修正法」の有効性を明らかにしている。PISA 調査では、この「Fay による修正法」が用いられており、図 3-1 で示した複製の場合、選ばれた学校・学科は重みを「1.5 倍」に、そうでない学校・学科は重みを「0.5 倍」にしている。このため、通常の BRR 法とは異なり、複製用の重みが「0」になることはない。なお、Judkins（1990: 225）によると、「Fay による修正法」は、選ばれた要素の重みが「1.5 倍」から「1.3 倍」（つまり修正値が「0.5」から「0.7」）になるようにするのが最適とされている。

　「Fay による修正法」で「標本誤差」を求める式は、通常の BRR 法と異なり、次のようになる。例として、修正値が「0.5」（重みが「1.5 倍」と「0.5 倍」になる）ときの値を合わせて示す。複製の推定値が異なるため、BRR 法の式に 2 をかけた値となる。

$$\text{Fay による修正法の標本誤差} = \sqrt{\frac{1}{\left(1 - \text{修正値}\right)^2} \times \frac{\sum\left(\text{複製の推定値} - \text{標本の推定値}\right)^2}{\text{複製数}}}$$

$$= \sqrt{\frac{1}{(1 - 0.5)^2} \times \frac{\sum\left(\text{複製の推定値} - \text{標本の推定値}\right)^2}{\text{複製数}}}$$

$$= 2 \times \sqrt{\frac{\sum\left(\text{複製の推定値} - \text{標本の推定値}\right)^2}{\text{複製数}}}$$

② 疑似層の使用

「Fay による修正法」を使っているといっても、通常の BRR 法と同様、基本的には各層が 2 つの要素からなる場合にのみ利用できる。日本の PISA 調査の「主層」は必ず学科が 2 つ以上になっているため、そのままでは「Fay による修正法」を使うことができない。要素が 2 つではない層のある場合で BRR 法を使う方法として、Gupta と Nigam (1987) はアダマール行列とは異なる直交行列を用いる方法を提唱したが、すでに述べたように、条件に合う行列を見つけ、計算に使用するのが難しいため、国際的な学力調査では用いられていない。そして、これとは別の対処法として、「疑似層 (Pseudo Stratum)」の使用が挙げられる。「疑似層」は、「分散層 (Variance Stratum)」と呼ばれたり、PISA 調査では「ペア (Pair)」（OECD 2014b: 139）、TIMSS では「ゾーン (Zone)」（Martin et al. 2016: 4.1）と呼ばれたりしているが、学校や学科といった第一次抽出単位を抽出台帳から系統抽出する際の並び順に従って、2 つの学校や学科をペアにし、このペアを層として扱う（疑似的に層と見なす）ことで、「標本誤差」の計算に BRR 法（TIMSS の場合はジャックナイフ法の一種である JK2 法）を用いることを可能にする。

Kish と Frankel (1970: 1087) は、BRR 法を用いる際に、層内の要素が 1 つの時に要素を「分割 (Collapsing)」したり、複数の層を「結合 (Combining)」したりして、「2 つの疑似的な要素からなる層」を作り出す方法を紹介している。これに関して Wu (1991: 182-3) は、層を分割して作る「2 つの疑似的な要素からなる層」の数を多くするほど、標本分散の予測精度が高くなると指摘している。つまり、「主層」に含まれる要素をグループ化して「2 つの疑似的な要素からなる層」を作れば BRR 法を用いることができ、しかも精度を上げるにはできるだけ「疑似層」が多い方がよいため、「2 つの要素からなる層」になるまで分割した「疑似層」を使用するのが望ましいことになる。

また、Rust (2013: 144) は、系統抽出の並び順に、2 ないし 3 の要素からなる層化と同じ効果があるとして、並び順に従った「疑似層」の有効性を主張している。第 2 章第 1 節の「（2）PISA 調査の標本抽出法」で見たように、PISA 調査の標本抽出は「主層」の中で、「副層」と「生徒数」に基づいた

並び順に従って学校（学科）を系統抽出しており、抽出間隔の範囲内で学校（学科）を1つ選んでいるため、この範囲の片方の境界が1つの学校で重なり合っているのを考えると、Rust の主張はある程度正当化できるかもしれない。この Rust の主張に従うならば、BRR 法やジャックナイフ法だけでなく、ブートストラップ法、さらには線形化法や通常の「標本誤差」の計算方法においても、「疑似層の使用」が「副層」や並び順の効果を加味するために有効であると考えられる。

PISA 調査では、「主層」の中で、抽出台帳の並び順に従って抽出学校（学科）をペアにし、このペアに「ペア番号」を振り（ペアの2学校・学科は同じ番号が振られる）、ペア内の学校（学科）に対して無作為に一方に「1」、もう一方に「2」という「ユニット番号」を振っている。そして先述したアダマール行列に従って、ある複製のあるペア（層）の値が「+1」の時は、「ユニット番号」が「1」の学校（学科）の生徒の重みを「1.5 倍」、「2」の学校（学科）の生徒の重みを「0.5 倍」にした複製用の重みを作り、ある複製のあるペア（層）の値が「-1」の時は、「ユニット番号」が「2」の学校（学科）の生徒の重みを「1.5 倍」、「1」の学校（学科）の生徒の重みを「0.5 倍」にした複製用の重みを作っていく（OECD 2014b: 139）。

なお、複製用の重みを作る際、複製ごとに「不参加補正」（第2章第2節の「(1) PISA 調査の重み付け」を参照）が行われている（OECD 2014b: 140）。つまり、「1.5 倍」されたり、「0.5 倍」されたりする生徒の重みは、「学校基本ウェイト」と「生徒基本ウェイト」のみからなっており、それに基づく複製用の重みが作られた後で、各複製用の重みごとに「不参加補正」がなされている。また、「疑似層」は、抽出学校（学科）を基準に作られており、参加学校（学科）ではない点に注意が必要である（OECD 2014b: 140）。これは、先ほどの「不参加補正」をより正確に反映させるためのものと考えられる。ただし、これらの「不参加補正」に関する処理は、日本の大規模教育調査のように参加率が高い場合、「標本誤差」の計算に大きな影響を与えないため、日本で独自に調査を行う際は、個々の複製に対する「不参加補正」を行わず（「生徒の最終ウェイト」をそのまま使う）、「疑似層」も参加学校（学科）のみで作

るといった、より簡易な方法をとっても問題ないと思われる。

　表 3-3 では、日本の PISA2012 年調査のデータで、「疑似層」と「ユニット番号」が各学校にどのように割り振られているのかを「主層」別に示す。表中の 7 桁の数字は、これまで使用してきたデータ「JPN2012」における変数「SCHOOLID」の値であり、調査に参加した学科を示している。「疑似層」は変数「WVARSTRR」、「ユニット番号」は変数「VAR_UNIT」の値であり、「主層」である変数「STRATUM」の値ごとに、どの学科がどの「疑似層」のユニットになっているのかが示されている。例えば「疑似層 2」のユニット 1 は、「0000010」の学科であることがわかる。「SCHOOLID」の値が網掛けになっているところは、「疑似層」のユニット数が「2」でない場合を意味している。

③　部分的 BRR 法

　表 3-3 では、「疑似層」と「SCHOOLID」の対応関係が必ずしも順番通りに並んではおらず、しかもユニット数が 1 や 2 だけではなく、最大で 5（疑似層 16 と 79）になっていることに驚かれるかもしれない。

　順番通りに並んでいないのは、PISA 調査のデータが一般的に公開されており、どのデータがどの学校のどの生徒のものであるのかわからないようにするため、調査時に使用した「学校 ID」ないし「学科 ID」ではなく、無作為に作られた数字を「SCHOOLID」に入れていることによる。「標本誤差」の計算に BRR 法のような「複製法」を使う場合、複製用の重みを作ってしまえば、「副層」や並び順に関する情報は必要なくなる（残ってはいるが、疑似層やユニットの情報も必要はない）。公開されるデータから、学校や個人を特定できるような情報を減らすことができるという意味で、複製法は、線形化法などよりも優れているといえる。

　では、ユニット数が 2 を超えているのは何故であろうか。これは「疑似層」の数が 80 であることと関係している。「標本誤差」の推定精度を上げるためには「疑似層」が多い方がよいと述べたが、「疑似層」が多くなるほど複製の数も多くなり、計算に時間がかかるようになる。そこで、本来の標本サイ

表 3-3 「疑似層」と学科の関係 (PISA2012 年調査、日本)

疑似層	主層									
	JPN0101		JPN0202		JPN0203			JPN0204		
	疑似層内のユニット番号									
	1	2	1	2	1	2	3	1	2	3
1	0000035	0000041			0000125	0000138				
2			0000010	0000126						
3	0000018	0000100								
4	0000089	0000025								
5	0000133	0000187								
6			0000179	0000030						
7	0000139	0000071								
8	0000176	0000036								
9	0000026	0000079								
10	0000080	0000188								
11	0000028	0000119								
12	0000148	0000012			0000015	0000056				
13						0000050				
14					0000044	0000110				
15						0000178				
16	0000065	0000170						0000152	0000057	0000136
17	0000052	0000103								
18			0000128	0000112						
19	0000081	0000097								
20			0000180	0000143						
21	0000006	0000105			0000109	0000060				
22				0000048						
23			0000004	0000020						
24						0000171				
25	0000051	0000055								
26					0000147	0000098				
27	0000088	0000130								
28	0000166	0000023			0000034	0000069				
29						0000061				
30	0000121	0000003						0000067	0000037	
31			0000116	0000146						
32						0000062				
33	0000157	0000013			0000024	0000083				
34	0000191	0000141								
35			0000002	0000102						
36					0000007					
37	0000118	0000132								
38	0000090	0000159								
39			0000039	0000168						
40	0000092				0000082	0000053				
41			0000043	0000096						
42	0000075	0000108								
43	0000106	0000169						0000122	0000135	
44	0000115	0000172			0000077	0000074				

45			0000073	0000181					
46	0000144	0000113							
47	0000066	0000008			0000068	0000031			
48	0000022								
49	0000173	0000064			0000047	0000040			
50	0000167	0000101			0000045	0000095			
51			0000087	0000164					
52					0000140				
53			0000184	0000042					
54	0000154	0000011							
55			0000162	0000033					
56	0000005	0000049						0000161	0000093
57			0000027	0000086					
58	0000058	0000120							
59	0000185	0000149							
60	0000001	0000019							
61					0000070	0000123			
62	0000084	0000099							
63	0000153	0000104							0000124
64	0000078	0000111			0000017	0000158			
65	0000163	0000189							
66			0000094	0000183					
67	0000117	0000127							
68	0000091	0000054							
69			0000014	0000085					
70	0000063	0000009			0000029	0000177			
71	0000016	0000038							
72			0000155	0000151					
73	0000072	0000107			0000021	0000114			
74			0000129	0000165					
75			0000046	0000076					
76					0000175	0000137			
77			0000142	0000174					
78	0000059	0000182			0000134	0000131			
79	0000190	0000145			0000186	0000150	0000156		
80	0000160	0000032							

ズである 150 校に適切で（厳密には「疑似層」は 76 でよい）、精度を落とさない程度の複製数として「80」という数が選ばれ、どれほど学校（学科）が多くても、「疑似層」の数が最大「80」になるよう、これを越えた「疑似層」は別の「疑似層」と「結合」されている（OECD 2017a: 124）。つまり、PISA調査の BRR 法（Fay による修正法）は、本来ならば「すべての」層で均衡しているべきところを、計算を容易にするために、層を結合して「部分的均衡（Partial Balancing）」に抑えているのである。Walter（2007: 125）によれば、この

3 標本誤差の計算　123

「部分的 BRR 法」で推定値の精度は落ちても、偏り（過大推定や過小推定）は生じないとされている。

　表 3-3 を見ると、「主層 JPN0203（国立・私立、普通科等）」では 4 つの疑似層を除いて、「主層 JPN0204（国立・私立、専門学科等）」ではすべての疑似層で、「主層 JPN0101（公立、普通科等）」の「疑似層」との「結合」が行われていることがわかる。なお、本来の BRR 法であれば、層の数が「79」までの時に複製数が「80」となるはずであるが、PISA 調査の「疑似層」の数は 80 となっており、表 3-3 の「疑似層 32」のユニット番号「2」に当たる学科「0000062」に属する生徒の重みは、すべての複製において「0.5 倍」されたものになっている。つまり、この層では「均衡」が成り立っていないが、筆者らが調べた PISA 調査や BRR 法に関する文献の中では、このことに関する言及は見つからなかった。

④　要素が奇数の場合

　表 3-3 では、「疑似層」の 16 と 79 で、ユニット数が 5 つある。これは、「主層」に含まれる学校（学科）の数が偶数（2 の倍数）でない場合、「疑似層」のユニット数を 3 にし、3 つの要素からなる「疑似層」を作っているためである（この「疑似層」が別の「疑似層」と「結合」されている）。「疑似層」の通常の使用であれば、余った 1 つの学校（学科）の生徒を無作為に分割して「2 つの要素からなる疑似層」を作ったり、分割した生徒を直前の「疑似層」の 2 つの要素に結合したりする方法も考えられるが、PISA 調査ではこれらとは異なる方法が取られている。

　表 3-4 の「疑似層 7」が 3 つの学校（学科）からなると仮定した場合を例に説明する。3 つの要素からなる「疑似層」の複製を作るときは、まず複製ごとに 1 つの要素を無作為に選択する（「選ばれた要素」）。そして、通常の「疑似層」（2 つの要素からなる）で最初の要素が選ばれる場合（「疑似層 7」が 1 の場合）は、3 つの要素の中から選ばれた要素の重みを「1.7071 倍」し、残りの 2 つを「0.6464 倍」にするとともに、通常の「疑似層」で最初の要素が選ばれない場合（「疑似層 7」が 0 の場合）は、3 つの内から選ばれた要素

124

の重みを「0.2929倍」し、残りの2つを「1.3536倍」にしている（Adams and Wu 2002: 320-1）。例えば、複製1では要素2が選ばれたため、要素2の重みが「1.7071倍」、要素1と3の重みが「0.6464倍」になっており、複製2では要素1が選ばれたため、要素1の重みが「0.2929倍」、残りの2つが「1.3536倍」になっている。

表3-4　3つの要素からなる「疑似層」の例

	複製1	複製2	複製3	複製4	複製5	複製6	複製7	複製8
層7	1	0	0	1	0	1	1	0
選ばれた要素	2	1	1	1	1	3	2	3
要素1の重み	0.6464	0.2929	0.2929	1.7071	0.2929	0.6464	0.6464	1.3536
要素2の重み	1.7071	1.3536	1.3536	0.6464	1.3536	0.6464	1.7071	1.3536
要素3の重み	0.6464	1.3536	1.3536	0.6464	1.3536	1.7071	0.6464	0.2929

　ここまで説明してきたPISA調査での「標本誤差」の計算方法は、複製用の重みを作るのにかなりの手間がかかり、しかも自動的に作成してくれるRのパッケージやその他のソフトウェアが存在しない。

　次節では、並び順の効果を「標本誤差」の計算に加味するには「疑似層」が有効であることを検証するが、その前に本節で紹介した「標本誤差」の計算方法で「疑似層」を使った場合、結果がどのようになるのかを明らかにする。PISA調査の公開データでは「副層」や並び順の情報は削除されている。そこで、表3-3を参考にして、「2つの要素からなる疑似層」を作成する。具体的には、「1つの要素からなる疑似層」ではそこに含まれる生徒を分割（半分の生徒を「架空の学科」の生徒に）して「2つの要素からなる疑似層」とし、「疑似層」が結合されている場合は、それを層別に分解して新たな「疑似層」とし、疑似層の3つ目の要素については新たな「疑似層」にするとともに、そこに含まれる生徒を分割して「2つの要素からなる疑似層」とした。

スクリプト3-8　疑似層の作成
　これまで使ってきたRのデータ「JPN2012」に対して、次のスクリプトを実

行すれば、架空の「疑似層」である「p_STR」と架空の学校 ID である「p_SCH」を作成することができる。

```
JPN2012 <- JPN2012[order(JPN2012$STIDSTD),]
JPN2012$p_STR <- JPN2012$WVARSTRR
JPN2012$p_SCH <- as.character(JPN2012$SCHOOLID)

#change school ID and pseudo stratum ID
JPN2012[JPN2012$SCHOOLID=="0000125",]$p_STR <- 81
JPN2012[JPN2012$SCHOOLID=="0000138",]$p_STR <- 81

JPN2012[JPN2012$SCHOOLID=="0000015",]$p_STR <- 82
JPN2012[JPN2012$SCHOOLID=="0000056",]$p_STR <- 82

JPN2012[1669:1685,]$p_SCH <- "000192"          #SCHOOLID 0000050
JPN2012[5899:5916,]$p_SCH <- "000193"          #SCHOOLID 0000178

JPN2012[JPN2012$SCHOOLID=="0000152",]$p_STR <- 83
JPN2012[JPN2012$SCHOOLID=="0000057",]$p_STR <- 83

JPN2012[JPN2012$SCHOOLID=="0000136",]$p_STR <- 84
JPN2012[4468:4484,]$p_SCH <- "000194"          #SCHOOLID 0000136

JPN2012[JPN2012$SCHOOLID=="0000109",]$p_STR <- 85
JPN2012[JPN2012$SCHOOLID=="0000060",]$p_STR <- 85

JPN2012[1585:1601,]$p_SCH <- "000195"          #SCHOOLID 0000048
JPN2012[5666:5680,]$p_SCH <- "000196"          #SCHOOLID 0000171

JPN2012[JPN2012$SCHOOLID=="0000034",]$p_STR <- 86
JPN2012[JPN2012$SCHOOLID=="0000069",]$p_STR <- 86

JPN2012[2019:2035,]$p_SCH <- "000197"          #SCHOOLID 0000061

JPN2012[JPN2012$SCHOOLID=="0000067",]$p_STR <- 87
JPN2012[JPN2012$SCHOOLID=="0000037",]$p_STR <- 87

JPN2012[2054:2069,]$p_SCH <- "000198"          #SCHOOLID 0000062
```

```
JPN2012[JPN2012$SCHOOLID=="0000024",]$p_STR <- 88
JPN2012[JPN2012$SCHOOLID=="0000083",]$p_STR <- 88

JPN2012[203:220,]$p_SCH <- "000199"              #SCHOOLID 0000007

JPN2012[JPN2012$SCHOOLID=="0000092",]$p_STR <- 89
JPN2012[3045,]$p_SCH <- "000200"                 #SCHOOLID 0000136

JPN2012[JPN2012$SCHOOLID=="0000122",]$p_STR <- 90
JPN2012[JPN2012$SCHOOLID=="0000135",]$p_STR <- 90

JPN2012[JPN2012$SCHOOLID=="0000077",]$p_STR <- 91
JPN2012[JPN2012$SCHOOLID=="0000074",]$p_STR <- 91

JPN2012[JPN2012$SCHOOLID=="0000068",]$p_STR <- 92
JPN2012[JPN2012$SCHOOLID=="0000031",]$p_STR <- 92

JPN2012[729:745,]$p_SCH <- "000201"              #SCHOOLID 0000022

JPN2012[JPN2012$SCHOOLID=="0000047",]$p_STR <- 93
JPN2012[JPN2012$SCHOOLID=="0000040",]$p_STR <- 93

JPN2012[JPN2012$SCHOOLID=="0000045",]$p_STR <- 94
JPN2012[JPN2012$SCHOOLID=="0000095",]$p_STR <- 94

JPN2012[4606:4622,]$p_SCH <- "000202"            #SCHOOLID 0000140

JPN2012[JPN2012$SCHOOLID=="0000161",]$p_STR <- 95
JPN2012[JPN2012$SCHOOLID=="0000093",]$p_STR <- 95

JPN2012[4081:4097,]$p_SCH <- "000203"            #SCHOOLID 0000124

JPN2012[JPN2012$SCHOOLID=="0000017",]$p_STR <- 96
JPN2012[JPN2012$SCHOOLID=="0000158",]$p_STR <- 96

JPN2012[JPN2012$SCHOOLID=="0000029",]$p_STR <- 97
JPN2012[JPN2012$SCHOOLID=="0000177",]$p_STR <- 97
```

```
JPN2012[JPN2012$SCHOOLID=="0000021",]$p_STR <- 98
JPN2012[JPN2012$SCHOOLID=="0000114",]$p_STR <- 98

JPN2012[JPN2012$SCHOOLID=="0000134",]$p_STR <- 99
JPN2012[JPN2012$SCHOOLID=="0000131",]$p_STR <- 99

JPN2012[JPN2012$SCHOOLID=="0000186",]$p_STR <- 100
JPN2012[JPN2012$SCHOOLID=="0000150",]$p_STR <- 100

JPN2012[JPN2012$SCHOOLID=="0000156",]$p_STR <- 101
JPN2012[5155:5171,]$p_SCH <- "000204"        #SCHOOLID 0000156
```

この架空の「疑似層」を使って、本節のはじめに説明した通常の「標本誤差」
の計算方法や、ブートストラップ法、ジャックナイフ法を試すには、以下に示
す BRR 法や「Fay による修正法」のスクリプトの 1 行目を書き直せばよい。

スクリプト 3-9　BRR 法による標準誤差の計算

この仮の「疑似層」を作成したデータ「JPN2012」に対して、R のパッケー
ジ「survey」を使って、PISA2012 年調査における日本の数学的リテラシーの
平均得点とその「標本誤差」を BRR 法で求めるには、層化二段抽出の場合のス
クリプト 3-5 の 1 行目を次の 2 行に書き換えるだけでよい。

```
#BRR method
sam_d <- svydesign(id=~p_SCH, strata=~p_STR, data=JPN2012,
                   weights=~W_FSTUWT)
sam_d <- as.svrepdesign(sam_d, type="BRR")
```

関数「svydesign()」で架空の学校 ID「p_SCH」と架空の「疑似層」ID
「p_STR」を指定し、関数「as.svrepdesign()」の「type="BRR"」で BRR 法を
指定している。

スクリプト 3-10　Fay による修正法による標準誤差の計算

修正値「0.5」の「Fay による修正法」を使う場合は、BRR 法の 2 行目を次の
ように変えるだけでよい。

```
#Fay's method
sam_d <- svydesign(id=~p_SCH, strata=~p_STR, data=JPN2012,
                   weights=~W_FSTUWT)
sam_d <- as.svrepdesign(sam_d, type="Fay", fay.rho=0.5)
```

　関数「as.svrepdesign()」の「type="Fay"」で「Fay による修正法」を、
「fay.rho=0.5」で修正値「0.5」を指定している。

　表3-5 は、疑似層を使い、各計算方法で求めた PISA2012 年調査における
日本の数学的リテラシーの平均得点とその「標本誤差」、「標準誤差」であ
る。ブートストラップ法のみ標本誤差が若干小さくなっているが、他の方
法はすべて計算結果が一致している（小数第 3 位以下では若干異なっている）。
また、表 3-1 で示した PISA 調査の計算方法では「標準誤差」が「3.59」で
あり、これらは「0.04」や「0.06」しか違いがない。

表3-5　疑似層による標本誤差の計算（PISA2012 年調査、日本、数学的リテラシー）

	平均得点	標本誤差	標準誤差
BRR 法	536.41	3.63	3.63
Fay による修正法（修正値 0.5）	536.41	3.63	3.63
通常の方法（層化二段抽出）	536.41	3.63	3.63
ブートストラップ法（1000 回）	536.41	3.52	3.53
ジャックナイフ法（JKn 法）	536.41	3.63	3.63

　本節で紹介した「標本誤差」の計算方法を「利便性（どれぐらい簡単に計算
できるか）」と「妥当性（推定の精度や利用できる推定値の種類）」、「秘匿性
（公開時にどれだけ情報を隠すことができるか）」という面から整理すると、表
3-6 のようになる。ただし、これは「疑似層」の使用を前提としている。
　「疑似層」を用いた場合、いずれの方法でも準備に手間がかかるが、
BRR 法や「Fay による修正法」は「2 つの要素からなる疑似層」を作らなけ
ればならないという制約がある。先に見たように、平均得点の「標本誤差」
についてはどの方法を用いても結果はほぼ同じであり、実用上はどれを使っ

3 標本誤差の計算　129

表 3-6　標本誤差の計算方法の特徴

	利便性		妥当性		秘匿性
	準備	計算時間	精度	汎用性	
BRR 法	△	○	○	△	○
Fay による修正法	△	○	○	○	○
線形化法（通常の方法）	○	○	○	×	×
ブートストラップ法	○	△（×）	△（○）	○	×
ジャックナイフ法	○	○	○	△	○

ても問題ない精度といえるが、ブートストラップ法は 1000 回のリサンプリングでも他の方法と若干違う結果になり、精度を上げるにはさらなる計算が必要となる（表の中の括弧で示したのは、数万回のリサンプリングをした場合）。

　推定できる値が限られている線形化法は汎用性が乏しいが、限られた利用の中では利便性が高いといえる。ジャックナイフ法は、「2 つの要素からなる疑似層」を使わなくても利用できるという点で利便性が高いが、中央値などでは理論的妥当性に問題があり、BRR 法も小さな集団を分析する際には結果が不安定になるという問題を抱えている。データを公開する際の秘匿性を考えると、複製の重みのみを示せばよい BRR 法、「Fay による修正法」、ジャックナイフ法は、線形化法よりも有効な手段となり得る（ブートストラップ法でも重みのみを示すことは可能であるが、その数が多すぎるため実用性に乏しい）。これらの点から見て、**PISA 調査と同じ標本抽出方法を用いる場合は、「Fay による修正法」が比較的有効と考えられる。**

3.2　疑似層を用いた BRR 法の有効性について

　「副層」や並び順といったものの効果を「標本誤差」の計算に反映させる方法として、PISA 調査では「疑似層」が使われている。また、「疑似層」を使った場合、前節で示したどの計算方法でも計算結果に大きな違いは見られなかった。そこで疑問なのは、実際の標本抽出では使われていない「疑似層」を使って、本当に正確な「標本誤差」の推定ができているのかという

ことである。そこで本書では、架空の有限母集団から標本抽出を繰り返すという シミュレーションを用いて、その有効性を検証する。「疑似層」の使用に疑いを持つ人にとって、本節は限定的な証明でしかないが、「疑似層」の有効性と限界を知る手掛かりとなるはずである。

本節のシミュレーションでは、日本のPISA調査の実情に近づけるため、7000学科（学校と見てもよい）に生徒が150人ずつ在籍していると仮定し、各学科の平均得点を平均500点、標準偏差100の正規分布から取り出し、生徒の得点を所属学科の平均得点、標準偏差100の正規分布から取り出した、7000学科×150人=1050000人分の架空の有限母集団を使用する。そして、この有限母集団から200学科×35人＝7000人の標本を、1）多段抽出した場合、2）層化多段抽出した場合、3）系統抽出した場合で、平均得点の計算と「疑似層」を用いたBRR法による「標本誤差」の推定を10000回行い、10000回分の平均得点の分布とBRR法での推定値の平均を比較する。

スクリプト3-11　架空の有限母集団（シミュレーションデータ）の作成

7000学科×150人=1050000人分の架空の有限母集団をRで作成するため、次のスクリプトを使用した。

```
#Make a finit population
#set stratum and size
N_str4 <- 4        #4 strata
N_str100 <- 100  #100 strata
N_sch <- 7000      #7000 schools
N_stu <- 150       #150 students in each schools

ID <- 1:(N_sch*N_stu)                                    #ID number
str4 <- rep(1:N_str4, each=N_sch*N_stu/N_str4)           #stratum ID
str100 <- rep(1:N_str100, each=N_sch*N_stu/N_str100)     #stratum ID
sch <- rep(1:N_sch, each=N_stu)                          #school ID
stu <- rep(1:N_stu, times=N_sch)                         #student ID

#0-100 percentile, delete 0 & 100 percentile
pe_sch <- seq(0, 1, length=N_sch+2)[2:(N_sch+1)]
```

```
#make school means
mean_sch <- rep(qnorm(pe_sch, mean=500, sd=100), each=N_stu)

#0-100 percentile, delete 0 & 100 percentile
pe_stu <- rep(seq(0, 1, length=N_stu+2)[2:(N_stu+1)], times=N_sch)

#make scores of all students
score <- qnorm(pe_stu, mean=mean_sch, sd=100)

#make a data
population <- data.frame(ID, str4, str100, sch, stu, score)
```

　まず、7000 学科を平均得点の昇順で 4 層（「主層」に相当）と 100 層（本来の BRR 法用の層）に分けるため、層の数と学科数、各学科の生徒数を指定する。次に、母集団全員分の「ID」、4 層用の層番号「str4」、100 層用の層番号「str100」、学科番号「sch」、生徒番号「stu」を作成する。そして、学科の平均得点を作るため、関数「seq()」を使って 7002 個の 0 から 1 まで等間隔の値を作り、そこから 0 と 1 を除いた 7000 個の値に対して関数「qnorm()」を使って平均 500、標準偏差 100 の正規分布からパーセンタイル値を取り出した。このパーセンタイル値を各学科の平均得点「mean_sch」とする。生徒の得点も同様の方法で作られており、関数「seq()」を使って 152 個の 0 から 1 まで等間隔の値を作ってから、0 と 1 を除いて 150 個の値を各学科分作り、関数「qnorm()」を使って平均が先ほど作った各学科の平均得点、標準偏差が 100 の正規分布からパーセンタイル値を取り出した。この値が生徒の得点「score」である。最後に、「ID」、層情報「str4」と「str100」、学科番号「sch」、生徒番号「stu」、得点「score」を結合して、有限母集団のデータ「population」を作成した。

　この母集団の平均得点と標準偏差、学科間分散と学科内分散、得点のヒストグラム（1 点刻みの度数分布に基づく）は、次のスクリプトで求めることができる（学科間分散と学科内分散にはパッケージ「lme4」を使用）。

```
#culculate mean and sd
mean(population$score)
sqrt(var(population$score)*(1050000-1)/1050000)
```

```
#Fit linear mixed model
library(lme4)       #Load library
m_model1 <- lmer(score~(1|sch), data=population)
summary(m_model1)

#Histgram
hist(population$score, breaks=seq(-200, 1200, 1))
```

母集団の平均得点は 500、標準偏差は 139.3 であり、学科間分散は 99.6、学科内分散は 97.5 (各学科の生徒数 150 は学科数 7000 よりも小さく、正規分布の端の値が反映され難くなるため分散が小さくなっている) となっている。図 3-3 は、先ほどのスクリプトで表示されるヒストグラムである。正規分布特有の釣鐘状の形になっている。

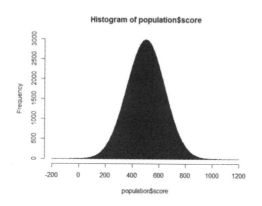

図 3-3　架空の母集団「population」のヒストグラム (1 点刻み)

(1) 多段抽出の場合

架空の有限母集団「population」から 200 学科を復元無作為抽出し、選ばれた学科から生徒を 35 人復元無作為抽出するという多段抽出 (ここでは二段抽出) を行った場合に対して、平均得点の「標本誤差」を「疑似層」を用いた BRR 法で推定するシミュレーションを行う。

3 標本誤差の計算　133

スクリプト 3-12　多段抽出（復元あり）のシミュレーション

　最初に、使用する R のパッケージ「foreach」（Microsoft and Weston 2017a）と
「doParallel」（Microsoft and Weston 2017b）、「sampling」（Tille and Matei 2016）
をインストールし、パッケージ「survey」とともに使えるように呼び出す。ス
クリプトは以下のとおりである。

```
#Install packages
install.packages("foreach")
install.packages("doParallel")
install.packages("sampling")

# Load library
library(foreach)
library(doParallel)
library(sampling)
library(survey)
```

　次に、シミュレーション回数と標本サイズを以下のスクリプトで指定する。

```
#sampling simulation
ii <- 10000  #number of simulation
n_psu <- 200  #number of psu
s_psu <- 35  #target cluster size
```

　シミュレーション回数は10000、第一次抽出単位（PSU）の数は200、TCS（各学
科での生徒数）35 としている。以上の部分は、本節で行うすべてのシミュレー
ションと共通である。なお、10000 回のシミュレーションには非常に時間がか
かるため、最初に 10 回ぐらいで試すことをお薦めする。また、先述のように本
書で用いている R は「Microsoft R open」であり、これを用いているのはシミ
ュレーションの計算時間を短くするために、並列処理（関数「foreach()」を使用）
を行うためである。

　標本の抽出と BRR 法による「標本誤差」の計算を繰り返すスクリプトは、以
下のとおりである。なお、最後に関数「write.table()」を使って、シミュレーシ
ョン結果をファイル「simulation01.txt」に書き出している。

```
#two level sampling with replacement
str_brr <- rep(1:(n_psu/2), each=s_psu*2) #pseudo stratum for BRR
weight <- rep(1, times=n_psu*s_psu)   #weight for mean calculation
q_sch <- rep(1:n_psu, each=s_psu)      #school ID for replacement
mean_sample <- NULL                    #reset sample mean

cl <- makeCluster(detectCores())
registerDoParallel(cl)
mean_sample <- foreach(i = 1:ii, .combine="rbind",
                       .packages=c('sampling','survey')) %dopar% {
  sample_score <- NULL #reset sample score

  #school sampling
  sample_sch <- sample(1:N_sch, n_psu, replace=TRUE)

  #student sampling within each sampled schools
  for(r in sample_sch){
    sample_score <- c(sample_score,
                      sample(population[population$sch==r,]
                             $score, s_psu, replace=TRUE))
  }

  #make a sample data
  sample_brr <- data.frame(q_sch, sample_score, str_brr, weight)

  #BRR method
  design0_brr <- svydesign(id=~q_sch, weights=~weight,
                           strata=~str_brr, data=sample_brr)
  design1_brr <- as.svrepdesign(design0_brr, type="BRR")
  x <- svymean(~sample_score, design1_brr) #compute a sample mean

  c(x, SE(x)) #mean and SE
}
stopCluster(cl)

write.table(mean_sample, "simulation01.txt", quote=F,
            col.names=F)      #output
```

最初に、BRR法のための（疑似）層「str_brr」、平均得点の計算のための重み「weight」（本節のシミュレーションではすべて「1」としている）、復元抽出のため2回以上抽出された時に対応するための学科番号「q_sch」を作成し、シミュレーション結果を格納する変数「mean_sample」を初期化する。次に、関数「detectCores()」で使用中のコンピュータのコア数を調べ、関数「makeCluster()」でその情報を変数「cl」に格納し、関数「registerDoParallel()」で複数コアの並列処理を準備する（並列処理を終えるときに関数「stopCluster()」を使う）。そして、関数「foreach()」で、指定された繰り返しの条件に従って、「%dopar%{}」の中に書かれたスクリプトが繰り返され、その結果が変数「mean_sample」に保存される。

「%dopar%{}」の中に書かれた繰り返し部分は、標本抽出部分と「標本誤差」の計算部分に分かれる。まず、標本の得点を保存する変数「sample_score」を初期化し、関数「sample()」を使って学校番号を復元無作為抽出し、繰り返し処理のための関数「for()」を使って各学校から生徒の得点を変数「sample_score」に取り出し（ここでも関数「sample()」を使っている）、それと「疑似層 str_brr」、重み「weight」、学科番号「q_sch」を結合して標本データ「sample_brr」を作成する。重複のある無作為に並んだ学科に対して、BRR法のための疑似層（2学科のペア）を設定している。そして、第1節で説明した関数「svydesign()」、「as.sv.repdesign()」、「svymean()」を使って、このデータの平均得点とその「標本誤差」をBRR法で計算している。

復元ありの二段抽出によるシミュレーションを10000回行い、そこで求めた平均得点を1点刻みの度数分布で示したのが図3-4である。10000回のシミュレーションで求めた平均得点の標準偏差は「7.19」であり、これは「標本誤差」の観測値といえる。

BRR法による「標本誤差」の推定値10000回分を横方向に並べたものと、先ほどの平均得点の標準偏差とを図示すると**図3-5**のようになる。**BRR法による「標本誤差」の推定値の平均は7.14、標準偏差は0.50で、平均得点の標準偏差とほぼ一致しており（「推定値の平均±推定値の標準偏差」の範囲に収まっている）、「疑似層を用いたBRR法」は、復元ありの二段抽出において、平均得点の「標本誤差」を正確に推定できていると考えられる。**

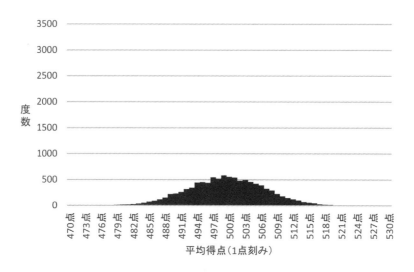

図 3-4　平均得点の分布（二段抽出、復元あり）

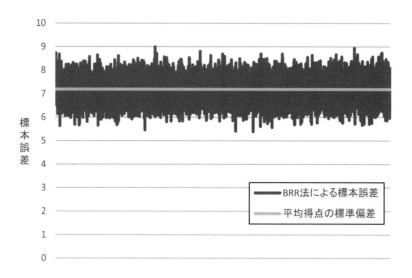

図 3-5　BRR 法で推定した標本誤差（二段抽出、復元あり）

せっかく有限母集団を使っているのであるから、復元なし（非復元）の二段抽出の場合も検証する。先ほどと同じ架空の有限母集団「population」を使って、200 学科を非復元無作為抽出し、選ばれた学科から生徒を 35 人非復元無作為抽出するという多段抽出に対して、平均得点の「標本誤差」を「疑似層」を用いた BRR 法で推定するシミュレーションを行う。

スクリプト 3-13　多段抽出（復元なし）のシミュレーション

　　　復元なしの二段抽出のシミュレーションは、次のスクリプトで実行できる（シミュレーション回数と標本サイズは変更しないので省略）。なお、最後に関数「write.table()」を使って、シミュレーション結果をファイル「simulation02.txt」に書き出している。

```
#two level sampling without replacement
weight <- rep(1, times=n_psu*s_psu) #weight for mean calculation
mean_sample <- NULL                 #reset sample mean

stage_st <- list("cluster","cluster")   #set a sampling design
stage_na <- list("sch","stu")           #set stratum and cluster
size_s <- list(size1=n_psu, size2=rep(s_psu,
                times=n_psu))           #set sample size
method_s <- list("srswor","srswor")     #set sampling method

cl <- makeCluster(detectCores())
registerDoParallel(cl)
mean_sample <- foreach(i = 1:ii, .combine="rbind",
 .packages=c('sampling','survey')) %dopar% {

  #eliminate the effect of systematic sampling
  str_brr <- rep(1:(n_psu/2), each=2)
  str_brr <- rep(sample(str_brr, n_psu, replace=FALSE), each=s_psu)

  #select number
  ID_sample <- mstage(population, stage=stage_st,
                      varnames=stage_na, size=size_s,
                      method=method_s)
```

```
#make a sample data
sample <- getdata(population, ID_sample)[[2]]

#BRR method
sample_brr <- cbind(sample, str_brr, weight)
design0_brr <- svydesign(id=~sch, weights=~weight,
                         strata=~str_brr, data=sample_brr)
design1_brr <- as.svrepdesign(design0_brr, type="BRR")
x <- svymean(~score, design1_brr) #compute a sample mean

c(x, SE(x)) #mean and SE
}
stopCluster(cl)

write.table(mean_sample, "simulation02.txt", quote=F,
            col.names=F) #output
```

　最初に、平均得点の計算のための重み「weight」(本節のシミュレーションで
はすべて「1」としている)を作成し、シミュレーション結果を格納する変数
「mean_sample」を初期化する。次に、シミュレーションで使用する関数
「mstage()」で非復元の二段抽出を行うため、抽出方法を変数「stage_st」に、
抽出単位を変数「stage_na」に、各段での抽出サイズを変数「size_s」に、復
元抽出かどうかを変数「method_s」に格納する。関数「makeCluster()」と関
数「registerDoParallel()」で複数コアの並列処理を準備し、関数「foreach()」
で行ったシミュレーション結果を変数「mean_sample」に保存する。
　「%dopar%」の中に書かれた繰り返し部分は、BRR 法のための「疑似層」
作成部分と標本抽出部分、「標本誤差」計算部分に分かれる。「疑似層」を作成
し、それを関数「sample()」を使って無作為の順番に並べ替えているが、これ
は後で使う関数「mstage()」で抽出すると、標本がデータ「population」の並
び順に並んでしまい、系統抽出に類似する効果が生まれるため、その効果を打
ち消すよう、学科を無作為に「疑似層」に割り当てている。標本抽出には関数
「mstage()」を使い、繰り返し処理の前に指定した抽出方法で学校番号、生徒
番号を抽出し、それに基づいて関数「getdata()」で標本「sample」を作成して
いる。そして、標本「sample」に「疑似層」を結合してデータ「sample_brr」

を作り、関数「svydesign()」、「as.sv.repdesign()」、「svymean()」を使って、平均得点とその「標本誤差」をBRR法で計算している。

復元なしの二段抽出によるシミュレーションを10000回行い、そこで求めた平均得点を1点刻みの度数分布で示したのが図3-6である。10000回のシミュレーションで求めた平均得点の標準偏差は「7.05」であり、非復元抽出では有限母集団の効果が表れるため、第2章第1節の「(3) 標本サイズと層について」で見たように、復元抽出の場合よりも若干小さくなっている。

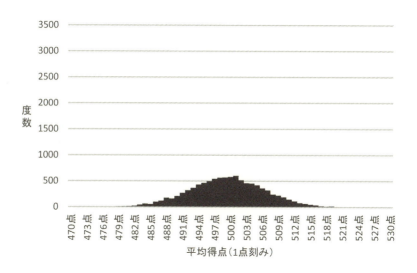

図3-6 平均得点の分布(二段抽出、復元なし)

BRR法による「標本誤差」の推定値10000回分を横方向に並べたものと、先ほどの平均得点の標準偏差とを図示すると図3-7のようになる。BRR法による「標本誤差」の推定値の平均は7.12、標準偏差は0.50で、平均得点の標準偏差とほぼ一致しており(「推定値の平均±推定値の標準偏差」の範囲に収まっている)、「疑似層を用いたBRR法」は、復元なしの二段抽出においても、平均得点の「標本誤差」を正確に推定できていると考えられる。な

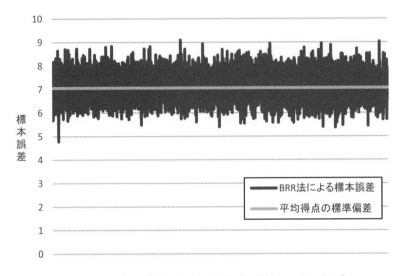

図 3-7　BRR 法で推定した標本誤差（二段抽出、復元なし）

お、Lohr (2010: 380) によれば、BRR 法、ジャックナイフ法、ブートストラップ法といった複製法は「復元抽出」を前提としており、「非復元抽出」つまり有限母集団の場合は過大推定となる可能性がある。しかし、PISA 調査と同じ程度の母集団であれば、ほぼ影響がないと考えられる。

(2) 層化多段抽出の場合

層化多段抽出については、4層からなる層化二段抽出と 100 層（「2 つの要素からなる層」であり、本来の BRR 法に適している）からなる層化二段抽出の場合を検証する。架空の有限母集団「population」に対して、200 学科を層化抽出し、選ばれた学科から生徒を 35 人非復元無作為抽出するという方法で標本を作り、平均得点の「標本誤差」を「疑似層」を用いた BRR 法で推定する。シミュレーション回数は、これまで同様の 10000 回とする。

スクリプト 3-14　層化二段抽出（4層）のシミュレーション

4層からなる層化二段抽出のシミュレーションは、次のスクリプトで実行でき

る（シミュレーション回数と標本サイズは変更しないので省略）。なお、最後に
関数「write.table()」を使って、シミュレーション結果をファイル
「simulation03.txt」に書き出している。

```
#stratified two level sampling with 4 strata
weight <- rep(1, times=n_psu*s_psu)
mean_sample <- NULL #reset sample mean

stage_st <- list("stratified","cluster","cluster")
                #set sampling design
stage_na <- list("str4","sch","stu")      #set stratum and cluster
size_s <- list(size1=table(population$str4),
               size2=rep(n_psu/N_str4, times=N_str4),
               size3=rep(s_psu, times=n_psu)) #set sample size
method_s <- list("","srswor","srswor")    #set sampling method

cl <- makeCluster(detectCores())
registerDoParallel(cl)
mean_sample <- foreach(i = 1:ii, .combine="rbind",
 .packages=c('sampling','survey')) %dopar% {

  #eliminate the effect of systematic sampling
  str1_brr <- rep(1:(n_psu/N_str4/2), each=2)
  str1_brr <- sample(str1_brr, n_psu/N_str4, replace=FALSE)
  str2_brr <- rep((n_psu/N_str4/2+1):(n_psu/N_str4/2*2), each=2)
  str2_brr <- sample(str2_brr, n_psu/N_str4, replace=FALSE)
  str3_brr <- rep((n_psu/N_str4/2*2+1):(n_psu/N_str4/2*3),
                  each=2)
  str3_brr <- sample(str3_brr, n_psu/N_str4, replace=FALSE)
  str4_brr <- rep((n_psu/N_str4/2*3+1):(n_psu/N_str4/2*4),
                  each=2)
  str4_brr <- sample(str4_brr, n_psu/N_str4, replace=FALSE)
  str_brr <- rep(c(str1_brr,str2_brr,str3_brr,str4_brr),
                 each=s_psu)

  #select number
  ID_sample <- mstage(population, stage=stage_st,
                      varnames=stage_na, size=size_s,
```

```
                              method=method_s)

    #make a sample data
    sample <- getdata(population, ID_sample)[[3]]

    #BRR method
    sample_brr <- cbind(sample, str_brr, weight)
    design0_brr <- svydesign(id=~sch, weights=~weight,
                             strata=~str_brr,data=sample_brr)
    design1_brr <- as.svrepdesign(design0_brr, type="BRR")
    x <- svymean(~score, design1_brr) #compute a sample mean

    c(x,SE(x)) #mean and SE
  }
  stopCluster(cl)

  write.table(mean_sample, "simulation03.txt", quote=F,
              col.names=F) #output
```

　最初に、シミュレーションで使用する関数「mstage()」で層化二段抽出を行
うため、抽出方法を変数「stage_st」に、抽出単位を変数「stage_na」に、各
段での抽出サイズを変数「size_s」に、復元抽出であることの指定を変数
「method_s」に格納している。「%dopar%{}」の中に書かれた繰り返し部分で
は、4つの層別に「疑似層」を作成し、系統抽出に類似する効果が生まれないよ
うに関数「sample()」を使って無作為の順番に並べ替えている。標本抽出には
関数「mstage()」を使い、繰り返し処理の前に指定した抽出方法で学校番号、
生徒番号を抽出し、それに基づいて関数「getdata()」で標本「sample」を作成
している。そして、標本「sample」に「疑似層」のデータを結合してデータ
「sample_brr」を作り、関数「svydesign()」、「as.sv.repdesign()」、
「svymean()」を使って、平均得点と「標本誤差」をBRR法で計算している。

　層化二段抽出（4層）によるシミュレーションを10000回行い、そこで求
めた平均得点を1点刻みの度数分布で示したのが図3-8である。10000回の
シミュレーションで求めた平均得点の標準偏差は「2.76」であり、二段抽出
の場合（復元なしで「7.05」）と比べ、層化の効果でかなり小さくなっている。

3 標本誤差の計算 143

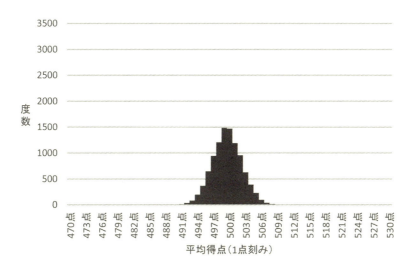

図 3-8 平均得点の分布（層化二段抽出、4 層）

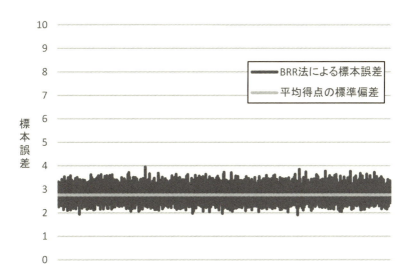

図 3-9 BRR 法で推定した標本誤差（層化二段抽出、4 層）

このシミュレーションでは、学科の平均得点順にデータが並んでおり、それに基づいた層であるため、実際の PISA 調査のデータよりも層化の効果（並び順の効果）がかなり高くなっている。

　BRR 法による「標本誤差」の推定値 10000 回分を横方向に並べたものと、先ほどの平均得点の標準偏差とを図示すると図 3-9 のようになる。**BRR 法による「標本誤差」の推定値の平均は 2.81、標準偏差は 0.27 で、平均得点の標準偏差とほぼ一致しており（「推定値の平均±推定値の標準偏差」の範囲に収まっている）、「疑似層を用いた BRR 法」は、二段抽出の場合と同様、層化二段抽出においても、平均得点の「標本誤差」を正確に推定できていると考えられる。**

スクリプト 3-15　層化二段抽出（100 層）のシミュレーション

　100 層からなる層化二段抽出（各層から 2 つの要素を抽出、本来の BRR 法が可能になる抽出法）のシミュレーションは、次のスクリプトで実行できる（シミュレーション回数と標本サイズは変更しないので省略）。なお、最後に関数「write.table()」を使って、シミュレーション結果をファイル「simulation04.txt」に書き出している。

```
#stratified two level sampling with 2 psu strata
str_brr <- rep(1:(n_psu/2), each=s_psu*2)   #stratum for BRR
weight <- rep(1, times=n_psu*s_psu) #weight for mean calculation
mean_sample <- NULL                 #reset sample mean

stage_st <- list("stratified","cluster","cluster")
                 #set a sampling design
stage_na <- list("str100","sch","ID") #set strat and clusters
size_s <-  list(size1=table(population$str100),
                size2=rep(n_psu/N_str100, times=N_str100),
                size3=rep(s_psu, times=n_psu))  #set sample size
method_s <- list("","srswor","srswor")      #set sampling method
prob <- list("",rep(table(population$sch),
                times=table(population$sch))) #set probability
```

```
cl <- makeCluster(detectCores())
registerDoParallel(cl)
mean_sample <- foreach(i = 1:ii, .combine="rbind",
  .packages=c('sampling','survey')) %dopar% {

  #select number
  ID_sample <- mstage(population, stage=stage_st,
                      varnames=stage_na, size=size_s,
                      method=method_s, pik=prob,
                      description = FALSE)

  #make a sample data
  sample <- getdata(population, ID_sample)[[3]]

  #BRR method
  sample_brr <- cbind(sample, str_brr, weight)
  design0_brr <- svydesign(id=~sch, weights=~weight,
                           strata=~str_brr, data=sample_brr)
  design1_brr <- as.svrepdesign(design0_brr, type="BRR")
  x <- svymean(~score, design1_brr) #compute a sample mean

  c(x,SE(x)) #mean and SE
}
stopCluster(cl)

write.table(mean_sample, "simulation04.txt", quote=F,
            col.names=F) #output
```

　並び順の効果を打ち消す必要が無いため、繰り返し処理の前に BRR 法で用いる層を作り、後の部分は 4 層での層化二段抽出で用いた変数「str4」を「str100」に変えているだけである。

　層化二段抽出（100 層）によるシミュレーションを 10000 回行い、そこで求めた平均得点を 1 点刻みの度数分布で示したのが図 3-10 である。10000 回のシミュレーションで求めた平均得点の標準偏差は「1.08」であり、4 層の場合（「2.76」）と比べて、層化の効果がさらに高くなっている。

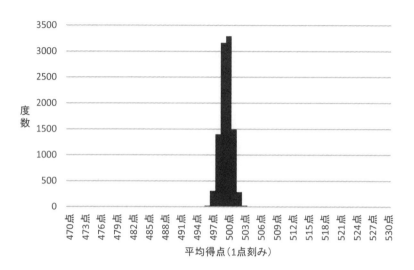

図 3-10　平均得点の分布（層化二段抽出、100 層）

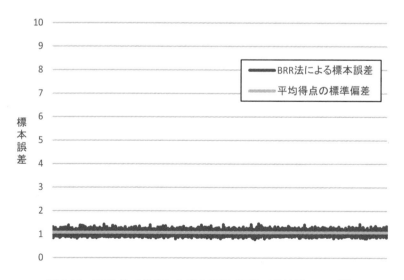

図 3-11　BRR 法で推定した標本誤差（層化二段抽出、100 層）

BRR 法による「標本誤差」の推定値 10000 回分を横方向に並べたものと、先ほどの平均得点の標準偏差とを図示すると**図 3-11** のようになる。BRR 法による「標本誤差」の推定値の平均は 1.07、標準偏差は 0.09 で、平均得点の標準偏差とほぼ一致している（「推定値の平均±推定値の標準偏差」の範囲に収まっている）。このような抽出法を取ることは、大規模教育調査では難しいと思われるが、4 層の場合以上に、正確に平均得点の「標本誤差」を推定できている。

(3) 系統抽出の場合

最後に、系統抽出、特に PISA 調査のように第一次抽出単位である学科を4 層に分け、その中で系統抽出する方法について、「疑似層」を用いた BRR 法の有効性を検証する。架空の有限母集団「population」に対して、学科を4 層に分け、それぞれの層から 50 学科を系統抽出し、選ばれた学科から生徒を 35 人非復元無作為抽出する（PISA 調査では学科内の生徒に並び順の効果が無いと思われるためこのようにした）。そしてこの標本の平均得点の「標本誤差」を「疑似層」を用いた BRR 法で推定する。シミュレーション回数は、これまで同様 10000 回である。

スクリプト 3-16　系統抽出のシミュレーション

系統抽出のシミュレーションは、次のスクリプトで実行できる（シミュレーション回数と標本サイズは変更しないので省略）。なお、最後に関数「write.table()」を使って、シミュレーション結果をファイル「simulation05.txt」に書き出している。

```
#stratified two level sampling with systematic sampling
str_brr <- rep(1:(n_psu/2), each=s_psu*2) #pseudo stratum for BRR
weight <- rep(1, times=n_psu*s_psu) #weight for mean calculation
mean_sample <- NULL                  #reset sample mean

stage_st <- list("stratified","cluster","cluster")
                 #set a sampling desig
```

```
stage_na <- list("str4","sch","ID") #set strat and clusters
size_s <- list(size1=table(population$str4),
               size2=rep(N_stu*n_psu/N_str4, times=N_str4),
               size3=rep(s_psu, times=n_psu)) #set sample size
method_s <- list("","systematic","srswor")    #set sampling method
prob <- list("",rep(table(population$sch),
             times=table(population$sch)))     #set probability"

cl <- makeCluster(detectCores())
registerDoParallel(cl)
mean_sample <- foreach(i = 1:ii, .combine="rbind",
 .packages=c('sampling','survey')) %dopar% {

  #select number
  ID_sample <- mstage(population, stage=stage_st,
                      varnames=stage_na, size=size_s,
                      method=method_s, pik=prob,
                      description = FALSE)

  #make a sample data
  sample <- getdata(population, ID_sample)[[3]]

  #BRR method
  sample_brr <- cbind(sample, str_brr, weight)
  design0_brr <- svydesign(id=~sch, weights=~weight,
                           strata=~str_brr, data=sample_brr)
  design1_brr <- as.svrepdesign(design0_brr, type="BRR")
  x <- svymean(~score, design1_brr) #compute a sample mean

  c(x,SE(x)) #mean and SE
}
stopCluster(cl)

write.table(mean_sample, "simulation05.txt", quote=F,
            col.names=F) #output
```

　100 層からなる層化二段抽出の場合と同様、並び順の効果を打ち消す必要が無いため、繰り返し処理の前に BRR 法で用いる層を作っている。ただし、関数

「mstage()」のために、第一段抽出が系統抽出で、第二段抽出が非復元抽出であることの指定を変数「method_s」に格納している点が異なっている。

系統抽出によるシミュレーションを 10000 回行い、そこで求めた平均得点を 1 点刻みの度数分布で示したのが**図 3-12** である。10000 回のシミュレーションで求めた平均得点の標準偏差は「1.17」であり、100 層からなる層化二段抽出の場合（「1.08」）と比べて、若干ばらつきが大きくなっている。

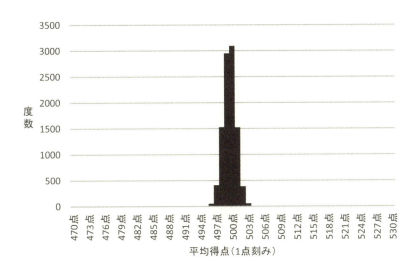

図 3-12　平均得点の分布（層化二段抽出、系統抽出）

BRR 法による「標本誤差」の推定値 10000 回分を横方向に並べたものと、先ほどの平均得点の標準偏差とを図示すると**図 3-13** のようになる。BRR 法による「標本誤差」の推定値の平均は、100 層からなる層化二段抽出の場合とほぼ同じ 1.08 であり、標準偏差は 0.08 であるが、本節で検証してきた抽出方法の中で、唯一、「推定値の平均±推定値の標準偏差」の範囲に平均得点の標準偏差が入っていない。しかしながら、推定値の標準偏差の 1.96 倍未満の範囲にあり（推定値が正規分布すると仮定したときの 95%信頼区間には収ま

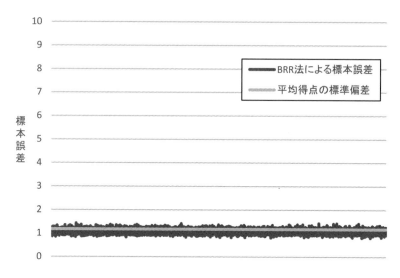

図 3-13 BRR 法で推定した標本誤差（層化二段抽出、系統抽出）

っている）、若干過小推定ではあるが、平均得点の「標本誤差」をある程度は正確に推定できていると考えられる。

「疑似層を用いた BRR 法」を様々な抽出方法について検証したが、それぞれ 10000 回のシミュレーションにおいて、平均得点の標準偏差と BRR 法による「標本誤差」の推定値の平均とが 0.1 以上離れることはなく、大規模教育調査でこれ以上の精度が求められることも考えられないため、「疑似層」の使用はかなり有効な方法と考えられる。

3.3 まとめ：標本抽出法と標本誤差

本章では、標本調査に伴う「標本誤差」とその計算方法について説明した。通常の統計ソフトで計算される「標本誤差」は単純無作為抽出を前提としており、標本調査としての大規模教育調査においては多段抽出が不可避なため、「標本誤差」を過小推定してしまう。一方、PISA 調査のように「副層」や

系統抽出を併用した場合、多段抽出や層化多段抽出に基づく計算方法では「標本誤差」を過大推定してしまう。そこで本書では、「疑似層」を用いた「Fay による修正法」、つまり PISA 調査の「標本誤差」の計算方法を用いることをお薦めする。もちろん本章で紹介した方法以上に、計算時間が短く、推定値の精度が高く、様々な場面で使用できる方法があれば、その方法を使うべきであるし、使用目的によっては線形化法やブートストラップ法、ジャックナイフ法も有効かもしれない。しかし、いずれにしろ、層化抽出や多段抽出、系統抽出といった標本抽出法を採用したり、それらを組み合わせて用いたりする調査では、単純無作為抽出を前提とした「標本誤差」の推定値を使うべきではない。

なお、本章で使用したパッケージ「intsvy」では、「config」を設定することで、BRR 法や「Fay による修正法」のための重みが付いたデータを分析することができる。また、若干手間がかかるが、重みを変えながら分析を繰り返し、その結果から第 1 節で示した「標本誤差」の計算式を使って求めることも可能である。この方法を用いたスクリプトは、第 5 章第 2 節の「(2) PISA 調査での多次元項目反応モデル」で紹介する。

4 能力測定における項目反応理論の利用

> **本章のねらい** この章では、能力調査で調査対象の能力を得点化する方法である「項目反応理論」を説明する。
>
> 最初の 2 つの節では、PISA 調査の生徒の得点が項目反応理論で計算されていること、そして代表的な項目反応モデル（項目反応理論で用いられる数理モデル）を紹介する。項目反応理論とその数理モデルである項目反応モデルに関する基礎的知識を提供している。次の 2 つの節では、「問題の難易度」と「生徒の能力」の推定方法を解説する。ここでは、実際に PISA 調査のデータを用いて推定するための「スクリプト」も紹介する。最後に「調査問題の取捨選択」に使われる指標を示す。

PISA 調査でよく驚かれることの 1 つに、調査問題冊子が 10 数種類 (PISA2012 年調査の日本では 13 種類) あって、その 1 冊ごとに含まれている調査問題が少しずつ異なっていたり、配置が異なっていたりして、最初から最後までまったく同じ問題冊子に取り組んでいる生徒は 1 つの学校（学科）で 2、3 人という点がある。これは、PISA が基本的に個々の生徒や学校の成績ではなく、教育の成果を国全体の成績として捉えることを狙いとしていることと関係している。大規模教育調査は個々の生徒の成績を調べるのではなく、「母集団の特性」を調べるものである。そのため、個々の生徒に公平な同じ問題を出題する必要はなく、生徒ごとに別々の問題を出題することが可能であり、出題する調査問題数を拡張することもできるようになる。

こうした調査問題数の拡張の 1 つとして、PISA 調査では「釣り合い型不完備ブロック計画（Balanced Incomplete Block Design）」という出題方法が取られている（OECD 2014b: 30）。

PISA 2012 年調査では、調査問題を問題群（Cluster、各問題群は 30 分で解答することを想定）に分け、この問題群の組合せからなる 13 種類の問題冊子（Booklet、ブックレット）が使われている（OECD 2014b: 31; 国立教育政策研究所 2013a: 76）。問題群と問題冊子の関係は、図 4-1 のようになっている。

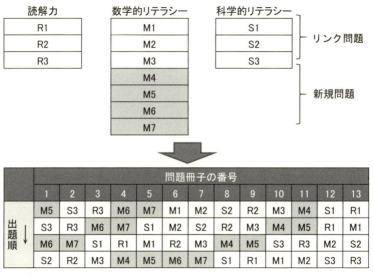

図 4-1　PISA 調査における問題冊子の構成

問題群は、リンク問題（白抜き）と新規問題（網掛け）に分かれている。リンク問題は、これまでの PISA 調査で実際に使用され、以前の調査との経年変化を見るための問題であり、非公開とされている。PISA2012 年調査では、読解力と科学的リテラシーは、リンク問題のみが出題されたのに対して、数学的リテラシーは中心分野であるため、新たに開発された調査問題、すなわち新規問題が用意された。数学的リテラシーは 36 題のリンク問題と 46 題の

新規問題の計 85 題から成る。これらを 7 つの問題群（M1〜M7）に分けるが、そのうち 3 つの問題群は「リンク問題」から成り、残る 4 つの問題群は「新規問題」から成る。これに対して、読解力は 44 題を 3 つの問題群（R1〜R3）に、科学的リテラシーは 53 題を 3 つの問題群（S1〜S3）に分けており、いずれも「リンク問題」のみで、PISA2012 年調査で新しく開発された問題はない。したがって、全部で 13 の問題群が形成され、さらにそれらを 4 つずつ組み合わせて 13 種類の問題冊子が構成されている。この問題冊子の構成方法は、「釣り合い型不完備ブロック計画」と呼ばれている。これは、13 の問題群すべてを含む問題冊子が無いため「不完備」ではあるが、どの問題冊子を 2 つ選んでも必ず共通する問題群が存在し、しかも 1 つの問題群が 4 つの問題冊子にそれぞれ異なる出題順で登場するため（例えば問題群 M5 は、問題冊子 1、5、9、11 に登場し、それぞれ出題順が 1 番目、4 番目、3 番目、2 番目となっている）、「釣り合い」が取れていると見なされる。

　PISA2012 調査に参加した生徒は、13 種類のうちの 1 冊の問題冊子に、休憩をはさんで 2 時間（4 問題群×30 分）かけて解答する。どの生徒がどの種類の問題冊子を解答するかは、生徒が選ばれる際に無作為に決められ、それ以外の問題冊子に解答することはできない。問題冊子に含まれる問題群はそれぞれ、生徒が 30 分で解答するという想定に基づいて形成されているため、問題数が必ずしも同じではない。このため、問題冊子によって問題数が 50 から 60 題程度と幅がある。

　こうして「釣り合い型不完備ブロック計画」によって、個々の生徒は 2 時間で 50 から 60 題の問題を受け、しかも割り当てられた問題冊子によっては読解力または科学的リテラシーを受けていない場合もあるが（例えば、問題冊子 4、6、9、11 には科学的リテラシーは含まれていない）、調査データ上では、あたかも 182 題すべてに 6 時間半かけて解答したかのように各分野の得点が算出されている。このような調査問題数の拡張を可能にしているのが「項目反応理論（Item Response Theory）」と呼ばれる統計手法である。PISA 調査に代表される国際的な学力調査では、この項目反応理論を使って、異なる問題冊子に答えた「生徒の能力」を同一尺度で得点化している。また

問題数の拡張だけでなく、**項目反応理論は、一部の共通問題さえあれば得点を同一尺度にすることができる。**そのため、先述の「リンク問題」を使って、過去の調査結果と現在の調査結果とを同一の基準で比較できるように得点の調整がなされている。

　本章では、「項目反応理論」と呼ばれる数理モデルが、どのような仕組みで生徒の能力を測るのに使われているのかを概説する。特にこの章の後半では、PISA2012 年調査の日本のデータを例に、無料の統計ソフト「R」による「項目反応理論」の利用方法を解説する。第 1 節では、項目反応理論の中でも、最初の PISA 調査である 2000 年調査から 2012 年調査まで用いられた「ラッシュモデル（Rasch Model、デンマークの数学者 Rasch が提案した数理モデル）」について説明する（PISA2015 年調査からは異なるモデルを採用）。第 2 節では、ラッシュモデル以外の主な項目反応理論を概観する。そして、第 3 節では「問題の難易度」の推定方法を、第 4 節では「生徒の能力」、つまり生徒の得点の推定方法を PISA2012 年調査の日本のデータを用いて説明する。第 5 節では、PISA 調査で調査問題の取捨選択に使われる指標を紹介する。

4.1　PISA 調査における生徒の得点

　通常のテストでは、生徒の得点は「その生徒に出題された問題への正答数ないし正答率」で示される。つまり、解答する問題冊子の種類が異なれば、同じ生徒であっても正答数や正答率は異なってくる。そのため、同じ問題冊子を使わなければ、基本的には生徒の得点を比較することができない。これに対して**項目反応理論では、「ある能力の生徒が、ある問題に正答する確率」という数理モデルを考え、それを調査結果（生徒の解答）に当てはめて、生徒の能力を測ろうとする。**ラッシュモデルと呼ばれる項目反応理論の数理モデルは、以下の式で表すことができる（OECD 2009b: 85）。

$$問題に正答する確率 = \frac{exp(生徒の能力 - 問題の難易度)}{1 + exp(生徒の能力 - 問題の難易度)}$$

「*exp*」という高校までの数学では見慣れない記号が入っているが、これはネイピア数「*e*」（＝2.718...）を底とする指数関数を表しており、例えば「*e²*」は「*exp2*」と同じことを意味している。そして、このような式を「ロジスティック関数（Logistic Function）」（村木 2011: 30）や「ロジスティックモデル（Logistic Model）」（de Ayala 2009: 14）と呼ぶ。ラッシュモデルは、「生徒の能力（Ability）」と「問題の難易度（Item Difficulty、項目困難度とも呼ばれる）」を用いて「正答する確率」を導き出す関数となっている。例えば「問題の難易度」が「0」の問題があるとする。その時、「生徒の能力」とその問題に「正答する確率」は、次の式で導き出せる。

$$問題に正答する確率 = \frac{exp(生徒の能力 - 0)}{1 + exp(生徒の能力 - 0)} = \frac{exp(生徒の能力)}{1 + exp(生徒の能力)}$$

さらに能力が「-1、0、1」の3人の生徒がいたとする。それぞれの生徒のこの問題に正答する確率は、上の式から次のように導き出せる。なお、それぞれの計算は、表計算ソフト Excel で、「=EXP(-1)/(1+EXP(-1))」といった数式をセルに入力すれば求めることができる。

$$問題に正答する確率 = \frac{exp(-1)}{1 + exp(-1)} = 0.2689 \ldots$$

$$問題に正答する確率 = \frac{exp(0)}{1 + exp(0)} = 0.5$$

$$問題に正答する確率 = \frac{exp(1)}{1 + exp(1)} = 0.7310 \ldots$$

では、何故このような式（ロジスティック関数）を使うのか。それは「正答する確率」が0から1までの値しか取らないことと関係している。例えばラッシュモデルを使って、問題の難易度が「0」の時、生徒の能力と正答確率の関係は、次の**図 4-2** のように表すことができる（生徒の能力は−∞から∞ま

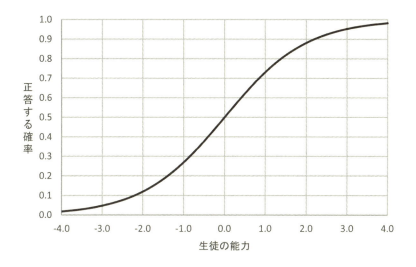

図 4-2 ラッシュモデルにおける能力と正答確率 (難易度 0)

での値を取りうるが、ここでは－4 から 4 までを示す）。

横軸の「生徒の能力」の値が小さいほど「正答する確率」は 0 に近づき、逆に「生徒の能力」が大きくなるほど「正答する確率」は 1 に近づいていく。そして、先ほどの計算でも示したが、正答する確率が「0.5」（正答と誤答の確率が等しい）のところで生徒の能力が「0」になっている。

ここでさらに、問題の難易度が「-2、-1、0、1、2」である 5 つの問題を考えてみたい。5 つの問題の生徒の能力と正答確率の関係は、ラッシュモデルを使って図 4-3 のように表すことができる。

項目反応理論では、各問題を示すこれらの曲線を「項目特性曲線（Item Characteristic Curve）」と呼ぶが、ラッシュモデルの「問題の難易度」は、その問題に正答する確率が「0.5」である生徒の能力と一致する。そして、問題の特徴を表す項目特性曲線の形が「問題の難易度」のみで決まっている。ここでもし「生徒の能力」がわかっていれば、能力「-2」の生徒のうち 50% が正答している問題は難易度が「-2」、能力「0」の生徒のうち 50% が正答している問題が難易度「0」というように「問題の難易度」を推定すること

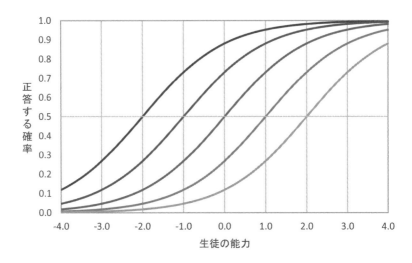

図 4-3 ラッシュモデルにおける能力と正答確率（難易度-2、-1、0、1、2）

ができる。同様に、能力「0」の生徒のうち 88%が正答している問題が難易度「-2」、12%が正答している問題が難易度「2」というようにも推定することができる。また逆に、もし「問題の難易度」がわかっていれば、難易度「0」の問題が正答で、「1」の問題が誤答の生徒の能力は、0 から 1 の間にあることが予想される（0 から 1 の間にある問題数が多くなれば、より正確に生徒の能力を推定することができる）。

　実際の能力調査では、ある生徒がある問題に対して「正答か、誤答か」といったデータしかない。だが、この採点された解答データに対してラッシュモデルを当てはめ、データで示された解答結果が最も現れやすい「問題の難易度」の値を「問題の難易度」の推定値とし、同時に、そのような結果が最も現れやすい「生徒の能力」の値を「生徒の能力」の推定値とすることができる。PISA 調査で示されている「生徒の得点」は、このようにして求められた「生徒の能力」の推定値であり、正答数や正答率のような調査結果から直接計算された実際の観測値（第 2 章では「顕在的」な値と称した）ではなく、直接見ることのできない「潜在的」な値なのである（「生徒の能力」は「潜在

特性 (Latent Trait)」とも呼ばれる）。

　ここで、ラッシュモデルの式を次のような回帰式（回帰分析に用いられる数理モデル）の形で表してみたい。

$$\log_e \frac{\text{正答確率}}{\text{誤答確率}} = \text{生徒の能力} - \text{問題の難易度}$$

$$\ln \frac{\text{正答確率}}{1 - \text{正答確率}} = \text{生徒の能力} - \text{問題の難易度}$$

　「ln」はネイピア数「e」を底とする対数「$\log_e$」と同じであり、2 つの式はまったく同じことを示している。この左辺は正答確率と誤答確率の比であるオッズ（Odds）の対数となっており、これは「ロジット（Logit）」と呼ばれる（加藤 et al. 2014: 84-5）。ラッシュモデルは「問題の難易度」という値（母数、パラメータと呼ばれる）が決まれば、「生徒の能力」を「正答確率」に変換する回帰モデル（一般化線形モデルと呼ばれる）となっており、「生徒の能力」や「問題の難易度」の値はロジットを単位にしている。

　ラッシュモデル、つまり項目反応理論で求められる「生徒の得点」が、通常のテストで見られる「その生徒に出題された問題への正答数ないし正答率」といったものよりも優れている点は、**使用された（もしくは使用される可能性のある）「すべての問題」に解答しなくても、「問題の難易度」がわかっている（もしくは推定できる）「いくつかの問題」に答えるだけで、「生徒の能力」（「生徒の得点」）が推定できる**ところにある。例えば、先ほど挙げた難易度「-1」の問題が正答で、「0」の問題が誤答の生徒の場合は、この生徒に難易度「-2」や「2」の問題を解いてもらわなくても（もちろん解いてもらった方がより正確であるが）、「生徒の能力」を推定するのに支障がなさそうであることが理解できる。PISA 調査において、生徒は 13 種類の問題冊子の中から 1 冊に解答し、調査で使われた全問題に解答している訳ではないが、問題冊子に関係なく比較可能な同一尺度の得点が推定されている。これは、「問題の難易度」がわかっていれば、「生徒の能力」が推定できると

いう項目反応理論の性質によって可能になっている。

　ただし繰り返しになるが、同一尺度の得点が推定できるのは、「問題の難易度」が同一尺度で推定できる（もしくは難易度がわかっている）場合だけである。図 4-3 に示したように、横軸という同じ尺度上で「問題の難易度」が示されなければ、同一尺度で「生徒の能力」を推定することができない。例えば、まったく問題の異なる簡単なテストと難しいテストがあり、それをまったく別の生徒集団に実施した場合、「生徒の能力」が同じであることが予めわかっていなければ、2 つのテストの「問題の難易度」を同一尺度で測ることはできない。そこで PISA 調査では、問題冊子を無作為に生徒に割り当てて各問題冊子に解答する生徒集団を均一にするとともに、問題冊子の間に重なり合う共通問題を用意し（全冊子に共通する問題は必要ない）、問題冊子が違っても、共通問題を介して（同じ問題は同じ困難度であるとして）「問題の難易度」を同一尺度で推定できるようにしている。

　共通問題（共通の生徒集団でもよい）を使って、「問題の難易度」や「生徒の能力」を同一尺度上にのせることを「等化（Equating）」と呼ぶが、この「等化」が容易であることも項目反応理論の特徴である。そしてこの特徴は、「問題の難易度」の等化を通して「問題数の拡張」を可能にしているだけでなく、「生徒の能力」の等化を通して「経年比較」を可能にしている。

　なお、PISA 調査の「生徒の得点」は、読解力では PISA2000 年調査時点での OECD 加盟 27 か国の平均得点が 500、標準偏差が 100 になるように変換され(加盟国の全生徒の平均得点ではなく、加盟国毎の生徒の平均得点の平均が 500、標準偏差が 100 になっている)、数学的リテラシーでは数学的リテラシーが中心分野として初めて調査された PISA2003 年調査での OECD 加盟 30 か国の平均得点が 500、標準偏差が 100 になるように、また、科学的リテラシーでは科学的リテラシーが中心分野として初めて調査された PISA2006 年調査での OECD 加盟 30 か国の平均得点が 500、標準偏差が 100 になるように変換されている （OECD 2014b: 144）。つまり、本書で取り上げてきた PISA2012 年調査の数学的リテラシーの得点は、PISA2003 年調査の得点を基準にして変換された値であり、PISA2003 年調査以降の数学的リテラシー

の得点は経年比較が可能になっている。また、「問題の難易度」について、PISA 調査ではその問題に 50%の確率で正答する生徒の能力ではなく、「62%」（OECD 2014b: 293; 国立教育政策研究所 2013a: 90）の確率で正答する「生徒の能力」が用いられている。これについては、第 6 章の「6.1　習熟度レベルから見た能力」で説明する。

4.2　項目反応モデルの種類

　項目反応理論には、ラッシュモデル以外にも様々な数理モデル（項目反応モデル）が存在する。ここでは「パラメータ数」と「2 値反応データか多値反応データか」という 2 つの側面から代表的な項目反応モデルを紹介する。そして、PISA 調査の項目反応モデルがラッシュモデルを拡張し、様々な形式の調査問題を同時に扱うことができるモデルであることを説明する。なお、本書で用いられる式の記号や添え字は、PISA 調査の文献（OECD 2014b; Adams and Wu 2007）に合わせているため、一般的な用例になっていないところもある。その点に注意していただきたい。

（1）1 パラメータ・ロジスティックモデル

　項目反応モデルは、ある問題の正答率を求める「生徒の能力」のロジスティック関数となっており、ラッシュモデルの場合、「問題の難易度」というパラメータが決まれば、この関数の形（項目特性曲線）が決まっていた。ここで、「生徒の能力」をθ、ある問題（ここでは i と表す）の「問題の難易度」をδ_i、その問題に正答する確率を$P_i(\theta)$とすると、ラッシュモデルは次のような式になる（加藤 et al. 2014: 73）。

$$P_i(\theta) = \frac{exp(\theta - \delta_i)}{1 + exp(\theta - \delta_i)} = \frac{1}{1 + exp\{-1(\theta - \delta_i)\}}$$

δ_i という 1 つのパラメータで決まるため、ラッシュモデルは「1 パラメータ・ロジスティックモデル（One-Parameter Logistic Model、本書では 1PL モデルと略す）」と呼ばれる。なお、右辺の「-1」を定数「$-\alpha$」（αは、項目特性曲線の傾きを決める値であり、「項目識別力、Item Discrimination」と呼ばれている）や「$-D\alpha$」（D は「尺度因子、Scale Factor」と呼ばれ、値は 1.7、ここでのαも「項目識別力」と呼ばれ、先ほどのαを 1.7 で割った値）としている場合があるが、これらも 1PL モデルと呼ばれる。なお、「尺度因子」については、ロジスティックモデルをそれよりも先に生まれた正規累積モデル（こちらも項目反応モデルの一種、本書では説明しない）に近似させ、両モデルのパラメータを比較できるようにするために用いられている（加藤 et al. 2014: 81-2）。

(2) 2 パラメータ・ロジスティックモデル

1PL モデルでは、項目特性曲線の傾きがすべての調査問題で共通であったのに対して、この傾きが問題によって異なる項目反応モデルが「2 パラメータ・ロジスティックモデル」（Two-Parameter Logistic Model、本書では 2PL モデルと略す）」である。ある問題「i」の傾きを示す「項目識別力」をα_iとすると、2PL モデルは次のように表すことができる（加藤 et al. 2014: 76）。

$$P_i(\theta) = \frac{1}{1 + exp\{-D\alpha_i(\theta - \delta_i)\}}$$

「項目識別力」が項目特性曲線にどのように影響しているのかを見るため、「問題の難易度」が「0」、「項目識別力」が「0.0、0.3、0.6、0.9」である 4 つの問題の項目特性曲線を図示すると、図 4-4 のようになる。

「項目識別力」が 0.6 の問題は、図 4-2 の項目特性曲線とほぼ同じになっているが、この値が高くなると「問題の難易度」と同じ 0 の付近で曲線が急になり、この値が低くなると曲線が緩やかになっていることがわかる。図 4-2 で示した 1PL モデルでは、「問題の難易度」が異なる項目特性曲線が交わることはなく、「問題の難易度」の高い問題は、低い問題よりも常に正答

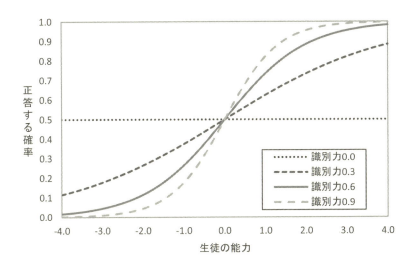

図 4-4　2PL モデルにおける能力と正答確率（難易度 0、識別力 0.0、0.3、0.6、0.9）

する確率が低くなっていたが、2PL モデルでは「項目識別力」が異なれば項目特性曲線が交わり、例えば「項目識別力」が「0.3」の低い問題では、「0.6」の問題に比べて、「生徒の能力」が低いところで正答する確率が高く、「生徒の能力」が高いところで確率が低くなるという逆転関係が見られる。1PL モデルと比較して、調査問題間の関係性が複雑になっており、結果を解釈する際に注意する必要がある。また、「項目識別力」が 0.0 になると、正答する確率が「生徒の能力」に関わりなく 0.5 となっており「項目識別力」が低い問題では、「生徒の能力」を上手く推定できないことがわかる。「項目識別力」が低い問題は、採点基準が間違っていたり、問題そのものに欠陥があることが考えられる。このような問題は調査で使うべきではないし、調査後に分かった場合は計算から除外する必要がある。

(3) 3 パラメータ・ロジスティックモデル

　学力調査や能力調査の問題では、よく 5 つの選択肢から解答を選ぶ 5 択問題や「はい、いいえ」、「〇、×」で答える 2 択問題などが使われることがあ

る。これらの問題では、「生徒の能力」がどれほど低くでも、また「問題の難易度」がどれほど高くても、一定の確率で正答する可能性がある（5択問題では 0.2、2択問題では 0.5）。この確率は「当て推量パラメータ（Guessing parameter）」と呼ばれており、これを 2PL モデルに加味した項目反応モデルが「3 パラメータ・ロジスティックモデル」（Three-Parameter Logistic Model、本書では 3PL モデルと略す）」である。ある問題「i」の「当て推量パラメータ」を C_i とすると、3PL モデルは次のように表すことができる（加藤 et al. 2014: 77）。

$$P_i(\theta) = C_i + (1 - C_i)\frac{1}{1 + exp\{-D\alpha_i(\theta - \delta_i)\}}$$

　この「当て推量パラメータ」が項目特性曲線にどのように影響しているのかを見るため、「問題の難易度」が「0」、「項目識別力」が「0.588…」（ラッシュモデルと同じ）、「当て推量パラメータ」が「0（選択式の問題ではない）、0.2（5択問題）、0.5（2択問題）」である 3 つの問題の項目特性曲線と、「問題の難易度」が「1」、「項目識別力」が「1」、「当て推量パラメータ」が「0.2」である問題の項目特性曲線を図 4-5 に示す。

　「当て推量パラメータ」なし、0.2、0.5 の問題は「問題の難易度」が「0」となっているが、「当て推量パラメータ」の値によって項目特性曲線が上に押し上げられ、「問題の難易度」がその問題に正答する確率 0.5 の「生徒の能力」になっていない（「当て推量」が 0.5 の場合はより明確である）。例えば、「当て推量パラメータ」が 0.2 の場合は正答する確率が「0.6＝0.2＋(1－0.2)×0.5」の「生徒の能力」が「問題の難易度」となっており、「当て推量パラメータ」が 0.5 の場合は正答する確率が「0.75＝0.5＋(1－0.5)×0.5」となっている。なお、「問題の難易度」が 1、「項目識別力」が 1、「当て推量パラメータ」が 0.2 の項目特性曲線を見ればわかるが、2PL モデルと同様、パラメータが 2 つ以上異なれば、他の項目特性曲線と交わり、同じ能力に対する正答確率の逆転関係が見られる。2PL モデル以上に調査問題間の関係

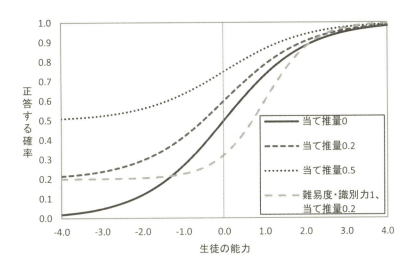

図 4-5　3PL モデルにおける能力と正答確率（当て推量 0.2、0.5）

性が複雑になっており、しかも 1PL モデルや 2PL モデルでは明確であった「生徒の能力」と「問題の難易度」の関係性も複雑になっている。

以上で見てきた、「生徒の能力」と「正答する確率」との関係を数式として表現する項目反応モデルでは、「問題の難易度」、「項目識別力」、「当て推量パラメータ」の 3 つのパラメータが用いられていた。

ここで 1PL モデルと 2PL モデルが 3PL モデルの特殊な場合であることを説明する。「当て推量パラメータ」が 0、すなわち調査問題が選択式ではない場合、3PL モデルは次のように 2PL モデルと一致する。

$$P_i(\theta) = 0 + (1-0)\frac{1}{1+exp\{-D\alpha_i(\theta-\delta_i)\}}$$

$$= \frac{1}{1+exp\{-D\alpha_i(\theta-\delta_i)\}}$$

TIMSS では、3PL モデルないし 2PL モデルが使われているが、それは選択式の問題には 3PL モデル、記述式の問題には 2PL モデルが使われているということを意味する（Martin et al. 2016: 12.1-2）。

「当て推量パラメータ」が 0 で、すべての調査問題の「項目識別力」が「$\alpha_i = \alpha$」もしくは「$D\alpha_i = 1$」の場合、3PL モデルは 1PL モデル（ラッシュモデル）と一致する。

$$P_i(\theta) = 0 + (1 - 0)\frac{1}{1 + exp\{-D\alpha_i(\theta - \delta_i)\}}$$

$$= \frac{1}{1 + exp\{-D\alpha(\theta - \delta_i)\}} = \frac{1}{1 + exp\{-(\theta - \delta_i)\}}$$

PISA 調査では、最初の 2000 年調査から 2012 年調査まではラッシュモデルが、2015 年調査からは 1PL モデルと 2PL モデルのハイブリッド・モデルが使用されている（OECD 2017: 171）。3PL モデルと 2PL モデルを併用するのとは異なり、ハイブリッド・モデルは 2012 年調査までの結果との整合性を保つために用いられている。

ここで紹介した 3 つのモデル以外に、4 つのパラメータを用いた項目反応モデルも存在する。これについては、豊田（2012: 33-4）で紹介されているが、「実用的に使用された実績があまりない」とされている。筆者らが知る限りでも、国際的な大規模教育調査で使われた事例は存在しない。

本書では PISA2012 年調査までの調査手法を中心に議論するため、説明のほとんどがラッシュモデルに基づいてなされている。しかし、読者の中には、パラメータ数の異なる 3 つのモデルのうち、どれを使うべきか疑問に感じる人もいるはずである。第 5 章でその理由を明らかにするが、**筆者らは大規模教育調査に用いるのであれば 2PL モデルが妥当ではないかと考えている。**村木（2011: 54）は、筆者らと同様、2PL モデルを推奨している。問題の信頼度を示す「項目識別力」は「難易度と同じくらい重要であり、少なくともこれに対応するパラメータをモデルに含めるべきだ」と主張している。豊田

(2012: 35) は、「モデルの表現力という観点」から 3PL モデルがすぐれている
が、安定したパラメータの推定をするためには、1PL モデルで 100 人以上、
2PL モデルで 300 人以上、3PL モデルで 1000 人以上の解答が必要であり、
3PL モデルで調査を実施するには多数の参加者を用意し続けられる環境が
必要である、としている。問題数の拡張（複数の問題冊子の使用）をどの程度
行うかにかかってくるが、日本の PISA 調査の場合、13 種類の問題冊子中、
1 つの問題は 4 つの冊子に現れるため、その問題に対して約 1954 人（＝有効
回答 6351 人÷13 冊×4 回）の回答が得られており、この規模の大規模教育調査
であれば 3PL モデルを当てはめることが可能である。

(4) 部分採点モデル

ラッシュモデルや 2PL モデル、3PL モデルの式は、ある生徒がある問題
に正答する確率を示したものであり、これらのモデルで利用可能な生徒の採
点された解答データは「正答か、誤答か」の 2 つの値、つまり「2 値反応デ
ータ（Dichotomous Response Data）」に限られている。しかし、**PISA 調査で使
われている記述式問題の中には、正答と誤答以外に準正答が存在するもの
もあり、PISA 調査の採点された解答データは、順序のある「多値反応デー
タ（Polytomous Response Data）」となっている。**また PISA 調査では、項目反
応理論を生徒の得点を測るためだけではなく、質問紙調査の回答データ（例
えば「まったくその通りだ」、「その通りだ」、「その通りでない」、「まったくその通
りでない」といった 4 択の質問など）から様々な指標を算出する際にも利用して
いる。この場合も順序のある「多値反応データ」に対しても、項目反応モデ
ルを当てはめている。**このような「多値反応データ」で用いられているの
が「部分採点モデル（Partial Credit Model）」である。**

例えば、ある問題が「0：誤答」、「1：準正答」、「2：完全正答」という 3
つの順序性のある反応を持つときを考える。部分採点モデルでは、1 になる
か、2 になるかというときに 2 になる確率（1 か 2 かという条件の下での確率）
を次のようなラッシュモデルの形で表現する。

$$\frac{P_{i2}(\theta)}{P_{i1}(\theta) + P_{i2}(\theta)} = \frac{exp(\theta - \delta_{i2})}{1 + exp(\theta - \delta_{i2})}$$

この式は、次のように整理することでオッズとして表すことができる。

$$\frac{P_{i1}(\theta) + P_{i2}(\theta)}{P_{i2}(\theta)} = \frac{1 + exp(\theta - \delta_{i2})}{exp(\theta - \delta_{i2})}$$

$$\frac{P_{i1}(\theta)}{P_{i2}(\theta)} + 1 = \frac{1}{exp(\theta - \delta_{i2})} + 1$$

$$\frac{P_{i1}(\theta)}{P_{i2}(\theta)} = \frac{1}{exp(\theta - \delta_{i2})}$$

$$\frac{P_{i2}(\theta)}{P_{i1}(\theta)} = exp(\theta - \delta_{i2})$$

この式を使って、0になるか、1になるかというときに1になる確率は、

$$\frac{P_{i1}(\theta)}{P_{i0}(\theta)} = exp(\theta - \delta_{i1})$$

となり、この2つの式をかけると、

$$\frac{P_{i1}(\theta)}{P_{i0}(\theta)} \times \frac{P_{i2}(\theta)}{P_{i1}(\theta)} = exp(\theta - \delta_{i1}) \times exp(\theta - \delta_{i2})$$

$$\frac{P_{i2}(\theta)}{P_{i0}(\theta)} = exp\{(\theta - \delta_{i1}) + (\theta - \delta_{i2})\} = exp\sum_{k=1}^{2}(\theta - \delta_{ik})$$

となる。なお、この式は次のように表すこともできる。

$$\frac{P_{i2}(\theta)}{P_{i0}(\theta)} = 1 \times exp\sum_{k=1}^{2}(\theta - \delta_{ik}) = \exp(0) \times exp\sum_{k=1}^{2}(\theta - \delta_{ik}) = exp\sum_{k=0}^{2}(\theta - \delta_{ik})$$

ここで、「$P_{i0}(\theta)$」を次のように求める。

$$P_{i0}(\theta) + P_{i1}(\theta) + P_{i2}(\theta) = 1$$

$$\frac{P_{i0}(\theta)}{P_{i0}(\theta)} + \frac{P_{i1}(\theta)}{P_{i0}(\theta)} + \frac{P_{i2}(\theta)}{P_{i0}(\theta)} = \frac{1}{P_{i0}(\theta)}$$

$$1 + exp\sum_{k=1}^{1}(\theta - \delta_{ik}) + exp\sum_{k=1}^{2}(\theta - \delta_{ik}) = \frac{1}{P_{i0}(\theta)}$$

$$1 + \sum_{h=1}^{2} exp\sum_{k=1}^{h}(\theta - \delta_{ik}) = \frac{1}{P_{i0}(\theta)}$$

$$P_{i0}(\theta) = \frac{1}{1 + \sum_{h=1}^{2} exp\sum_{k=1}^{h}(\theta - \delta_{ik})} = \frac{1}{\sum_{h=0}^{2} exp\sum_{k=0}^{h}(\theta - \delta_{ik})}$$

よって、「生徒の能力」と「2：完全正答」を得る可能性「$P_{i2}(\theta)$」は、次の式で表すことができる。

$$\frac{P_{i2}(\theta)}{P_{i0}(\theta)} \times P_{i0}(\theta) = exp\sum_{k=0}^{2}(\theta - \delta_{ik}) \times \frac{1}{\sum_{h=0}^{2} exp\sum_{k=0}^{h}(\theta - \delta_{ik})}$$

$$P_{i2}(\theta) = \frac{exp\sum_{k=0}^{2}(\theta - \delta_{ik})}{\sum_{h=0}^{2} exp\sum_{k=0}^{h}(\theta - \delta_{ik})}$$

そして、これを問題 i の反応 x (x=0,1,2,...,m_i) に対する式として一般化すると、

$$P_{ix}(\theta) = \frac{exp\sum_{k=0}^{x}(\theta - \delta_{ik})}{\sum_{h=0}^{m_i} exp\sum_{k=0}^{h}(\theta - \delta_{ik})}$$

となる。これが「部分採点モデル」である（Masters and Wright 1997: 103）。ちなみに、反応が0と1しかない時の1になる確率は、以下のとおりであり、ラッシュモデルと一致する。

$$P_{i1}(\theta) = \frac{exp\sum_{k=1}^{1}(\theta - \delta_{ik})}{\sum_{h=0}^{1}exp\sum_{k=0}^{1}(\theta - \delta_{ik})} = \frac{exp(\theta - \delta_{i1})}{1 + exp(\theta - \delta_{i1})}$$

部分採点モデルを使って、ある調査問題で「0：誤答」、「1：準正答」、「2：完全正答」という3つの反応が現れる確率と「生徒の能力」との関係を図示すると**図4-6**のようになる（δ_1=-1、δ_2=1とする）。

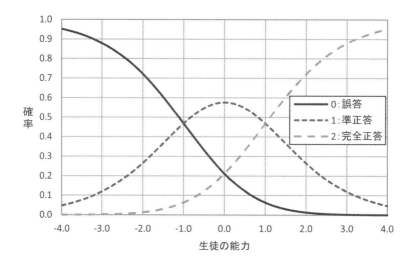

図4-6　部分採点モデルにおける能力と確率（完全正答、準正答、誤答）

部分採点モデルの場合、δは「問題の難易度」を示すものではないため、MastersとWrightは「項目パラメータ（Item Parameter）」と呼び、関係を表す曲線も「反応曲線（Response Curve）」と呼んでいるが（Masters and Wright 1977: 103）、図4-6を見ると項目パラメータの値（δ_1=-1、δ_2=1）のところで反応

4 能力測定における項目反応理論の利用 171

曲線が交わり、生徒がその反応（誤答、準正答、完全正答）を取る確率が拮抗していることがわかる。「項目パラメータ」を解釈するときは、通常のラッシュモデルのような「問題の難易度がその問題に正答する確率が 0.5 である生徒の能力と一致する」といった特徴がないことに注意する必要がある。特に調査結果によっては、δ_1がδ_2よりも大きな値を取り、準正答の反応曲線が誤答や完全正答に埋もれ、準正答の確率が一番高くなることがない場合がある。これについては、Masters と Wright (1997: 103-6) に詳しい説明がある。

部分採点モデルは、ラッシュモデルを順序性のある「多値反応データ」でも使えるように拡張したものといえるが、2PL モデルを順序性のある「多値反応データ」でも使えるように拡張したものとして、「一般化部分採点モデル（Generalized Partial Credit Model）」（村木 2011: 86-7）があり、次のような式で表すことができる。

$$P_{ix}(\theta) = \frac{exp \sum_{k=0}^{x} D\alpha_i(\theta - \delta_{ik})}{\sum_{h=0}^{m_i} exp \sum_{k=0}^{h} D\alpha_i(\theta - \delta_{ik})}$$

「$D\alpha_i$」が示しているように、同じ問題であれば反応が違っても、同じ「項目識別力」の値が用いられている。

順序性のある「多値反応データ」を対象にした項目反応モデルには、上記の他に「段階反応モデル（Graded Response Model）」（Samejima 1997）などがあるが、PISA 調査で使われていないため、本書では取り上げない。

(5) PISA 調査の項目反応モデル

PISA 調査で「多値反応データ」に項目反応理論を用いるときは、調査問題や質問項目に順序性がある場合がほとんどであるが、そこで使用されている「混合効果多項ロジットモデル（Mixed Coefficients Multinomial Logit Model）」は順序性のない「多値反応データ」にも対応できる項目反応モデルとなっている。データが順序尺度ではなく、名義尺度（名前もしくは名称）でも使えることから、これに対応する項目反応モデルは「名義反応モデル

(Nominal Response Model)」とも呼ばれる（村木 2011: 92）。PISA 調査の項目反応モデルの前に、「多項ロジットモデル（Multinomial Logit Model）」を説明する。なお Agresti（2002: 280）が同じ名前のモデルを提唱しているが、それを参考にしつつも、PISA 調査のモデルに合わせた形のものを紹介する。

例として、A、B、C という選択肢（カテゴリー）から 1 つを選ぶ問題 i があり、生徒の能力によって、それぞれを選ぶ確率が変わってくるとする。ここで、それぞれを選ぶ確率を「$P_{iA}(\theta)$、$P_{iB}(\theta)$、$P_{iC}(\theta)$」として、A を選ばずに B を選ぶ対数オッズを次の式で表す。

$$\ln\frac{P_{iB}(\theta)}{P_{iA}(\theta)} = 生徒の能力 + 項目パラメータ = \theta + \delta_{iB}$$

同様に、A を選ばずに C を選ぶ対数オッズを次の式で表す。

$$\ln\frac{P_{iC}(\theta)}{P_{iA}(\theta)} = \theta + \delta_{iC}$$

そうすると、それぞれのオッズは、次のように表すことができる。

$$\frac{P_{iB}(\theta)}{P_{iA}(\theta)} = exp(\theta + \delta_{iB})$$

$$\frac{P_{iC}(\theta)}{P_{iA}(\theta)} = exp(\theta + \delta_{iC})$$

ここで、選択肢が選ばれる確率をすべて合計すると 1 であることから、

$$P_{iA}(\theta) + P_{iB}(\theta) + P_{iC}(\theta) = 1$$

$$\frac{P_{iA}(\theta)}{P_{iA}(\theta)} + \frac{P_{iB}(\theta)}{P_{iA}(\theta)} + \frac{P_{iB}(\theta)}{P_{iA}(\theta)} = \frac{1}{P_{iA}(\theta)}$$

$$1 + exp(\theta + \delta_{iB}) + exp(\theta + \delta_{iC}) = \frac{1}{P_{iA}(\theta)}$$

であり、ゆえに、

$$P_{iA}(\theta) = \frac{1}{1 + exp(\theta + \delta_{iB}) + exp(\theta + \delta_{iC})}$$

$$P_{iB}(\theta) = exp(\theta + \delta_{iB}) \times P_{iA} = \frac{exp(\theta + \delta_{iB})}{1 + exp(\theta + \delta_{iB}) + exp(\theta + \delta_{iC})}$$

$$P_{iC}(\theta) = exp(\theta + \delta_{iC}) \times P_{iA} = \frac{exp(\theta + \delta_{iC})}{1 + exp(\theta + \delta_{iB}) + exp(\theta + \delta_{iC})}$$

となる。Aは、BとCの基準（オッズの分母）としたため、確率の式も他とは異なっている。そこで、値が 0 の「x_{iA}」、任意の値の「δ_{iA}」、値が 1 の「x_{iB}」と「x_{iC}」という定数を使って、「$P_{iA}(\theta)$」の式を次のように変更する。

$$P_{iA}(\theta) = \frac{exp\{x_{iA}(\theta + \delta_{iA})\}}{exp\{x_{iA}(\theta + \delta_{iA})\} + exp\{x_{iB}(\theta + \delta_{iB})\} + exp\{x_{iC}(\theta + \delta_{iC})\}}$$

ここでさらに、A を 0、B を 1、C を 2 と置き換えて、「k=0,1,2」とすると 3 つの式は次の式で表すことができる。

$$P_{ik}(\theta) = \frac{exp\{x_{ik}(\theta + \delta_{ik})\}}{\sum_{h=0}^{2} exp\left\{x_{ih}(\theta + \delta_{ih})\right\}}$$

なお、「x_{i0}」は「0」である。これを「$k=0,1,2,...,K_i$」として一般化すると次の式が得られる（「k=1」が基準となる選択肢）。

$$P_{ik}(\theta) = \frac{exp\{x_{ik}(\theta + \delta_{ik})\}}{\sum_{h=0}^{K_i} exp\left\{x_{ih}(\theta + \delta_{ih})\right\}}$$

名義反応データを扱う項目反応モデルは、このような形で表現できる。な
お、「k=0,1」の時、「$P_{i1}(\theta)$」は以下のようにラッシュモデルと一致する
（「δ」の正負が逆になっていることに注意）。

$$P_{i1}(\theta) = \frac{exp\{x_{i1}(\theta + \delta_{i1})\}}{\sum_{h=0}^{1} exp\left\{x_{ih}(\theta + \delta_{ih})\right\}} = \frac{exp\{1 \times (\theta + \delta_{i1})\}}{exp\{0 \times (\theta + \delta_{i0})\} + exp\{1 \times (\theta + \delta_{i1})\}}$$

$$= \frac{exp(\theta + \delta_{i1})}{1 + exp(\theta + \delta_{i1})}$$

「多項ロジットモデル」では、各選択肢が選ばれる確率を示していたが、
PISA 調査の項目反応モデルでは、各選択肢が選ばれるかどうかの情報を反
応ベクトル (Response Vector)「$\mathbf{X}_{ik}$」としてまとめて扱う。例えば先ほどの A、
B、C という選択肢（カテゴリー）から 1 つを選ぶ問題 i の例では、A を選ん
だ場合、B を選んだ場合、C を選んだ場合をそれぞれ次のように表す。

$$\mathbf{X}_{i0} = \begin{pmatrix} 0 \\ 0 \end{pmatrix} \quad \text{A を選んだ場合}$$

$$\mathbf{X}_{i1} = \begin{pmatrix} 1 \\ 0 \end{pmatrix} \quad \text{B を選んだ場合}$$

$$\mathbf{X}_{i2} = \begin{pmatrix} 0 \\ 1 \end{pmatrix} \quad \text{C を選んだ場合}$$

生徒の選択（反応）は、選択肢が 3 つの時は 2 つの要素、選択肢が「$K_i +
1$」個の時は「$K_i$」個の要素からなる 1 つの反応ベクトル「$\mathbf{X}_{ik}$」で表現する
ことができる（基準となる選択肢は、すべての要素が「0」）。この反応ベクト
ル「$\mathbf{X}_{ik}$」を扱えるようにするために、「多項ロジットモデル」の式の「θ」

の前に得点ベクトル（Scoring Vector）「$\mathbf{b}$」、項目パラメータの前にデザイン行列（Design Matrix）「$\mathbf{A}$」を置いて、積を計算する。3つの選択肢からなるここでの例では、次のような得点ベクトルとデザイン行列を作り、「多項ロジットモデル」の式を変更する（「$\mathbf{X}_{ik}^T$」は縦ベクトルである「$\mathbf{X}_{ik}$」を横ベクトルに転置したもの、ベクトルと行列を含んでいるが、分数の形のまま示す）。

$$\mathbf{b} = \begin{pmatrix} 1 \\ 1 \end{pmatrix}$$

$$\mathbf{A} = \begin{pmatrix} 1 & 0 \\ 0 & 1 \end{pmatrix}$$

$$P_{ik}(\theta) = \frac{exp\left[\mathbf{X}_{ik}^T\left\{\mathbf{b}\theta + \mathbf{A}\begin{pmatrix} \delta_{i1} \\ \delta_{i2} \end{pmatrix}\right\}\right]}{\sum_{h=0}^{2} exp\left[\mathbf{X}_{ik}^T\left\{\mathbf{b}\theta + \mathbf{A}\begin{pmatrix} \delta_{i1} \\ \delta_{i2} \end{pmatrix}\right\}\right]}$$

　この式が先の「多項ロジットモデル」と同じものであることを示すため、生徒が B を選択し、反応ベクトルが「X_{i1}」となった場合を以下に示す。

$$P_{i2}(\theta) = \frac{exp\left[\mathbf{X}_{ik}^T\left\{\mathbf{b}\theta + \mathbf{A}\begin{pmatrix} \delta_{i1} \\ \delta_{i2} \end{pmatrix}\right\}\right]}{\sum_{h=0}^{2} exp\left[\mathbf{X}_{ik}^T\left\{\mathbf{b}\theta + \mathbf{A}\begin{pmatrix} \delta_{i1} \\ \delta_{i2} \end{pmatrix}\right\}\right]} = \frac{exp\left[(1 \quad 0)\left\{\begin{pmatrix} 1 \\ 1 \end{pmatrix}\theta + \begin{pmatrix} 1 & 0 \\ 0 & 1 \end{pmatrix}\begin{pmatrix} \delta_{i1} \\ \delta_{i2} \end{pmatrix}\right\}\right]}{\sum_{h=0}^{2} exp\left[\mathbf{X}_{ik}^T\left\{\begin{pmatrix} 1 \\ 1 \end{pmatrix}\theta + \begin{pmatrix} 1 & 0 \\ 0 & 1 \end{pmatrix}\begin{pmatrix} \delta_{i1} \\ \delta_{i2} \end{pmatrix}\right\}\right]}$$

$$= \frac{exp\left[(1 \quad 0)\left\{\begin{pmatrix} \theta \\ \theta \end{pmatrix} + \begin{pmatrix} \delta_{i1} \\ \delta_{i2} \end{pmatrix}\right\}\right]}{exp\left[(0 \quad 0)\left\{\begin{pmatrix} \theta \\ \theta \end{pmatrix} + \begin{pmatrix} \delta_{i1} \\ \delta_{i2} \end{pmatrix}\right\}\right] + exp\left[(1 \quad 0)\left\{\begin{pmatrix} \theta \\ \theta \end{pmatrix} + \begin{pmatrix} \delta_{i1} \\ \delta_{i2} \end{pmatrix}\right\}\right] + exp\left[(0 \quad 1)\left\{\begin{pmatrix} \theta \\ \theta \end{pmatrix} + \begin{pmatrix} \delta_{i1} \\ \delta_{i2} \end{pmatrix}\right\}\right]}$$

$$= \frac{exp(\theta + \delta_{i1})}{1 + exp(\theta + \delta_{i1}) + exp(\theta + \delta_{i2})} = \frac{exp\sum_{k=0}^{2}(\theta - \delta_{ik})}{\sum_{h=0}^{2} exp\sum_{k=0}^{h}(\theta - \delta_{ik})}$$

　では何故、「多項ロジットモデル」に反応ベクトル、得点ベクトル、デザイン行列を導入しているのであろうか。その理由は、順序性のある「多値反応データ」に対応した部分採点モデルも、同じ数理モデルの中で扱えるよう

になるからである（本書で紹介しなかった他の「多値反応データ」に関するモデルも扱えるようになる）。部分採点モデルで取り上げた、ある調査問題 i が誤答、準正答、完全正答という3つの順序性のある反応を持つ場合を考えてみる。誤答を「k=0」、準正答を「k=1」、完全正答を「k=2」として、反応ベクトルを以下のようにする。

$$\mathbf{X}_{i0} = \begin{pmatrix} 0 \\ 0 \end{pmatrix} \quad 誤答の場合$$

$$\mathbf{X}_{i1} = \begin{pmatrix} 1 \\ 0 \end{pmatrix} \quad 準正答の場合$$

$$\mathbf{X}_{i2} = \begin{pmatrix} 0 \\ 1 \end{pmatrix} \quad 完全正答の場合$$

そして、得点ベクトルとデザイン行列を次のように設定する。

$$\mathbf{b} = \begin{pmatrix} 1 \\ 2 \end{pmatrix}$$

$$\mathbf{A} = \begin{pmatrix} 1 & 0 \\ 1 & 1 \end{pmatrix}$$

PISA 調査の多項ロジットモデルを使って、完全正答「k=2」の場合を計算すると、次のように部分採点モデルの説明で示した式と一致する（ただし「δ」の正負が逆になっていることに注意）。

$$P_{i2}(\theta) = \frac{exp\left[\mathbf{X}_{ik}^T \left\{\mathbf{b}\theta + \mathbf{A}\begin{pmatrix}\delta_{i1}\\\delta_{i2}\end{pmatrix}\right\}\right]}{\sum_{h=0}^{2} exp\left[\mathbf{X}_{ik}^T \left\{\mathbf{b}\theta + \mathbf{A}\begin{pmatrix}\delta_{i1}\\\delta_{i2}\end{pmatrix}\right\}\right]} = \frac{exp\left[(0 \quad 1)\left\{\begin{pmatrix}1\\2\end{pmatrix}\theta + \begin{pmatrix}1&0\\1&1\end{pmatrix}\begin{pmatrix}\delta_{i1}\\\delta_{i2}\end{pmatrix}\right\}\right]}{\sum_{h=0}^{2} exp\left[\mathbf{X}_{ik}^T \left\{\begin{pmatrix}1\\2\end{pmatrix}\theta + \begin{pmatrix}1&0\\0&1\end{pmatrix}\begin{pmatrix}\delta_{i1}\\\delta_{i2}\end{pmatrix}\right\}\right]}$$

$$= \frac{exp\left[(0 \quad 1)\left\{\begin{pmatrix} \theta \\ 2\theta \end{pmatrix} + \begin{pmatrix} \delta_{i1} \\ \delta_{i1} + \delta_{i2} \end{pmatrix}\right\}\right]}{\sum_{h=0}^{2} exp\left[\mathbf{X}_{ik}^{T}\left\{\begin{pmatrix} \theta \\ 2\theta \end{pmatrix} + \begin{pmatrix} \delta_{i1} \\ \delta_{i1} + \delta_{i2} \end{pmatrix}\right\}\right]}$$

$$= \frac{exp\{(2\theta + \delta_{i1} + \delta_{i2})\}}{exp(0) + exp(\theta + \delta_{i1}) + exp\{(2\theta + \delta_{i1} + \delta_{i2})\}}$$

$$= \frac{exp\{(\theta + \delta_{i1}) + (\theta + \delta_{i2})\}}{exp(0) + exp(\theta + \delta_{i1}) + exp\{(\theta + \delta_{i1}) + (\theta + \delta_{i2})\}}$$

$$= \frac{exp\sum_{k=0}^{2}(\theta + \delta_{ik})}{\sum_{h=0}^{2} exp\sum_{k=0}^{h}(\theta + \delta_{ik})}$$

　PISA 調査の「混合効果多項ロジットモデル」で用いられている項目反応モデルは、反応ベクトルを調査問題すべてにまで拡張し、ある生徒の解答(解答パターン)が現れる確率を求めるモデルになっている。このモデルの一般的な式を示す前に、「多項ロジットモデル」で反応ベクトルを複数の問題に拡大した場合を説明する。例として、問題 1 が正答と誤答からなる「2 値反応データ」でラッシュモデルを、問題 2 が完全正答、準正答、誤答からなる「3 値反応データ」で部分採点モデルを当てはめる必要がある場合を考える。問題 1 の反応ベクトル$\mathbf{X}_1$、問題 2 の反応ベクトル$\mathbf{X}_2$、そして両問題を合わせた反応ベクトル$\mathbf{X}$は次のようになる。具体的な数値例として、ある生徒が問題 1 に正答、問題 2 に準正答している場合も併せて示す。

$$\mathbf{X}_1 = (x_{11}) = (1) \qquad \text{問題 1 に正答の場合}$$

$$\mathbf{X}_2 = \begin{pmatrix} x_{21} \\ x_{22} \end{pmatrix} = \begin{pmatrix} 1 \\ 0 \end{pmatrix} \qquad \text{問題 2 に準正答の場合}$$

$$\mathbf{X} = \begin{pmatrix} x_{11} \\ x_{21} \\ x_{22} \end{pmatrix} = \begin{pmatrix} 1 \\ 1 \\ 0 \end{pmatrix} \qquad \text{問題 1 に正答、2 に準正答の場合}$$

　問題 1 の項目パラメータがδ_{11}、問題 2 の項目パラメータがδ_{21}とδ_{21}であれば、このモデルの項目パラメータのベクトル「$\boldsymbol{\xi}$」は次のようになる。

$$\xi = \begin{pmatrix} \delta_{11} \\ \delta_{21} \\ \delta_{22} \end{pmatrix}$$

そして、得点ベクトルとデザイン行列は次のようになる。

$$\mathbf{b} = \begin{pmatrix} 1 \\ 1 \\ 2 \end{pmatrix}$$

$$\mathbf{A} = \begin{pmatrix} 1 & 0 & 0 \\ 0 & 1 & 0 \\ 0 & 1 & 1 \end{pmatrix}$$

ここで、この項目反応モデルの分子部分を計算すると以下のようになる。

$$exp\{\mathbf{X}^T(\mathbf{b}\theta + \mathbf{A}\xi)\} = exp\left[(1 \quad 1 \quad 0) \left\{ \begin{pmatrix} 1 \\ 1 \\ 2 \end{pmatrix} \theta + \begin{pmatrix} 1 & 0 & 0 \\ 0 & 1 & 0 \\ 0 & 1 & 1 \end{pmatrix} \begin{pmatrix} \delta_{11} \\ \delta_{21} \\ \delta_{22} \end{pmatrix} \right\} \right]$$

$$= exp\left[(1 \quad 1 \quad 0) \left\{ \begin{pmatrix} \theta \\ \theta \\ 2\theta \end{pmatrix} + \begin{pmatrix} \delta_{11} \\ \delta_{21} \\ \delta_{21} + \delta_{22} \end{pmatrix} \right\} \right] = exp\left\{ (1 \quad 1 \quad 0) \begin{pmatrix} \theta + \delta_{11} \\ \theta + \delta_{21} \\ 2\theta + \delta_{21} + \delta_{22} \end{pmatrix} \right\}$$

$$= exp(2\theta + \delta_{11} + \delta_{21})$$

また、分母部分は以下のとおりである。

$$exp\left\{ (0 \quad 0 \quad 0) \begin{pmatrix} \theta + \delta_{11} \\ \theta + \delta_{21} \\ 2\theta + \delta_{21} + \delta_{22} \end{pmatrix} \right\} + exp\left\{ (1 \quad 0 \quad 0) \begin{pmatrix} \theta + \delta_{11} \\ \theta + \delta_{21} \\ 2\theta + \delta_{21} + \delta_{22} \end{pmatrix} \right\}$$

$$+ exp\left\{ (0 \quad 1 \quad 0) \begin{pmatrix} \theta + \delta_{11} \\ \theta + \delta_{21} \\ 2\theta + \delta_{21} + \delta_{22} \end{pmatrix} \right\} + exp\left\{ (1 \quad 1 \quad 0) \begin{pmatrix} \theta + \delta_{11} \\ \theta + \delta_{21} \\ 2\theta + \delta_{21} + \delta_{22} \end{pmatrix} \right\}$$

$$+ exp\left\{ (0 \quad 0 \quad 1) \begin{pmatrix} \theta + \delta_{11} \\ \theta + \delta_{21} \\ 2\theta + \delta_{21} + \delta_{22} \end{pmatrix} \right\} + exp\left\{ (1 \quad 0 \quad 1) \begin{pmatrix} \theta + \delta_{11} \\ \theta + \delta_{21} \\ 2\theta + \delta_{21} + \delta_{22} \end{pmatrix} \right\}$$

$$= \sum_{Z \in \Omega} exp\{\mathbf{Z}^T(\mathbf{b}\theta + \mathbf{A}\xi)\}$$

分母の反応ベクトル**Z**や「*z* ∋ Ω」は、反応ベクトル**X**のすべての可能な組合せを足し合わせることを示すために用いられている。能力と項目パラメータが決まったときに、反応ベクトル**X**が現れる確率は、次のように表すことができる。「$P(\mathbf{X}|\theta, \xi)$」は、「|」よりも後の「$\theta, \xi$」の値が決まったという条件の下での「**X**」が現れる確率、つまり条件付き確率を意味している。

$$P(\mathbf{X}|\theta, \xi) = \frac{exp\{\mathbf{X}^T(\mathbf{b}\theta + \mathbf{A}\xi)\}}{\sum_{Z \in \Omega} exp\{\mathbf{Z}^T(\mathbf{b}\theta + \mathbf{A}\xi)\}}$$

なお、Adams ら（1997a: 3）は、ベクトルや行列があるため、逆行列の形にして次のように表現している。この項目反応モデルは1種類の能力のみを扱う「1次元項目反応モデル（Unidimensional Item Response Model）」になっており、PISA 調査で使われている「多次元項目反応モデル（Multidimensional Item Response Model）」（複数の能力を同時に扱える）とは、式が若干異なっている。

$$P(\mathbf{X}|\theta, \xi) = \left[\sum_{Z \in \Omega} exp\{\mathbf{Z}^T(\mathbf{b}\theta + \mathbf{A}\xi)\} \right]^{-1} exp\{\mathbf{X}^T(\mathbf{b}\theta + \mathbf{A}\xi)\}$$

4.3 問題の難易度の推定

項目反応モデルは、「生徒の能力」から「ある問題に正答する（ある選択肢を選択する）確率」を導き出す関数（数式、数理モデル）であり、この関数が描く反応曲線は「問題に関するパラメータ」（「問題の難易度」、「項目識別力」、「当て推量パラメータ」、より一般的には「項目パラメータ」）によって決定される。では、このモデルを使って、能力調査の採点された解答データ 、つまりある生徒がある問題に「正答か、誤答か」という情報や反応パターンから、どのように「生徒の能力」や「問題の難易度」などを推定するのであろうか。PISA 調査では「問題の難易度」を推定してから、「生徒の能力」を推定し

ているが、推定方法の基本、そして項目反応理論の前提を明らかにするため、ラッシュモデルで「問題の難易度」がわかっているときに「生徒の能力」を推定する方法を簡単に説明する。その後で、「問題の難易度」の推定方法とその方法を実際のデータに用いる方法を解説する。

「問題の難易度」が「-1」である問題 1、「0」である問題 2、「1」である問題 3 に対して、ある生徒 n が問題 1 と問題 2 に正答し、問題 3 に誤答であったとする。生徒 n の能力は「θ_n」、生徒 n のある問題 i に対する反応を「x_{in}」とし、この値を正答の時は「1」、誤答の時は「0」とすると、それぞれの問に対する反応 (1、1、0) が現れる確率は、ラッシュモデルから次のように表現できる。

$$P(x_{1n} = 1|\theta_n) = \frac{exp\{\theta_n - (-1)\}}{1 + exp\{\theta_n - (-1)\}} = \frac{exp(\theta_n + 1)}{1 + exp(\theta_n + 1)}$$

$$P(x_{2n} = 1|\theta_n) = \frac{exp\{\theta_n - (0)\}}{1 + exp\{\theta_n - (0)\}} = \frac{exp(\theta_n)}{1 + exp(\theta_n)}$$

$$P(x_{3n} = 0|\theta_n) = 1 - P(x_{3n} = 1|\theta_n) = \frac{1 + exp\{\theta_n - (1)\} - exp\{\theta_n - (1)\}}{1 + exp\{\theta_n - (1)\}}$$

$$= \frac{1}{1 + exp(\theta_n - 1)}$$

それぞれの問題に対する反応がお互いに影響し合わない、つまりどれかが正答になると別の問題が正答になりやすくなるといった関係がない場合、生徒 n の 3 つの問題に対する反応をベクトル「$\mathbf{X}_n$」とし、この反応 (1、1、0) が同時に現れる確率（同時確率）は、次のように求めることができる。

$$P(\mathbf{X}_n|\theta_n) = P(x_{1n} = 1|\theta_n) \cdot P(x_{2n} = 1|\theta_n) \cdot P(x_{3n} = 0|\theta_n)$$

$$= \frac{exp(\theta_n + 1)}{1 + exp(\theta_n + 1)} \cdot \frac{exp(\theta_n)}{1 + exp(\theta_n)} \cdot \frac{1}{1 + exp(\theta_n - 1)}$$

この式から、生徒nの能力「θ_n」が−4から4まで変化する時の同時確率は、図4-7のようになる。

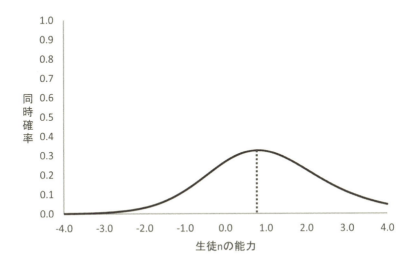

図4-7　3つの問題の同時確率

反応ベクトル「$\mathbf{X}_n$」の同時確率が最大であるということは、この反応（調査結果）が現れる可能性が最も高くなっているということを意味する。この時の値を能力「θ_n」の推定値とする方法は「最尤推定法（Maximum Likelihood Estimation Method）」と呼ばれ、この値（上図では 0.8029）を「θ_n」の「最尤推定値（Maximum Likelihood Estimate）」と呼ぶ。なお、「最尤（さいゆう）」とは「最も尤（もっと）もらしい」という意味であり、図4-7の同時確率は、反応ベクトル「$\mathbf{X}_n$」が現れたという条件の下での能力「θ_n」の「尤もらしさ」を表すという意味で「尤度（ゆうど、Likelihood）」と呼ばれ、上記の同時確率の式は「尤度関数（Likelihood Function）」として次のように表される（尤度関数「$L(\theta_n|\mathbf{X}_n)$」の尤度は、「$P(\mathbf{X}_n|\theta_n)$」の同時確率と同じ値である）。

$$L(\theta_n|\mathbf{X}_n) = P(\mathbf{X}_n|\theta_n)$$

項目反応理論では、「生徒の能力」の推定だけでなく、「問題の難易度」
の推定においても、先に述べた「それぞれの問題に対する反応が、お互い
に影響し合わない」ということを前提にしている。つまり、問題に対する
反応は「生徒の能力」のみに影響され、「生徒の能力」が同じであれば、問
題に対する反応はお互いに独立して発生するということを仮定している。
これを「条件付き独立（Conditional Independence）」ないし「局所独立（Local
Independence）」と呼ぶ（de Ayala 2009: 20）。PISA 調査の問題を見ると（国立
教育政策研究所 2010c）、調査問題は数間の小問からなる大問単位で作られて
いるが、大問の中の小問同士は独立しており、「前の小問が解けないと後の
小問が解けない」といった依存関係は存在していない（同時に複数の選択肢を
選ぶ小問もあるが、採点は選択肢ごとではなく、1 つの問題としてなされている）。
能力調査で項目反応理論を用いる場合、「条件付き独立」が成り立つように
問題を作成、出題する必要がある。

（1）同時最尤推定法

　ある生徒 n のある問題 i に対する反応（採点された解答データ）をx_{in}とし、
この値を正答の時は「1」、誤答の時は「0」とする。そして、ある生徒 n の
能力をθ_n、ある問題に関する項目パラメータをξ_i（ラッシュモデルであれば
「問題の難易度」、3PL モデルであれば「問題の難易度」、「項目識別力」、「当て推量
パラメータ」）として、この条件下で正答になる確率（条件付き確率）を次の
ように表現する。なお、右辺はこれまで見てきた項目反応モデルのいずれか
と考えていただきたい。

$$P(x_{in} = 1 | \theta_n, \xi_i) = P_i(\theta_n)$$

同様に、誤答になる確率は次のように表現できる。

$$P(x_{in} = 0 | \theta_n, \xi_i) = 1 - P_i(\theta_n)$$

これらの式をまとめると次のようになる。x_{in}を 1 または 0 とすると先の式に一致することがわかる。

$$P(x_{in}|\theta_n, \xi_i) = P_i(\theta_n)^{x_{in}} \cdot \{1 - P_i(\theta_n)\}^{1-x_{in}}$$

ある生徒 n の全問題（i = 1,2,…,I）に対する反応（$x_{1n}, x_{2n}, …, x_{In}$）をベクトル$\mathbf{X}_n$とし、問題同士が「条件付き独立」である場合、この生徒の反応が現れる同時確率は、次にように表すことができる。

$$P(\mathbf{X}_n|\theta_n, \boldsymbol{\xi}) = P(x_{1n}|\theta_n, \xi_1) \cdot P(x_{2n}|\theta_n, \xi_2) \cdot … \cdot P(x_{In}|\theta_n, \xi_{2I})$$

$$= \prod_{i=1}^{I} P(x_{in}|\theta_n, \xi_i) = \prod_{i=1}^{I} [P_i(\theta_n)^{x_{in}} \cdot \{1 - P_i(\theta_n)\}^{1-x_{in}}]$$

式の前に「Π」という記号を用いたが、これは式をかけ合わせていることを意味する。また、ここでの「$\boldsymbol{\xi}$」はすべての問題の項目パラメータからなるベクトルである。さらに、全生徒（n = 1,2,…,N）の全問題に対する反応（$\mathbf{X}_1, \mathbf{X}_2, …, \mathbf{X}_N$）を行列$\mathbf{X}$（調査で得られる採点された解答データ）とすると、この結果が表れる同時確率は、次のように表現できる。

$$P(\mathbf{X}|\boldsymbol{\theta}, \boldsymbol{\xi}) = P(\mathbf{X}_1|\theta_1, \boldsymbol{\xi}) \cdot … \cdot P(\mathbf{X}_N|\theta_N, \boldsymbol{\xi}) = \prod_{n=1}^{N} P(\mathbf{X}_n|\theta_n, \boldsymbol{\xi})$$

$$= \prod_{n=1}^{N} \prod_{i=1}^{I} P(x_{in}|\theta_n, \delta_i) = \prod_{n=1}^{N} \prod_{i=1}^{I} [P_i(\theta_n)^{x_{in}} \cdot \{1 - P_i(\theta_n)\}^{1-x_{in}}]$$

この式は、$\boldsymbol{\theta}$（全生徒の能力「$\theta_1, \theta_2, …, \theta_N$」）と$\boldsymbol{\xi}$（すべての問題のすべてのパラメータ）がわかっているときに、$\mathbf{X}$（全ての反応）、つまり調査結果である「採点された解答データ」が現れる確率を示している。しかし、わかっているのは「採点された解答データ」の方である。そこで逆に、この「採点された解答データ」の現れる可能性、つまり「尤度」を最も高くする$\boldsymbol{\theta}$と$\boldsymbol{\xi}$の値

184

を最尤推定値として求める。上の式より、尤度関数は次のようになる。

$$L(\boldsymbol{\theta}, \boldsymbol{\xi} | \mathbf{X}) = \prod_{n=1}^{N} \prod_{i=1}^{I} [P_i(\theta_n)^{x_{in}} \cdot \{1 - P_i(\theta_n)\}^{1-x_{in}}]$$

　ここで重要なのは「尤度」の値ではなく、「尤度」を最大にする$\boldsymbol{\theta}$と$\boldsymbol{\xi}$の値である。そこでこの尤度関数を微分して、導関数が「0」になるときの$\boldsymbol{\theta}$と$\boldsymbol{\xi}$の値を求めたいが、このままでは計算が非常に難しい。そこで、対数変換を行い、「対数尤度関数」にする。

$$\ln L(\boldsymbol{\theta}, \boldsymbol{\xi} | \mathbf{X}) = \ln \prod_{n=1}^{N} \prod_{i=1}^{I} [P_i(\theta_n)^{x_{in}} \cdot \{1 - P_i(\theta_n)\}^{1-x_{in}}]$$
$$= \sum_{n=1}^{N} \sum_{i=1}^{I} \ln[P_i(\theta_n)^{x_{in}} \cdot \{1 - P_i(\theta_n)\}^{1-x_{in}}] = \sum_{n=1}^{N} \sum_{i=1}^{I} [\ln P_i(\theta_n)^{x_{in}} + \ln\{1 - P_i(\theta_n)\}^{1-x_{in}}]$$
$$= \sum_{n=1}^{N} \sum_{i=1}^{I} [x_{in} \cdot \ln P_i(\theta_n) + (1 - x_{in}) \cdot \ln\{1 - P_i(\theta_n)\}]$$

　対数尤度が最大になる$\boldsymbol{\theta}$と$\boldsymbol{\xi}$の値は、尤度を最大にする$\boldsymbol{\theta}$と$\boldsymbol{\xi}$の値と同じであり（永田 2005: 38）、式が掛け合わせたものから足し合わせたものに変わるため、微分が容易になる。対数尤度関数を$\boldsymbol{\theta}$に含まれる個々の値（「$\theta_1, \theta_2, ..., \theta_N$」）、$\boldsymbol{\xi}$に含まれる個々の値（ラッシュモデルでは「$\delta_1, \delta_2, ..., \delta_I$」）で偏微分し、すべての導関数が「0」となる$\boldsymbol{\theta}$と$\boldsymbol{\xi}$の値が最尤推定値である。ラッシュモデルの場合の対数尤度関数の導関数（N+I 個）は次のようになる。

$$\frac{\partial \ln L(\boldsymbol{\theta}, \boldsymbol{\xi} | \mathbf{X})}{\partial \theta_1} = \sum_{i=1}^{I} x_{i1} - \sum_{i=1}^{I} P_i(\theta_1) = 0$$
$$\vdots$$
$$\frac{\partial \ln L(\boldsymbol{\theta}, \boldsymbol{\xi} | \mathbf{X})}{\partial \theta_N} = \sum_{i=1}^{I} x_{iN} - \sum_{i=1}^{I} P_i(\theta_N) = 0$$

$$\frac{\partial \ln L(\boldsymbol{\theta}, \boldsymbol{\xi}|\mathbf{X})}{\partial \delta_1} = \sum_{n=1}^{N} P_1(\theta_n) - \sum_{n=1}^{N} x_{1n} = 0$$

$$\vdots$$

$$\frac{\partial \ln L(\boldsymbol{\theta}, \boldsymbol{\xi}|\mathbf{X})}{\partial \delta_I} = \sum_{n=1}^{N} P_I(\theta_n) - \sum_{n=1}^{N} x_{In} = 0$$

　これらの式は、豊田（2012: 66-7）が示した 3PL モデルの導関数を基に作成した。導関数を導き出す過程は、豊田（2005: 2-10）に詳細な説明がある。

　「θ_1」に関する導関数を見ると、生徒 1 の「x_{i1}」の合計、つまり「観測された正答数」と「$P_i(\theta_1)$」の合計、つまり生徒 1 の「期待される正答数」とが一致するとき、尤度が最大になることがわかる。同様に、「δ_1」に関する導関数を見ると、問題 1 の「x_{1n}」の合計、つまり「観測された正答者数」と「$P_1(\theta_n)$」の合計、つまり問題 1 の「期待される正答者数」とが一致するとき、尤度が最大になる。**上記の N+I 個の連立方程式から θ（全生徒の能力）と ξ（すべての問題のすべてのパラメータ）の値を同時に求める方法を「同時最尤推定法（Joint Maximum Likelihood Estimation）」と呼ぶ。**通常、生徒の能力に平均 0、分散 1 という条件を付けて解くため、N+I-2 個の値を求めることになるが、この連立方程式をそのまま計算するのは困難なため、ニュートン・ラフソン法（Newton-Raphson method）と呼ばれる計算方法が用いられる。ニュートン・ラフソン法については、靜（2007: 252-60）や豊田（2005: 10-4）に詳細な説明がある。特に靜による説明はラッシュモデルに特化し、対数変換を行わない同時最尤推定の解説もあり（靜 2007: 240-50）、非常にわかりやすい内容になっている。本書では、本章の「4.4 生徒の能力の推定」において、「生徒の能力」の最尤推定値を求める際に解説する。

スクリプト 4-1　PISA2012 年調査の解答データの準備

　統計ソフト「R」（本書では、「Microsoft R Open」を用いる）を使って、同時最尤推定法を行う手順を説明する。データは、PISA2012 年調査の数学的リテラシーにおける日本の生徒の採点された解答データである。第 2 章でインスト

ールしたパッケージ「PISA2012lite」（Biecek 2017）を使用し、PISA2012 年調
査の採点された解答データを取り出し、そこからさらに日本の生徒のデータを
取り出すには、以下のスクリプトを実行する（データを R に読み込む作業がある
ため、コンピュータ環境によっては非常に時間がかかる可能性がある）。

```
#Load library
library(PISA2012lite)

#Load data
data("scoredItem2012")
data("scoredItem2012dict")

#Make dataset of Japan
JPN2012x <- scoredItem2012[scoredItem2012$CNT=="Japan",]
rm("scoredItem2012")
```

関数「data()」でデータ「scoredItem2012」を読み込み、そこから日本のデ
ータのみを取り出し、「JPN2012x」としている。そして、不要になったデータ
は関数「rm()」で消去している。データ「JPN2012x」を見ると、1 つの行が 1
人の生徒に、列が ID や調査問題に対応している。独自の能力調査で項目反応理
論を使う場合、解答データは、この 1 人 1 行、1 問 1 列の形式で保存しておく必
要がある。データ「scoredItem2012dict」は、データ「scoredItem2012」に含
まれている内容（調査問題等）の一覧であり、9 行目から 116 行目までが
「MATH」と記されている。これに対応する列が数学的リテラシーの解答デー
タである。データがどのようになっているのかを確認するため、次のスクリプ
トで示す関数「summary()」を使って問題ごとの採点結果を集計する。

```
#Summary Math item
summary(JPN2012x[,9:116])
```

コンソールペインに表示された集計結果の最初と最後の一部を以下に示す。

```
> summary(JPN2012x[,9:116])
```

4　能力測定における項目反応理論の利用　187

```
        PM00FQ01              PM00GQ01              PM00KQ02              PM033Q01
 Score 0    : 921     Score 0    :1504     Score 0    :1659     Score 0    : 271
 Score 1    : 983     Score 1    : 417     Score 1    : 219     Score 1    :1686
 N/A        :4428     N/A        :4416     N/A        :4412     N/A        :4386
 Not reached:  19     Not reached:  14     Not reached:  61     Not reached:   8


        PM034Q01T             PM155Q01              PM155Q02D             PM155Q03D
 Score 0    : 807     Score 0    : 409     Score 0    : 584     Score 0    :1284
 Score 1    :1124     Score 1    :1546     Score 1    : 230     Score 1    : 272
 N/A        :4386     N/A        :4386     Score 2    :1142     Score 2    : 399
 Not reached:  34     Not reached:  10     N/A        :4386     N/A        :4386
                                           Not reached:   9     Not reached:  10
            ⋮
        ［中略］
            ⋮
        PM991Q02D             PM992Q01              PM992Q02              PM992Q03
 Score 0    :   0     Score 0    : 220     Score 0    :1094     Score 0    :1582
 Score 1    :   0     Score 1    :1709     Score 1    : 832     Score 1    : 340
 Score 2    :   0     N/A        :4412     N/A        :4412     N/A        :4412
 N/A        :6351     Not reached:  10     Not reached:  13     Not reached:  17
 Not reached:   0
        PM995Q01              PM995Q02              PM995Q03              PM998Q02
 Score 0    : 502     Score 0    :1760     Score 0    : 893     Score 0    : 282
 Score 1    :1407     Score 1    : 147     Score 1    :1013     Score 1    :1633
 N/A        :4428     N/A        :4428     N/A        :4428     N/A        :4416
 Not reached:  14     Not reached:  16     Not reached:  17     Not reached:  20
```

　「PM155Q02D」と「PM155Q03D」は、「Score 2」が完全正答、「Score 1」
が準正答、「Score 0」が誤答となっており、「Score 2」が無い場合は「Score 1」
が正答、「Score 0」が誤答となっている。「N/A」は、「非該当」を意味し、右に
示された人数はこの問題が出題されていない生徒の数を表している。「Not
reached」は、他の問題に時間がかかって、この問題を解くところまでたどり着
けなかったことを意味する。「Not reached」を誤答とするのか、それとも非該
当とするのかは「推定したい内容」や「調査の状況（生徒が問題を解いた時の
状況）」などを考慮して決める必要がある。PISA2012年調査では非該当として
扱われているため（OECD 2014b: 156, 233）、本書でもそのように扱う。それから、

「PM991Q02D」のように、全生徒が「N/A」になっている問題もある。実は
PISA2012 年調査の数学的リテラシーでは、スタンダード冊子（Standard Booklet、
標準的な難易度の問題群）を使う国・地域と、イージアー冊子（Easier Booklet、
比較的易しい問題群）を使う国・地域とに分かれていた。日本は前者を使った
ため、後者でのみ出題された問題に対して、全生徒が非該当となっている。

今のところデータ「JPN2012x」の値は、文字情報になっている。本書で用
いる項目反応理論用のパッケージでは、これを数値情報に変換しておく必要が
ある。また、同時最尤推定法を用いる際、数学的リテラシーの問題に 1 問も解
答していない生徒、イージアー冊子にのみ出題されたため全生徒が非該当と
なっている問題は取り除く必要がある。以下は、誤答を 0、正答（準正答）を 1、
完全正答を 2、非該当を欠損値（R では「NA」とする）に変換し、解答の無い問
題と生徒を除外して、データ「JPN2012j」を作成するスクリプトである。

```
#Make dataset for JML
JPN2012m <- as.data.frame(lapply(JPN2012x[,9:116],as.character),
    stringsAsFactors=FALSE)

JPN2012m[JPN2012m=="Score 0"] <- 0
JPN2012m[JPN2012m=="Score 1"] <- 1
JPN2012m[JPN2012m=="Score 2"] <- 2
JPN2012m[JPN2012m=="N/A"|JPN2012m=="Not reached"] <- NA

JPN2012m <- as.data.frame(lapply(JPN2012m,as.numeric),
                          stringsAsFactors=FALSE)

#delete all.na item
all.na <- apply(JPN2012m, 2, function(x){all(is.na(x))})
JPN2012m <- JPN2012m[,!all.na]

#delete all.na student
all.na <- apply(JPN2012m, 1, function(x){all(is.na(x))})
JPN2012j <- JPN2012m[!all.na,]
```

スクリプト 4-2　同時最尤推定法を用いた「問題の難易度」の推定

本書では、項目反応モデルと後述する母集団モデルをデータに当てはめる際、

Rのパッケージ「TAM」（Robitzsch et al. 2017）を使用する。このパッケージは、PISA2012 年調査まで採用されていた「混合効果多項ロジットモデル」を用いることができ、PISA 調査の「生徒の得点」である「Plausible Value (PV)」も算出することが可能になっている。実際の PISA 調査では、このモデルを使用するためにオーストラリア教育研究所（ACER）が開発したソフトウェア「Conquest」（Wu et al. 1997）を用いているが（2012 年調査まで）、このソフトウェアの開発者がパッケージ「TAM」の開発にも関わっており、同様の計算が可能である。パッケージのインストールと、データ「JPN2012j」にラッシュモデル（部分採点モデル）を当てはめた時の同時最尤推定は、次のスクリプトで行うことができる。

```
#Install packages
install.packages("TAM")

# Load library
library(TAM)

#JML
mod0 <- tam.jml(JPN2012j)
```

関数「tam.jml()」を使って、指定したデータに対する同時最尤推定を行い、その計算結果を「mod0」に保存している。関数「tam.jml()」のマニュアルを見ると、様々な設定が可能であるが、ここではそれらを変更せず、データの指定のみとしている。データの値が「0、1」の時はラッシュモデル、「0、1、2」（もしくは 2 以上）の時は部分採点モデルが使われている（先述した PISA 調査の項目反応モデルが使われている）。「問題の難易度」と「生徒の能力」の最尤推定値は、次のスクリプトで見ることができる。なお、コンソールペインに表示される内容が多いため、任意の変数に格納してから見た方がよいかもしれない。

```
summary(mod0)      #item difficulty
mod0$theta         #student ability
```

関数「summary()」を使って「mod0」を開くことで、「問題の難易度」の最

尤推定値である「xsi（ξ）」とその標準誤差である「se.xsi」を見ることができる。また「mod0」に含まれる要素「theta」には「生徒の能力」の推定値が保存されており、「mod0$theta」で見ることができる。以下は、コントロールペインに表示された「問題の難易度」の最尤推定値である。

```
Number of iterations = 21

Deviance =  146268.4  | Log Likelihood =  -73134.18
Number of persons =  6303
Number of items =  83

Item Parameters Xsi
        xsi.label xsi.index    xsi se.xsi
1    PM00FQ01_Cat1        1  -0.007  0.054
2    PM00GQ01_Cat1        2   1.783  0.063
3    PM00KQ02_Cat1        3   2.602  0.079
4    PM033Q01_Cat1        4  -2.279  0.073
5   PM034Q01T_Cat1        5  -0.369  0.053
6    PM155Q01_Cat1        6  -1.655  0.063
7   PM155Q02D_Cat1        7   0.262  0.064
8   PM155Q02D_Cat2        8  -1.339  0.059

[以下省略]
```

「PM155Q02D」には「Cat1」だけでなく「Cat2」の値が計算されており、前者が準正答、後者が完全正答を表している。完全正答よりも準正答の値が高いが、これは第 2 節の「(4) 部分採点モデル」で取り上げた「準正答の確率が一番高くなることがない」場合である。

　同時最尤推定法は、導関数の式の数を見ればわかるように、問題数が増えるほど、また解答した生徒が増えるほど、計算しなければならない値が多くなり、推定することが難しくなるという欠点がある。この傾向は 2PL モデルや 3PL モデルで顕著であり、本書で紹介した R のパッケージ「TAM」でもラッシュモデルにしか使うことができない。**PISA 調査のように標本サイ**

4 能力測定における項目反応理論の利用　191

ズが大規模な能力調査では、同時最尤推定法は使われていない。本書でこ
れを取り上げたのも、推定の基本をわかりやすく説明するためである。実際
に使用されているのは、次に示す方法である。

（2）周辺最尤推定法

　同時最尤推定法では、問題数が増えるほど、解答した生徒が増えるほど、
推定が難しくなるが、ここで特に問題なのは、生徒が増える場合である。
第2章の最初で説明した「顕在的な値（観察できる値）」では、標本サイズが
大きくなる（生徒の数が増える）ほど、推定値の精度が高くなる（標準誤差が
小さくなる）という特徴があったが、同時最尤推定法ではこの特徴が成り立
たない。そこで、調査に参加した「個々人はある母集団から抽出された」
と仮定し（Adams et al. 1977: 48）、この母集団の能力分布に関する仮説ないし
仮定を表す「母集団モデル（Population Model）」を項目反応モデルの「生徒
の能力」部分に組み込むという方法が取られている。では何故、「母集団モ
デル」を組み込むと同時最尤推定法の欠点が克服できるのであろうか。
　ここで極端に単純化した例として、母集団が能力「-1」の生徒50%と能力
「1」の生徒 50%からなると仮定する。同時最尤推定法の説明で、ある生徒
n の全問題（i = 1,2, ..., I）に対する反応（$x_{1n}, x_{2n}, ..., x_{In}$）をベクトル$\mathbf{X}_n$とし、
それが現れる確率を次のように示した。

$$P(\mathbf{X}_n|\theta_n, \boldsymbol{\xi}) = \prod_{i=1}^{I} P(x_{in}|\theta_n, \xi_i)$$

　この式に母集団に関する情報を組み込む。ある生徒 n は母集団から無作為
に選ばれたと仮定した時、反応ベクトル$\mathbf{X}_n$が現れる確率は次のようになる。

$$P(\mathbf{X}_n|\boldsymbol{\xi}) = P(\mathbf{X}_n|-1, \boldsymbol{\xi}) \times 0.5 + P(\mathbf{X}_n|1, \boldsymbol{\xi}) \times 0.5$$

「生徒の能力」には 2 つの場合があり、それぞれの確率にそれぞれの割合

（この例ではどちらも 0.5）をかけて足し合わせた値（この場合はどちらも 0.5 が重みとなっている）が、この母集団から無作為に抽出された生徒に反応ベクトル$\mathbf{X_n}$が現れる確率になる。θ_nという条件は考慮する必要がなくなるため、反応ベクトル$\mathbf{X_n}$が現れる確率を「$P(\mathbf{X_n}|\xi)$」と表している。

　ここでより一般的にするため、母集団が $\mathbf{J}$ 個の集団（集団内の生徒の能力が等しい）から構成されており、各集団の能力がそれぞれ「$\theta_1, \theta_2,..., \theta_J$」であると仮定する（この時の$\theta_j$は、生徒個人ではなく集団を意味する）。母集団における各集団の割合を「$f(\theta_j)$」と表すことができるとすると（この割合が平均を求めるための重みになる）、反応ベクトル$\mathbf{X_n}$が現れる確率は次のようになる。

$$P(\mathbf{X_n}|\xi) = P(\mathbf{X_n}|\theta_1, \xi) \cdot f(\theta_1) + P(\mathbf{X_n}|\theta_2, \xi) \cdot f(\theta_2) + \cdots + P(\mathbf{X_n}|\theta_J, \xi) \cdot f(\theta_J)$$
$$= \sum_{j=1}^{J} \{P(\mathbf{X_n}|\theta_j, \xi) \cdot f(\theta_j)\}$$

　もちろん集団の割合や能力が予めわかっていることはあり得ないが、能力調査では通常、母集団に属する生徒の能力が「正規分布」ないし「標準正規分布」に従うという仮説（モデル）を取ることが多い。母集団に属する「生徒の能力θ」が「正規分布」（平均μ、分散σ^2）に従うとすると、その能力が現れる確率「$f(\theta|\mu, \sigma^2)$」は、次のように表すことができる。

$$f(\theta|\mu, \sigma^2) = \frac{1}{\sqrt{2\pi\sigma^2}} exp\left\{\frac{-(\theta - \mu)^2}{2\sigma^2}\right\}$$

　「生徒の能力θ」は、$-\infty$から∞まで連続的な値を取る連続変数であるから、反応ベクトル$\mathbf{X_n}$が現れる確率は次のように積分を用いて表すことになる。これは、先ほどの「Σ」を使った式と同じように、「能力が現れる確率 f」（その能力を持つ生徒の割合であり、平均を求めるための重み）と「その能力で反応ベクトルが現れる確率 P」をかけ合わせものを、すべての能力（$-\infty$から∞）で足し合わせることを意味する。

$$P(\mathbf{X}_n|\boldsymbol{\xi}, \mu, \sigma^2) = \int_{-\infty}^{\infty} P(\mathbf{X}_n|\theta, \boldsymbol{\xi}) \cdot f(\theta|\mu, \sigma^2)\, d\theta$$

そして、全生徒（n=1,2,…,N）の全問題に対する反応（$\mathbf{X}_1, \mathbf{X}_2, …, \mathbf{X}_N$）を行列$\mathbf{X}$（調査で得られる採点された解答データ）とすると、尤度関数は次のようになる。

$$L(\boldsymbol{\xi}, \mu, \sigma^2|\mathbf{X}) = \prod_{n=1}^{N} P(\mathbf{X}_n|\boldsymbol{\xi}, \mu, \sigma^2) = \prod_{n=1}^{N} \int_{-\infty}^{\infty} P(\mathbf{X}_n|\theta, \boldsymbol{\xi}) \cdot f(\theta|\mu, \sigma^2)\, d\theta$$

　同時最尤推定法では、生徒数 N と項目パラメータ数（問題数 I×パラメータ数）の数だけ推定しなければならない値があったが（ラッシュモデルでは N+I-2 個）、上の式では項目パラメータ数と「生徒の能力」の平均、分散を推定するだけになっている（ラッシュモデルでは I+2 個）。**同時最尤推定法で用いられていた尤度関数（その分布は「同時分布」）から、積分によって「生徒の能力」をまとめ、消去したものを「周辺分布」と呼び、この時の尤度関数を周辺尤度関数（Marginal Likelihood Function）、これを最大にする値を推定値とする方法を「周辺最尤推定法（Marginal Maximum Likelihood Estimation）」と呼ぶ（Bock and Aitken 1984: 444）。**

　Bock と Lieberman（1970）が周辺最尤推定法を考えた当初（そこでは「無条件最尤推定法、Unconditional Maximum Likelihood Estimation」と呼んでいた）、同時最尤推定法と同様に、周辺尤度関数を対数変換し、それを求めたい値で偏微分して、すべての導関数が「0」になる値をニュートン・ラフソン法で求めるという方法が取られていた。ただし尤度関数には積分が含まれるため、その積分の計算にガウス・エルミート求積法（Gauss-Hermite Quadrature）が用いられた（Bock and Lieberman 1970: 184）。

　求積法とは、連続する値（生徒の能力「θ」）をノード（node、求積点）と呼ばれるいくつかの点で区切り、このノードに対応する尤度に、このノードに対応した重み（求積法の種類や能力の分布「$f(\theta|\mu, \sigma^2)$」、ノードの数によって、ノ

ードの値や重みの値は決まってくる）をかけることで、積分を近似的に求める方法である。ノードを等間隔に決めるという方法もあるが、ガウス・エルミート求積法では、積分を求める関数に合わせて間隔が決まり、少ないノードで効率的に計算することができる。ノードの数については、Bock と Lieberman (1970: 183) は 40 個、PISA 調査のモデルを用いた Adams ら (1997a: 10) は 10 個で計算しており、村木（2011: 75）は-4 から 4 までの間で 40 個ぐらい、Thissen (1982: 179) は-5 から 5 までの間で 11 個ぐらいが適切としている（ノード数については、第 5 章第 1 節の「（3) PV の限界と「条件付け」」でも議論する）。生徒の能力「θ」を区切って Q 個のノード「θ_q^*」（q=1,2,...,Q、* は観測値でないことを意味する）を作り、各ノードの重みを「W_q」とすると、積分の値は次のように近似することができる。

$$\int_{-\infty}^{\infty} P(\mathbf{X}_n|\theta,\boldsymbol{\xi}) \cdot f(\theta|\mu,\sigma^2) \, d\theta$$

$$\approx P(\mathbf{X}_n|\theta_1^*,\boldsymbol{\xi}) \cdot W_1 + P(\mathbf{X}_n|\theta_2^*,\boldsymbol{\xi}) \cdot W_2 + \cdots + P(\mathbf{X}_n|\theta_Q^*,\boldsymbol{\xi}) \cdot W_Q = \sum_{q=1}^{Q} \left\{ P(\mathbf{X}_n|\theta_q^*,\boldsymbol{\xi}) \cdot W_q \right\}$$

これによって周辺尤度関数とその対数尤度関数は次のようになる。

$$L(\boldsymbol{\xi},\mu,\sigma|\mathbf{X}) = \prod_{n=1}^{N} \sum_{q=1}^{Q} \left\{ P(\mathbf{X}_n|\theta_q^*,\boldsymbol{\xi}) \cdot W_q \right\}$$

$$\ln L(\boldsymbol{\xi},\mu,\sigma|\mathbf{X}) = \sum_{n=1}^{N} \sum_{q=1}^{Q} \ln\left\{ P(\mathbf{X}_n|\theta_q^*,\boldsymbol{\xi}) \cdot W_q \right\}$$

$$= \sum_{n=1}^{N} \sum_{q=1}^{Q} \left(\ln \prod_{i=1}^{I} \left[P_i(\theta_q^*)^{x_{in}} \cdot \left\{ 1 - P_i(\theta_q^*) \right\}^{1-x_{in}} \right] + \ln W_q \right)$$

$$= \sum_{n=1}^{N} \sum_{q=1}^{Q} \sum_{i=1}^{I} \ln\left(\left[P_i(\theta_q^*)^{x_{in}} \cdot \left\{ 1 - P_i(\theta_q^*) \right\}^{1-x_{in}} \right] \right) + \sum_{n=1}^{N} \sum_{q=1}^{Q} \ln W_q$$

$$= \sum_{n=1}^{N} \sum_{q=1}^{Q} \sum_{i=1}^{I} \left[x_{in} \cdot \ln P_i(\theta_q^*) + (1 - x_{in}) \cdot \ln\left\{ 1 - P_i(\theta_q^*) \right\} \right] + \sum_{n=1}^{N} \sum_{q=1}^{q} \ln W_q$$

Bock と Lieberman は、問題数があまり多くなければ、この周辺尤度関数の最尤推定値は計算可能であると述べている（Bock and Lieberman 1970: 195）。ただし、問題数や項目パラメータが多くなると連立方程式の数（ラッシュモデルでは I+2 個）もそれだけ多くなり、計算が極めて困難になることが指摘されている（Bock and Aitkin 1981: 446; 村木 2011: 74-5）。そのため Bock と Aitkin (1981) は、すべての問題の項目パラメータが含まれた周辺尤度関数を最大化する方法ではなく、Dempster ら（1977）が提唱した「EM アルゴリズム（EM Algorithm)」を用いる方法を提案している。この EM アルゴリズムを使った周辺最尤推定法は、項目反応理論に関する標準的なプログラムや（村木 2011: 77)、PISA 調査の「混合効果多項ロジットモデル」においても使用されている（Adams and Wu 2007: 66）。

周辺最尤推定法と EM アルゴリズムについては、前述の Bock と Aitkin (1981) の論文や、村木（2011: 71-9)、豊田（2005: 27-36)、加藤ら（2014: 176-197) に詳しい説明がある。ここでは、Thissen（1982）に基づいて、周辺最尤推定法における EM アルゴリズムの利用法を解説する。

本節のはじめで示したが、ある 1 人の生徒について、この生徒の反応ベクトル（採点された解答データ）と解答した問題の項目パラメータ（ラッシュモデルでは「問題の難易度」）がわかれば、この生徒の能力を推定する尤度関数を作ることができた。逆に、ある 1 つの問題について、ある生徒の能力と反応ベクトルがわかっており、さらに別の生徒の能力と反応ベクトルがわかっていれば、この問題の項目パラメータを推定する尤度関数を作ることができる。この方法では問題ごとに推定が行われるので、問題数が増えても、同時に扱わなければならない連立方程式の数は増えない。しかし、「生徒の能力」は潜在的なものであり、項目パラメータがわからなければ知ることはできない。そこで、1) 適当な値（極端に言えばすべて「0」でもよい）を全問題の項目パラメータの暫定値とし、それと反応ベクトル（調査データであり、顕在的な値）で全生徒の能力の暫定的な「期待値」を推定して、各問題の項目パラメータを推定する尤度関数を作成し、2) 次にそれを使って各問題の項目パラメータを問題ごとに「最尤推定」する。そして、この最尤推定値を全問題の項目

パラメータの暫定値として再度、能力の「期待値」を求め、「最尤推定」を行う作業を項目パラメータの推定値が変化しなくなるまで繰り返すという方法が考えられた。尤度関数に必要な「期待値」を求める過程 1) を「E ステップ（Expectation Step）」、「最尤推定」を行う過程 2) を「M ステップ（Maximization Step）」と呼び、この EM サイクルを通じて最尤推定値を得る方法が EM アルゴリズムである。何故 EM サイクルで最尤推定値に近づけるのかという点については、越智（2008: 111-6）に詳しい説明がある。

　ただし、Bock と Aitkin による EM アルゴリズムを使った周辺最尤推定法は、今説明した単純な EM アルゴリズムとは異なっている（Bock and Aitkin 1981: 448）。一般的な EM アルゴリズムは次のように表すことができる。

$$\{\xi, \mu, \sigma^2\}_{new} = ML(\xi, \mu, \sigma^2 | E[\theta | \{\xi, \mu, \sigma^2\}_{old}, X])$$

　暫定的な項目パラメータと生徒の能力分布に関するパラメータの暫定値である「$\{\xi, \mu, \sigma^2\}_{old}$」と反応行列「$X$」から生徒の能力「$\theta$」の期待値（E で表している）を求め、そこから「$\xi, \mu, \sigma$」を最尤推定（ML で表している）して、次の EM サイクルの暫定値「$\{\xi, \mu, \sigma^2\}_{new}$」としている。これに対して、Thissen（1982: 181）によれば、Bock と Aitkin による EM アルゴリズムを使った周辺最尤推定法は次のように表現される（ここでの説明に合わせて、Thissen の式を少しだけ変更している）。

$$\{\xi, \mu, \sigma^2\}_{new} = ML(\xi, \mu, \sigma^2 | E[r_{qi1}^*, r_{qi0}^* | \{\xi, \mu, \sigma^2\}_{old}, X])$$

　違いは「θ」が「r_{qi1}^*, r_{qi0}^*」に入れ替わっている点である。「r_{qi1}^*」は、能力が等しい生徒集団 q（この架空の集団の能力は「θ_q^*」で表す、後述するが「能力が等しい生徒集団」とは求積法のノードを意味する）で、問題 i に正答（$x_i = 1$）した生徒数の期待値を意味し、「r_{qi0}^*」は、誤答（$x_i = 0$）した生徒数の期待値である。Bock と Aitkin の方法では、まず項目パラメータと能力分布のパラメータの暫定値、求積法を用いるためのノード（「能力が等しい生徒集団」の

能力値) を設定し、E ステップでは、パラメータの暫定値と実際の反応ベクトルから、それぞれの問題ごとに「ノードごとの正答者数と誤答者数」の期待値を求め、その期待値を使って項目パラメータを推定する尤度関数を作り、M ステップでは、その尤度関数を最大にする項目パラメータの値 (最尤推定値) を問題ごとに求める。全問題に対する項目パラメータの推定値と分布のパラメータの推定値が得られたら E ステップに戻り、この EM サイクルを繰り返すことで、項目パラメータと分布のパラメータの推定値に変化が見られなくなったら、その値を最尤推定値とする。Thissen (1982: 181) によれば、この方法は、一般的な EM アルゴリズムに比べて、少ないサイクルで最尤推定値に達することができる。

では、暫定的なパラメータをどのように期待値に反映させ、その期待値からどのように尤度関数を作り、最尤推定値を求めているのであろうか。それには「ベイズの定理」が利用されている。

ベイズの定理では、事象 A と事象 B があり、A が起こる確率を「$P(A)$」、B が起こる確率を「$P(B)$」、A が起こった時に B が起こる確率を「$P(B|A)$」とした時、B が起こった時に A が起こる確率「$P(A|B)$」を次のように表す。

$$P(A|B) = \frac{P(B|A) \cdot P(A)}{P(B)}$$

この定理を用いて、生徒の能力に関係なく反応ベクトル「$\mathbf{X}_n$」が起こる確率「$P(\mathbf{X}_n|\xi, \mu, \sigma^2)$」を「$P(B)$」と入れ替え、ある生徒の能力が「$\theta_n$」である確率「$f(\theta_n|\mu, \sigma)$」を「$P(A)$」 (「$\theta_n$」の事前分布と呼ばれ、「$\theta_n$」の値が変わればこの確率も変わる) と入れ替え、ある生徒の能力が「θ_n」の時にその生徒の解答である反応ベクトル「$\mathbf{X}_n$」が起こる確率「$P(\mathbf{X}_n|\theta, \xi)$」を「$P(B|A)$」 (これは尤度関数「$L(\theta, \xi|\mathbf{X}_n)$」である) と入れ替えたとき、反応ベクトル「$\mathbf{X}_n$」が起こった時に生徒の能力が「$\theta_n$」である確率 (ここでは「h」と表すが、事後分布と呼ばれる) は、次のように表すことができる。

$$h(\theta_n|\mathbf{X}_n, \boldsymbol{\xi}, \mu, \sigma^2) = \frac{P(\mathbf{X}_n|\theta_n, \boldsymbol{\xi}) \cdot f(\theta_n|\mu, \sigma^2)}{P(\mathbf{X}_n|\boldsymbol{\xi}, \mu, \sigma^2)} = \frac{P(\mathbf{X}_n|\theta_n, \boldsymbol{\xi}) \cdot f(\theta_n|\mu, \sigma^2)}{\int_{-\infty}^{\infty} P(\mathbf{X}_n|\theta_n, \boldsymbol{\xi}) \cdot f(\theta_n|\mu, \sigma^2) \, d\theta_n}$$

ここで、暫定的な項目パラメータを「$\boldsymbol{\xi}^{(t)}$」（(t)は暫定値、ステップを繰り返す時、前のMステップで求められた最尤推定値がこの値となる）、能力の分布のパラメータを「$\mu^{(t)}$」と「$\sigma^{(t)}$」とすると、反応ベクトル「$\mathbf{X}_n$」が起こった時にある生徒の能力が「θ_n」である確率（事後分布）は、次のように表される。

$$h(\theta_n|\mathbf{X}_n, \boldsymbol{\xi}^{(t)}, \mu^{(t)}, \sigma^{2(t)}) = \frac{P(\mathbf{X}_n|\theta_n, \boldsymbol{\xi}^{(t)}) \cdot f(\theta_n|\mu^{(t)}, \sigma^{2(t)})}{\int_{-\infty}^{\infty} P(\mathbf{X}_n|\theta_n, \boldsymbol{\xi}^{(t)}) \cdot f(\theta_n|\mu^{(t)}, \sigma^{2(t)}) \, d\theta_n}$$

ある生徒の能力「θ_n」と反応ベクトル「$\mathbf{X}_n$」がわかっている場合の項目パラメータ「$\boldsymbol{\xi}$」と分布のパラメータ「μ, σ^2」の尤度関数は次のとおりである（求めたいパラメータは、任意の値とは別のものであり、(t)を付けない）。

$$L(\boldsymbol{\xi}, \mu, \sigma^2|\mathbf{X}_n, \theta_n) = P(\mathbf{X}_n, \theta_n|\boldsymbol{\xi}, \mu, \sigma^2)$$

この尤度関数で「θ_n」は$-\infty$から∞までの値を連続して取るが、それぞれの「θ_n」が発生する確率「$h(\theta_n|\mathbf{X}_n, \boldsymbol{\xi}^{(t)}, \mu^{(t)}, \sigma^{2(t)})$」が先の式でわかっているため、この確率を重みとして、この尤度関数の「θ_n」に関する期待値（つまり平均値）を次のように求めることができる。

$$E[P(\mathbf{X}_n, \theta_n|\boldsymbol{\xi}, \mu, \sigma^2)] = \int_{-\infty}^{\infty} P(\mathbf{X}_n, \theta_n|\boldsymbol{\xi}, \mu, \sigma^2) \cdot h(\theta_n|\mathbf{X}_n, \boldsymbol{\xi}^{(t)}, \mu^{(t)}, \sigma^{2(t)}) \, d\theta_n$$

この尤度関数から、すべての生徒の反応行列「$\mathbf{X}$」（調査で得られる採点された解答データ）に基づく尤度関数とその対数尤度関数は、次のようになる。

$$E[L(\boldsymbol{\xi},\mu,\sigma^2|\mathbf{X})] = E[P(\mathbf{X_n},\theta_n|\boldsymbol{\xi},\mu,\sigma^2)]$$

$$= \int_{-\infty}^{\infty} \prod_{n=1}^{N} \{P(\mathbf{X_n},\theta_n|\boldsymbol{\xi},\mu,\sigma^2)\} \cdot h\big(\theta_n|\mathbf{X_n},\boldsymbol{\xi}^{(t)},\mu^{(t)},\sigma^{2(t)}\big)\,d\theta_n$$

$$E[\ln L(\boldsymbol{\xi},\mu,\sigma^2|\mathbf{X})] = \int_{-\infty}^{\infty} \ln\left[\prod_{n=1}^{N}\{P(\mathbf{X_n},\theta_n|\boldsymbol{\xi},\mu,\sigma^2)\}\right] \cdot h\big(\theta_n|\mathbf{X_n},\boldsymbol{\xi}^{(t)},\mu^{(t)},\sigma^{2(t)}\big)d\theta_n$$

$$= \sum_{n=1}^{N} \int_{-\infty}^{\infty} \ln\{P(\mathbf{X_n},\theta_n|\boldsymbol{\xi},\mu,\sigma^2)\} \cdot h\big(\theta_n|\mathbf{X_n},\boldsymbol{\xi}^{(t)},\mu^{(t)},\sigma^{2(t)}\big)\,d\theta_n$$

　事後分布にも、尤度関数にも積分が含まれているが、これらを求積法で次のように変換する（事後分布の分母の計算は尤度関数全体とは独立しているため、添え字を q から p に変えている）。なお、ここでの式の展開は、加藤ら（2014: 179-180）を参考にしている。以下の説明は、1PL モデル、2PL モデル、3PL モデルに対応しているが、PISA 調査の項目反応モデルの場合は、Adams と Wu（2007: 65-8）や Adams ら（1997a: 4-8）に詳細な説明がある。

$$h\big(\theta_q^*|\mathbf{X_n},\boldsymbol{\xi}^{(t)},\mu^{(t)},\sigma^{2(t)}\big) \approx H_{nq} = \frac{P\big(\mathbf{X_n}|\theta_q^*,\boldsymbol{\xi}^{(t)}\big) \cdot W_q}{\sum_{p=1}^{Q}\{P\big(\mathbf{X_n}|\theta_p^*,\boldsymbol{\xi}^{(t)}\big) \cdot W_p\}}$$

$$E[\ln L(\boldsymbol{\xi},\mu,\sigma^2|\mathbf{X})] \approx \sum_{n=1}^{N}\sum_{q=1}^{Q}\big[\ln\{P(\mathbf{X_n},\theta_q^*|\boldsymbol{\xi},\mu,\sigma^2)\} \cdot H_{nq}\big]$$

$$= \sum_{n=1}^{N}\sum_{q=1}^{Q}\left\{\ln\left(\prod_{i=1}^{I}\left[P_i\big(\theta_q^*\big)^{x_{in}} \cdot \big\{1-P_i\big(\theta_q^*\big)\big\}^{1-x_{in}}\right] \cdot W_q\right) \cdot H_{nq}\right\}$$

$$= \sum_{n=1}^{N}\sum_{q=1}^{Q}\sum_{i=1}^{I}\ln\left(\left[P_i\big(\theta_q^*\big)^{x_{in}} \cdot \big\{1-P_i\big(\theta_q^*\big)\big\}^{1-x_{in}}\right]\right) \cdot H_{nq} + \sum_{n=1}^{N}\sum_{q=1}^{Q}(\ln W_q) \cdot H_{nq}$$

$$= \sum_{n=1}^{N}\sum_{q=1}^{Q}\sum_{i=1}^{I}\big[x_{in} \cdot \ln P_i\big(\theta_q^*\big) + (1-x_{in}) \cdot \ln\big\{1-P_i\big(\theta_q^*\big)\big\}\big] \cdot H_{nq} + \sum_{n=1}^{N}\sum_{q=1}^{Q}(\ln W_q) \cdot H_{nq}$$

$$= \sum_{i=1}^{I}\sum_{q=1}^{Q}\sum_{n=1}^{N}\big[x_{in} \cdot \ln P_i\big(\theta_q^*\big) + (1-x_{in}) \cdot \ln\big\{1-P_i\big(\theta_q^*\big)\big\}\big] \cdot H_{nq} + \sum_{n=1}^{N}\sum_{q=1}^{Q}(\ln W_q) \cdot H_{nq}$$

$$= \sum_{i=1}^{I} \sum_{q=1}^{Q} \left[\left(\sum_{n=1}^{N} x_{in} \cdot H_{nq} \right) \cdot \ln P_i\left(\theta_q^*\right) + \left(\sum_{n=1}^{N} H_{nq} - \sum_{n=1}^{N} x_{in} \cdot H_{nq} \right) \cdot \ln\{1 - P_i\left(\theta_q^*\right)\} \right]$$

$$+ \sum_{n=1}^{N} \sum_{q=1}^{Q} (\ln W_q) \cdot H_{nq}$$

$$= \sum_{i=1}^{I} \sum_{q=1}^{Q} \left[r_{qi1}^* \cdot \ln P_i\left(\theta_q^*\right) + r_{qi0}^* \cdot \ln\{1 - P_i\left(\theta_q^*\right)\} \right] + \sum_{n=1}^{N} \sum_{q=1}^{Q} (\ln W_q) \cdot H_{nq}$$

事後分布である「H_{nq}」を全生徒分足し合わせると、ノード q、つまり能力が「θ_q^*」の生徒集団の生徒数の期待値となり、「$x_{in} \cdot H_{nq}$」を全生徒分足し合わせると、能力が「θ_q^*」の生徒集団の問題 i に正答した生徒数の期待値「r_{qi1}^*」となる。そして前者から後者を引いた値は、能力が「θ_q^*」の生徒集団の問題 i に誤答した生徒数の期待値「r_{qi0}^*」になる。最尤推定される項目パラメータは「$P_i\left(\theta_q^*\right)$」にのみ含まれており（この中のパラメータは先の暫定値ではない）、「W_q」を含む部分は、求積法の重みだけなので、パラメータの最尤推定に関係しない。つまり、E ステップは、「r_{qi1}^*」と「r_{qi0}^*」を求め、以下の項目パラメータを推定するための対数尤度関数を作ることとなる。

$$E[\ln L(\xi, \mu, \sigma^2 | \mathbf{X})] \approx \sum_{i=1}^{I} \sum_{q=1}^{Q} \left[r_{qi1}^* \cdot \ln P_i\left(\theta_q^*\right) + r_{qi0}^* \cdot \ln\{1 - P_i\left(\theta_q^*\right)\} \right]$$

そして M ステップでは、この対数尤度関数を各項目パラメータで微分し、その導関数が 0 になる項目パラメータの値が最尤推定値となる。ラッシュモデルの場合、「問題の難易度」で微分した時の導関数は、次のようになる (Thissen 1982: 180)。

$$\frac{\partial E[\ln L(\xi, \mu, \sigma^2 | \mathbf{X})]}{\partial \theta_i} = \sum_{q=1}^{Q} \left[r_{qi0}^* \cdot P_i\left(\theta_q^*\right) - r_{qi1}^* \cdot \{1 - P_i\left(\theta_q^*\right)\} \right] = 0$$

この導関数を見ると、項目パラメータが含まれているのは「$P_i(\theta_q^*)$」の部分だけであり、しかもこの中には問題 i に関する項目パラメータしか含まれていないため、問題ごとに項目パラメータを推定することができる（2PL モデル、3PL モデルでも同様）。導関数が 0 になる項目パラメータの値を推定するには、同時最尤推定法と同様、ニュートン・ラフソン法などが用いられる。

なお、能力分布の平均「μ」と分散「σ^2」の推定値については、次のように求めることができる（事前分布を平均 0、分散 1 の標準正規分布と見なして、推定しないこともある）。

$$\mu = \frac{1}{N} \sum_{n=1}^{N} \sum_{q=1}^{Q} \theta_q^* \cdot H_{nq}$$

$$\sigma^2 = \frac{1}{N} \sum_{n=1}^{N} \sum_{q=1}^{Q} \left(\theta_q^* - \mu\right)^2 \cdot H_{nq}$$

スクリプト 4-3　周辺最尤推定法を用いた「問題の難易度」の推定

統計ソフト「R」を使って、周辺最尤推定法を行う手順を説明する。R で同時最尤推定法を行う際に作成したデータ「JPN2012m」を使用する（データ「JPN2012x」から解答の無い問題を除外したデータ）。R のパッケージ「TAM」がすでに使用できる状態になっていれば、次のスクリプトでラッシュモデルに基づく「問題の難易度」の周辺最尤推定が実行できる。

```
#MML
mod1 <- tam.mml(JPN2012m)
```

関数「tam.mml()」を使って、指定したデータに対する「問題の難易度」の最尤推定を行い、その計算結果を「mod1」に保存している。関数「tam.mml()」のマニュアルにあるが（Robitzsch et al. 2017: 113）、積分の計算にはガウス求積（等間隔のノード）か疑似モンテカルロ積分（特に多次元項目反応モデルで使用）が使用でき、設定を変えなければ前者が使用される（-6 から 6 までの間で 21 個

のノードとなっている）。PISA 調査でのソフトウェア「Conquest」（Wu et al.
1997）ではガウス・エルミート求積法が用いられていたが、R のパッケージ
「TAM」では使用できない。ただし、関数「tam.jml()」と同様、PISA 調査の
項目反応モデルが使われており、データの値が「0、1」の時はラッシュモデル、
「0、1、2」（もしくは2以上）の時は部分採点モデルが使用される。「問題の難
易度」の最尤推定値は、次のスクリプトで見ることができる。

```
mod1$xsi            #item difficulty
```

「mod1」の中にある「xsi（ξ）」に格納されている「問題の難易度」とその
標準誤差がコントロールペインに表示される。以下は、その表示例である。同
時最尤推定法の時の値とは若干異なっている。

```
> mod1$xsi
                     xsi      se. xsi
PM00FQ01_Cat1   -0. 024541064 0. 05241313
PM00GQ01_Cat1    1. 704168240 0. 06136013
PM00KQ02_Cat1    2. 542710722 0. 07729738
PM033Q01_Cat1   -2. 241346504 0. 07148742
PM034Q01T_Cat1  -0. 366964492 0. 05215372
PM155Q01_Cat1   -1. 636749489 0. 06170272
PM155Q02D_Cat1   0. 323828043 0. 06283967
PM155Q02D_Cat2  -1. 396448601 0. 05800349

[以下省略]
```

「mod1」の中には「生徒の能力」の推定値も格納されているが、この値は最
尤推定値ではない。これについては、「EAP」推定値の説明の中で触れる。

4　能力測定における項目反応理論の利用　203

4.4　生徒の能力の推定

　「問題の難易度の推定」に関する説明でも、その概略を具体例から説明したが、さらに詳しく「生徒の能力」の推定方法を解説する。周辺尤度関数を用いて「問題の難易度」を推定したら、その値を使って「生徒の能力」を推定することになる。序章や第 1 章において、PISA 調査の生徒の得点がPlausible Value (PV) であることを述べたが、これは「個人の能力の推定値」ではないため、ここでは取り上げず、第 5 章で詳しく説明する。**項目反応理論において、一般的な個人の能力の推定法、ないし推定値には、MLE (最尤推定値)、WLE (重み付き最尤推定値)、MAP (事後確率最大推定値)、EAP (期待事後推定値) がある。MLE と WLE は最尤推定法に基づき、MAP と EAPはベイズ推定法に基づいており、PISA 調査では、特に質問紙調査から計算される指標値として WLE が使われている。**これら 4 つの推定値の求め方をそれぞれ説明する。また、R のパッケージ「TAM」では、PV とともにMLE、WLE、EAP を計算することができる。PISA2012 年調査における日本の生徒の数学的リテラシーを例に、周辺最尤推定法で計算した「問題の難易度」を使って、これらの値を R で計算する方法も併せて解説する。

(1) MLE：最尤推定値

　調査問題の項目パラメータ（ラッシュモデルでは「問題の難易度」）が周辺尤度関数で推定されており、ある生徒の各問題に対する解答（正答か誤答か）がわかっていれば（必ずしも全問題である必要はない）、その生徒の能力を推定する尤度関数を作ることができる。ある生徒 n の問題 i への反応を「x_{in}」、その生徒のすべての問題に対する反応ベクトルを「$\mathbf{X}_n$」としたとき、ある生徒の能力「θ_n」に対して「$\mathbf{X}_n$」が現れる確率は次のようになる。

$$P(\mathbf{X}_n|\theta_n) = \prod_{i=1}^{I} P(x_{in}|\theta_n, \xi_i) = \prod_{i=1}^{I} [P_i(\theta_n)^{x_{in}} \cdot \{1 - P_i(\theta_n)\}^{1-x_{in}}]$$

この確率（尤度）が最大になるときの「θ_n」が、この生徒 n の能力の「最尤推定値（MLE: Maximum Likelihood Estimate）」となる。反応ベクトル「$\mathbf{X}_n$」が与えられたときに「θ_n」が現れる可能性（尤度）を表す尤度関数「$L(\theta_n|\mathbf{X}_n)$」と対数尤度関数「$\ln L(\theta_n|\mathbf{X}_n)$」は、次のとおりである。

$$L(\theta_n|\mathbf{X}_n) = P(\mathbf{X}_n|\theta_n) = \prod_{i=1}^{I} [P_i(\theta_n)^{x_{in}} \cdot \{1 - P_i(\theta_n)\}^{1-x_{in}}]$$

$$\ln L(\theta_n|\mathbf{X}_n) = \sum_{i=1}^{I} \ln[P_i(\theta_n)^{x_{in}} \cdot \{1 - P_i(\theta_n)\}^{1-x_{in}}]$$

$$= \sum_{i=1}^{I} [\ln P_i(\theta_n)^{x_{in}} + \ln\{1 - P_i(\theta_n)\}^{1-x_{in}}]$$

$$= \sum_{i=1}^{I} [x_{in} \cdot \ln P_i(\theta_n) + (1 - x_{in}) \cdot \ln\{1 - P_i(\theta_n)\}]$$

先述したように、尤度関数の最大値をそのまま求めるのは難しいため、対数変換（最大値になる「θ_n」は変わらない）を行った、対数尤度関数を最大にする「θ_n」の値を求めることになる。そのためには、対数尤度関数を「θ_n」で微分して、その導関数が 0 になるときの「θ_n」の値を求めることになる。ラッシュモデルの場合の導関数は、次のようになる。同時最尤指定法における導関数とほぼ同じ式になっている。

$$\frac{\partial \ln L(\theta_n|\mathbf{X}_n)}{\partial \theta_n} = \sum_{i=1}^{I} x_{in} - \sum_{i=1}^{I} P_i(\theta_n) = 0$$

ここで本章の「4.3　問題の難易度の推定」で取り上げた例を使って、尤度関数と対数尤度関数の特徴を説明する。「問題の難易度」が「-1」である問題 1、「0」である問題 2、「1」である問題 3 に対して、ある生徒 n が 2 問正答し、1 問誤答する場合（反応ベクトルは「1、1、0」、「1、0、1」、「0、1、1」の 3 種）、「θ_n」が−4 から 4 まで変化する時のラッシュモデルに基づく対数

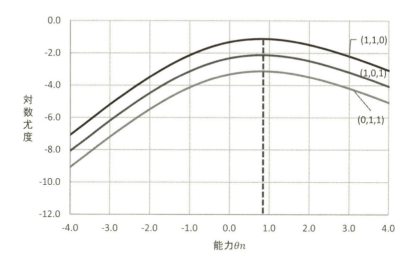

図 4-8　3 つの反応ベクトルの対数尤度関数

尤度関数は、**図 4-8** のように表すことができる。

　図 4-8 では、3 つの反応ベクトルに基づく対数尤度関数の対数尤度は異なっているが、それぞれが最大になる「θ_n」の値は、いずれも「0.8029」で一致している（尤度関数でも同様）。ラッシュモデルを含む1PLモデルでは、解答していない問題が無い場合、正答数が同じであれば MLE も同じになる。

　では、全問正答した場合（反応ベクトルは「1、1、1」）と全問誤答した場合（反応ベクトルは「0、0、0」）はどうであろうか。その場合の対数尤度関数は、**図 4-9** のように表すことができる。

　全問正答の場合、対数尤度関数は「θ_n」が大きくなるとともに大きくなり、最大になるのは「∞」の時になる。逆に全問誤答の場合は、「θ_n」が小さくなるとともに大きくなり、最大になるのは「-∞」の時になる。どちらの場合も、実質的には MLE を求めることができない。本書における大規模教育調査という目的からすると、得点が算出されない生徒（もしくは∞や-∞）が存在することは「母集団の特性」を推定する際に問題となる。これに対処するには、後述する能力の推定法を用いたり、能力の値に任意の上限値や下

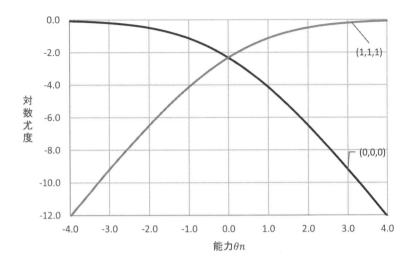

図 4-9　全問正答、全問誤答の場合の対数尤度関数

限値（R のパッケージ「TAM」では、導関数の「x_{in}」に対して、全問正答であれば 0.3 引き、全問誤答であれば 0.3 足している）を設けたりして対応する。

　全問正答、全問誤答でない場合は、MLE を求めることができるとしても、先ほど示した導関数を 0 にする「θ_n」の値を直接計算で求めるのはかなり難しい。そこで通常は、ニュートン・ラフソン法と呼ばれる計算方法が用いられる。この方法は、EM アルゴリズムのように、最初に暫定的な値を決め、それを元に新たな暫定値を求める計算を繰り返して、値が変化しなくなったところで最終的な推定値とする方法である。例として、先ほどから用いている 3 つの問題（難易度が-1、0、1）に対して、反応ベクトル「$\mathbf{X}_n$」が「1、1、0」である生徒 n の場合を取り上げる。この生徒の能力を推定する導関数は、図 4-10 のように図示できる（図中では 1 次導関数と記す）。

　この導関数の値が 0 になるときの「θ_n」を求めるため、導関数を微分して、任意の「θ_n」におけるこの導関数の傾きを表す「2 次導関数」を利用する。これまでの導関数は、対数尤度関数を 1 回微分した「1 次導関数」であるが、2 回微分した「2 次導関数」は、次のようになる（ラッシュモデルの場合）。

4　能力測定における項目反応理論の利用　207

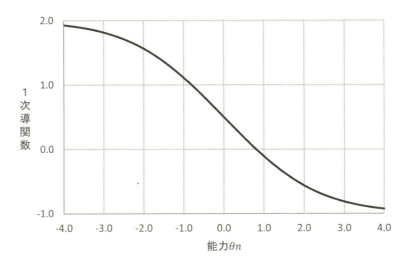

図4-10　対数尤度関数の1次導関数

$$\frac{\partial^2 \ln L(\theta_n|\mathbf{X}_n)}{\partial \theta_n^2} = \sum_{i=1}^{I} P_i(\theta_n) \cdot \{1 - P_i(\theta_n)\}$$

この式は豊田（2012: 57）が示した 1PL モデルの 2 次導関数を基に作成した。導関数を導き出す過程については、豊田（2005: 4-6）に詳細な説明がある。

ここで暫定的な「θ_n」の値（$\theta_n^{(0)}$と記す）を 2 とすると、1 次導関数に接する線（「$\theta_n = 2$」の時の接線）の値が 0 になるときの「θ_n」の値（$\theta_n^{(1)}$と記す）は、次のように求めることができ、図4-11のようになる（点線は接線）。

$$0 - (\theta_n^{(0)}での1次導関数の値) = (傾き：\theta_n^{(0)}での2次導関数の値) \cdot \left(\theta_n^{(1)} - \theta_n^{(0)}\right)$$

$$0 - \frac{\partial \ln L\left(\theta_n^{(0)}\middle|\mathbf{X}_n\right)}{\partial \theta_n} = \frac{\partial^2 \ln L\left(\theta_n^{(0)}\middle|\mathbf{X}_n\right)}{\partial \theta_n^2} \cdot \left(\theta_n^{(1)} - \theta_n^{(0)}\right)$$

$$\theta_n^{(1)} = \theta_n^{(0)} - \frac{\dfrac{\partial \ln L\left(\theta_n^{(0)}\middle|\mathbf{X}_n\right)}{\partial \theta_n}}{\dfrac{\partial^2 \ln L\left(\theta_n^{(0)}\middle|\mathbf{X}_n\right)}{\partial \theta_n^2}} = 2 - \frac{-0.5644\cdots}{-0.3468\cdots} = 0.3724\cdots$$

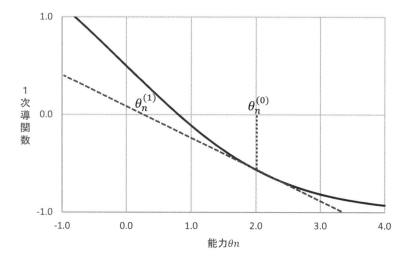

図 4-11　対数尤度関数の 1 次導関数と接線

そして 1 次導関数が「$\theta_n^{(1)}$」の時の接線が 0 になるときの「θ_n」の値（$\theta_n^{(2)}$ と記す）というように次々と計算を繰り返すと次のようになる。

$$\theta_n^{(2)} = \theta_n^{(1)} - \frac{\frac{\partial \ln L\left(\theta_n^{(1)}\middle|\mathbf{X}_n\right)}{\partial \theta_n}}{\frac{\partial^2 \ln L\left(\theta_n^{(1)}\middle|\mathbf{X}_n\right)}{\partial \theta_n^2}} = 0.3724\cdots - \frac{0.2622\cdots}{-0.6298\cdots} = 0.7886\cdots$$

$$\theta_n^{(3)} = \theta_n^{(2)} - \frac{\frac{\partial \ln L\left(\theta_n^{(2)}\middle|\mathbf{X}_n\right)}{\partial \theta_n}}{\frac{\partial^2 \ln L\left(\theta_n^{(2)}\middle|\mathbf{X}_n\right)}{\partial \theta_n^2}} = 0.7886\cdots - \frac{0.0083\cdots}{-0.5848\cdots} = 0.8029\cdots$$

$$\theta_n^{(4)} = \theta_n^{(3)} - \frac{\frac{\partial \ln L\left(\theta_n^{(3)}\middle|\mathbf{X}_n\right)}{\partial \theta_n}}{\frac{\partial^2 \ln L\left(\theta_n^{(3)}\middle|\mathbf{X}_n\right)}{\partial \theta_n^2}} = 0.8029\cdots - \frac{0.0000\cdots}{-0.5827\cdots} = 0.8029\cdots$$

4 回目の繰り返しで、「θ_n」の値に変化が見られなくなったため、この「0.8029」が生徒 n の能力「θ_n」の MLE となる。この計算を一般化する（暫定的な「θ_n」の値を「$\theta_n^{(t)}$」とする）と、ニュートン・ラフソン法は次のように表すことができる。

$$\theta_n^{(t+1)} = \theta_n^{(t)} - \frac{\dfrac{\partial \ln L\left(\theta_n^{(t)}\middle|\mathbf{X}_n\right)}{\partial \theta_n}}{\dfrac{\partial^2 \ln L\left(\theta_n^{(t)}\middle|\mathbf{X}_n\right)}{\partial \theta_n^2}}$$

なお、加藤ら（2014: 159）では、最初の暫定値「$\theta_n^{(0)}$」として、次のものが紹介されている（生徒 n の正答率と誤答率からなる対数オッズ＝ロジットに対応）。

$$\theta_n^{(0)} = \ln \frac{\sum_{i=1}^{I} x_{in}}{I - \sum_{i=1}^{I} x_{in}}$$

スクリプト 4-4　MLE による「生徒の能力」の推定

では、統計ソフト「R」を使って、「生徒の能力」の MLE を求める手順を説明する。R のパッケージ「TAM」を使って、PISA2012 年調査の日本の数学的リテラシーにおける調査問題の難易度が、周辺最尤推定法によって計算され、その結果が「mod1」に格納されているとする（この作業については、「周辺最尤推定法」のスクリプト 4-3 を参照）。「mod1」に対して、次のスクリプトを使えば「生徒の能力」の MLE を求めることができる。

```
mle1 <- tam.wle(mod1, WLE=FALSE)  #mle
```

関数「tam.wle()」で、「mod1」（周辺最尤推定法の結果）と「WLE=FALSE」という指定で推定を行い、その結果を「mle1」に保存している。「生徒の能力」の MLE は、次のスクリプトを使えば、スクリプトエディタで確認することができる（列「theta」の値が MLE）。

```
View(mle1)
```

スクリプトエディタには図 4-12 のように表示される。数学的リテラシーの調査問題が出題されていない生徒の「theta」の値は「NA」となっており（例えば 288 番）、MLE が計算されていない。全問正答（例えば 217 番）、全問誤答（例えば 373 番）の生徒には、先述の補正値「0.3」が「PearsonScores」に適用され、MLE が計算されている。

	pid	N.items	PersonScores	PersonMax	theta	error	WLE.rel
216	216	11	10.0	11.0	2.151796181	1.0658076	0.828948
217	217	12	12.7	13.0	4.021220637	1.8554512	0.828948
218	218	25	10.0	26.0	-0.866047211	0.4952564	0.828948
[中略]							
287	287	34	9.0	37.0	-1.806024608	0.4322387	0.828948
288	288	0	0.3	0.6	NA	NA	0.828948
289	289	12	11.0	15.0	1.076954673	0.6318994	0.828948
290	290	12	8.0	13.0	0.377078247	0.6563067	0.828948
[中略]							
372	372	35	5.0	36.0	-2.624960852	0.5468647	0.828948
373	373	10	0.3	10.0	-4.740987721	1.8949969	0.828948
374	374	12	6.0	15.0	-0.681362001	0.5816622	0.828948

図 4-12　MLE の出力例

（2）WLE：重み付き最尤推定値

Lord (1983) によれば、MLE は得点の高い生徒ほど正の方向に、得点が低い生徒ほど負の方向に値が歪められている。図 4-9 で示したように、MLE では全問正答の「生徒の能力」が∞、全問誤答の「生徒の能力」が-∞になっており、このような極端な場合ではなくても、MLE には平均から離れるほど値が外側に広がる傾向がある。そこで Warm (1989) は、Lord が示した歪みに基づいて、尤度関数に修正項（歪みを修正する重み「$w(\theta_n)$」）を掛け合わせることを提案している。この修正項を用いて、生徒 n の能力「θ_n」を推定するための対数尤度関数の導関数は次のようになる。

$$\frac{\partial \ln L(\theta_n|\mathbf{X}_n)}{\partial \theta_n} + \frac{\partial \ln w(\theta_n)}{\partial \theta_n} = \sum_{i=1}^{I} x_{in} - \sum_{i=1}^{I} P_i(\theta_n) + \frac{J(\theta_n)}{2I(\theta_n)} = 0$$

この導関数を 0 にする「θ_n」の値が、「重み付き最尤推定値（WLE: Weighted Likelihood Estimate）」である（Warm 1989: 430-1）。「$I(\theta_n)$」と「$J(\theta_n)$」という関数を使っているが（これまで問題数に I を、能力集団の数に J を使ったが、これらとは関係がない）、「$I(\theta_n)$」は「テスト情報量（Test Information）」や「フィッシャー情報量（Fisher's Information）」と呼ばれ、対数尤度関数の「θ_n」に関する 2 次導関数の期待値に「-1」をかけたものであり、「$J(\theta_n)$」は「θ_n」に関する「テスト情報量」の導関数、つまり「$I(\theta_n)$」の導関数である。ラッシュモデルの場合、それぞれ次のような式になる（Linacre 2009）。

$$I(\theta_n) = \sum_{i=1}^{I} P_i(\theta_n) \cdot \{1 - P_i(\theta_n)\}$$

$$J(\theta_n) = \sum_{i=1}^{I} P_i(\theta_n) \cdot \{1 - P_i(\theta_n)\} \cdot \{1 - 2P_i(\theta_n)\}$$

なお、テスト情報量「$I(\theta_n)$」を使って、MLE（最尤推定値）の標準誤差（SE: Standard Error）を次のように求めることができる。

$$SE(\theta_n) = \sqrt{\frac{1}{I(\theta_n)}}$$

MLE と比べて WLE にどのような長所があるのかは、第 5 章の中で明らかにするが、PISA 調査では専ら WLE が使用されており、筆者らとしても、MLE が優れている点は項目反応理論用のプログラムの多くで使われているという点しか上げられない。使用している統計ソフトや R の統計パッケージに WLE があれば、MLE を使う必然性はないと考えられる。

スクリプト 4-5　WLE による「生徒の能力」の推定

　R のパッケージ「TAM」を使って WLE を求める場合、MLE で使用したスクリプトを次のように変えるだけでよい。ここでは、PISA2012 年調査の日本の数学的リテラシーにおける調査問題の難易度が、周辺最尤推定法によって計算され、その結果が「mod1」に格納されているとする。

```
wle1 <- tam.wle(mod1)  #mle
```

　関数「tam.wle()」で推定を行い、その結果を「wle1」に保存している。「生徒の能力」の WLE は、次のスクリプトを使えば、スクリプトエディタで確認することができる（列「theta」の値が WLE）。

```
View(wle1)
```

　スクリプトエディタには、図 4-13 のように表示される。数学的リテラシーの調査問題が出題されていない生徒の「theta」の値は「NA」となっており（例えば 288 番）、WLE は計算されない。ただし、修正項によって全問正答（例えば 217 番）、全問誤答（例えば 373 番）の生徒にも WLE が計算されている。

▲	pid	N.items	PersonScores	PersonMax	theta	error	WLE.rel
216	216	11	10	11	1.8056611343	0.9389131	0.8237346
217	217	12	13	13	3.5692944394	1.5018213	0.8237346
218	218	25	10	26	-0.8445415781	0.4943158	0.8237346
［中略］							
287	287	34	9	37	-1.7712128131	0.4294038	0.8237346
288	288	0	0	0	NA	NA	0.8237346
289	289	12	11	15	1.0363634402	0.6292292	0.8237346
［中略］							
372	372	35	5	36	-2.5516923448	0.5368491	0.8237346
373	373	10	0	10	-4.4087747152	1.6489261	0.8237346
374	374	12	6	15	-0.6575011395	0.5806412	0.8237346

図 4-13　WLE の出力例

(3) MAP：事後確率最大推定値

第 3 節の「(2) 周辺最尤推定法」では、「ベイズの定理」を用いて、反応ベクトル「$\mathbf{X_n}$」（生徒 n の採点された解答データ）が現れた時の能力「θ_n」の事後分布（事後確率）について説明した。**周辺最尤推定法を使って項目パラメータが推定され、能力「$\boldsymbol{\theta_n}$」の事前分布「$\boldsymbol{f(\theta_n)}$」（通常は正規分布）とそのパラメータ（正規分布であれば分布の平均と分散）がわかっているとき、事後分布「$\boldsymbol{h(\theta_n|\mathbf{X_n})}$」は次のように表すことができる。**

$$h(\theta_n|\mathbf{X_n}) = \frac{P(\mathbf{X_n}|\theta_n) \cdot f(\theta_n)}{P(\mathbf{X_n})}$$

「事後確率最大推定値（MAP: Maximum a posteriori）」（もしくは「ベイズ最頻推定値、Bayesian Modal Estimate」）は、この事後分布「$\boldsymbol{h(\theta_n|\mathbf{X_n})}$」を最大にする「$\boldsymbol{\theta_n}$」であり、それを「生徒の能力」の推定値としている。

事後分布の最大値を求めるため、事後分布の関数を対数変換すると、次のような式になる。

$$\ln h(\theta_n|\mathbf{X_n}) = \ln P(\mathbf{X_n}|\theta_n) + \ln f(\theta_n) - \ln P(\mathbf{X_n})$$

これを「θ_n」で微分すると、次のような導関数が得られ、これを 0 にする「θ_n」が MAP である（右辺の第 3 項は、「θ_n」が含まれないため 0 になる）。

$$\frac{\partial \ln h(\theta_n|\mathbf{X_n})}{\partial \theta_n} = \frac{\partial \ln P(\mathbf{X_n}|\theta_n)}{\partial \theta_n} + \frac{\partial \ln f(\theta_n)}{\partial \theta_n} - 0$$

「$f(\theta_n)$」は正規分布であるため、その関数と対数変換後の関数、その導関数は次のようになる。

$$f(\theta_n) = \frac{1}{\sqrt{2\pi\sigma^2}} exp\left\{\frac{-(\theta_n - \mu)^2}{2\sigma^2}\right\}$$

$$\ln f(\theta_n) = \ln\frac{1}{\sqrt{2\pi\sigma^2}} + \left\{\frac{-(\theta_n - \mu)^2}{2\sigma^2}\right\}$$

$$\frac{\partial \ln f(\theta_n)}{\partial \theta_n} = 0 + \frac{\partial}{\partial \theta_n}\left\{-\frac{1}{2\sigma^2}(\theta_n - \mu)^2\right\} = \frac{\partial}{\partial \theta_n}\left\{-\frac{1}{2\sigma^2}(\theta_n^2 - 2\theta_n\mu + \mu^2)\right\}$$

$$= -\frac{1}{2\sigma^2}(2\theta_n - 2\mu) = -\frac{\theta_n - \mu}{\sigma^2}$$

これによって「θ_n」を推定するための対数尤度関数の導関数は、ラッシュモデルの場合、次のようになる（「$\ln P(\mathbf{X_n}|\theta_n)$」は、MLE の説明で示した「$\ln L(\theta_n|\mathbf{X_n})$」と同じものであるため、入れ替えている）。

$$\frac{\partial \ln h(\theta_n|\mathbf{X_n})}{\partial \theta_n} = \frac{\partial \ln L(\theta_n|\mathbf{X_n})}{\partial \theta_n} + \frac{\partial \ln f(\theta_n)}{\partial \theta_n} = \sum_{i=1}^{I} x_{in} - \sum_{i=1}^{I} P_i(\theta_n) - \frac{\theta_n - \mu}{\sigma^2} = 0$$

MAP では、WLE の修正項の代わりに、事前分布（正規分布）が使われており、全問正答や全問誤答の場合でも、事前分布に基づいた値が推定される。なお、MAP は PISA 調査では使われておらず、R のパッケージ「TAM」にも計算する関数はないため、本書では計算しない。

(4) EAP：期待事後推定値

MAP が反応ベクトル「$\mathbf{X_n}$」（生徒 n の採点された解答データ）が現れた時の能力「θ_n」の事後分布（事後確率）を最大にする値を推定値とする最尤推定法であったのに対して、「期待事後推定値（EAP: Expected A Posteriori）」は、事後分布を使って求められる「θ_n」の期待値（平均値）であり、それを「生徒の能力」の推定値とする。反応ベクトル「$\mathbf{X_n}$」が現れた時の能力「θ_n」の期待値は、次のように表すことができる。

$$E[\theta_n|\mathbf{X_n}] = \int_{-\infty}^{\infty} \theta_n \cdot h(\theta_n|\mathbf{X_n})d\theta_n = \int_{-\infty}^{\infty} \theta_n \cdot \frac{P(\mathbf{X_n}|\theta_n) \cdot f(\theta_n)}{P(\mathbf{X_n})} d\theta_n$$

$$= \int_{-\infty}^{\infty} \theta_n \cdot P(\mathbf{X_n}|\theta_n) \cdot f(\theta_n)d\theta_n \cdot \frac{1}{P(\mathbf{X_n})}$$

「$P(\mathbf{X_n})$」は「θ_n」を含まないため積分の外に出すことができる。周辺最尤推定法の説明で述べたように、「$P(\mathbf{X_n})$」は次のように表すことができる。

$$P(\mathbf{X_n}) = \int_{-\infty}^{\infty} P(\mathbf{X_n}|\theta_n) \cdot f(\theta_n)d\theta_n$$

よって、期待値は次のようになる。

$$E[\theta_n|\mathbf{X_n}] = \frac{\int_{-\infty}^{\infty} \theta_n \cdot P(\mathbf{X_n}|\theta_n) \cdot f(\theta_n)d\theta_n}{\int_{-\infty}^{\infty} P(\mathbf{X_n}|\theta_n) \cdot f(\theta_n)d\theta_n}$$

分母にも分子にも積分が含まれているが、これらは前節の「（2）周辺最尤推定法」で説明した求積法を使って解くことができる。生徒の能力「θ_n」を区切って $\mathbf{Q}$ 個のノード「θ_q^*」（q=1,2,…,Q、*は観測値でないことを意味する）を作り、各ノードの重みを「W_q」とすると、分母は次のように近似できる。

$$\int_{-\infty}^{\infty} P(\mathbf{X_n}|\theta_n) \cdot f(\theta_n)\,d\theta \approx \sum_{q=1}^{Q} \{P(\mathbf{X_n}|\theta_q^*) \cdot W_q\}$$

これを使って期待値は、次のように表すことができる。

$$E[\theta_n|\mathbf{X_n}] = \frac{\sum_{q=1}^{Q}\{\theta_{nq}^* \cdot P(\mathbf{X_n}|\theta_q^*) \cdot W_q\}}{\sum_{q=1}^{Q}\{P(\mathbf{X_n}|\theta_q^*) \cdot W_q\}}$$

この式で表される期待値が EAP である。MLE、WLE、MAP といった推定値が最尤推定法を使い、ニュートン・ラフソン法などの反復計算が必要であったのに対して、EAP は直接計算することができ、計算時間が最もかからない。また、ノード「θ_q^*」もノードの重み「W_q」も周辺最尤推定法と共有でき、周辺最尤推定法を用いる際は簡単に求めることができる。

スクリプト 4-6　EAP による「生徒の能力」の推定

R のパッケージ「TAM」では、周辺最尤推定法を行った際、EAP が同時に算出されている。これまで示した例と同様、「TAM」を使って、PISA2012 年調査の日本の数学的リテラシーにおける調査問題の難易度が、周辺最尤推定法によって計算され、その結果が「mod1」に格納されているとすると、EAPは次のスクリプトで取り出すことができる。

```
eap1 <- mod1$person$EAP          #eap
```

「mod1」の中の「person」の中の「EAP」に格納されている EAP の値を「eap1」に保存している。また「生徒の能力」の EAP は、次のスクリプトを使えば、スクリプトエディタで確認することができる（列「EAP」の値が EAP）。

```
View(mod1$person)
```

スクリプトエディタには、図 4-14 のように表示される。全問正答（例えば 217番）、全問誤答（例えば 373 番）の生徒に EAP が計算されているだけでなく、数学的リテラシーの調査問題が出題されていない生徒（例えば 288 番）についても、列「EAP」に「0.0000」（スクリプトエディタ上では数字の後に「e-17」、つまり 10 の-17 乗 などが付いた 0 に限りなく近い値が表示される）が入っている。解答データが無い生徒に付いてもこのような推定が行われているのは、周辺最尤推定法と同様、EAP が「母集団モデル」（母集団の情報）を前提にしているからである。「母集団モデル」や R のパッケージ「TAM」で計算できる MLE、WLE、EAP の特徴については、第 5 章でさらに詳しく説明する。

4 能力測定における項目反応理論の利用　217

▲	pid	case	pweight	score	max	EAP	SD.EAP
216	216	216	1		10	11	1.486879e+00	0.7082393
217	217	217	1		13	13	2.444025e+00	0.7419306
218	218	218	1		10	26	-7.647356e-01	0.4592215
[中略]							
287	287	287	1		9	37	-1.644509e+00	0.4016033
288	288	288	1		0	0	-9.693276e-17	1.2515183
289	289	289	1		11	15	8.865870e-01	0.5615112
[中略]							
372	372	372	1		5	36	-2.279193e+00	0.4696724
373	373	373	1		0	10	-2.713944e+00	0.7689871
374	374	374	1		6	15	-5.730995e-01	0.5367374

図 4-14　EAP の出力例

4.5　調査問題の取捨選択

　能力調査を行う時、使用した調査問題に誤りがあったり、採点基準が間違っていたり、そもそも問題が測りたい能力に対して適切でなかったりといった場合が起こりうる。2PL モデルであれば、「項目識別力」を見ることで、その問題に欠陥があるのかどうかを判断することもできるが、ラッシュモデルの場合は、これに代わる指標を計算する必要がある。PISA 調査では、調査問題に対して「重み付き平均 2 乗残差（Infit もしくは Weighted Mean Square: MNSQ）」（OECD 2014b: 148）と「点双列相関係数（Point-Biserial Index of Discrimination）」（OECD 2014b: 149）が計算されている。

（1）重み付き平均 2 乗残差
　「重み付き平均 2 乗残差」は「モデルのデータに対する適合度」を示す指標であり、1 つの調査問題（完全正答、準正答がある場合はそのそれぞれ）に対して、ある生徒の反応（正答は 1、誤答は 0）から期待値（推定された正答確率）を引いた残りの部分（残差: Residual）を 2 乗し、それを標準誤差（推定誤差）

で重み付けして、全生徒の平均を求めた値である。計算方法については、Adams と Wu (2007: 72-4) に詳細な説明がある。この値は 1 に近いほど実際のデータと項目反応モデルが一致していると考えられ、それよりも大きい場合は、予想よりも実際のデータにばらつきがあり、識別力が低いことを意味し、それよりも小さい場合は、識別力が予想よりも高いことを意味する。ただし、この値だけでは調査問題にどのような問題が存在しているのかわからないため、精査する調査問題を決める際の判断材料として使われる。

スクリプト 4-7　重み付き平均 2 乗残差の計算

R のパッケージ「TAM」では、次のスクリプトを使って計算することができる。これまで示した例と同様、「TAM」を使って、PISA2012 年調査の日本の数学的リテラシーにおける調査問題の難易度が周辺最尤推定法によって計算され、その結果が「mod1」に格納されていることを前提としている。

```
#item-fit statistics
fit1 <- tam.fit(mod1)
View(fit1$itemfit)
```

「TAM」の関数「tam.fit()」で分析した結果を「fit1」に保存し、それを関数「View()」を使って表示させている。スクリプトエディタでの表示内容は図 4-15 のとおりである（一部のみ）。

	parameter	Outfit	Outfit_t	Outfit_p	Outfit_pholm	Infit	Infit_t	Infit_p	Infit_pholm
1	PM00FQ01_Cat1	0.9018551	-2.89407758	3.802742e-03	1.901371e-01	0.9381930	-2.93330781	3.353712e-03	1.777467e
2	PM00GQ01_Cat1	0.7758968	-3.22566542	1.256802e-03	6.535370e-02	0.8947437	-3.36159897	7.749258e-04	4.339585e
3	PM00KQ02_Cat1	1.1447046	1.25750462	2.085710e-01	1.000000e+00	1.0147424	0.30110265	7.633362e-01	1.000000e
4	PM033Q01_Cat1	1.4098973	3.85419468	1.161112e-04	7.315004e-03	1.0994214	2.13900519	3.243525e-02	1.000000e
5	PM034Q01T_Cat1	1.0370784	1.04173255	2.975357e-01	1.000000e+00	1.0221998	1.02364863	3.060013e-01	1.000000e
6	PM155Q01_Cat1	0.9762402	-0.33606228	7.368239e-01	1.000000e+00	0.9574783	-1.25404429	2.098259e-01	1.000000e
7	PM155Q02D_Cat1	1.7942687	4.06707268	4.760740e-05	3.142088e-03	1.2170016	6.30174164	2.943195e-10	2.354556e
8	PM155Q02D_Cat2	1.4218627	4.68052385	2.861428e-06	2.174685e-04	1.2506845	8.06630929	7.245512e-16	6.158685e
9	PM155Q03D_Cat1	0.8302552	-2.60922405	9.074780e-03	4.083651e-01	0.9313197	-2.41221717	1.585583e-02	7.488712e

図 4-15　重み付き平均 2 乗残差（一部のみ）

4 能力測定における項目反応理論の利用 219

「parameter」は調査問題（完全正答と準正答がある場合は、それぞれに分かれている）、「Outfit」は重みなしの平均2乗残差、「Infit」はこれまで説明してきた「重み付きの平均2乗残差」である。「Infit」が0.8を下回る問題はPM406Q02の1問のみだが、1.2を上回るのはPM305Q01、PM420Q01、PM155Q02（完全正答と準正答を含む）、PM982Q02の4問ある。

「重み付き平均2乗残差」の値のみで調査問題として除外される訳ではないが、値が1から離れている調査問題については、次に説明する「点双列相関係数」も見ながら、調査問題や採点基準に誤りがないか（調査問題がそもそも測りたい能力を測れるものになっているのか）、他の問題から影響を受けていないか（他の問題に対する「条件付き独立」が成り立っているか）、特定の生徒集団や生徒属性に対して有利になったり不利になったりしていないか、といったことを調べる必要がある。

（2）点双列相関係数

「点双列相関係数」は、1つの調査問題に対して、生徒の反応（正答は1、誤答は0、もしくは、選択肢を選んだ場合は1、それ以外は0）と、その調査問題が含まれる調査分野（例えば数学的リテラシーなど）における生徒の正答率、もしくは「生徒の能力（PISA調査ではWLE）」との積率相関係数であり、「項目識別力」の代わりとなる指標である。

スクリプト4-8 点双列相関係数の計算

Rのパッケージ「TAM」では、次のスクリプトを使ってWLEに基づく「点双列相関」を計算することができる。スクリプト4-5でWLEの値が、「wle1」に格納されていることを前提としている。

```
#ctt
ctt1 <- tam.ctt(JPN2012m, wlescore=wle1$theta)
View(ctt1)
```

「TAM」の関数「tam.ctt()」の中でWLEを指定し、分析した結果を「ctt1」に保存している。それを関数「View()」を使って表示させている。スクリプトエディタでの表示内容は**図4-16**のとおりである（一部のみ）。

	index	group	itemno	item	N	Categ	AbsFreq	RelFreq	rpb.WLE	M.WLE	SD.WLE
1	1	1	1	PM00FQ01	1904	0	921	0.48371849	-0.55264330	-0.70685559	1.15820
2	2	1	1	PM00FQ01	1904	1	983	0.51628151	0.55264330	0.75659368	1.04961
3	3	1	2	PM00GQ01	1921	0	1504	0.78292556	-0.51722857	-0.31998191	1.20258
4	4	1	2	PM00GQ01	1921	1	417	0.21707444	0.51722857	1.36143197	0.92181
5	5	1	3	PM00KQ02	1878	0	1659	0.88338658	-0.33905856	-0.14306103	1.21701
6	6	1	3	PM00KQ02	1878	1	219	0.11661342	0.33905856	1.21461727	1.15272
7	7	1	4	PM033Q01	1957	0	271	0.13847726	-0.29143290	-0.87407614	1.33950
8	8	1	4	PM033Q01	1957	1	1686	0.86152274	0.29143290	0.18122190	1.17260
9	9	1	5	PM034Q01T	1931	0	807	0.41791818	-0.47657465	-0.64962045	1.15168

図4-16　点双列相関係数（一部のみ）

「item」は調査問題、「Categ」は1が正答、0が誤答（これは採点された解答データの場合であるが、実際の選択肢が入った解答データを使うこともでき、その場合は問題の選択肢が入る）、「RelFreq」がその問題の「Categ」ごとの選択率（正答であれば正答率、誤答であれば誤答率）、「rpb.WLE」が「点双列相関係数」の値である。

PISA調査では、EbelとFrisbie（1991: 232）に従って、「点双列相関係数」の値で調査問題を**表4-1**のように分類し、取捨選択している。

表4-1　点双列相関係数に基づく調査問題の評価

相関係数の値	評価	対応
＞0.39	Excellent	採用
0.30-0.39	Good	改善の可能性あり
0.20-0.29	Mediocre	要確認・見直し
0.00-0.20	Poor	廃棄もしくは徹底的な見直し
＜-0.01	Worst	例外なく廃棄

出典: OECD (2014b: 149)。

PISA2012 年調査の数学的リテラシーにおいて、日本のデータで「点双列相関係数」が 0.2 を下回る調査問題は存在せず、0.3 未満の調査問題は 6 問、その中で最低なのが 0.26 の PM918Q01「ヒットチャート」に関する問 1 であり、この問を含む大問「ヒットチャート」は、公開問題として PISA2012 年調査の報告書で見ることができる（国立教育政策研究所 2013a: 135-8）。「重み付き平均 2 乗残差」や「点双列相関係数」といった調査問題の指標は、調査後に除く（廃棄する）ために使われるだけでなく、経年変化を見るための非公開問題を選ぶ際にも使用される。なお、「重み付き平均 2 乗残差」が 1.2 以上で、「点双列相関係数」が 0.3 未満なのは、PM305Q01「地図」に関する問だけであり、この問題は非公開問題となっている。

　本書では、調査問題の作成方法を取り上げないが、項目反応理論による能力測定を伴う大規模教育調査を行ったとき、PISA2012 年調査ほどは良い調査問題が残らないかもしれない。先述した「条件付き独立」を意識しながら調査問題を作成したとしても、実際に出題してみると意外な結果になる可能性が十分ある。第 1 章の「1.1　PISA 調査の始まり、そのねらい」で簡単に述べたが、**PISA 調査は必ず「本調査」（調査結果を公表する調査）の前に「予備調査」（結果は公表せず、参加者も少なく、無作為の標本抽出も行っていない）を行っており、それまでに作成した多くの調査問題を「予備調査」の結果を受けて取捨選択し、「本調査」に使用している。**筆者らのこれまでの経験から見ても、項目反応理論に基づく能力評価を大規模教育調査で行う際は、「本調査」を行う前に、ある程度の規模（各問題 100 人以上の解答が得られる程度）で調査問題の妥当性、有効性を検証するための「予備調査」を行う必要がある。また、「予備調査」の結果から「本調査」に採用されることになった問題は、文言等を変更すると結果が変わってくるため、極力変更しないようにすべきである。

4.6 まとめ：能力検査と能力調査

本章では、「項目反応理論」を使ってどのように生徒の得点が計算されているのか説明してきた。項目反応理論では、「ある能力の生徒が、ある問題に正答する確率」を表す数理モデル（項目反応モデル）を調査結果（生徒の解答データ）に当てはめ、「問題の難易度」と「生徒の能力」を推定している。本章では、ラッシュモデル、2パラメータ・ロジスティックモデル、3パラメータ・ロジスティックモデルなどの項目反応モデルを紹介した。そして、「問題の難易度」の推定方法として一般には「周辺最尤推定法」が使われていること、及び「生徒の能力」の推定方法については、MLE、WLE、MAP、EAPを紹介した。

項目反応理論における「生徒の得点」は、学校の試験のような採点基準に則った得点や正答数、正答率（通過率）といったものではなく、推定された「生徒の能力」であり、直接見ることのできない「潜在的」な値である。数理モデルを仮定し、それをデータに当てはめているがゆえに、一部の問題しか解答していなくても、全部の問題に解答した場合と同じように得点、つまり「生徒の能力」が推定されている。これは、第1章で述べた「問題数の拡張」と関係している。PISA調査の生徒の解答データを見ると、列方向に調査問題、行方向に生徒が並んでおり、生徒が解答していない調査問題には欠損値（Rであれば「NA」）が入っている。「釣り合い型不完備ブロック計画」に基づいた出題を行い、このようなデータを作成することができれば、生徒が「同じ問題」に解答していなくても、「問題の難易度」と「生徒の能力」を「同じ尺度」で推定することが可能になる。もちろん調査問題が測定したい能力に対して妥当なものであり、その質が保証されなければ、何かの能力を測れたとしても、知りたい能力を測っていることにはならない。

ただし、一部の問題しか解答していない場合は、全部の問題に解答した場合よりも、推定に伴う誤差が大きくなる。第2章で述べた「標本調査には標本誤差」が伴うように、「項目反応理論による測定には測定誤差」が伴う。実は、この「測定誤差」をどのように扱うかが、能力測定を伴う大規模教育

調査において重要な課題となってくる。「個人の特性を測る」テストや能力
検査では、推定値に「測定誤差（通常は標準誤差と呼ばれる）」を併記して示
すことになる。しかし、「母集団の特性を測る」大規模教育調査では、誤差
を伴った推定値を使って様々な分析を行うため、この「測定誤差」自体が
「母集団の特性」の推定値を歪めてしまうことがある。このことについては
次章で詳細に説明する。

5 能力調査における項目反応モデルと母集団モデル

本章のねらい この章では、項目反応理論を用いた能力調査で、集団の特性を捉える際に必要となる「母集団モデル (Population Model) 」を説明する。

最初の「母集団モデルの有効性」と題した節では、調査対象集団の特性を捉える際に、項目反応モデルと母集団モデルを組み合わせる必要があることを指摘する。PISA 調査では生徒の能力を表すのに Plausible Value (PV) が使われている。ここでは何故 PV を使わなければならないのかを解説する。次の「多次元項目反応モデルの有効性」と題した節では、複数の能力を同時にモデル化することの有効性を明らかにし、PISA 調査で実際に能力がどのように得点化されているのか、その計算方法を説明する。これらの 2 つの節で論じるモデルは、国際的な調査ではスタンダードなものであり、能力調査を含む大規模教育調査や PISA 調査のような国際的な学力調査に関心のある人には、必読の内容を含んでいる。

最後に「大規模教育調査に適した項目反応モデル」と題して、PISA 調査の方法を離れ、母集団モデルを使用する際に最適な項目反応モデルを考える。理論的、理想的な状況ではなく、実際の制約の中で、どのような項目反応モデルを選ぶべきか、筆者らの主張を明らかにする。

PISA 調査に代表される国際的な学力調査では、「項目反応モデル」に「母集団モデル」と呼ばれる数理モデルを組み合わせて能力測定を行っている。本章では、「母集団の特性」を推定しようとする大規模学力調査において、「項目反応モデル」を使う際に生じる問題とそれに対する対処方法を解

説する。PISA 調査や学力調査に関心があって本書を手に取られた場合、本章の第1節及び第2節は必読の内容である。

第1節では、「母集団の特性」、特に分散や標準偏差といったものを正確に推定するには、「項目反応理論」とともに「母集団モデル」を用いる必要があることを明らかにする。PISA2012 年調査まで使われてきた項目反応理論の数理モデル「混合効果多項ロジットモデル（Mixed Coefficients Multinomial Logit Model）」（OECD 2014b: 144; Adams and Wu 2007; Adams et al. 1997a）を用いたシミュレーションを行い、第 4 章の「4.4 生徒の能力の推定」で紹介した推定方法が持つ問題点と「母集団モデル」による対処方法、調査問題数や標本サイズが推定結果に与える影響、そして「母集団モデル」自体が持つ限界とその克服方法についても説明する。第2節では、複数の能力を項目反応理論で測る際に「多次元項目反応モデル」が有効であることを明らかにする。この多次元項目反応モデルと母集団モデルを組み合わせたものが、PISA 調査で用いられている「項目反応理論」であり、ここまで読めば、PISA 調査での得点算出の方法が理解できるはずである。第3節では、PISA2012 調査の文脈を離れ、「母集団の特性」を測る大規模教育調査において、母集団モデルにどのような項目反応モデルを組み合わせるべきなのか、シミュレーションを用いて検証した結果を示す。

5.1 母集団モデルの有効性

第4章では、能力を測定する際に用いられる項目反応理論を説明した。項目反応理論は、EM アルゴリズムやベイズ推定を行う際に母集団の情報を利用しているが、あくまでも「生徒個人の能力」に関する数理モデルであり、「母集団の特性」、特に分散や標準偏差、共分散や相関係数といったものを推定する際に WLE や EAP を使うと過大推定や過小推定といった偏り（バイアス）が生じる。これに対して、全米学力調査（NAEP: National Assessment of Educational Progress）や国際的な学力調査である PISA 調査や TIMSS では、

母集団分布の情報だけでなく、そこに「潜在回帰モデル (Latent Regression Model)」を当てはめた「母集団モデル (Population Model)」を用い、「生徒母集団の能力分布」を反映した「Plausible Value (PV)」を使って「母集団の特性」の推定を行っている (von Davier and Sinharay 2013: 161-3)。本節では、シミュレーションを通して、項目反応モデルだけでは推定値に偏りが生じること、母集団モデルとそこから導き出される PV を用いることで偏りのない「母集団の特性」の推定が行えることを明らかにする。そして、PV を使用する際の限界ないし制約を取り上げ、その対処方法とともに、PISA 調査で実際に行われている母集団モデルの利用方法も解説する。

(1) PV : Plausible Value

PISA 調査で用いられているモデルが「混合効果多項ロジットモデル」であることはすでに述べたが、「混合効果」（「Mixed Coefficients」は混合係数と訳せるが、その内容が「混合モデル」を指しているため、本書では「混合効果」という用語を用いる）については説明してこなかった。ここでの「混合」とは、項目反応モデルである「多項ロジットモデル」に含まれる「生徒の能力」の部分に、「潜在回帰モデル」である「母集団モデル」を組み込む（ミックスする）ことを意味する。第 4 章第 3 節で周辺最尤推定法を説明した際、母集団に含まれる「生徒の能力θ」が「正規分布」（平均μ、分散σ^2）に従う時、「θ」が現れる確率「$f(\theta|\mu,\sigma^2)$」を次のように表した。

$$f(\theta|\mu,\sigma^2) = \frac{1}{\sqrt{2\pi\sigma^2}} exp\left\{\frac{-(\theta-\mu)^2}{2\sigma^2}\right\}$$

母集団に含まれる「生徒の能力θ」は、次のように「母集団の平均μ」と「誤差E」とに分けることができる。この「誤差E」は平均 0、母集団の分散σ^2の正規分布に従う。

$$\theta = \mu + E$$

5　能力調査における項目反応モデルと母集団モデル　227

　この母集団の情報に対して、Adams ら（1997b: 49-50）は、平均である「μ」の代わりに、生徒 n の属性（性別等）や質問調査の回答からなるベクトル「$\mathbf{Y}_n$」とそれに対応した回帰係数のベクトル「$\boldsymbol{\beta}$」を使って、次のような潜在回帰モデル（従属変数の「θ_n」が潜在的な値である回帰モデル）を提案した。

$$\theta_n = \mathbf{Y}_n^T\boldsymbol{\beta} + E_n$$

　「$\mathbf{Y}_n^T$」の T は、転置ベクトル（列ベクトルを行ベクトルにしている）を意味し、「誤差E_n」は、平均0、分散σ^2（ただし生徒nに対する誤差であるため、先ほどのEに対するσ^2とは異なる）の正規分布に従う。これが PISA 調査での「母集団モデル」であり、ベクトル「$\mathbf{Y}_n$」の要素は「条件付け変数（Conditioning Variables）」と呼ばれている（OECD 2014b: 145）。母集団モデルは、「θ_n」の現れる確率を示した次の式でも表すことができる。

$$f(\theta_n|\mathbf{Y}_n,\boldsymbol{\beta},\sigma^2) = \frac{1}{\sqrt{2\pi\sigma^2}}exp\left\{\frac{-1}{2\sigma^2}(\theta_n - \mathbf{Y}_n^T\boldsymbol{\beta})^T(\theta_n - \mathbf{Y}_n^T\boldsymbol{\beta})\right\}$$

　そして、周辺尤度関数にこの母集団モデルを組み合わせると、「生徒の能力θ」が-∞から∞まで連続的な値を取るとき、反応ベクトル$\mathbf{X}_n$が現れる確率は、次の式で表される。これは、「能力が現れる確率 f」と「その能力で反応ベクトルが現れる確率 P」をかけ合わせ、それをすべての能力（-∞から∞）において足し合わせたものである。

$$P(\mathbf{X}_n|\boldsymbol{\xi},\boldsymbol{\beta},\sigma^2) = \int_{-\infty}^{\infty}P(\mathbf{X}_n|\theta_n,\boldsymbol{\xi})\cdot f(\theta_n|\mathbf{Y}_n,\boldsymbol{\beta},\sigma^2)\,d\theta_n$$

　「$P(\mathbf{X}_n|\boldsymbol{\theta},\boldsymbol{\xi})$」が項目反応モデル、「$f(\boldsymbol{\theta}|\boldsymbol{\beta},\sigma^2)$」が母集団モデルであり、上記の式はこの 2 つの「統合モデル（Combined Model）」となっている。この尤度関数では、「平均μ」の代わりに「回帰係数$\boldsymbol{\beta}$」を求めることになる。

なお、OECD（2014b: 146）では、多次元項目反応モデルの場合が示されており、これについては次節で説明する。この尤度関数を最大にする項目パラメータは、次に示す能力の事後分布を用いた EM アルゴリズム（第 4 章第 3 節の「 (2) 周辺最尤推定法」を参照）で求めることになる（Adams et al. 1997b: 54-5）。

$$h(\theta_n|\mathbf{X_n}, \boldsymbol{\xi}, \mathbf{Y_n}, \boldsymbol{\beta}, \sigma^2) = \frac{P(\mathbf{X_n}|\theta_n, \boldsymbol{\xi}) \cdot f(\theta_n|\mathbf{Y_n}, \boldsymbol{\beta}, \sigma^2)}{P(\mathbf{X_n}|\boldsymbol{\xi}, \mathbf{Y_n}, \boldsymbol{\beta}, \sigma^2)}$$

$$= \frac{P(\mathbf{X_n}|\theta_n, \boldsymbol{\xi}) \cdot f(\theta_n|\mathbf{Y_n}, \boldsymbol{\beta}, \sigma^2)}{\int_{-\infty}^{\infty} P(\mathbf{X_n}|\theta_n, \boldsymbol{\xi}) \cdot f(\theta_n|\mathbf{Y_n}, \boldsymbol{\beta}, \sigma^2) \, d\theta_n}$$

　項目反応モデルと母集団モデルとの統合モデルから導き出されたこの事後分布は、PV を求めるときにも使われる。「Plausible Value（PV、推算値）」とは、能力の事後分布から無作為に選ばれた値である。能力のような直接見ることのできない潜在的な値に対して、複数の PV（複数のデータ）を使って推定を行う方法は、Rubin（1987）の「多重代入法（Multiple Imputation）」（データの欠損値を補完する方法）を発展させ、「全米学力調査（NAEP）」で用いられるようになったものである（Mislevy et al. 1992: 133-4）。

　PISA 調査での PV の選び方は、最初に正規分布である生徒 n の事前分布「$f(\theta_n|\mathbf{Y_n}, \boldsymbol{\beta}, \sigma^2)$」から、その確率に従った M 個（PISA 調査で実際に使われたソフトウェア「Conquest」の初期値では 2000 個となっている）の値「φ_{mn}」（m=1, …,M）を無作為に取り出す。そしてこの値を使って、事後分布の分母を次のように計算し、その値を「ζ」する。なお、この積分の計算方法は、「モンテカルロ積分（Monte Carlo Integration）」と呼ばれる。

$$\int_{-\infty}^{\infty} P(\mathbf{X_n}|\theta_n, \boldsymbol{\xi}) \cdot f(\theta_n|\mathbf{Y_n}, \boldsymbol{\beta}, \sigma^2) \, d\theta_n \approx \frac{1}{M} \sum_{m=1}^{M} P(\mathbf{X_n}|\varphi_{mn}, \boldsymbol{\xi}) = \zeta$$

　同時に、事後分布の分子を計算し、「P_{mn}」とする。

$$p_{mn} = P(\mathbf{X_n}|\varphi_{mn}, \boldsymbol{\xi}) \cdot f(\varphi_{mn}|\mathbf{Y_n}, \boldsymbol{\beta}, \sigma^2)$$

これで、能力の値「φ_{mn}」とそれが現れる事後確率「p_{mn}/ζ」の M 個の組合せが得られ、事後分布を近似することができるようになる。PV を求めるには、さらに「φ_{mn}」の各値が現れる確率を計算する必要があり、その確率を「q_{mn}」とすると次の式で求められる。

$$q_{mn} = \frac{\frac{p_{mn}}{\zeta}}{\sum_{m=1}^{M} \frac{p_{mn}}{\zeta}} = \frac{p_{mn}}{\sum_{m=1}^{M} p_{mn}}$$

PV を L 個（PISA2012 年調査までは 5 個、PISA2015 年調査からは 10 個）求めたい時は、0 から 1 までの一様分布（全ての値が同じ確率）から L 個の値「η_l」($l=1,\cdots,L$) を無作為に取り出し、以下のように確率「q_{mn}」の累積確率が「η_l」を最初に越えた時の「φ_{jn}」を PV とする。

$$\sum_{m=1}^{j-1} q_{mn} < \eta_l \leq \sum_{m=1}^{j} q_{mn}$$

これを L 回繰り返して、L 個の PV が求められる（OECD 2014b: 146-7）。

スクリプト 5-1　PV の計算

　　R のパッケージ「TAM」を使って PV を求める場合は、次のスクリプトを用いる。第 4 章での例と同様、PISA2012 年調査の日本の数学的リテラシーにおける調査問題の難易度が、周辺最尤推定法によって計算され、その結果が「mod1」に格納されているとする。なお、このスクリプトでは母集団モデルはただの正規分布（平均 0、分散は推定される）であり、生徒の属性や質問調査の回答といった情報を含む潜在回帰モデルは使用していない。

```
pv <- tam.pv(mod1, nplausible=5) #PV
```

関数「tam.pv()」の中で「nplausible=5」とすることで、各生徒に5つのPVが算出される（PISA2015調査のようにしたければ、ここに10と入れる）。そしてPVを「pv」に保存している。PVの値は、次のスクリプトを使えば、スクリプトエディタで確認することができる。

```
View(pv$pv)
```

スクリプトエディタには、図5-1のように表示される。

▲	pid	PV1.Dim1	PV2.Dim1	PV3.Dim1	PV4.Dim1	PV5.Dim1
216	216	1.752981498	1.935215574	2.030939118	1.145339663	2.566492765
217	217	1.707168824	1.351193496	2.458785233	2.475538867	2.916473517
218	218	-0.914115588	-1.177879769	-1.329444329	-0.878076201	-0.175302157
[中略]						
287	287	-1.971358532	-2.614038276	-1.437281508	-1.762813262	-2.400666335
288	288	-1.600351502	0.606154456	-0.890437614	0.010292085	1.675664354
289	289	1.013365403	0.033332215	0.744702602	0.819043498	0.950152747
[中略]						
372	372	-2.704288282	-2.526106893	-1.868090097	-2.091326065	-1.376678995
373	373	-3.880275610	-2.796011780	-2.446882442	-3.881438146	-3.926141789
374	374	0.209201567	-0.589383395	0.516059996	0.448690659	-1.092339910

図5-1　PVの出力例

　全ての生徒に対して、つまり全問正答（例えば217番目の生徒）、全問誤答（例えば373番目の生徒）の生徒、数学的リテラシーの調査問題が出題されていない生徒（例えば288番目の生徒）に対しても、「PV1.dim1」から「PV5.dim1」までの5つのPVが算出されている。これは事後分布を使用するEAPと同様であり、PVの数を増やしていき、各生徒のPVを平均すれば、その値はEAPに等しくなる（事後分布の期待値となる）。なお、Wu（2005: 116）によれば、PVは1つであっても母集団の推定に使うことができる。

(2) PV の有効性

PV が「能力の推定値」としてどのように有効であるのかを示すため、「母集団の特性」を MLE、WLE、EAP、そして PV を使って推定するシミュレーションを行う。そして、このシミュレーションの結果が、標本サイズ、調査問題数を変えた時にどのように変化するのかも併せて見ていく。

① 項目反応モデルにおける推定値の偏り

MLE、WLE、MAP、EAP が生徒の能力の「点推定」、つまり 1 つの値による推定であるのに対して、PV は「統合モデル」に基づく能力の事後分布から無作為に選ばれた値であり、「生徒個人の能力」の推定値としては適切ではないが、事後分布の形を反映しているため、「生徒母集団の特性」を適切に推定することができる。このことを明らかにするため、PV による「母集団の特性」の推定値と、MLE、WLE、EAP によるそれとを比較する。

実際の調査データでは、「真の値」（生徒の「真の能力」や母集団の「真の特性」）がわからないため、ここでは能力が正規分布に従う架空の母集団から「生徒の能力」を単純無作為抽出し、それを使って架空の解答データを作成して、シミュレーションを行う。その方法は、次のとおりである。

1) 設定する生徒数に応じて、R の関数「rnorm()」やパッケージ「mvtnorm」を使って、正規分布（もしくは多変量正規分布）から無作為に値（能力や他の変数）を抽出する。

2) 設定する問題数に応じて、-3 から 3 まで、等間隔の難易度を持った架空の調査問題を設定する。

3) 抽出された「能力」値から、ラッシュモデルに基づいて架空の調査問題に対する架空の解答データ（正答であれば「1」、誤答であれば「0」の 2 値データ）を作成する。なお、全生徒が全問題に解答した場合のデータとする（一部解答のシミュレーションも行う）。

4) 架空の解答データに対してラッシュモデルを当てはめ、MLE、WLE、EAP、PV を計算する。なお、この計算には R のパッケージ「TAM」

を使用する。MLE は全問正答・誤答の場合、補正値「0.3」を用いる。PV については、1 つだけ用いる（複数用いるシミュレーションも行う）。

5) MLE、WLE、EAP、PV を使って、母集団の平均や分散等を推定する。

6) 1) から 5) までのシミュレーションを 1000 回（例外あり）行い、1000 回分の推定値の平均や分布を比較する。繰り返し処理には、R のパッケージ「doParallel」と「foreach」を用いる。

最初のシミュレーション（「シミュレーション 1」と呼ぶ）では、「母集団の平均と分散」を推定する。「平均 0」、「分散 1」の標準正規分布から「生徒数 1000 人」分の能力を抽出し、「調査問題 15 問」で行う。

スクリプト 5-2　シミュレーション 1：母集団の平均と分散の推定

シミュレーション 1 を行う R のスクリプトは次のとおりである。なお、このスクリプトでは母集団モデルはただの正規分布（平均 0、分散は推定される）であり、生徒の属性や質問調査の回答といった情報を含む潜在回帰モデルは使用していない。シミュレーションによっては非常に時間がかかる可能性があるため、シミュレーションを 1000 回行う前に、10 回程度で試すことをお薦めする。

```
# Load library
library(foreach)
library(doParallel)
library(TAM)

##Simulation 1
##mean and variance by mle, wle, eap and pv
S <- 1000    #number of simulations
N <- 1000    #number of respondents
I <- 15      #number of items

cl <- makeCluster(detectCores())
registerDoParallel(cl)
sim1 <- foreach(ii = 1:S, .combine="rbind",
                .packages=c('TAM')) %dopar% {
```

5 能力調査における項目反応モデルと母集団モデル　233

```
    theta <- rnorm(N, mean=0, sd=1)       #respondent ability
    delta <- seq(-3, 3, len=I)            #item difficulty
    prob <- plogis(outer(theta, delta, "-"))
                          #probabilities of correct answer
    rand <- matrix(runif(N*I), nrow=N, ncol=I) #random probabilities
    resp <- 1*(rand < prob)               #simulate item responses

    mod1 <- tam.mml(resp)                          #MML
    mle <- tam.wle(mod1, WLE=FALSE)$theta          #mle
    wle <- tam.wle(mod1)$theta                     #wle
    eap <- mod1$person$EAP                         #eap
    pv <- tam.pv(mod1, nplausible=1)$pv$PV1.Dim1   #PV

    sim0 <- cbind(theta, mle, wle, eap, pv)
    c(apply(sim0, 2, mean),         #compute mean
      apply(sim0, 2, var))          #compute variance

  }
  stopCluster(cl)

write.csv(sim1, "sim01.csv", quote=F) #output
```

　最初にパッケージ「foreach」、「doParallel」、「TAM」を使えるようにし、シ
ミュレーション回数を「S」に、生徒数を「N」に、調査問題数を「I」に保存
する。関数「foreach()」を使った繰り返し処理では、「.packages=c('TAM')」と
設定してパッケージ「TAM」が使えるようにし、その結果を「sim1」に保存す
している。繰り返し処理の中身は、次の3つに分かれている。

　最初のパートでは、架空の解答データを作成する。まず、関数「rnorm()」に
平均0、標準偏差1と設定して、N個の値を取りだし、「theta」に保存する。こ
れが生徒の真の能力となる。関数「seq()」を使って、-3から3まで、等間隔で
I個の値を作り、「delta」に保存する。これが調査問題の難易度になる。ロジス
ティック分布を返す関数「plogis()」を使い、関数「outer()」で計算された各
「theta」を各「delta」で引いたN×I行列の値から、各生徒が各調査問題に正
答する確率を求め、「prob」に保存する。一様分布を返す関数「runif()」を使っ
て、0から1までの乱数からなるN×I行列を作成し、「rand」に保存する。そ

して、「rand」と「prob」の値を比較し、「rand」が大きい場合は誤答と見なして 0、「prob」が大きい場合は正答と見なして 1 とし、「resp」に保存する。これが生徒の解答データ（反応行列）となる。

2 つ目のパートでは、「生徒の能力」の推定値を求める。関数「tam.mml()」を使って解答データ「resp」を分析し、結果を「mod1」に保存する。そしてMLE を「mle」、WLE を「wle」、EAP を「eap」、PV を「pv」に保存する。

最後のパートは、「theta」、「mle」、「wle」、「eap」、「pv」を行列にまとめ、関数「apply()」を使って列方向に平均と分散を求めている。

繰り返し処理の中で求められた平均と分散は、「sim1」に保存される。これを関数「write.csv()」を使って「sim01.csv」というファイル名で出力する。このファイルは表計算ソフト等で開くことができる。

シミュレーション 1 の結果から、まず「母集団の平均」の推定について見ていく。MLE、WLE、EAP、PV を用いた 1000 回分の推定値を図 5-2 に示す。EAP の値が最も 0 に近く（図 5-2 では、ほぼ真っ直ぐな線になっている）、それに次いで WLE、MLE が 0 に近く、PV は推定値がばらついている。

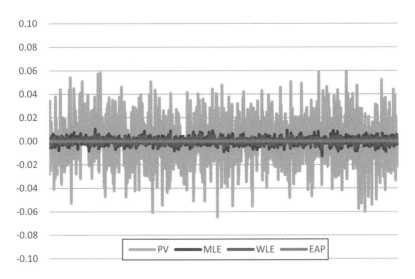

図 5-2　母集団の平均（=0）の推定

5　能力調査における項目反応モデルと母集団モデル　235

　この結果を基に、1000 回の推定値の平均と標準偏差を**表 5-1** に示す（「theta」に保存された能力の「真の値」の結果も併せて示す）。平均は、推定値の偏り（バイアス）を、標準偏差は推定精度（推定誤差）を意味する。

表 5-1　母集団の平均（=0）の推定（1000 回の平均・標準偏差）

	真の値	MLE	WLE	EAP	PV
推定値の平均	−0.0012	0.0000	0.0000	0.0000	0.0005
推定値の標準偏差	0.0319	0.0032	0.0018	0.0000	0.0214

　R のパッケージ「TAM」の初期設定では、母集団モデル（事前分布）として平均 0 の正規分布が仮定されている。そのため、どの推定値も「真の値」よりも 0 に近い値となっている。また、図 5-2 で見たように、推定値の標準偏差、つまり推定誤差が EAP ではほぼ 0 になっており、WLE や MLE も PV に比べてかなり小さくなっている。PV は事後分布から無作為に取り出された値であるため、他の推定値よりも誤差が大きい。ただし、**母集団の平均の推定という点では、どの推定値も偏り（バイアス）が無いといえる。**

スクリプト 5-3　平均「0」になる基準の設定

　ラッシュモデルを使用する場合、「問題の難易度」の平均を 0 にするか（PISA 調査で実際に用いられているソフトウェア「Conquest」の初期設定、Wu ら 1997: 24 を参照）、事前分布（「生徒の能力」）の平均を 0 にしなければ値が定まらないため、どちらかを選択する必要がある。本章で用いるシミュレーションでは、「TAM」の初期設定（Robitzsch et al. 2017: 110）である後者を使用するが、関数「tam.mml()」で、次のように「constraint="items"」と設定すれば、「問題の難易度」の平均を 0 にすることが可能である。

```
mod1 <- tam.mml(resp, constraint="items")     #MML
```

　その場合の母集団の平均の推定結果（1000 回の平均と標準偏差）は、**表 5-2** のとおりである。PV の標準偏差が若干大きいが、MLE、WLE、EAP の結果はほ

ぼ同じである。Wu (2005: 118) は、20問、2000人のシミュレーションを100回行っているが、母集団の平均の推定で、真の値とMLE、WLE、EAP、PVとの間で有意な差は見られないとしている。

表 5-2 母集団の平均（=0）の推定（1000回の平均・標準偏差、難易度を平均0）

	真の値	MLE	WLE	EAP	PV
推定値の平均	-0.0008	0.0004	0.0003	0.0002	-0.0003
推定値の標準偏差	0.0311	0.0407	0.0394	0.0394	0.0448

では、「母集団の分散」の推定についてはどうであろうか。MLE、WLE、EAP、PVを用いた1000回分の推定値を図5-3に示す。PVの値が最も1に近く、WLEとMLEは1よりも大きく、EAPは1よりも小さい。

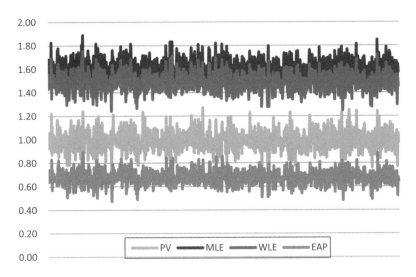

図 5-3 母集団の分散（=1）の推定

この結果を基に、1000回の推定値の平均と標準偏差を表 5-3 に示す（「theta」に保存された能力の「真の値」の結果も併せて示す）。平均は、推定値の偏り（バイアス）を、標準偏差は推定精度（推定誤差）を意味する。

表 5-3　母集団の分散（=1）の推定（1000 回の平均・標準偏差）

	真の値	MLE	WLE	EAP	PV
推定値の平均	0.9984	1.5962	1.4836	0.6739	0.9918
推定値の標準偏差	0.0439	0.0850	0.0768	0.0629	0.0860

　表 5-3 でも、推定値の平均が母集団の分散である 1 に近いのは PV だけであり、MLE と WLE は過大推定、EAP は過小推定になっている。つまり正確に母集団の分散を推定できるのは PV のみということになる。

　Mislevy ら（1992: 136）によれば、生徒個人の能力に対する点推定値は、母集団の平均を正しく推定することはできるが、分散を正しく推定することはできない。例えば MLE のような最尤推定値の場合、各生徒の MLE には真の値（先のスクリプトでは「theta」としていた）と測定誤差（以下では「error」と表す）が含まれており、この誤差は平均 0 の正規分布に従うと考えられる。その場合、MLE の平均値（「$E(MLE)$」と表す）は、次のようになる。

$$E(MLE) = E(theta + error) = E(theta) + E(error) = E(theta) + 0 = E(theta)$$

　つまり MLE の平均値は、誤差の平均値が 0 であるため、真の値の平均値と一致する。しかし、分散（「$V(MLE)$」と表す）の場合は次のようになる（Mislevy et al. 1992: 138）。

$$V(MLE) = V(theta + error) = V(theta) + V(error) \geq V(theta)$$

　測定誤差の分散「$V(error)$」が 0 であれば、MLE の分散は真の値の分散に一致する。しかし、そうでなければ常に真の値の分散よりも大きく、過大推定となる。この傾向は WLE でも同じであり、MLE よりは改善しているが、やはり分散は過大推定となる。

　それでは EAP の場合はどうであろうか。Mislevy ら（1992: 139）によると、MAP、EAP のようなベイズ推定値の平均は、母集団の平均を正しく推定す

るが、分散については、調査の信頼性係数「ρ」の値に応じて母集団の分散よりも小さくなる。信頼性係数「ρ」は、一般的に次のように定義される。

$$\rho = \frac{V(theta)}{V(theta) + V(error)}$$

MLE で推定した分散と「theta」の分散を使って、この信頼性係数「ρ」を計算すると次のようになる。

$$\rho = \frac{V(theta)}{V(theta) + V(error)} = \frac{V(theta)}{V(MLE)} = \frac{0.9984}{1.5962} = 0.6255$$

「母集団の分散」である1に信頼性係数「ρ」をかけた値は EAP で推定した分散の値よりも若干小さいが、いずれにしろ測定誤差の分散「$V(error)$」が大きくなるほど EAP の値は過小推定になると考えられる。

② **標本サイズ、調査問題数と偏り**

母集団の分散を推定する時、測定誤差によって MLE や WLE は過大推定、EAP は過小推定になるが、逆に考えれば、誤差が少なければ、PV を使わなくても MLE、WLE、EAP で問題ないということになる。そこで、調査に参加する生徒数（標本サイズ）を増やした場合や、1人の生徒が解答する調査問題数を増やした場合に、推定値における偏り（バイアス）がどのように変化していくのかをシミュレーションを通して明らかにする。

まず、標本サイズを変えた時に「母集団の分散」の推定結果がどのように変わっていくのかを見ていく。「平均0」、「分散1」の標準正規分布から抽出し、「調査問題15問」であるところはシミュレーション1と同じであるが、標本サイズを「20人」から「7000人」まで20人分ずつ変化させ、それぞれについて1回、「母集団の分散」を推定するシミュレーションを行う（「シミュレーション2」とする）。

5 能力調査における項目反応モデルと母集団モデル　239

スクリプト 5-4　シミュレーション 2：母集団の分散の推定（標本サイズの変更）

　シミュレーション 2 を行う R のスクリプトは、次のとおりである。パッケージ「foreach」、「doParallel」、「TAM」を使用する。

```
##Simulation 2
##change number of respodents
N1 <- 20   #start number of respondents
N2 <- 7000 #end number of respondents
I <- 15    #number of items

cl <- makeCluster(detectCores())
registerDoParallel(cl)
sim2 <- foreach(N = seq(N1, N2, 20), .combine="rbind",
                .packages=c('TAM'))
 %dopar% {

  theta <- rnorm(N, mean=0, sd=1)         #respondent ability
  delta <- seq(-3,3,len=I)                #item difficulty
  prob <- plogis(outer(theta, delta, "-"))
                      #probabilities of correct answer
  rand <- matrix(runif(N*I), nrow=N, ncol=I) #random probabilities
  resp <- 1*(rand < prob)                 #simulate item responses

  mod1 <- tam.mml(resp)                   #MML
  mle <- tam.wle(mod1, WLE=FALSE)$theta   #mle
  wle <- tam.wle(mod1)$theta              #wle
  eap <- mod1$person$EAP                  #eap
  pv <- tam.pv(mod1, nplausible=1)$pv$PV1.Dim1 #PV

  sim0 <- cbind(theta, mle, wle, eap, pv)
  c(N, apply(sim0, 2, var)) #compute variance

}
stopCluster(cl)

write.csv(sim2, "sim02.csv", quote=F) #output
```

シミュレーション 1 との違いは、最初の生徒数（標本サイズ）を「N1」に、最後の生徒数を「N2」に保存し、関数「foreach()」で「N = seq(N1, N2, 20)」と設定して、生徒数を変えながら 1 回ずつシミュレーションを行っている点と、分散のみを推定している点である。

シミュレーション 2 の結果を図示すると、図 5-4 のようになる。なお、2 を超える値はグラフの中に表示していない。

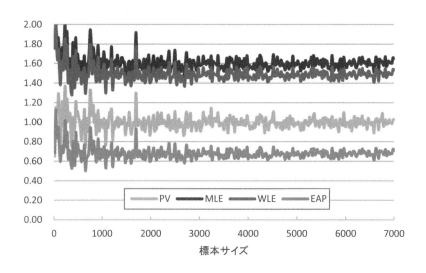

図 5-4　母集団の分散（=1）の推定（標本サイズを変更）

標本サイズが 3000 を超えたあたりから、推定結果はかなり安定してくる（変化が少なくなる）が、MLE、WLE の過大推定や、EAP の過小推定は改善されていない。項目反応理論において、ある「生徒の能力」は、その生徒の反応ベクトルと調査問題の項目パラメータ（ラッシュモデルの場合は「問題の難易度」）から推定されており、他の生徒の反応ベクトルは項目パラメータを介してしか関係していない。例えば MLE の標準誤差は、次のように表すことができた（第 4 章第 4 節の「(2)　WLE：重み付き最尤推定値」を参照）。

5 能力調査における項目反応モデルと母集団モデル　241

$$SE(\theta_n) = \sqrt{\frac{1}{I(\theta_n)}} = \sqrt{\frac{1}{\sum_{i=1}^{I} P_i(\theta_n) \cdot \{1 - P_i(\theta_n)\}}}$$

　問題数が増えるほどテスト情報量「$I(\theta_n)$」の値が大きくなり、標準誤差、つまり測定誤差が小さくなることがわかる。この式には標本サイズが出てこない。もちろん標本サイズがまったく関係しないという訳ではなく、項目パラメータの推定に標本サイズが影響を及ぼしているが、「生徒個人の能力」の推定には直接関係していないのである。

　では、個人が受ける調査問題数を変えた時に「母集団の分散」の推定結果がどのように変わっていくのかを見ていく。「平均0」、「分散1」の標準正規分布から「生徒数1000人」分の能力を抽出するところはシミュレーション1と同じであるが、調査問題数を「2問」から「400問」まで1問ずつ変化させ、それぞれについて1回、「母集団の分散」を推定するシミュレーションを行う（「シミュレーション3」）。

スクリプト 5-5　シミュレーション3：母集団の分散の推定（調査問題数の変更）

　シミュレーション3を行うRのスクリプトは、次のとおりである。パッケージ「foreach」、「doParallel」、「TAM」を使用する。

```
##Simulation 3
##change number of items
N <- 1000 #number of respondents
I1 <- 2   #start number of items
I2 <- 400 #end number of items

cl <- makeCluster(detectCores())
registerDoParallel(cl)
sim3 <- foreach(I = seq(I1, I2, 1),
                .combine="rbind", .packages=c('TAM'))
 %dopar% {

[省略：繰り返し処理は、シミュレーション2と同じ]
```

```
    sim0 <- cbind(theta, mle, wle, eap, pv)
    c(I, apply(sim0, 2, var)) #compute variance
}
stopCluster(cl)

write.table(sim3, "sim03.txt", quote=F, col.names=F) #output
```

シミュレーション 1 との違いは、最初の調査問題数を「I1」に、最後の調査問題数を「I2」に保存し、関数「foreach()」で「I = seq(I1, I2, 1)」と設定して、調査問題数を変えながら 1 回ずつシミュレーションを行っている点と、分散のみを推定している点である。

このシミュレーション 3 の結果を図示すると、図 5-5 のようになる。なお、2 を超える値はグラフの中に表示していない。**調査問題数が 100 問を越えたあたりから推定結果が安定し、偏り（過大推定、過小推定といったバイアス）もかなり改善されていることがわかる。**

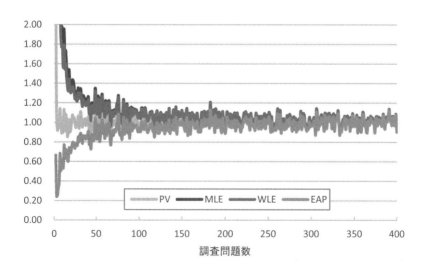

図 5-5　母集団の分散 (=1) の推定（調査問題数を変更）

5 能力調査における項目反応モデルと母集団モデル　243

　ここで、シミュレーション1の調査問題数のみを「20、40、60、80、100、120、140、160、180、200」と変更して、母集団の分散の推定を各1000回行ったときの推定値の平均を**表5-4**に示す。シミュレーション1と同様、平均は推定値の偏りを意味する。

表5-4　母集団の分散（=1）の推定（1000回の平均、調査問題数を変更）

調査問題数	MLE	WLE	EAP	PV
20 問	1.4410	1.3631	0.7378	0.9979
40 問	1.2157	1.1834	0.8538	1.0004
60 問	1.1424	1.1227	0.8989	1.0002
80 問	1.1054	1.0912	0.9219	0.9997
100 問	1.0832	1.0722	0.9363	0.9991
120 問	1.0716	1.0626	0.9501	1.0030
140 問	1.0616	1.0539	0.9586	1.0012
160 問	1.0518	1.0452	0.9636	1.0003
180 問	1.0490	1.0431	0.9726	1.0039
200 問	1.0465	1.0413	0.9795	1.0058

　180問程度あれば、最も母分散から離れているMLEでも値が「1.05」、つまり偏りが0.05未満になる。分散の平方根である標準偏差で見ると「1.02」、PISA調査の点数のように標準偏差が100になるよう換算すると2点程度の偏りとなる。調査の内容や目的にも左右されるが、おおよそ **180** 問以上で**MLE、WLE、EAP** の偏りは無視できる程度になる。本章でのシミュレーションでは、調査問題の難易度を-3から3まで等間隔に取っているが、生徒の能力分布（ここでは標準正規分布）に合わせて難易度 0 に近いところの問題数を増やせば測定誤差は小さくなり、少ない問題数で偏りを小さくすることができる。また、テスト情報量の式を見ればわかるが、正答する確率が 0.5に近い問題が多いほど、テスト情報量が大きくなり、それだけ標準誤差（測定誤差）が小さくなる。解答状況に応じて出題される調査問題を変えることができるコンピュータ適応型テスト（CAT：Computer Adaptive Testing）を使えば、同じ出題数で生徒個人の測定誤差を小さくすることができ、それだけ偏りを

小さくすることも可能である。

　ただし、PISA 調査が 2 時間の調査時間中、50 問から 60 問で構成されているのを考えると、日本において 2 時限（50 分×2−説明時間−質問調査時間）を使って能力調査を行う場合、漢字や英単語のテストでない限り、180 問以上出題することは不可能であり、筆者らの経験から見ても、最大で 40 問程度が限界である（入学試験、資格試験といった状況であれば、丸一日や数日かけて数百問の出題が可能かもしれない）。そのため、大規模教育調査で能力を測定する場合、PV の使用は避けられないと考えられる。

③　PV の数

　母集団の分散を推定する際、PV は 1 個でも役に立つが、PV の役割はそれだけではなく、推定値の標準誤差を計算する際の「測定誤差（Imputation Error）」を求めるためにも使われる。「測定誤差」はPVで求めた推定値の分散であるため、これを計算するには複数の PV が必要である。PISA 調査では、PISA2012 年調査まで 5 つの PV を使っていたが、PISA2015 年調査からは 10 個の PV が使われている。そこで、シミュレーション 1 のスクリプトを次のように変更して（「標本サイズ 4000 人」、「調査問題数 40 問」、「シミュレーション回数 1000 回」）、20 個の PV を算出して、PV が 2 個の場合（2PV）、5 個の場合（5PV）、10 個の場合（10PV）、15 個の場合（15PV）、20 個の場合（20PV）で、母集団の平均を推定し、その測定誤差がどのように変わるのかを調べる（シミュレーション4）。

スクリプト 5-6　シミュレーション 4：測定誤差の推定（PV の数を変更）

　　シミュレーション 4 を行う R のスクリプトは、次のとおりである。パッケージ「foreach」、「doParallel」、「TAM」を使用する。

```
##Simulation 4
##difference of imputation error among 2PV-20PV
S <- 1000 #number of simulations
N <- 4000 #number of respondents
```

5 能力調査における項目反応モデルと母集団モデル 245

```
I <- 40 #number of items

cl <- makeCluster(detectCores())
registerDoParallel(cl)
sim4 <- foreach(ii = 1:S, .combine="rbind",
                .packages=c('TAM')) %dopar% {

  theta <- rnorm(N, mean=0, sd=1)         #respondent ability
  delta <- seq(-3,3,len=I)                #item difficulty
  prob <- plogis(outer(theta, delta, "-"))
                   #probabilities of correct answer
  rand <- matrix(runif(N*I), nrow=N, ncol=I) #random probabilities
  resp <- 1*(rand < prob)                 #simulate item responses

  mod1 <- tam.mml(resp)                   #MML
  pv <- tam.pv(mod1, nplausible=20)$pv    #PV
  pv_mean <- apply(pv[2:21], 2, mean)     #mean of PV1-20

  c( mean(pv_mean[1:2]),     #mean of 2PV
     mean(pv_mean[1:5]),     #mean of 5PV
     mean(pv_mean[1:10]),    #mean of 10PV
     mean(pv_mean[1:15]),    #mean of 15PV
     mean(pv_mean[1:20]),    #mean of 20PV
     sd(pv_mean[1:2]),       #imputaition error of 2PV
     sd(pv_mean[1:5]),       #imputaition error of 5PV
     sd(pv_mean[1:10]),      #imputaition error of 10PV
     sd(pv_mean[1:15]),      #imputaition error of 15PV
     sd(pv_mean[1:20]))      #imputaition error of 20PV

}
stopCluster(cl)

write.csv(sim4, "sim04.csv", quote=F) #output
```

「測定誤差」を見る前に、複数の PV を使った場合の、母集団の平均の推定
結果（1000 回の平均と標準偏差）を表 5-5 に示す。

表 5-5　母集団の平均（=0）の推定（1000 回の平均・標準偏差、PV の数を変更）

	2PV	5PV	10PV	15PV	20PV
推定値の平均	0.0002	0.0002	0.0002	0.0002	0.0002
推定値の標準偏差	0.0070	0.0062	0.0059	0.0058	0.0058

　いずれの場合も、1000 回の推定値の平均は「0.0002」で一致している。そして、推定値の標準偏差（測定誤差に対応する）は、PV が 10 個以上になるとほとんど違いが見られず、推定値の精度が上がらなくなっている。
　それでは「測定誤差」はどうであろうか。PV を用いた測定誤差の推定値は、それぞれの PV で求めた推定値の標準偏差である（第 3 章第 1 節の「(1) 標本誤差算出の必要性」を参照）。「測定誤差」の推定結果（1000 回の平均と標準偏差）を表 5-6 に示す。

表 5-6　測定誤差の推定（1000 回の平均・標準偏差、PV の数を変更）

	2PV	5PV	10PV	15PV	20PV
推定値の平均	0.0048	0.0057	0.0060	0.0060	0.0061
推定値の標準偏差	0.0037	0.0021	0.0014	0.0012	0.0010

　2 個の PV の場合で「測定誤差」の推定値が小さいが、10 個以上の場合はほぼ一致している。なお、PV が 10 個以上の場合、母集団の平均の推定で求めた測定誤差（推定値の標準誤差）「0.0058」よりも大きな値になっている。「測定誤差」の推定値の標準偏差（「測定誤差」の測定誤差）は、PV が 10 個以上の場合で変化が小さくなっており、10 個を超える PV を使わなくても、推定結果は安定しているといえる。
　PV は、増やせば増やすほど「測定誤差」の測定誤差が小さくなるが、それだけ推定値とその「測定誤差」、そしてそれを加味した「標準誤差」を計算する負担が大きくなる。シミュレーションの結果から、PISA2015 年調査のように PV を 10 個使用するのがバランスの取れた方法に思える。ただし、2 個の場合でも、5 個の場合でも、極論を言えば 1 個の場合でも、能力調査

5　能力調査における項目反応モデルと母集団モデル　247

を伴う大規模教育調査においては、**PV を使わない（MLE や EAP を使う）**こ
とに比べれば有益である。

（3）PV の限界と「条件付け」

PV の有効性を説明してきたが、**PV には使用する上での限界、ないし制
約が存在する**（これは、母集団モデルを前提とする EAP にも当てはまる）。ここ
では、「下位集団間の平均得点の推定」、「能力以外の変数との相関」におけ
る PV の問題点とそれに対処するための母集団モデルによる「条件付け
(Conditioning)」について説明する。なお、「条件付け」とは、調査問題への
解答以外の情報（「条件付け変数」）を潜在回帰モデルとしての母集団モデル
に使用することである。また、PV が「生徒個人の能力」の推定値として適
切でないこともあわせて明らかにする。

①　下位集団の特性の推定

教育調査の分析では、性別、学校所在地、教育課程といった生徒の属性
別に成績を比較することがよくある。能力調査と質問調査が同時に行われ
る場合、質問の選択肢別に生徒の平均得点を求めることもよくある。これ
らは、標本を下位集団に分割し、下位集団の平均得点を推定する手法であ
る。また、あまり実施されていないが、特別なカリキュラムを受けた生徒
(つまり実験群)とそうでない生徒(対照群、統制群)の成績を比較するといっ
たことも、この下位集団の平均得点を推定することで可能になる。

しかし、Mislevy ら (1992: 146-7) によれば、母集団モデルを用いた「生徒
の能力」の推定値は、例え下位集団の平均が異なっていても(分布が正規分
布でなく、下位集団の最頻値の違いから多峰性を持ったとしても)、その違いを平
均した正規分布を事前分布としてしまうが故に、生徒の事後分布は「下位集
団の真の分布」から「合成された母集団の分布」へと引き寄せられてしまう。
つまり、**EAP や PV を推定値として使うと、下位集団の平均得点の違いが
過小推定される**というのである。

これを確認するため、2 つの下位集団から生徒が同数、抽出される「シミ

ュレーション5」を行う（1000回）。2つの下位集団「0」と「1」があり、下位集団「0」が平均「-0.1」、分散「1」の正規分布に従い、下位集団「1」が平均「0.1」、分散「1」の正規分布に従うとする。つまり、2つの集団の平均には、0.2の違いが存在する。これらの分布から「2000人」ずつ、計4000人の標本を抽出して、「調査問題40問（難易度が-3から3まで等間隔）」の架空の解答データを作成する。そしてラッシュモデルを使って、2つの集団ごとのMLE、WLE、EAP、PV（1個）の平均と分散を求める。

スクリプト5-7　シミュレーション5：下位集団の平均と分散の推定

　　シミュレーション5を行うRのスクリプトは、以下のとおりである。パッケージ「foreach」、「doParallel」、「TAM」を使用する。

```
##Simulation 5
##difference between two groups with different means
##conditioning score
S <- 1000 #number of simulations
N <- 4000 #number of respondents
I <- 40   #number of items

cl <- makeCluster(detectCores())
registerDoParallel(cl)
sim5 <- foreach(ii = 1:S, .combine="rbind",
                .packages=c('TAM')) %dopar% {

   theta0 <- rnorm(N/2, mean=-0.1, sd=1)
               #respondent ability in group 0
   theta1 <- rnorm(N/2, mean=0.1, sd=1)
               #respondent ability in group 1
   theta <- c(theta0, theta1)          #respondent ability
   group <- rep(c(0,1),each=N/2)        #group ID

   delta <- seq(-3,3,len=I)             #item difficulty
   prob <- plogis(outer(theta, delta, "-"))
               #probabilities of correct answer
   rand <- matrix(runif(N*I), nrow=N, ncol=I) #random probabilities
```

5 能力調査における項目反応モデルと母集団モデル 249

```
    resp <- 1*(rand < prob)              #simulate item responses

    #unconditioning
    mod1 <- tam.mml(resp)                            #MML
    mle <- tam.wle(mod1, WLE=FALSE)$theta            #mle
    wle <- tam.wle(mod1)$theta                       #wle
    eap <- mod1$person$EAP                           #eap
    pv <- tam.pv(mod1, nplausible=1)$pv$PV1.Dim1 #PV

    #fix item difficulty
    xsi0 <- mod1$xsi$xsi
    xsi.fixed <- cbind( seq(1,length(xsi0)) , xsi0 )

    #conditioning
    mod2 <- tam.mml(resp, xsi.fixed=xsi.fixed, Y=group) #MML
    eap2 <- mod2$person$EAP                          #eap
    pv2 <- tam.pv(mod2, nplausible=1)$pv$PV1.Dim1    #PV

    sim0 <- data.frame(group, mle, wle, eap, pv, eap2, pv2)
    cbind(aggregate(sim0[,2:7], by=list(sim0$group), FUN=mean),
          aggregate(sim0[,2:7], by=list(sim0$group),
                    FUN=var)[,2:7])

}
stopCluster(cl)

write.csv(sim5, "sim05.csv", quote=F) #output
```

　シミュレーション 1 との違いは、2 つの下位集団ごとに抽出を行い、変数
「group」に下位集団を示すグループ ID（下位集団「1」に所属するかどうかの
ダミー変数となっている）を保存している点と、後述する母集団モデルによる
「条件付け」を行っている点である。これまで同様、周辺最尤推定法を行い、
MLE、WLE、EAP、PV を求めた部分は「条件付け」を行っていないという意
味で「#unconditioning」としている。「#fix item difficulty」の部分は、周辺最
尤推定法で推定した「問題の難易度」を取り出し、「条件付け」を伴った周辺最
尤推定法の「問題の難易度」が同じになるようにするため、「xsi.fixed」に保存
している。「問題の難易度」を同じにしなくても推定は可能であるが、比較しに

くくなること、PISA 調査では「条件付け変数」なしで「問題の難易度」を推定していること（OECD 2014b: 155）を考慮して、このような操作を行っている。「#conditioning」の部分では、関数「tam.mml()」で最尤推定法を行う際に、「xsi.fixed=xsi.fixed」と設定して「問題の難易度」を推定せずに先ほどのものを使用し、「Y=group」と設定して変数「group」を用いて「条件付け」を行っている。

シミュレーション5による、下位集団「0」と「1」における能力の平均値の推定結果（1000 回の平均）は表 5-7 のとおりである。

表 5-7　下位集団の平均（-0.1、0.1）の推定（1000 回の平均）

	MLE	WLE	条件付けなし		条件付けあり	
			EAP	PV	EAP	PV
下位集団「0」	−0.1013	−0.1000	−0.0850	−0.0842	−0.1000	−0.1002
下位集団「1」	0.1012	0.0999	0.0850	0.0849	0.1000	0.0993

「条件付け」を行わない EAP と PV は、下位集団の推定平均値が「下位集団から合成された母集団」の平均値「0」に近くなるという偏り（バイアス）が生じている。一方、最尤推定値である MLE と WLE では、そのような偏り（バイアス）は見られず、特に WLE は偏りのない推定が行われている。この結果を見て、PV や EAP ではなく、最尤推定値を使うべきだと思う方もいるかもしれない。しかし、これまで見てきた最尤推定値の欠点は、下位集団の特性の推定においても存在している。下位集団「0」と「1」における能力の分散の推定結果（1000 回の平均）を表 5-8 に示す。

表 5-8　下位集団の分散（=1）の推定（1000 回の平均）

	MLE	WLE	条件付けなし		条件付けあり	
			EAP	PV	EAP	PV
下位集団「0」	1.2115	1.1793	0.8532	1.0000	0.8506	0.9981
下位集団「1」	1.2136	1.1813	0.8546	1.0021	0.8521	0.9989

分散の推定については、母集団であれ、下位集団であれ、MLE と WLE は過大推定、EAP は「条件付け」の有無に関係なく過小推定となっており、PV でのみ偏りのない推定が可能である。なお、この偏りは、測定誤差を小さくすること（例えば「調査問題数」を増やすこと）で小さくできるが、EAP や PV における下位集団の平均の推定も同じように偏りが小さくなる。

EAP と PV では、「条件付け」、つまり「条件付け変数」を母集団モデルに組み込まなければ、偏りのない下位集団の平均の推定ができないという限界、ないしは制約がある。逆に表 5-7 に示したように、「条件付け」を行えば、下位集団の平均の推定値は WLE と同等のものになり、この問題に対処することができる。しかも「条件付け」は、表 5-8 に示したように下位集団の分散の推定には影響を与えない。それゆえ、「条件付け」を行った PV を用いることは、大規模教育調査において極めて有効な推定方法といえる。

② 相関係数の推定

PISA 調査では、質問調査の回答から様々な指標（多くは連続的な変数）を作成し、それと生徒の得点との相関関係を見たり、回帰分析を行ったりしている。代表的なものとしては、生徒の家庭環境からの影響を見る「生徒の社会経済文化的背景」指標（ESCS）や、生徒の学習における動機付けを見るための「興味・関心や楽しみ」指標、「道具的動機付け」指標、生徒の学習における自己評価を見るための「自己効力感」指標、「自己概念」指標、「不安」指標などがある。PISA2012 年調査での分析結果については、ESCS が国立教育政策研究所（2013a: 340-4）に、生徒の学習に関する指標は同じく国立教育政策研究所（2013a: 160-78）に示されている。ここでは、項目反応理論を用いて測られた能力や学力と別の要因との「相関関係」を見る際にも、「条件付け」が重要であることを明らかにする。

「シミュレーション 6」として、能力とは「別の変数」があり、それらが相関係数で「0.4」の相関がある多変量正規分布（能力も「別の変数」も平均 1、分散 0）に従い、そこから「4000 人」の標本を抽出して、「調査問題 40 問（難易度が-3 から 3 まで等間隔）」の架空の解答データを作成する。このシミュ

レーションは、PISA2012 年調査の数学的リテラシーと「生徒の社会経済文化的背景」指標との相関が、日本では相関係数 0.31 であったことを模しているが、わかりやすくするために 0.4 とした。そして、架空の解答データでの生徒の調査問題に対する正答率、ラッシュモデルを使って算出した MLE、WLE、EAP、PV の値と、「別の変数」との間で相関係数を求めた。

スクリプト 5-8　シミュレーション 6：相関係数の推定

　　シミュレーション 6 を行う R のスクリプトは、以下のとおりである。パッケージ「foreach」、「doParallel」、「TAM」とともに、多変量正規分布をシミュレーションするためにパッケージ「mvtnorm」（Genz et al. 2017）も使用している。

```
#Install packages
install.packages("mvtnorm")

# Load library
library(mvtnorm)

##Simulation 6
##difference of correlation between ability and another value
##conditioning score
S <- 1000 #number of simulations
N <- 4000 #number of respondents
I <- 40   #number of items

cl <- makeCluster(detectCores())
registerDoParallel(cl)
sim6 <- foreach(ii = 1:S, .combine="rbind",
                .packages=c('TAM','mvtnorm')) %dopar% {

  #multivariate normal distribution
  mn_value <- rmvnorm(N, mean=c(0, 0),
                      sigma=matrix( c(1,.4,.4,1) , 2 , 2 ))
  theta <- mn_value[,1]    #respondent ability
  value <- mn_value[,2]    #another value for correlation

  delta <- seq(-3, 3, len=I)              #item difficulty
```

5 能力調査における項目反応モデルと母集団モデル　253

```
prob <- plogis(outer(theta, delta, "-"))
                     #probabilities of correct answer
rand <- matrix(runif(N*I), nrow=N, ncol=I) #random probabilities
resp <- 1*(rand < prob)              #simulate item responses
per <- apply(resp, 1, sum) / I       #correct rate

#unconditioning
mod1 <- tam.mml(resp)                        #MML
mle <- tam.wle(mod1, WLE=FALSE)$theta        #mle
wle <- tam.wle(mod1)$theta                   #wle
eap <- mod1$person$EAP                       #eap
pv <- tam.pv(mod1, nplausible=1)$pv$PV1.Dim1 #PV

#fix item difficulty
xsi0 <- mod1$xsi$xsi
xsi.fixed <- cbind( seq(1,length(xsi0)) , xsi0 )

#conditioning
mod2 <- tam.mml(resp, xsi.fixed=xsi.fixed, Y=value) #MML
eap2 <- mod2$person$EAP                      #eap
pv2 <- tam.pv(mod2, nplausible=1)$pv$PV1.Dim1    #PV

c(cor(value,per), cor(value,mle),
  cor(value,wle),cor(value,eap),
  cor(value,pv), cor(value,eap2), cor(value,pv2))

}
stopCluster(cl)

write.csv(sim6, "sim06.csv", quote=F) #output
```

　シミュレーションを始める前に、パッケージ「mvtnorm」をインストールし、使えるようにしている。これまでとの違いは、関数「rnorm()」の代わりに関数「rmvnorm()」を使い、相関のある 2 つの変数を持った母集団から標本を抽出している点である。「sigma=matrix(c(1,.4,.4,1) , 2 , 2)」では、関数「matrix()」を使って 2 つの変数からなる多変量正規分布の分散共分散行列を設定している。抽出結果を「mn_value」に保存し、そこから真の値を「theta」に、「別の変数」

の値を「value」に分けて保存している。また、ラッシュモデルで推定を行う前に、関数「apply()」を使って生徒の正答数を求め、それを問題数 I で割って正答率を求め、「per」に保存している。「生徒の能力」の推定では、「条件付け変数」として「別の変数」を使い、繰り返し処理の最後で関数「cor()」を使って、「別の変数」と能力との相関係数を求めている。

シミュレーション 6 による「生徒の能力」と「別の変数」との相関係数「0.4」の推定結果は、表 5-9 のとおりである。

表 5-9　相関係数（=0.4）の推定（1000 回の平均）

	正答率	MLE	WLE	条件付けなし		条件付けあり	
				EAP	PV	EAP	PV
推定値の平均	0.3688	0.3687	0.3688	0.3689	0.3399	0.4332	0.4003
推定値の標準偏差	0.0142	0.0142	0.0142	0.0142	0.0145	0.0162	0.0162

正答率、MLE、WLE、「条件付け」を行っていない EAP はほとんど同じ結果であり、「条件付け」を行っていない PV も含めて過小推定となっている。正答率が MLE などと同じ結果なのは、ラッシュモデルにおいては「観測された正答数」と「予測される正答数」が一致するように能力の推定値が決まっており、正答数の大小と能力の推定値の高低が対応しているからである。また、ここで用いている正答率はラッシュモデルに従っており、「生徒の能力に応じて、問題に正答する確率が変わってくる」ということを前提に作られたものである。この前提が成り立つ場合、生徒の調査問題への正答率を使って相関係数を求めると、その値は過小推定となる。

　「条件付け」を行った場合を見ると、EAP は過大推定になっており、偏りのない推定が行えるのは PV のみとなっている。相関係数の「0.03」程度の偏りを無視できるものと考えるのか、それとも偏りのない値を求めるのかは、調査や分析の目的によって違ってくる。ただし、この偏りは測定誤差が大きくなるほど大きくなり、測定誤差が小さくなるほど小さくなり、しかも生徒の「正答率」についても同様に当てはまる。相関分析を行う際、「条件

5 能力調査における項目反応モデルと母集団モデル　255

付け」を行っていない PV は偏りが大きくなるため使うべきではないが、正答率や MLE、WLE、EAP もできる限り避けるべきであろう。

③　生徒個人の能力の推定

　PV は、能力の事後分布から無作為に選ばれた値であり、「母集団の特性」を推定するためのもので、「生徒個人の能力」の推定値としては適切ではない。このことを示すために、3 つのシミュレーションを行う。

　1 つ目のシミュレーションでは、ラッシュモデルにおける「真の能力」と推定値との関係を明らかにする。このシミュレーション 7 では、「平均 0」、「分散 1」の標準正規分布から「生徒数 4000 人」分の能力を抽出し、「調査問題 15 問」としてラッシュモデルに従った架空の解答データを作成し、これを用いて各生徒の MLE、WLE、EAP、PV (1 個) の値を計算する。

スクリプト 5-9　シミュレーション 7：個人の能力の推定

　　シミュレーション 7 を行う R のスクリプトは、次のとおりである。なお、R のパッケージ「TAM」を使用している。

```
##Simulation 7
N <- 4000   #number of respondents
I <- 15     #number of items

set.seed(123)
theta <- rnorm(N, mean=0, sd=1)          #respondent ability
delta <- seq(-3,3,len=I)                 #item difficulty
prob <- plogis(outer(theta, delta, "-"))
             #probabilities of correct answer
set.seed(123)
rand <- matrix(runif(N*I), nrow=N, ncol=I) #random probabilities
resp <- 1*(rand < prob)                  #simulate item responses
set.seed(NULL)

mod1 <- tam.mml(resp)                    #MML
mle <- tam.wle(mod1, WLE=FALSE)$theta    #mle
```

```
wle <- tam.wle(mod1)$theta              #wle
eap <- mod1$person$EAP                  #eap
pv <- tam.pv(mod1, nplausible=1)$pv$PV1.Dim1 #PV

sim7 <- cbind(theta, mle, wle, eap, pv)

write.csv(sim7, "sim07.csv", quote=F) #output
```

今までのシミュレーションとの違いは、繰り返し処理が無く、無作為抽出や乱数を発生させる際に関数「set.seed()」を実行して、結果が再現できるようにしている点である。調査問題を 15 問としたのは、極端な結果を示すためであり、問題数が多くなるほど MLE、WLE、EAP、PV の違いは小さくなる。

シミュレーション 7 で使用した「真の能力」と、MLE、WLE、EAP、PV による推定値との散布図を図 5-6 に示す。

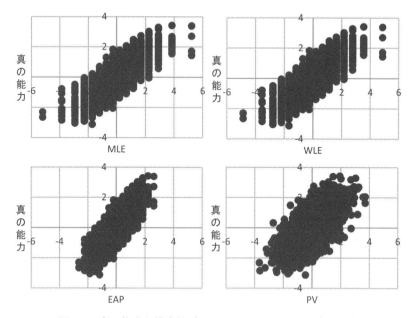

図 5-6　真の能力と推定値（MLE、WLE、EAP、PV）の関係

5　能力調査における項目反応モデルと母集団モデル　257

　4つの図とも「真の能力」の値、生徒の解答（反応行列）、各生徒の正答数が同じになっている。MLE、WLE、EAP では、生徒を意味する点が縦に並び、16本の線のようになっている。これは0から15までの正答数に対応しており、ラッシュモデルでは正答数と個人の能力の推定値が1対1の対応関係にあることを示している。そして MLE、WLE、EAP の順に推定値の分布する範囲（ばらつき）が狭くなっている。これはシミュレーション1で示した分散と関係している。MLE や WLE のような最尤推定法では「真の能力」よりもばらつきが大きく、分散は過大推定となっており、EAP のようなベイズ推定法では「真の能力」よりもばらつきが小さく、分散は過小推定となっている。そして PV は「真の能力」と同程度のばらつきになっている。

　では、どの値がより正確に「生徒個人の能力」を推定しているといえるのであろうか。2つ目のシミュレーション（シミュレーション8）では、「真の能力」と MLE、WLE、EAP、PV（1個）の違いを、「真の能力」との平均2乗誤差の平方根である「RMSE (Root Mean Square Error)」を使って比較する。RMSE は、次の式で求められる値である。

$$\text{RMSE} = \sqrt{\frac{1}{\text{人数}} \sum (\text{真の値} - \text{推定値})^2}$$

　RMSE は、真の値と推定値との差（違い）を2乗（正の値であるか負の値であるかが関係なくなる）し、その平均を求め、さらにその平方根を求めた値であり、真の値との誤差を評価することができる。この値が小さいほど、真の値との誤差が小さいことを意味する。RMSE の計算は、R のパッケージ「Metrics」を使用する。ここでは、「平均0」、「分散1」の標準正規分布から「生徒数4000人」分の能力を抽出し、「調査問題40問」として架空の解答データを作成し、「真の能力」と MLE、WLE、EAP、PV の RMSE を求めるシミュレーションを1000回行う。また、シミュレーション8とほとんど同じであるが、調査問題数を「200問」とする3つ目のシミュレーション（シミュレーション9）も行う。

スクリプト 5-10　シミュレーション 8 : RMSE の計算（調査問題 40 問）

シミュレーション 8 を行う R のスクリプトは、次のとおりである。最初にパッケージ「Metrics」インストールして使えるようにし、繰り返し処理の最後に関数「rmse()」を使って RMSE を求めている。パッケージ「foreach」、「doParallel」、「TAM」も使用している。

```
#Install packages
install.packages("Metrics")

# Load library
library(Metrics)

##Simulation 8
##
S <- 1000  #number of simulations
N <- 4000  #number of respondents
I <- 40    #number of items

cl <- makeCluster(detectCores())
registerDoParallel(cl)
sim8 <- foreach(ii = 1:S, .combine="rbind",
                .packages=c('TAM','Metrics')) %dopar% {

    theta <- rnorm(N, mean=0, sd=1)          #respondent ability
    delta <- seq(-3,3, len=I)                #item difficulty
    prob <- plogis(outer(theta, delta, "-"))
                    #probabilities of correct answer
    rand <- matrix(runif(N*I), nrow=N, ncol=I) #random probabilities
    resp <- 1*(rand < prob)                  #simulate item responses

    mod1 <- tam.mml(resp)                        #MML
    mle <- tam.wle(mod1, WLE=FALSE)$theta        #mle
    wle <- tam.wle(mod1)$theta                   #wle
    eap <- mod1$person$EAP                       #eap
    pv <- tam.pv(mod1, nplausible=1)$pv$PV1.Dim1 #PV

    cbind(rmse(theta,mle), rmse(theta,wle),
          rmse(theta,eap), rmse(theta,pv))
```

5　能力調査における項目反応モデルと母集団モデル　259

```
}
stopCluster(cl)

write.csv(sim8, "sim08.csv", quote=F) #output
```

スクリプト 5-11　シミュレーション 9：RMSE の計算（調査問題 200 問）

　シミュレーション 9 を行う R のスクリプトは、以下のとおりである。パッケージ「foreach」、「doParallel」、「TAM」、「Metrics」を使用している。

```
##Simulation 9
##
S <- 1000   #number of simulations
N <- 4000   #number of respondents
I <- 200    #number of items

cl <- makeCluster(detectCores())
registerDoParallel(cl)
sim9 <- foreach(ii = 1:S, .combine="rbind",
                .packages=c('TAM','Metrics')) %dopar% {

  theta <- rnorm(N, mean=0, sd=1)        #respondent ability
  delta <- seq(-3,3,len=I)               #item difficulty
  prob <- plogis(outer(theta, delta, "-"))
                        #probabilities of correct answer
  rand <- matrix(runif(N*I), nrow=N, ncol=I) #random probabilities
  resp <- 1*(rand < prob)                #simulate item responses

  mod1 <- tam.mml(resp, control=list(nodes=seq(-6,6,len=21),
                                     progress=FALSE)) #MML
  mle <- tam.wle(mod1, WLE=FALSE)$theta        #mle
  wle <- tam.wle(mod1)$theta                   #wle
  eap1 <- mod1$person$EAP                      #eap
  pv <- tam.pv(mod1, nplausible=1)$pv$PV1.Dim1 #PV

  mod2 <- tam.mml(resp, control=list(nodes=seq(-6,6,len=36),
                                     progress=FALSE)) #MML
```

```
eap2 <- mod2$person$EAP                         #eap
pv2 <- tam.pv(mod2, nplausible=1)$pv$PV1.Dim1 #PV

cbind(rmse(theta,mle), rmse(theta,wle),
      rmse(theta,eap1), rmse(theta,pv),
      rmse(theta,eap2), rmse(theta,pv2))

}
stopCluster(cl)

write.csv(sim9, "sim09.csv", quote=F) #output
```

このシミュレーションでは EAP と PV を 2 回計算している。これは、ガウス求積（第 4 章第 3 節の「（2）周辺最尤推定法」を参照）を用いる際のノード数をパッケージ「TAM」の初期値である「21」の場合と変更した「36」の場合で比較するためである。

2 つのシミュレーション（40 問と 200 問）で求めた RMSE の平均（1000 回）は、表 5-10 のとおりである。

表 5-10　真の値と推定値の RMSE（1000 回の平均）

調査問題数	MLE	WLE	ノード初期値		ノード 36 個	
			EAP	PV	EAP	PV
40 問	0.6205	0.6016	0.5147	0.7273	−	−
200 問	0.1929	0.1923	0.2057	0.2643	0.1850	0.2616

「調査問題 40 問」の場合では、EAP の RMSE の平均値が最も小さく、真の能力に最も近い推定値となっていることがわかる。そして WLE、MLE の順に平均値が小さいが、両者の差はそれほど大きくない。当然のことながら PV が最も RMSE の平均値が大きく、「生徒個人の能力」の推定値として適切でないことがわかる。なお、「調査問題 200 問」の場合、ノードを調整していないと、WLE、MLE、EAP の順に平均値が小さくなっている。これ

は、EAP の計算に使われているノードの個数が適切でないことが原因であり、ノードの数を増やせば（200 問の場合は 36 個以上あれば結果が同じになる）、EAP で RMSE の平均値が最小になる。PV については、ノードの数を増やしても、その値が大きいことに変わりはない。

PV は、その求め方が個人の最尤推定値や期待値になっていない点から見ても、また問題数を増やしても RMSE の値が他の推定値に劣っている点から見ても、「生徒個人の能力」の推定値として使ってはいけないことがわかる。本書では、これ以上の議論は行わないが、「生徒個人の能力」を測る場合は、EAP か WLE を使うのが無難であるように思える。ただし EAP に関しては、先述した「下位集団の推定」の問題や、調査問題数が増えるとノード調整が必要になるという短所がある。一方、WLE にはそのような欠点が無いため、「生徒個人の能力」の推定値として、かなり有用ではないだろうか。MLEについては、WLEが使えない統計ソフトや統計パッケージでも使えることがメリットといえるが、「母集団の特性」を推定する際も、「生徒個人の能力」を推定する際も WLE の方が優れている。つまり、推定結果に大きな違いがないとはいえ、WLE が利用できるときは、MLE よりも WLE を使っていくべきであろう。PISA 調査でも、能力の推定以外で項目反応理論を用いるときは（指標値を算出する場合など）、WLE が使用されている。

(4) PISA 調査での母集団モデル

本節では、能力調査を伴う大規模教育調査において、母集団モデルと PV を使うことの有効性を明らかにしてきた。そしてシミュレーションの中で、2 つの下位集団が存在する場合や、能力とは「別の変数」が 1 つある場合の「条件付け」の方法を説明した。では、PISA 調査のように質問紙の回答や生徒の属性といった膨大な情報がある場合、それらをどのように母集団モデルに組み込み、「条件付け」を行っているのであろうか。

PISA 調査では、生徒レベルの情報（調査問題への回答以外）のすべてが「条件付け」に直接使われたり、間接的に使われたりしている（OECD 2014b: 157）。PISA2012 年調査の日本の質問紙に関するデータ（第 2 章第 1 節

の「（3）標本サイズと層について」で作成した「JPN2012」）には、生徒が回答した質問項目が生徒質問紙で 276 個、ICT 質問紙で 62 個あり、これら以外に学校 ID や問題冊子番号、そして質問項目から作成された指標値が 90 個（日本については 81 個）ある。これらの内、PISA 調査で「条件付け変数」として「直接」使われる、つまり母集団モデルの独立変数になるのが、問題冊子番号（「JPN2012」での変数名は BOOKID）、性別（同 ST04Q01）、学校 ID（同 SCHOOLID）、学年（同 GRADE、日本の場合は全員同じ値であり、使う必要がない）、母親の職業に基づく「社会経済的背景」指標（同 BMMJ1）、父親の職業に基づく「社会経済的背景」指標（同 BFMJ2）である。

　学年と「社会経済的背景」指標は、連続する数値データとなっているため、そのまま母集団モデルの独立変数として使うことができる（ただし実際には欠損値に対する処理が必要である）。しかし、問題冊子番号や性別などは数値ではなく、分類のためのカテゴリー（カテゴリカルデータ）であるため、そのまま使うことはできない。そこで PISA 調査では、このようなカテゴリカルデータをダミー変数に変換して使用している。例えば性別の場合、その国で多い方の性別を「-1」（日本の場合は男子）、もう一方の性別を「1」（日本の場合は女子）と変換して独立変数に使用する（OECD 2014b: 421）。問題冊子番号の場合は、第 4 章の最初で述べたように 13 種類の冊子が使われているため、変数「BOOKID」を**表 5-11** のように 12 個のダミー変数に変換する。ダミー変数は、カテゴリーの数（問題冊子は 13）から 1 を引いた数だけ必要であり、カテゴリーと対応するダミー変数の値が「1」になるように変換され、基準となる「問題冊子 13」に対しては、すべてのダミー変数の値が「-1」となるようにしている（OECD 2014b: 431）。学校 ID も問題冊子番号と同様の方法でダミー変数に変換される。PISA2012 年調査で日本は、191 校の協力が得られたため、ダミー変数の数は 190 個となり、基準となるのは「最も規模が大きい学校」とされている（OECD 2014b: 157）。

　「直接」ではなく、「間接的」に使われる情報は、生徒質問紙、ICT 質問紙などの生徒の回答と質問紙から作られた指標値であり、これらは主成分分析にかけられ、主成分得点にまとめられてから母集団モデルの独立変数、つ

5　能力調査における項目反応モデルと母集団モデル　263

表 5-11　BOOKID に対するダミー変数の対応関係

BOOKID	ダミー変数											
	1	2	3	4	5	6	7	8	9	10	11	12
1	1	0	0	0	0	0	0	0	0	0	0	0
2	0	1	0	0	0	0	0	0	0	0	0	0
3	0	0	1	0	0	0	0	0	0	0	0	0
4	0	0	0	1	0	0	0	0	0	0	0	0
5	0	0	0	0	1	0	0	0	0	0	0	0
6	0	0	0	0	0	1	0	0	0	0	0	0
7	0	0	0	0	0	0	1	0	0	0	0	0
8	0	0	0	0	0	0	0	1	0	0	0	0
9	0	0	0	0	0	0	0	0	1	0	0	0
10	0	0	0	0	0	0	0	0	0	1	0	0
11	0	0	0	0	0	0	0	0	0	0	1	0
12	0	0	0	0	0	0	0	0	0	0	0	1
13	-1	-1	-1	-1	-1	-1	-1	-1	-1	-1	-1	-1

まり条件付け変数として利用される。生徒の質問紙への回答は、順序性のないカテゴリカルデータの場合はダミー変数に変換され、順序性のあるカテゴリカルデータの場合は指標値を作成する際に用いられた関連する質問項目ごとに各生徒の合計点を出し、それを最大値で割った割合から生徒の平均割合を引いた値が主成分分析にかけられる。この変換や計算の詳細については、OECD (2014b: 421-7) に説明がある。多くの指標値は連続した数値データであるため、そのまま主成分分析にかけられる。独立変数となる主成分得点の数は、主成分分析で利用されたデータの分散を 95%説明できるという基準で決められ、国や地域によって異なっている（OECD 2014b: 157）。

　それでは PISA2012 年調査における日本の数学的リテラシーの得点を例に、R の統計パッケージ「TAM」で、生徒の情報を母集団モデルに組み込む方法、つまり「条件付け」のやり方を説明する。データ「JPN2012」と第 4 章第 3 節の「 (2) 周辺最尤推定法」で作成した日本の生徒の解答データ「JPN2012m」を使用する。まず、質問紙のデータから直接使われる「条件付け変数」準備する。

264

スクリプト 5-12　直接的な条件付け変数の準備

「条件付け」に直接利用される情報は、次の R のスクリプトで用意できる。

```
#Make direct regressors for population model
#Sort data by STIDSTD
JPN2012 <- JPN2012[order(JPN2012$STIDSTD),]

#dummy data from BOOKID
BOOKID <- as.factor(as.numeric(JPN2012$BOOKID))
d_BOOKID <- model.matrix(~BOOKID, data = BOOKID ,
          contrasts = list(BOOKID = "contr.sum"))[,-1]

#dummy data form ST04Q01
d_GENDER <- as.numeric(JPN2012$ST04Q01)
d_GENDER[d_GENDER==2] <- -1

#dummy data form SCHOOLID
SCHOOLID <- as.factor(as.numeric(JPN2012$SCHOOLID))
d_SCHOOLID <- model.matrix(~SCHOOLID, data = SCHOOLID,
          contrasts = list(SCHOOLID = "contr.sum"))[,-1]

#dummy data from ISEI for missing
BMMJ1 <- JPN2012$BMMJ1
d_BMMJ1 <- rep(0,length(BMMJ1))
d_BMMJ1[is.na(BMMJ1)] <- 1
BMMJ1 <- BMMJ1 - median(BMMJ1, na.rm=TRUE)
BMMJ1[is.na(BMMJ1)] <- 0

BFMJ2 <- JPN2012$BFMJ2
d_BFMJ2 <- rep(0,length(BFMJ2))
d_BFMJ2[is.na(BFMJ2)] <- 1
BFMJ2 <- BFMJ2 - median(BFMJ2, na.rm=TRUE)
BFMJ2[is.na(BFMJ2)] <- 0

#merge direct regressors
d_pop <- cbind(d_BOOKID, d_GENDER, d_SCHOOLID, BMMJ1,
            d_BMMJ1, BFMJ2, d_BFMJ2)
rm(BOOKID, d_BOOKID, d_GENDER, SCHOOLID, d_SCHOOLID)
```

最初に「JPN2012」を生徒 ID (STIDSTD) 順に並べ替えている。これは、解答データと並び順を同じにするために行っている。次に、問題冊子番号 (BOOKID) を 12 個のダミー変数に変換するため、関数「model.matrix()」を使用している。行列「d_BOOKID」には、12 個のダミー変数が格納される。性別 (ST04Q01) については、関数「as.numeric()」で数値化して「d_GENDER」に保存し、男子を示す「2」を「-1」に変換している。学校 ID (SCHOOLID) は問題冊子番号と同様の処理を行い、190 個のダミー変数を行列「d_SCHOOLID」に保存している。学年 (GRADE) については、日本の生徒はすべて同じ学年で違いがないため、先述したように「条件付け」には用いられない。母親の職業に基づく「社会経済的背景」指標 (BMMJ1) は、欠損値が存在するため、欠損値を示すダミー変数「d_BMMJ1」（欠損値は 1、それ以外は 0）を作成し、「BMMJ1」の方は、全生徒の中央値を引いた値に変換し、欠損値を「0」を代入している。この処理は、OECD (2014b: 421) に基づいている。父親の職業に基づく「社会経済的背景」指標（同 BFMJ2）も、母親の場合と同じ処理を行っている。そしてこれらの「条件付け」に直接利用される条件付け変数を関数「cbind()」を使って行列「d_pop」にまとめている。

PISA 調査において、「条件付け」に間接的に用いられる質問項目は、ダミー変数にされたり、複数の質問項目を合わせて連続する数値（先述した割合）にされたりして、通常の主成分分析にかけて合成される。この操作を OECD (2014b: 421-7) のとおりに行うと、説明にかなりの紙面を使ってしまい、カテゴリカルデータを連続する数値のように扱うという問題点もあるため、ここでは、連続する数値とカテゴリカルデータを同時に扱うことのできるカテゴリカル主成分分析を用いて、主成分得点を計算する。

スクリプト 5-13　間接的な条件付け変数の準備

カテゴリカル主成分分析には、R のパッケージ「FactoMineR」（Le et al. 2008）を用い、分析に用いるデータの欠損値処理にはパッケージ「missMDA」（Josse and Husson 2016）を用いる。主成分得点を計算し、間接的に使用される「条件付け変数」を求める R のスクリプトは、次のとおりである。

```
#Make indirect regressors for population model
#Install packages
install.packages("FactoMineR")
install.packages("missMDA")

#Load library
library(FactoMineR)
library(missMDA)

#Make data for PCA
JPN2012p <- JPN2012[,c(9,13,18:26,32,38:171,178:345,411,414:417,
                       420:424,426:437,439:442,444:449,453:455,
                       457,461:468,471:474,476:483,485:500)]
JPN2012p[,1] <- as.factor(JPN2012p[,1])
JPN2012p[,5] <- as.factor(JPN2012p[,5])
JPN2012p[,245:252] <- lapply(JPN2012p[,245:252],as.factor)
JPN2012p[,334] <- as.factor(JPN2012p[,334])

#recoded for missing
JPN2012p[,33:35] <- lapply(JPN2012p[,33:35],as.character)
JPN2012p[,33:35][JPN2012p[,33:35]=="7777777"] <- NA
JPN2012p[,33:35][JPN2012p[,33:35]=="9999999"] <- NA

JPN2012p[,33:35][JPN2012p[,33:35]=="0392001"] <- 1
JPN2012p[,33:35][JPN2012p[,33:35]=="0392002"] <- 0
JPN2012p[,33:35] <- lapply(JPN2012p[,33:35],as.factor)

#Impute data for PCA
re_impute <- imputeFAMD(JPN2012p, seed=123)

#PCA for mixed data
re_FAMD <- FAMD(JPN2012p, ncp=683, tab.comp=re_impute$tab.disj)
i_pop <- re_FAMD$ind$coord

#Merge regressors for population model
r_pop <- cbind(d_pop,i_pop)
```

パッケージ「FactoMineR」と「missMDA」を使えるようにしたら、生徒の情報の入った「JPN2012」から、間接的に用いる情報を取り出し、「JPN2012p」

に保存している。日本の生徒全員が同じ値の項目や使われなかった項目、作られなかった指標値（全員が欠損値）、質問項目間の計算が必要なためその結果が指標値になっている質問項目は、除外している。主成分分析にかけることができなかったり、かけても意味が無かったりするからである。保存したデータの内、カテゴリカルデータであるのに「JPN2012」で数値として認識されている情報に関しては、関数「as.factor()」を使ってカテゴリカルデータ（factor型）に変換している。また、「JPN2012p[,33:35]」として示されている生徒質問紙のST26Q15からQ17は、参加国・地域ごとに異なる内容を聞いているため、欠損値などに特殊な値が入っており、それらを他の質問項目と同じものに変換している。「JPN2012p」の準備ができたら、主成分分析の前にパッケージ「missMDA」の関数「imputeFAMD()」を使って欠損値の補完を行っている（欠損値があると後述の関数「FAMD()」が使えないため）。カテゴリカルデータの場合、欠損値はダミー変数の1つとなり、数値の場合は「seed=」で値（スクリプトの「123」の部分は任意の値が使える）を設定すると、データから推定された正規分布を使って、そこから抽出された値を初期値として補完が行われる。そして、パッケージ「FactoMineR」の関数「FAMD()」を使って、カテゴリカル主成分分析を行っている。「ncp=683」という設定では主成分得点を683個求めることを、また、「tab.comp=re_impute$tab.disj」では補完に関する情報を指定している。求めた主成分得点は、行列「i_pop」に保存している。最後に、「条件付け」に直接用いる情報「d_pop」と主成分得点「i_pop」を結合して「r_pop」に保存している。

　主成分得点が683個使われているが、これは、今回使用したデータでは683個目で初めて、その分散を95%以上説明できたからである。PISA2012年調査では、使用された主成分得点の数は公開されていないが、TIMSS2015年調査における日本の小学4年生のデータでは主成分得点219個で分散の79%が、中学2年生のデータでは主成分得点234個で分散の90%が説明できている（Martin 2016: 13.17-19）。PISA2012年調査は質問項目が多く、分散の95%が基準となっているため、主成分得点の数がかなり多くなっている。なお、次のスクリプトを実行すると分散の割合を見ることができる。

```
View(re_FAMD$eig)
```

「条件付け変数」の用意ができたら、周辺最尤推定法で「問題の難易度」を求め、PV（以下のスクリプトでは、5つのPV）を算出することができる。

スクリプト 5-14　条件付けを行った PV の計算

条件付けを行い、PVを計算するためのRのスクリプトは、次のとおりである。パッケージ「TAM」を使用している。

```
#MML with conditioning
mod1 <- tam.mml(JPN2012m, Y=r_pop, constraint="items",
                control=list(increment.factor=1.05,
                             fac.oldxsi=.5))
pv <- tam.pv(mod1, nplausible=5) #PV
```

「条件付け」は、関数「tam.mml()」に「Y=r_pop」と設定することで行える。また、PISA調査では調査問題の平均難易度が0になるよう推定されており（OECD 2014b: 154）、このため「constraint="items"」と設定している。この他、「control=list()」を使って、EMアルゴリズムの計算過程に変更を加えている。これは「条件付け」と「平均難易度が0」になるように設定したため、計算結果が上手く収束しないことに対処するためである。これについては、Robitzschら（2017: 115）を参考にした。

では、ここで求めたPISA2012年調査における日本の数学的リテラシーのPVが上手く「条件付け」できているか、「生徒の社会経済文化的背景」指標（ESCS）との相関係数で確認する。

スクリプト 5-15　ESCS と PV との相関

先ほど求めた5つのPVを使ってESCSとの相関係数を求めるRのスクリプトは、次のとおりである。この値は重み付けを行っていない。

```
#Culculate correlation coefficient
corPV <- cor(pv$pv[,2:6], JPN2012$ESCS,
             use="pairwise.complete.obs")
```

```
mean(corPV)
```

　PV の性質上、計算するたびに結果は若干異なってくるが、筆者らの計算
では「0.3151」であった。「JPN2012」にある数学的リテラシーの 5 つの
PV を用いて計算した相関係数の値（重みなし）は「0.3179」であり、ほぼ同
等の結果が得られた。

　本節では、「1 つの能力」に関する調査で、項目反応モデルと母集団モデ
ルを利用する方法を解説した。本節の内容は、様々な要因と能力との関係を
分析することに関連している。能力調査を伴う大規模教育調査を行う上で、
教育という働きかけや生徒の属性がどの程度能力に影響を及ぼしているのか
を知ることは、最も重要なテーマの 1 つである。なお、PV や「条件付け」
は、PISA 調査だけでなく TIMSS や全米学力調査等でも用いられている一
般的な手法であるが、ある変数と潜在的な能力との関係（例えば相関係数）を
直接導き出せるソフトウェアや統計パッケージを利用できる人もいるかもし
れない。Adams ら（2007: 279）も述べているが、PV を使わずに直接モデルか
ら「母集団の特性」を推定する方が理想的ではある。ただし、Mislevy ら
（1992: 147-8）の PV を使う理由の中には、2 次データの分析者がそういったソ
フトウェアを使えない場合があることとともに、複雑な標本抽出による重み
付け（これには標本誤差の計算も含まれる）を結びつける必要性も挙げられてい
た。標本誤差の計算方法と PV を結びつけて分析する方法は、第 3 章第 1 節
の「（1）標本誤差算出の必要性」で紹介した。PV の使用は必然ではないが、
能力調査を伴う大規模教育調査にとって極めて有効な方法といえる。

5.2　多次元項目反応モデルの有効性

　第 1 節までは「1 つの能力」を測る場合のみを扱ってきたが、本節ではそ
れを拡張して「複数の能力」を測る場合について述べる。まず、PISA 調査
で用いられている多次元項目反応モデルを組み込んだ「混合効果多項ロジッ

トモデル」を解説し、大規模教育調査で何故多次元項目反応モデルを使うのかを明らかにする。もちろん「1つの能力」を測る方法でそれぞれの能力を「別々に」測るということも考えられるが、「複数の能力」を「同時に」測ることには、能力と能力との関係を見る際に偏り（バイアス）の少ない推定値が得られるという長所がある。これについては、第1節と同様、シミュレーションを用いて明らかにする。そして、PISA調査で実際にどのような用いられ方をしているのかも説明する。

なお、多次元項目反応モデルは、推定する能力と調査問題との関係から2つの種類に分けることができる（Adams et. Al. 1997a: 9, Adams and Wu 2007: 62）。1つ目は、1つの調査問題が複数の能力に関連する「項目内多次元性（Within-Item Multidimensionality）」を有したモデルであり、2つ目は、1つの調査問題が1つの能力にしか関連しない「項目間多次元性（Between-Item Multidimensionality）」のあるモデルである。例として、6個の調査問題が2つの能力に関連している場合を図5-7に示す。

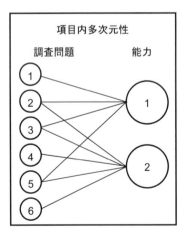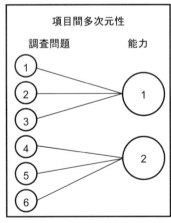

図 5-7　項目内多次元性と項目間多次元性

「項目内多次元性」の例では、調査問題2、3、5が2つの能力と関係しているが、「項目間多次元性」の例では、いずれの調査問題も1つの能力とし

5 能力調査における項目反応モデルと母集団モデル　271

か関係していない。「混合効果多項ロジットモデル」や R のパッケージ
「TAM」では、いずれの多次元項目反応モデルも扱うことができる。ただ
し PISA 調査では、「項目間多次元性」、つまり 1 つの調査問題は 1 つの能力
にしか関係していないモデルが採用されており、ここでのシミュレーショ
ンも、「項目間多次元性」のあるモデルしか扱わない。

（1）推定値間の関係性

第 4 章第 2 節の「（5）PISA 調査の項目反応モデル」で紹介したモデルを
振り返り、それを多次元項目反応モデルが扱えるように拡張する。そして、
2 つの能力の相関係数を求める場合に、多次元項目反応モデルを使った場合
とそうでない場合とで、推定値にどのような違いが生じるのかをシミュレー
ションを通して明らかにする。

①　混合効果多項ロジットモデル

PISA 調査の「混合効果多項ロジットモデル」で用いられている項目反応
モデルは、反応ベクトルを調査問題すべてにまで拡張し、ある生徒の解答
（解答パターン）が現れる確率を求めるモデルになっている。1 種類の能力の
みを扱う「1 次元項目反応モデル」の場合の式は、次のとおりである。

$$P(\mathbf{X}|\theta,\boldsymbol{\xi}) = \frac{exp\{\mathbf{X}^T(\mathbf{b}\theta + \mathbf{A}\boldsymbol{\xi})\}}{\sum_{Z\in\Omega} exp\{\mathbf{Z}^T(\mathbf{b}\theta + \mathbf{A}\boldsymbol{\xi})\}} = \left[\sum_{Z\in\Omega} exp\{\mathbf{Z}^T(\mathbf{b}\theta + \mathbf{A}\boldsymbol{\xi})\}\right]^{-1} exp\{\mathbf{X}^T(\mathbf{b}\theta + \mathbf{A}\boldsymbol{\xi})\}$$

生徒の能力「θ」の前に得点ベクトル「$\mathbf{b}$」、項目パラメータ「$\boldsymbol{\xi}$」の前に
デザイン行列「$\mathbf{A}$」を置くことで、ラッシュモデルや部分採点モデルを 1 つ
のモデルの中で扱うことができる。「多次元項目反応モデル」の場合は、生
徒の能力がベクトル「$\boldsymbol{\theta}$」に代わり、得点ベクトルがそれに合わせて得点行
列「$\mathbf{B}$」になる。例えば図 5-7 に示した「項目間多次元性」の場合、能力が
2 つあるため、能力ベクトルと得点行列は次のようになる。

$$\boldsymbol{\theta} = \begin{pmatrix} \theta_1 \\ \theta_2 \end{pmatrix}$$

$$\mathbf{B} = \begin{pmatrix} 1 & 0 \\ 1 & 0 \\ 1 & 0 \\ 0 & 1 \\ 0 & 1 \\ 0 & 1 \end{pmatrix}$$

そして、「混合効果多項ロジットモデル」の分子は、次のようになる。

$$\exp\{\mathbf{X}^T(\mathbf{B}\boldsymbol{\theta} + \mathbf{A}\boldsymbol{\xi})\}$$

$$= \exp\left[(\mathbf{X}_1 \quad \mathbf{X}_2 \quad \mathbf{X}_3 \quad \mathbf{X}_4 \quad \mathbf{X}_5 \quad \mathbf{X}_6)\left\{\begin{pmatrix} 1 & 0 \\ 1 & 0 \\ 1 & 0 \\ 0 & 1 \\ 0 & 1 \\ 0 & 1 \end{pmatrix}\begin{pmatrix} \theta_1 \\ \theta_2 \end{pmatrix} + \begin{pmatrix} 1 & 0 & 0 & 0 & 0 & 0 \\ 0 & 1 & 0 & 0 & 0 & 0 \\ 0 & 0 & 1 & 0 & 0 & 0 \\ 0 & 0 & 0 & 1 & 0 & 0 \\ 0 & 0 & 0 & 0 & 1 & 0 \\ 0 & 0 & 0 & 0 & 0 & 1 \end{pmatrix}\begin{pmatrix} \delta_1 \\ \delta_2 \\ \delta_3 \\ \delta_4 \\ \delta_5 \\ \delta_6 \end{pmatrix}\right\}\right]$$

$$= \exp\left[(\mathbf{X}_1 \quad \mathbf{X}_2 \quad \mathbf{X}_3 \quad \mathbf{X}_4 \quad \mathbf{X}_5 \quad \mathbf{X}_6)\left\{\begin{pmatrix} \theta_1 \\ \theta_1 \\ \theta_1 \\ \theta_2 \\ \theta_2 \\ \theta_2 \end{pmatrix} + \begin{pmatrix} \delta_1 \\ \delta_2 \\ \delta_3 \\ \delta_4 \\ \delta_5 \\ \delta_6 \end{pmatrix}\right\}\right]$$

$$= \exp\left[(\mathbf{X}_1 \quad \mathbf{X}_2 \quad \mathbf{X}_3 \quad \mathbf{X}_4 \quad \mathbf{X}_5 \quad \mathbf{X}_6)\begin{pmatrix} \theta_1 + \delta_1 \\ \theta_1 + \delta_2 \\ \theta_1 + \delta_3 \\ \theta_2 + \delta_4 \\ \theta_2 + \delta_5 \\ \theta_2 + \delta_6 \end{pmatrix}\right]$$

このように、1 つのモデルの中で「θ_1, θ_2」という 2 つの能力が組み込まれ、同時に推定することが可能になっている。「多次元項目反応モデル」に対応した「混合効果多項ロジットモデル」の式は、次のように表すことができる（OECD 2014b: 144; Adams and Wu 2007: 59）。

$$P(\mathbf{X}|\boldsymbol{\theta}, \boldsymbol{\xi}) = \frac{exp\{\mathbf{X}^T(\mathbf{B\theta} + \mathbf{A\xi})\}}{\sum_{Z \in \Omega} exp\{\mathbf{Z}^T(\mathbf{B\theta} + \mathbf{A\xi})\}} = \left[\sum_{Z \in \Omega} exp\{\mathbf{Z}^T(\mathbf{B\theta} + \mathbf{A\xi})\}\right]^{-1} exp\{\mathbf{X}^T(\mathbf{B\theta} + \mathbf{A\xi})\}$$

また、能力ベクトル「$\boldsymbol{\theta}$」に合わせて、母集団モデルも次のようになる。

$$f(\theta_n|\mathbf{w}_n, \boldsymbol{\gamma}, \Sigma) = (2\pi)^{-\frac{d}{2}}|\Sigma|^{-\frac{1}{2}}exp\left\{\frac{-1}{2}(\theta_n - \boldsymbol{\gamma}\mathbf{w}_n)^T\Sigma^{-1}(\theta_n - \boldsymbol{\gamma}\mathbf{w}_n)\right\}$$

「$\mathbf{w}_n$」は「$\mathbf{Y}_n^T$」と同じ「条件付け変数」のベクトル、「$\boldsymbol{\gamma}$」は「$\boldsymbol{\beta}$」に相当する「次元数」×「条件付け変数の数」の行列、「Σ」は「σ^2」に相当する「次元数」×「次元数」の分散共分散行列である。これに合わせて「統合モデル」も次のようになる。

$$P(\mathbf{X}_n|\boldsymbol{\xi}, \boldsymbol{\gamma}, \Sigma) = \int_{-\infty}^{\infty} P(\mathbf{X}_n|\theta, \boldsymbol{\xi}) \cdot f(\theta|\boldsymbol{\gamma}, \Sigma) \, d\theta$$

R のパッケージ「TAM」では、得点行列を設定することで「多次元項目反応モデル」を使うことができる。ただし、求積法を用いる際のノード数が、1 次元で 10 個ならば、2 次元では 100（＝10^2）個、3 次元では 1000（＝10^3）個というように、多変量正規分布に近似させるために増えていき、計算時間も非常に長くなる点に注意が必要である。

② 2 つの能力の相関

「複数の能力」を「同時に」推定することのメリットを示すため、ここでは相関のある 2 つの能力（能力 1、能力 2）の相関係数を推定する「シミュレーション 10」を行う。2 つの値に 0.8（PISA 調査の分野間の相関に相当、実際はこれよりも高い値であるが、わかりやすくするために 0.8 とする）の相関がある 2 変量標準正規分布から 4000 人分のデータを無作為抽出し、ラッシュモデルに従う「調査問題 40（難易度が-3 から 3 まで等間隔）」からなる架空の解答デ

ータを作成する。そして、ラッシュモデルを別々に当てはめて計算した
MLE、WLE、EAP、PV（1 個）による相関係数と、一方を他方の「条件付
け」に用いた EAP、PV による相関係数、「多次元項目反応モデル」を用い
て「2 つの能力」を「同時に」推定した EAP、PV による相関係数の値を求
める。シミュレーションは 1000 回行い、その平均を比較する。

スクリプト 5-16　シミュレーション 10 : 2 つの能力の相関

　　シミュレーション 10 を行う R のスクリプトは、次のとおりである。パッケー
ジ「foreach」、「doParallel」、「TAM」とともに、多変量正規分布からデータを
抽出するために、パッケージ「mvtnorm」を使用している。

```
#Install packages
install.packages("mvtnorm")

# Load library
library(mvtnorm)

##Simulation 10
##difference of correlation between 2 abilities
##multi dimension
S <- 1000 #number of simulations
N <- 4000 #number of respondents
I <- 40   #number of items in each ability

cl <- makeCluster(detectCores())
registerDoParallel(cl)
sim10 <- foreach(ii = 1:S, .combine="rbind",
                 .packages=c('TAM','mvtnorm')) %dopar% {

  #multivariate normal distribution
  mn_value <- rmvnorm(N, mean=c(0,0),
                      sigma=matrix( c(1,.8,.8,1) , 2 , 2 ))
  theta1 <- mn_value[,1] #respondent ability1
  theta2 <- mn_value[,2] #respondent ability2
  delta <- seq(-3,3,len=I) #item difficulty
  prob1 <- plogis(outer(theta1, delta, "-"))
```

5 能力調査における項目反応モデルと母集団モデル 275

```
                        #probabilities1 of correct
prob2 <- plogis(outer(theta2, delta, "-"))
                        #probabilities2 of correct
rand1 <- matrix(runif(N*I), nrow=N, ncol=I)
                        #random probabilities1
rand2 <- matrix(runif(N*I), nrow=N, ncol=I)
                        #random probabilities2
resp1 <- 1*(rand1 < prob1)  #simulated item responses1
resp2 <- 1*(rand2 < prob2)  #simulated item responses2

#Estimate separately
mod1 <- tam.mml(resp1)                     #MML
mle1 <- tam.wle(mod1, WLE=FALSE)$theta     #mle
wle1 <- tam.wle(mod1)$theta                #wle
eap1 <- mod1$person$EAP                    #eap
pv1 <- tam.pv(mod1, nplausible=1)$pv$PV1.Dim1 #PV


mod2 <- tam.mml(resp2)                     #MML
mle2 <- tam.wle(mod2, WLE=FALSE)$theta     #mle
wle2 <- tam.wle(mod2)$theta                #wle
eap2 <- mod2$person$EAP                    #eap
pv2 <- tam.pv(mod2, nplausible=1)$pv$PV1.Dim1 #PV

#Estimate with conditioning
xsi0 <- mod2$xsi$xsi
xsi.fixed <- cbind( seq(1,length(xsi0)) , xsi0 )

mod3 <- tam.mml(resp2, xsi.fixed=xsi.fixed, Y=eap1)
                #conditioning
eap3 <- mod3$person$EAP                    #eap
mod3 <- tam.mml(resp2, xsi.fixed=xsi.fixed, Y=pv1)
                #conditioning
pv3 <- tam.pv(mod3, nplausible=1)$pv$PV1.Dim1 #PV


#Estimate jointly with multidimensional model
resp <- cbind(resp1,resp2)
Q <- cbind(rep(c(1,0), each=I), rep(c(0,1), each=I))

mod4 <- tam.mml(resp, Q=Q)         #MML
```

```
mle4 <- tam.wle(mod4, WLE=FALSE)  #mle
wle4 <- tam.wle(mod4)             #wle
pv4 <- tam.pv(mod4, nplausible=1) #PV

#Culculate correlation coefficient
c(cor(mle1,mle2), cor(wle1,wle2), cor(eap1,eap2), cor(pv1,pv2),
  cor(eap1,eap3), cor(pv1,pv3),
  cor(mle4$theta.Dim01,mle4$theta.Dim02),
  cor(wle4$theta.Dim01,wle4$theta.Dim02),
  cor(mod4$person$EAP.Dim1,mod4$person$EAP.Dim2),
  cor(pv4$pv$PV1.Dim1,pv4$pv$PV1.Dim2),
  mod4$variance[1,2])

}
stopCluster(cl)

write.csv(sim10, "sim10.csv", quote=F) #output
```

　シミュレーションの前に、パッケージ「mvtnorm」をインストールして使えるようにしている。関数「foreach()」の中の繰り返し処理は、初めに関数「rmvnorm()」で「sigma=matrix(c(1,.8,.8,1) , 2 , 2)」として分散共分散行列を設定している。そして抽出した結果を行列「mn_value」に保存し、それから「theta1」、「theta2」に能力の値を振り分け、回答データを作成している。次に、能力を別々に推定し、「mod1」には能力 1 の、「mod2」には能力 2 の計算結果を保存し、それぞれで MLE、WLE、EAP、PV を求めている。そして、能力 1 の推定値で「条件付け」を行った能力 2 の計算結果を「mod3」に保存し、こちらは EAP と PV を求めている（MLE と WLE は母集団モデルが使えないため結果は「mod2」と同じ）。その後の「多次元項目反応モデル」による計算では、最初に解答データを結合し、それに基づく得点行列を「Q」に保存し、関数「tam.mml()」で「Q=Q」として得点行列を用い、その計算結果を「mod4」に保存している。繰り返し処理の最後の部分では、相関係数を求めている。

シミュレーション 10 の結果は**表 5-12** のとおりである。

5 能力調査における項目反応モデルと母集団モデル 277

表 5-12 相関係数 (=0.8) の推定 (1000 回の平均)

	別々に推定			条件付けあり		
	MLE	WLE	EAP	PV	EAP	PV
推定値の平均	0.6786	0.6790	0.6796	0.5764	0.7895	0.6785
推定値の標準偏差	0.0088	0.0088	0.0089	0.0113	0.0088	0.0114

	多次元項目反応モデルで推定				
	MLE	WLE	EAP	PV	直接
推定値の平均	0.6786	0.6790	0.8784	0.8110	0.8003
推定値の標準偏差	0.0088	0.0088	0.0081	0.0110	0.0234

「1 次元項目反応モデル」で「別々に」推定した場合、MLE、WLE、EAP の平均値はほぼ一致して過小推定 (0.68) となっており、PV はそれよりもさらに小さい値 (0.58) となっている。「1 次元項目反応モデル」の結果を使って、「能力 1」で「条件付け」して「能力 2」を推定した場合、PV は過小推定であるが、EAP は 0.79 で、ほぼ 0.8 と一致している。「多次元項目反応モデル」で 2 つの値を「同時に」推定した場合、MLE と WLE は「別々に」推定した場合とほとんど違いがなく、EAP は過大推定になっており、PV は 0.81 で、ほぼ 0.8 と一致している。なお右下に「直接」という列が存在するが、これは計算結果の「mod4」の「variance」の中に保存されている分散共分散行列「Σ」の推定値である。「生徒の能力」の推定値から相関係数を求めるよりも、直接、分散共分散行列から導き出す方が精確な推定が行える (ただし、第 1 節の最後で述べたように、重み付けなどの問題がある)。

　「生徒の能力」を使う場合、「条件付け」ありの EAP か「多次元項目反応モデル」を使った PV のどちらかになるが、EAP では分散の推定値が過小推定になっているため、総合的に見て PV を使う方が有効である。

(2) PISA 調査での多次元項目反応モデル

　PISA 調査での多次元項目反応モデルの使われ方を説明する前に、PISA 調査で「生徒の能力」がどのように推定されているのかを説明する。

調査後、採点が終わり、データクリーニングが終了したら、参加国・地域ごとに独立して項目反応理論に基づく分析を行い、第 4 章の「4.5　調査問題の取捨選択」で取り上げた「重み付き平均2乗残差」や「点双列相関係数」、「問題の難易度」の他の国との比較を通して、調査問題が翻訳上の問題や文化的な問題を持っていないか、他の国と比べてその国の特性を捉えられないものになっていないかが確認される（OECD 2014b: 148-55）。

調査問題の問題点が調べられた後で、通常は OECD 加盟国のデータを使って、項目パラメータ（ラッシュモデルを使っているため「問題の難易度」がこれに当たる）の「国際キャリブレーション（International Calibration）」が行われる。「キャリブレーション」とは「尺度の調整」ということを意味し、「国際キャリブレーション」は「問題の難易度」をすべての国で同一尺度になるよう調整することを差している。PISA2009年調査までは、OECD 加盟国からそれぞれ 500 人の生徒が無作為に抽出され、OECD を代表する標本として、「条件付け」を行わずに「混合効果多項ロジットモデル」を当てはめて「問題の難易度」が計算されていた。しかし、PISA2012 年調査では、国際オプションとして選択できる調査分野が増え、それらに OECD 加盟国のすべてが参加している訳ではないため、「国際キャリブレーション」のための標本が OECD 加盟国だけでは足りず、すべての参加国からそれぞれ 500 人の生徒を「層化抽出法」で選び出している。この標本を使って、各分野の「問題の難易度」の平均が0になるよう調整された、すべての国に共通する「問題の難易度」が算出される（OECD 2014b: 155-6）。

「問題の難易度」が決まったら、PISA 調査では、多次元項目反応モデルを使って様々な分野の「生徒の能力」が同時に計算される。PISA2012 年調査の場合、5 つの多次元項目反応モデルが使用されている（OECD 2014b: 156）。

1 つ目は、PISA 調査の主要 3 分野である数学的リテラシー、読解力、科学的リテラシーの 3 次元からなるモデル。2 つ目は、読解力、科学的リテラシー、そして数学的リテラシーの下位領域である 4 つの「数学的な内容」、すなわち「変化と関係」（代数）、「空間と形」（幾何）、「量」（数）、「不確実性とデータ」（統計と確率）の 6 次元からなるモデル。3 つ目は、読解力、

科学的リテラシー、そして数学的リテラシーの下位領域である 3 つの「数学的プロセス」、すなわち「定式化」、「適用」、「解釈」の 5 次元からなるモデル。4 つ目は、主要 3 分野である読解力、科学的リテラシー、数学的リテラシーに、コンピュータ使用型調査であるデジタル読解力、デジタル数学的リテラシー、問題解決能力を合わせた 6 次元からなるモデル。最後の 5 つ目は、主要 3 分野である読解力、科学的リテラシー、数学的リテラシーと、コンピュータ使用型調査のうちの問題解決能力を合わせた 4 次元からなるモデルである。4 つ目と 5 つ目のモデルについては、デジタル読解力、デジタル数学的リテラシー、問題解決能力への参加が、国により任意であったため、3 つすべてを実施した国に対しては 4 つ目のモデルが、問題解決能力のみを行った国に対しては 5 つ目のモデルが用いられている。

これらの多次元項目反応モデルと第 1 節で説明した母集団モデルを使って、13 分野（主要 3 分野、下位領域 7 分野、コンピュータ使用型 3 分野）に対して各 5 つの PV が計算されている。本書では、ここに紹介した 5 つのモデルの中から、PISA 調査の主要 3 分野である数学的リテラシー、読解力、科学的リテラシーの 3 次元からなるモデルで PV を求める方法を解説する。

スクリプト 5-17　多次元項目反応モデルを用いた PV の計算

これまで使用してきた PISA2012 年調査における日本の数学的リテラシーの解答データ「JPN2012m」とともに、読解力、科学的リテラシーの解答データを用意する必要がある。そのための R のスクリプトは次のとおりである。パッケージ「TAM」を使用している。

```
#Make dataset of reading literacy data
JPN2012r <- as.data.frame(lapply(JPN2012x[,118:161],
                 as.character),stringsAsFactors=FALSE)

JPN2012r[JPN2012r=="Score 0"] <- 0
JPN2012r[JPN2012r=="Score 1"] <- 1
JPN2012r[JPN2012r=="Score 2"] <- 2
JPN2012r[JPN2012r=="N/A"|JPN2012r=="Not reached"] <- NA
```

```
JPN2012r <- as.data.frame(lapply(JPN2012r,as.numeric),
                          stringsAsFactors=FALSE)

all.na <- apply(JPN2012r, 2, function(x){all(is.na(x))})
JPN2012r <- JPN2012r[,!all.na]

#Make dataset of science literacy data
JPN2012s <- as.data.frame(lapply(JPN2012x[,162:214],
                          as.character),stringsAsFactors=FALSE)

JPN2012s[JPN2012s=="Score 0"] <- 0
JPN2012s[JPN2012s=="Score 1"] <- 1
JPN2012s[JPN2012s=="Score 2"] <- 2
JPN2012s[JPN2012s=="N/A"|JPN2012s=="Not reached"] <- NA

JPN2012s <- as.data.frame(lapply(JPN2012s,as.numeric),
                          stringsAsFactors=FALSE)

all.na <- apply(JPN2012s, 2, function(x){all(is.na(x))})
JPN2012s <- JPN2012s[,!all.na]

#Make scoring matrix
Q <- matrix(c(rep(c(1,0,0), times=ncol(JPN2012m)),
              rep(c(0,1,0), times=ncol(JPN2012r)),
              rep(c(0,0,1), times=ncol(JPN2012s))),
            ncol=3, byrow=TRUE)

#Make 3 domain dataset
JPN2012a <- data.frame(JPN2012m, JPN2012r, JPN2012s)
```

　「JPN2012m」と同様、読解力の解答データを「JPN2012r」に保存し、解答コードの変換と解答の無い調査問題の除去を行っている。科学的リテラシーも同じ操作を行い、「JPN2012s」に保存している。保存後は、それぞれのデータの列数（調査問題数）に合わせて得点行列「Q」を作成し、最後に3つのデータを結合して、反応行列「JPN2012a」として保存している。

　得点行列と反応行列の用意ができたら、パッケージ「TAM」を使って、「問

題の難易度」と PV を算出することができる。ただし、「多次元項目反応モデル」
かつ「母集団モデルによる条件付け」を行う場合、関数「tam.mml()」が上手
く収束しないことが多々ある。例えば、これまで説明してきたように R のスク
リプトを作ると次のようになるが、筆者らが試したところ、結果は収束しなか
った（試す場合は、非常に計算時間がかかることに注意が必要である）。

```
#Multi-dimensional MML with conditioning
mod1 <- tam.mml(JPN2012a, Y=r_pop, Q=Q, constraint="items")
```

　このスクリプトでは、関数「tam.mml()」に前節で用いた「Y=r_pop」を設
定して「条件付け」を行い、「Q=Q」で「多次元項目反応モデル」を行っている。
また、「constraint="items"」と設定し、「生徒の能力」ではなく、「問題の難易
度」の平均が 0 になるようにしている。この関数に、第 1 節の「(4) PISA 調査
での母集団モデル」で用いた「control=list(increment.factor=1.05,
fac.oldxsi=.5)」などの設定を使っても、上手く収束させることができなかった。
　そこで、実際の PISA 調査と同様、最初に「条件付け」を行わず、項目パラメ
ータのみを計算し、その結果を用いて「条件付け」を行いながら PV を計算す
る。そのための R のスクリプトは、次のとおりである。

```
#Multi-dimensional MML without conditioning
mod2 <- tam.mml(JPN2012a, Q=Q, constraint="items",
                control=list(QMC=TRUE, snodes=5000, Msteps=6))

#PV with conditioning
pv2 <- tam.pv.mcmc(mod2, Y=r_pop, nplausible=5) #PV
```

　関数「tam.mml()」では、「Q=Q」で「多次元項目反応モデル」を行っている
点や、「constraint="items"」と設定している点は、先ほどのスクリプトと同じ
であるが、「control=list(QMC=TRUE, snodes=5000, Msteps=6)」という設定
を新たに行っている点が異なる。これは、積分計算にガウス求積ではなく、「疑
似モンテカルロ求積 (Quasi-Monte Carlo integration)」を用いるためのものである。
パッケージ「TAM」では、3 次元以上の場合は「疑似モンテカルロ求積」を使

用することが推奨されている（Robitzsch et al. 2017: 115）。PV の計算では、関数
「tam.pv.mcmc()」を用いているが、これを使うと「多次元項目反応モデル」と
「母集団モデルによる条件付け」を同時に行う場合に推定結果が不安定になる
ことを回避できる。「条件付け」は、この関数「tam.pv.mcmc()」の中で
「Y=r_pop」と設定して行っている。

　この計算結果の精度を示すため、PISA2012 年調査での日本の生徒につい
て、数学的リテラシーと読解力の得点間の相関係数、数学的リテラシーの得
点と「生徒の社会経済文化的背景」指標（ESCS）との相関係数を求め、
PISA2012 年調査の公開データと比較する。

スクリプト 5-18　数学的リテラシーと読解力の相関

　第 2 章第 1 節の「（3）標本サイズと層について」で使用したパッケージ
「intsvy」では小数点第 2 桁までしか表示されない。より小さな値も見られるよ
う、PV 同士の相関係数を求めるのに、次のような R のスクリプトを使う。計算
を早くするため、パッケージ「foreach」と「doParallel」を使用している。

```
#Load library
library(foreach)
library(doParallel)

#set weight and variables
w <- JPN2012[,551:631]  #weight
p1 <- JPN2012[,501:505] #PV of MATH
p2 <- JPN2012[,541:545] #PV of READ

#Culculate weighted correlation coefficient
result0 <- NULL

cl <- makeCluster(detectCores())
registerDoParallel(cl)

for(np in 1:ncol(p)){    #repeat for PV
```

5 能力調査における項目反応モデルと母集団モデル　283

```
#repeat for BRR
result <- foreach(rw = 1:ncol(w), .combine="rbind") %dopar% {
  x <- cbind(p1[,np], p2[,np], w[,rw])
  x <- na.omit(x)
  cov.wt(x[,1:2], wt=x[,3], cor=TRUE)$cor[1,2]
}

result0 <- cbind(result0, result[,1])
}

#correlation coefficient
mean(result0[1,])

#Culculate se
result1 <- foreach(np = 1:ncol(result0),
 .combine="cbind") %dopar% {
  mean((result0[2:nrow(result0), np] - result0[1, np])^2)*4
}

stopCluster(cl)

#Standard Error
(mean(result1) + (1+1/ncol(p))*var(result0[1,]))^(1/2)
```

　このスクリプトでは、まず「w」に BRR 法（Fay による修正法）用のものを含む重みを保存し、「p1」に数学的リテラシーの、「p2」に読解力の PV を保存し、続く「for()」では 5 つの PV ごとの計算を、その中の「foreach()」では BRR 法の計算を行っている。関数「cov.wt()」を使って相関係数を求めているが、この部分を変えたり、PV を使わない場合は「for()」に関わる部分を除いたりすれば、様々な分析に対して BRR 法を用いることができる。実行すると、数学的リテラシーと読解力の相関係数は「0.8645」、その標準誤差は「0.0069」であった。

　パッケージ「TAM」を使って求めた数学的リテラシーと読解力の得点を使うには、「p1」と「p2」の値を次のように変えればよい。

```
p1 <- cbind(pv2$pv$PV1.Dim1, pv2$pv$PV2.Dim1, pv2$pv$PV3.Dim1,
```

```
                pv2$pv$PV4.Dim1, pv2$pv$PV5.Dim1) #PV of MATH
p2 <- cbind(pv2$pv$PV1.Dim2, pv2$pv$PV2.Dim2, pv2$pv$PV3.Dim2,
                pv2$pv$PV4.Dim2, pv2$pv$PV5.Dim2) #PV of READ
```

　筆者らが計算した数学的リテラシーと読解力の相関係数は「0.8928」、その標準誤差は「0.0049」であり、PISA 調査の公開データとの差は「0.0283」であった。若干、過大推定となっているが、大きな違いは見られない。

スクリプト 5-19　数学的リテラシーと ESCS の相関
　　数学的リテラシーと ESCS との相関係数を、先のスクリプト 5-18 をできるだけ変えないようにして求めるには、「p2」を次のように変えればよい。

```
p2 <- cbind(JPN2012$ESCS, JPN2012$ESCS, JPN2012$ESCS,
                JPN2012$ESCS, JPN2012$ESCS)   #index of ESCS
```

　PISA 調査の公開データでは、数学的リテラシーと ESCS の相関係数は「0.3131」、その標準誤差は「0.0261」であった。筆者らが計算した数学的リテラシーと ESCS の相関係数は「0.3206」、その標準誤差は「0.0257」で、ほぼ同じ結果となっている。

5.3　大規模教育調査に適した項目反応モデル

　PISA2012 調査で使われた「混合効果多項ロジットモデル」と、それを用いた「問題の難易度」、「生徒の能力」、「母集団の特性」の推定方法を解説してきたが、これらはラッシュモデルを前提としていた。しかし、PISA 調査は、PISA2015 年調査からラッシュモデルと 2PL モデル（以前から使われている問題にはラッシュモデルを、新規の問題には 2PL モデルを使う）との「ハイブリッド・モデル（Hybrid Model）」が使われており、TIMSS では 3PL モデル（記述式問題には 2PL モデル）が使われている。どのモデルを選ぶか、その

5 能力調査における項目反応モデルと母集団モデル 285

基準は、データへの適合度だけでなく、研究や調査の目的、財政的制約、調査主体の経験などから判断されるが、一度選ばれるとそのモデルを継続的に使用し続ける必要が生じる（PISA2015 年調査では使用するモデルを変更しており、そのために以前の PISA 調査の結果を再度、計算し直している）。

　ここでは新たに能力調査を伴う大規模教育調査を行うという場合を想定して、ラッシュモデル、2PL モデル、3PL モデルのいずれを採用すべきなのかを議論する。ラッシュモデル、2PL モデル、3PL モデルに従った架空の解答データを作成し、それを R のパッケージ「TAM」を用いてラッシュモデル、2PL モデル、3PL モデルで推定するシミュレーションを 1000 回行う。求めるのは、「PV を用いた母集団の分散」、「EAP を用いた真の値との RMSE（平均 2 乗誤差の平方根）」、データに対するモデルの当てはまりを判断するための「BIC（ベイズ情報量基準）」である。分散は 1 に近いほど正確であり、RMSE は値が小さいほど真の能力に近い推定が行えていることを、BICは値が小さいほどデータに対するモデルの当てはまりがよいことを意味している。これらの 1000 回分の平均値を比較する。

（1）解答がラッシュモデルに従う場合

　最初のシミュレーション（シミュレーション11）は、これまでと同様、「平均0」、「分散1」の標準正規分布から「生徒 4000 人」分の能力を抽出し、ラッシュモデルに従う「調査問題 40 問」の架空の解答データを作成して行う。

スクリプト 5-20　シミュレーション 11：データがラッシュモデルに従う場合
　　　シミュレーション 11 を行う R のスクリプトは次のとおりである。パッケージ「foreach」、「doParallel」、「TAM」、「Metrics」を使用している。

```
##Simulation 11
##difference between 1PL, 2PL and 3PL under 1PL
S <- 1000 #number of simulations
N <- 4000 #number of respondents
I <- 40 #number of items
```

```
delta <- seq(-3, 3, len=I)                          #item difficulty
lambda <- matrix(rep(1/1.7, times=N*I),
                  nrow=N, ncol=I, byrow=TRUE) #item discrimination
guess <- matrix(rep(rep(c(0, 0, 0, 0, 0), I/5), N),
                  nrow=N, ncol=I, byrow=TRUE)  #guessing
est.guess <- cbind(1:I)

cl <- makeCluster(detectCores())
registerDoParallel(cl)
sim11 <- foreach(ii = 1:S, .combine="rbind",
                  .packages=c('TAM', 'Metrics')) %dopar% {

  theta <- rnorm(N, mean=0, sd=1) #respondent ability

  #probabilities of correct answer
  prob <- guess+(1-guess)*plogis(1.7*lambda * outer(theta,
                                                      delta, "-"))
  rand <- matrix(runif(N*I), nrow=N, ncol=I) #random probabilities
  resp <- 1*(rand < prob)                     #simulate item responses

  #rasch model
  mod1 <- tam.mml(resp)                               #MML
  eap1 <- mod1$person$EAP                             #eap
  pv1 <- tam.pv(mod1, nplausible=1)$pv$PV1.Dim1       #PV

  #2PL model
  mod2 <- tam.mml.2pl(resp)                           #MML
  eap2 <- mod2$person$EAP                             #eap
  pv2 <- tam.pv(mod2, nplausible=1)$pv$PV1.Dim1       #PV

  #3PL model
  mod3 <- tam.mml.3pl(resp=resp, est.guess=est.guess) #MML
  eap3 <- mod3$person$EAP                             #eap
  pv3 <- tam.pv(mod3, nplausible=1)$pv$PV1.Dim1       #PV

  c(apply(cbind(pv1, pv2, pv3), 2, var),             #variance
    rmse(theta, eap1), rmse(theta, eap2), rmse(theta, eap3), #RMSE
    BIC(mod1), BIC(mod2), BIC(mod3))                  #BIC
```

5 能力調査における項目反応モデルと母集団モデル 287

```
}
stopCluster(cl)

write.csv(sim11, "sim11.csv", quote=F) #output
```

　繰り返し処理の前に、架空のデータの特性を決めている。「問題の難易度」
(delta に保存) は、-3 から 3 まで等間隔で決めており、これまでのシミュレーシ
ョンと共通している。次に「識別力」（lambda に保存）と「当て推量」（guess に
保存）を設定している。後で生徒の正答確率を 3PL モデルに従って計算してい
るが、識別力を「1/1.7」、そして当て推量を「0」としているため、ラッシュモ
デルと一致する。なお、「est.guess」は、推定に 3PL モデルを用いるために設
定している。

　繰り返し処理の中で、これまでのシミュレーションと異なるのは、正答確率
の計算に 3PL モデルを使用している点である。これによって、繰り返し処理の
前に値を設定すれば、ラッシュモデル、2PL モデル、3PL モデルに従う架空の
解答データを同じ関数で作ることができる。架空の解答データができたら、ラ
ッシュモデルは関数「tam.mml()」、2PL モデルは関数「tam.mml.2pl()」、3PL
モデルは関数「tam.mml.3pl()」で計算し、EAP と PV の値を算出している。
3PL モデルの関数のみ、データを「resp=resp」、当て推量パラメータを推定す
る問題を「est.guess=est.guess」（他の問題と異なる値が入っているときに、
その問題独自の当て推量パラメータを推定する）で指定している。最後に各モ
デルの PV を用いて「母集団の分散」を推定し、EAP と真の能力「theta」との
RMSE を計算し、各モデルの結果から BIC の値を取り出している。

1000 回の平均値と標準偏差は、**表 5-13** のとおりである。

　分散の推定、RMSE、BIC ともにラッシュモデルの値がよいが、いずれの
差もそれほど大きくはない。解答データがラッシュモデルに従うときは、ど
のモデルを使っても問題は無さそうである。ただし、計算にかかる時間がラ
ッシュモデルは短くて済むというメリットがある。

表 5-13　モデルの比較（データがラッシュモデルに従う場合）

	PV による母集団の分散の推定			EAP と真の値との RMSE		
	ラッシュ	2PL	3PL	ラッシュ	2PL	3PL
平均	0.9973	0.9957	0.9103	0.3886	0.3892	0.3938
標準偏差	0.0334	0.0181	0.0832	0.0044	0.0044	0.0088

	BIC		
	ラッシュ	2PL	3PL
平均	148218	148503	148822
標準偏差	413	413	413

(2) 解答が 2PL モデルに従う場合

2PL モデルに関しては、3 つのシミュレーションを行う。1 つ目（シミュレーション 12）は、すべての問題の識別力が「0.2」の場合である。

スクリプト 5-21　シミュレーション 12：識別力が低いデータの場合

シミュレーション 12 を行う R のスクリプトは、先ほどのシミュレーション 11 の繰り返し処理の前を次のように変えるだけでよい。

```
delta <- seq(-3, 3, len=I)                          #item difficulty
lambda <- matrix(rep(0.2, times=N*I),
                 nrow=N, ncol=I, byrow=TRUE) #item discrimination
guess <- matrix(rep(rep(c(0,0,0,0,0), I/5), N),
                 nrow=N, ncol=I, byrow=TRUE)   #guessing
est.guess <- cbind(1:I)
```

全ての問題の識別力が低い場合、シミュレーションの結果は**表 5-14** のようになる。解答データが 2PL モデルに従っているため、分散の推定や RMSE では 2PL モデルの結果がよい。RMSE については、3PL モデルもそれほど悪い値にはなっていない。BIC の値はラッシュモデルが一番よいが、分散の推定がかなり悪く、すべての問題の識別力が低い場合、ラッシュモデルは使うべきではないだろう。

5　能力調査における項目反応モデルと母集団モデル　289

表 5-14　モデルの比較（識別力が低い場合）

	PV による母集団の分散の推定			EAP と真の値との RMSE		
	ラッシュ	2PL	3PL	ラッシュ	2PL	3PL
平均	0.0383	0.9903	0.2538	0.9484	0.7046	0.7877
標準偏差	0.0531	0.0398	0.0600	0.0689	0.0080	0.0224

	BIC		
	ラッシュ	2PL	3PL
平均	198180	208297	208623
標準偏差	7066	234	234

では、すべての問題の識別力が高い場合はどうであろうか。2 つ目（シミュレーション 13）は、すべての問題の識別力が「1」の場合である。

スクリプト 5-22　シミュレーション 13：識別力が高いデータの場合

シミュレーション 13 を行う R のスクリプトは、先ほどのシミュレーション 12 の識別力の値（lambda）を「1」にするだけでよい。

```
lambda <- matrix(rep(1,times=N*I),
                 nrow=N, ncol=I, byrow=TRUE) #item discrimination
```

すべての問題の識別力が極端に高い場合、結果は**表 5-15** のようになる。

表 5-15　モデルの比較（識別力が高い場合）

	PV による母集団の分散の推定			EAP と真の値との RMSE		
	ラッシュ	2PL	3PL	ラッシュ	2PL	3PL
平均	2.8849	0.9986	1.4807	0.7302	0.2949	0.3632
標準偏差	0.0803	0.0125	0.1125	0.0129	0.0033	0.0238

	BIC		
	ラッシュ	2PL	3PL
平均	104939	105222	105544
標準偏差	400	401	400

先ほどと結果は似ているが、この場合もラッシュモデルは分散の推定には向いていないことがわかる。

すべての問題の識別力が同じというのは極端な場合であるため、次のシミュレーション（シミュレーション 14）では、問題の識別力を問題難易度の低い方から「0.2、0.4、0.6、0.8、1」の繰り返しとなるように設定する。

スクリプト 5-23　シミュレーション 14：データが 2PL モデルに従う場合

シミュレーション 14 を行う R のスクリプトは、先ほどのシミュレーション 12 の識別力の値（lambda）を次のようにすればよい。

```
lambda <- matrix(rep(rep(c(0.2,0.4,0.6,0.8,1),I/5),N),
                 nrow=N, ncol=I, byrow=TRUE) #item discrimination
```

この場合の結果は、**表 5-16** のようになる。

表 5-16　**モデルの比較**（識別力が異なる場合）

	PV による母集団の分散の推定			EAP と真の値との RMSE		
	ラッシュ	2PL	3PL	ラッシュ	2PL	3PL
平均	0.7218	0.9969	0.8012	0.4480	0.3847	0.4021
標準偏差	0.0250	0.0177	0.1228	0.0052	0.0043	0.0206

	BIC		
	ラッシュ	2PL	3PL
平均	155627	152846	153166
標準偏差	361	363	362

3 つの値のいずれにおいても 2PL モデルの結果がよく、次が 3PL モデルとなっている。データが 2PL モデルに従う場合は、「母集団の特性」を推定する場合でも、「個人の能力」を推定する場合でも、2PL モデルが優れていると言えそうである。

(3) 解答が 3PL モデルに従う場合

最後に、解答が 3PL モデルに従う場合のシミュレーションを行う。当て推量が働くのは、選択式の問題である。そこで、全問題が「5 択」、つまり当て推量パラメータが「0.2」である場合をシミュレーションする（シミュレーション 15）。識別力の値は、ラッシュモデルと同等とする。これまで 3PL モデルで「当て推量パラメータ」を推定してきたが、ここでは「当て推量パラメータ」を推定せずに「0.2」で固定した 3PL モデルも使用する。

スクリプト 5-24　シミュレーション 15：データが 5 択問題の場合

　　シミュレーション 15 を行う R のスクリプトは、次のとおりである。パッケージ「foreach」、「doParallel」、「TAM」、「Metrics」を使用している。

```
##Simulation 15
##difference between 1PL, 2PL and 3PL under 3PL
S <- 1000 #number of simulations
N <- 4000 #number of respondents
I <- 40 #number of items

delta <- seq(-3, 3, len=I)                        #item difficulty
lambda <- matrix(rep(rep(1/1.7, I)),
                 nrow=N, ncol=I, byrow=TRUE) #item discrimination
guess <- matrix(rep(rep(c(0.2, 0.2, 0.2, 0.2, 0.2), I/5), N),
                nrow=N, ncol=I, byrow=TRUE)  #guessing
est.guess <- cbind(1:I)

cl <- makeCluster(detectCores())
registerDoParallel(cl)
sim15 <- foreach(ii = 1:S, .combine="rbind",
                 .packages=c('TAM','Metrics')) %dopar% {

  theta <- rnorm(N, mean=0, sd=1) #respondent ability

  #probabilities of correct answer
  prob <- guess+(1-guess)*plogis(1.7*lambda * outer(theta,
                                                delta, "-"))
```

```
rand <- matrix(runif(N*I), nrow=N, ncol=I) #random probabilities
resp <- 1*(rand < prob)                     #simulate item responses

#rasch model
mod1 <- tam.mml(resp)                                   #MML
eap1 <- mod1$person$EAP                                  #eap
pv1 <- tam.pv(mod1, nplausible=1)$pv$PV1.Dim1           #PV

#2PL model
mod2 <- tam.mml.2pl(resp)                               #MML
eap2 <- mod2$person$EAP                                  #eap
pv2 <- tam.pv(mod2, nplausible=1)$pv$PV1.Dim1           #PV

#3PL model
mod3 <- tam.mml.3pl(resp=resp, est.guess=est.guess)    #MML
eap3 <- mod3$person$EAP                                  #eap
pv3 <- tam.pv(mod3, nplausible=1)$pv$PV1.Dim1           #PV

#3PL model with fixed guess
mod4 <- tam.mml.3pl(resp=resp, guess=guess[1,])        #MML
eap4 <- mod4$person$EAP                                  #eap
pv4 <- tam.pv(mod4, nplausible=1)$pv$PV1.Dim1           #PV

c(apply(cbind(pv1,pv2,pv3,pv4), 2, var),               #variance
  rmse(theta,eap1), rmse(theta,eap2),
  rmse(theta,eap3), rmse(theta,eap4),                  #RMSE
  BIC(mod1),BIC(mod2),BIC(mod3),BIC(mod4))             #BIC

}
stopCluster(cl)

write.csv(sim15, "sim15.csv", quote=F) #output
```

　シミュレーション 11 との違いは、繰り返し処理の前で当て推量パラメータ「guess」に「0.2」を入れているところと、繰り返し処理の中で 3PL モデルの後に当て推量パラメータを推定しない 3PL モデルを入れているところである。関数「tam.mml.3pl()」の中に「guess=guess[1,]」と設定して当て推量パラメータを推定せず、「0.2」という値で固定している。

5 能力調査における項目反応モデルと母集団モデル 293

4 つのモデルの結果は、**表 5-17** のとおりである。

表 5-17 モデルの比較 (5 択問題の場合)

	PV による母集団の分散の推定				EAP と真の値との RMSE			
	ラッシュ	2PL	3PL	3PL 固定	ラッシュ	2PL	3PL	3PL 固定
平均	0.4327	0.9937	0.6609	0.7042	0.5804	0.4795	0.5055	0.4966
標準偏差	0.0176	0.0242	0.0707	0.0466	0.0070	0.0058	0.0156	0.0094

	BIC			
	ラッシュ	2PL	3PL	3PL 固定
平均	170481	169947	170112	169817
標準偏差	481	476	476	476

BIC は「当て推量パラメータを固定した 3PL モデル」（3PL 固定）の値が小さいが、4 つのモデルの違いはあまり大きくない。分散の推定、RMSE では、2PL モデルの値がよく、それに「3PL 固定」が続いている。

それでは、記述式の問題と 5 択問題とが組み合わさっている場合はどうであろうか。5 分の 2 が記述式（当て推量パラメータが 0）、残りが 5 択問題である場合のシミュレーションを行う（シミュレーション 16）。

スクリプト 5-25 シミュレーション 16：データが 5 択問題と記述問題からなる場合
シミュレーション 16 を行う R のスクリプトは、シミュレーション 15 のスクリプトの当て推量パラメータのところを次のように変えるだけでよい。

```
guess <- matrix(rep(rep(c(0.2,0,0.2,0,0.2),I/5),N),
               nrow=N, ncol=I, byrow=TRUE)  #guessing
```

シミュレーション 16 の結果は、**表 5-18** のとおりである。この場合も先ほどと同様であり、BIC は「3PL 固定」の値が小さいが、分散の推定、RMSE ともに 2PL モデルの結果がよい。

表 5-18　モデルの比較 (5 択問題と記述問題の場合)

	PV による母集団の分散の推定				EAP と真の値との RMSE			
	ラッシュ	2PL	3PL	3PL 固定	ラッシュ	2PL	3PL	3PL 固定
平均	0.6045	0.9946	0.7490	0.7677	0.4934	0.4376	0.4536	0.4493
標準偏差	0.0218	0.0206	0.0823	0.0630	0.0058	0.0050	0.0158	0.0116

	BIC			
	ラッシュ	2PL	3PL	3PL 固定
平均	162088	161444	161660	161358
標準偏差	421	422	423	423

では最後に、記述式の問題と 5 択問題があり、なおかつ識別力が難易度の低い方から「0.2、0.4、0.6、0.8、1」の繰り返しとなっている場合のシミュレーションを行う (シミュレーション 17)。

スクリプト 5-26　シミュレーション 17：データが 3PL モデルに従う場合

シミュレーション 17 を行う R のスクリプトは、シミュレーション 15 の識別力と当て推量パラメータのところを次のように変えるだけでよい。

```
lambda <- matrix(rep(rep(c(0.2,0.4,0.6,0.8,1),I/5)),
                 nrow=N, ncol=I, byrow=TRUE) #item discrimination
guess <- matrix(rep(rep(c(0.2,0,0.2,0,0.2),I/5),N),
                 nrow=N, ncol=I, byrow=TRUE)  #guessing
```

シミュレーション 17 の結果は、**表 5-19** のとおりである。やはりこの場合も、BIC は「3PL 固定」の値が小さく、分散の推定、RMSE は 2PL モデルの結果がよい。シミュレーション用の架空のデータであるためか、3PL モデルは、「3PL 固定」の結果よりもよくなることはなかった。

ここでのシミュレーションの結果は、パッケージ「TAM」の初期設定 (デフォルト値) を使っていることが影響している可能性がある。1000 回のシミュレーションの間に上手く収束できていないこともあったため、設定を変えれば、3PL モデルの結果はある程度向上すると思われる。また、項目反

5　能力調査における項目反応モデルと母集団モデル　295

表 5-19　モデルの比較（5 択問題と記述問題、識別力が異なる場合）

	PV による母集団の分散の推定				EAP と真の値との RMSE			
	ラッシュ	2PL	3PL	3PL 固定	ラッシュ	2PL	3PL	3PL 固定
平均	0.4590	0.9946	0.6685	0.7013	0.5648	0.4380	0.4673	0.4595
標準偏差	0.0183	0.0212	0.1122	0.0965	0.0068	0.0051	0.0260	0.0206

	BIC			
	ラッシュ	2PL	3PL	3PL 固定
平均	168014	165739	165895	165589
標準偏差	398	394	396	395

応モデルの使える他のソフトウェアをお持ちの方は、同じ結果になるのか、試していただきたい。ただし、PISA 調査の実際のデータを用いた際に見たように、上手く収束しないことは普通に起こりうることであり、**どのモデルを使うのか迷ったときは、本節の結果から見て 2PL モデルを選択するのが無難であるといえる。**

5.4　まとめ：能力調査のための統合モデル

　本章では、「母集団の特性」を推定する大規模教育調査で、「項目反応モデル」を使って能力を測定する際に生じる問題と、それに対する対処方法を説明してきた。母集団の分散や標準偏差を正確に推定するには「母集団モデルを使って PV を算出する」必要があり、さらに下位集団の平均得点や下位集団間の得点差、得点と別の指標との相関係数を正確に推定するには、「条件付けを行った母集団モデルを使って、PV を算出する」必要がある。また、複数の能力を測りたい、その能力同士の関係が見たい時には、「多次元項目反応モデル」で同時に複数の能力の得点を計算することが役に立つ（ただし、能力の数が多くなると計算に時間がかかり、結果も安定しなくなる）。そして、ラッシュモデル、2PL モデル、3PL モデルのどれを使うべきか迷ったときは、目的が「母集団の特性」の推定であれば、2PL モデルを使うのが無難な選

択肢であると考えられる。本章の結論として、能力調査を伴う大規模教育調査を行うときは、「2PL モデルに基づく多次元項目反応モデルと、条件付けを行った母集団モデルとの統合モデルを使い、PV を算出する必要がある」ということになる。PISA 調査では、PISA2012 年調査から PISA2015 年調査への移行に伴って、ラッシュモデルから 2PL モデルを含んだ「ハイブリッド・モデル」へと項目反応モデルを変更しているが、本章の結論から見ても、この変更は妥当なものだと考えられる。

　ただし、本章でPISA2012年調査の解答データを「統合モデル」で分析した時のように、何百もの「条件付け変数」を使い、読解力、数学的リテラシー、科学的リテラシーといった 3 分野の能力（3 次元のモデルが必要）を推定するには、かなりの手間と時間がかかり、しかも結果が不安定になることがある（誤差が大きくなる）。そのため、「条件付け変数」の数を減らしたり（間接的な「条件付け変数」の採用基準を 95%から 80%にしたり）、同時に推定する能力の数を減らしたり、計算に使うプログラムの設定を調整したりする必要が生じるかもしれない。調査の目的、解答データの状態（使用された問題と解答者の状態）、分析に使える資源（予算、計算に使える機器、人材）、調査主体のこれまでの経験などが異なれば、「統合モデル」を何次元にし、どれぐらいの変数を投入するのかが変わってくると思われる。筆者らも「ただ 1 つの解答」、「これをやればすべて上手くいく方法」を示すことはできない。試行錯誤するに当たって、本書のシミュレーション結果やスクリプトが参考になれば幸いである。

6 能力調査の分析

本章のねらい　最終章では、調査後の分析方法と調査を継続する際に必要となる事柄について解説する。「習熟度レベルから見た能力」と題した節では、PISA 調査で用いられている「習熟度レベル」の概念を説明し、筆者らが関わった文部科学省「情報活用能力調査（高等学校）」での結果の分析方法を明らかにする。「継続調査と調査対象の拡張」では、別々の調査時点で経年変化を見る場合や、別の調査対象（学年が違うなど）の間でどのように得点を比較可能にするのか、つまり得点の「等化」方法について議論する。

　本章では、調査実施後の分析方法や、同じ調査を継続して実施する際に必要となる事柄について説明する。

　第 1 節の「習熟度レベルから見た能力」では、PISA 調査で用いられている「習熟度レベル（Proficiency Level）」の概念を明らかにする。まず、「習熟度レベル」を決めることで「問題の難易度」が変換されることを PISA 調査の方法に基づいて説明する。そして、筆者らが関わった**文部科学省による「情報活用能力調査（高等学校）」での「習熟度レベル」を用いた生徒の特徴づけ**を例に、「習熟度レベル」に基づく具体的な分析方法を説明する。

　第 2 節の「継続調査と調査対象の拡張」では、継続調査のように別々の時点で調査が行われる場合や、調査対象（学年など）が違う調査間で比較する場合で、どのように得点を比較可能にするのか、つまり得点の「等化」方法を明らかにする。**PISA 調査では「共通の問題」を用いて得点の変換式を作**

り、調査年の異なる調査結果を比較可能にしているが、この等化方法とともに、経年変化を捉える際のリンク誤差（Link Error）の計算方法も解説する。

6.1 習熟度レベルから見た能力

「習熟度レベル（Proficiency Level）」とは、項目反応理論などで算出された得点を等間隔でレベル分けしたものである。PISA 調査では、「生徒の得点」と「問題の難易度」が、読解力、数学的リテラシー、科学的リテラシーといった分野ごとに、1 つの数直線上の位置、つまり尺度で表されている。この尺度を使って、**得点が高い生徒ほど能力が高く、低い生徒ほど能力が低いことがわかるが、より具体的な「能力の中身」、つまりある点を取った生徒は何ができ、何ができないのかといったことはわからない。**そこで、「習熟度レベル」を使って、あるレベルの生徒の特徴を同じレベルに含まれる問題の内容から説明する（特徴づける）ということが行われている。調査問題には、生徒の何らかの能力を測る「ねらい」があり、それを総合することで、どのレベルの生徒がどのような能力を持っているのかが説明できる。

PISA2012 年調査の数学的リテラシーにおける習熟度レベルと、生徒の得点の範囲、生徒の特徴（生徒の「能力の中身」）の概要は**表 6-1** のとおりである。なお、読解力、科学的リテラシーの習熟度レベルの数や得点の範囲は、数学的リテラシーとは異なっている。

習熟度レベルにおける生徒の得点の範囲は、レベル 1 未満とレベル 6 以上を除くと「62.3 点」間隔になっている。実はこの間隔は、第 3 章のはじめで述べた「問題の難易度はその問題に 62%の確率で正答する生徒の能力」とされていることと関係してくる。通常の項目反応モデルであれば「問題の難易度」は、その問題に 50%の確率で正答する「生徒の能力」と同じ得点になる。それを PISA 調査では 62%としているのである。習熟度レベルで生徒の特徴をどのように捉えるのかを具体的に説明する前に、この 50%を62%に変換している理由から説明する。

6 能力調査の分析 299

表 6-1 　PISA 調査の習熟度レベルと生徒の特徴 (数学的リテラシー)

習熟度レベル	生徒の得点	生徒の特徴
レベル 6 以上	669.3 点以上	複雑な問題場面において探求やモデル化を基に、情報を概念化し、一般化し、利用できる。
レベル 5	669.3 点未満 607.0 点以上	複雑な場面でモデルを発展させ、使うことができる。
レベル 4	607.0 点未満 544.7 点以上	複雑だが具体的な場面で、明示されたモデルを効果的に使うことができる。
レベル 3	544.7 点未満 482.4 点以上	連続的な計算などの明確に述べられた手順を実行できる。
レベル 2	482.4 点未満 420.1 点以上	直接的な推論を行うだけの文脈において、場面を解釈し、認識できる。
レベル 1	420.1 点未満 357.8 点以上	情報がすべて与えられ、問も明確な見慣れた場面で、問に答えることができる。
レベル 1 未満	357.8 点未満	

出典：国立教育政策研究所 (2013a: 91) より作成 。

(1) PISA 調査における習熟度レベルの設定方法

　習熟度レベルにおける生徒の得点の範囲、PISA 調査の場合は「62.3 点」という間隔は、各レベルに含まれる生徒の割合 (生徒の得点分布) を考慮しながら決定される。この間隔が決まれば、次に習熟度レベルの下限に位置する生徒が「このレベルに含まれる問題に平均して 50%以上正答する」ように、「問題の難易度」と「生徒の正答する確率」が調整される。例えば、習熟度レベル 3 の下限の生徒 (482.4 点) の場合を図 6-1 に示す。

　PISA 調査の数学的リテラシーにおける 62.3 点とは、ロジット (項目反応モデルで算出される値) に直すと「0.8」になる。つまり、習熟度レベルの得点範囲は「0.8」ロジットであり、これを用いて、下限の問題に対する正答率を 50%としたときの、上限の問題に対する正答率を計算することができる。図 6-1 のように、習熟度レベル 3 の下限の生徒は、能力を示す得点が482.4 点であり、習熟度レベル 3 の下限に位置する問題に 50%の確率で正答するが、習熟度レベル 3 の上限に位置する問題には 31%の確率で正答する。なお、実際の問題がこのレベルの下限と上限にあるのではなく、数直線上に「架空の問題」が無限に存在していると考えるとわかり易いかもしれない。

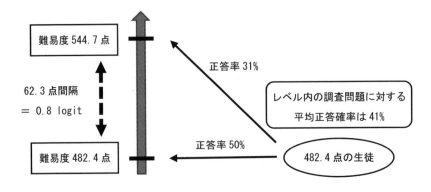

図6-1 習熟度レベル3の生徒（正答確率50%の場合）

調査問題がすべての得点に均一に分布していると仮定すると、習熟度レベル3の下限の生徒は、習熟度レベル3に含まれる問題に対して平均41%の確率で正答する。もしこのような状態で、習熟度レベル3に含まれる「生徒の能力」を調査問題から特徴づけると、平均して4割程度しか正答できないのに、その問題群の内容が「できる」と見なされる生徒が存在してしまう。

そこで図6-2のように、PISA調査では、下限の生徒でもその習熟度レベルに含まれる問題に対して平均50%以上の確率で正答するように、「問題の難易度」を決める際の正答確率を「62%」としている（OECD 2014b: 293）。

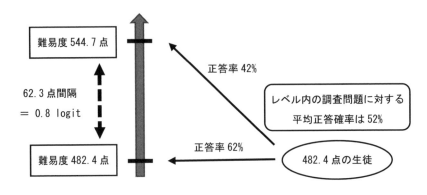

図6-2 習熟度レベル3の生徒（正答確率62%の場合）

6　能力調査の分析　301

　この調整によって、習熟度レベルの下限に位置する生徒が「このレベルに含まれる問題に平均して50%以上正答する」ようになり（PISA調査では52%）、ある習熟度レベルに含まれる「生徒の能力」を同じレベルに含まれる「調査問題の内容」から特徴づけることが可能になる。なお、習熟度レベルの「間隔」（ロジット単位）が決まった時に「正答確率」をどの程度調整する必要があるのかは、次のように求めることができる（OECD 2014b: 294）。

$$\frac{exp\left(\frac{間隔}{2}\right)}{1 + exp\left(\frac{間隔}{2}\right)} = \frac{exp\left(\frac{0.8}{2}\right)}{1 + exp\left(\frac{0.8}{2}\right)} = \frac{1.4918}{2.4918} = 0.5987 \leq 0.62$$

　習熟度レベルの幅は等間隔であるため、「間隔」とともに「はじまり」と「レベル数」をいくつにするのかを決める必要がある。PISA 調査の数学的リテラシーの場合、使用された調査問題から能力の特徴を説明できる一番下のレベルを「レベル1」とし、そこから等間隔にレベル2からレベル6までを設定しているが、能力には上限が無いため、最も高いレベルは「レベル 6」ではなく、「レベル 6 以上」としている。また、能力には下限もないため、「レベル 1」を下回る生徒については「レベル 1 未満」と分類している。なお、習熟度レベルで示される能力は積み上がっていくものであり、各レベルの生徒は、その下のレベルの能力をすべて獲得していると見なされる。

(2) 情報活用能力調査における習熟度レベル

　PISA 調査では、「そのレベルに含まれる生徒は、そのレベルに含まれる問題に平均して 50%以上正答する」と考えられるため、生徒がギリギリ正答できる問題の特徴から、生徒の「能力の中身」が特徴づけられることになる。ただし、PISA 調査では調査問題の多くが非公開であるため、どのような問題の内容からどのような能力の特徴を取り出したのか、明確にすることができない。そこで、筆者らが関わった文部科学省による「情報活用能力調査（高等学校）」を例に、習熟度レベルの「間隔」の決め方や、問題の内

容から能力をどのように特徴づけたのかを説明する。

　第 1 章第 3 節の「(1) 情報活用能力調査」でも取り上げたが、「情報活用能力調査（高等学校）」は、2015 年度に文部科学省が行った「情報活用能力」を測定する能力調査であり、全国の生徒を対象に項目反応理論に基づく「能力」の得点化を行った日本独自の大規模学力調査である。その報告書（文部科学省 2017: 25-8）では、PISA 調査と同様の「習熟度レベル」による「生徒の能力」の特徴づけが行われている。

　情報活用能力とは、「世の中の様々な事象を情報とその結び付きとして捉えて把握し、情報及び情報技術を適切かつ効果的に活用して、問題を発見・解決したり自分の考えを形成したりしていくために必要な資質・能力」（文部科学省 2017: 3）とされている。このような能力を測る調査問題を作成する際、図 6-3 のようなガイドラインを作問者に示した。

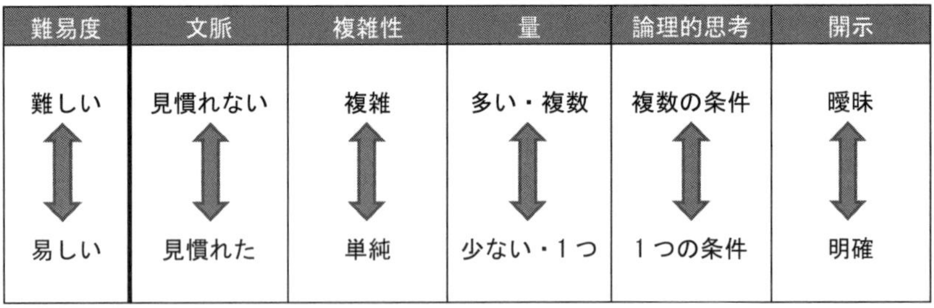

難易度	文脈	複雑性	量	論理的思考	開示
難しい ⇕ 易しい	見慣れない ⇕ 見慣れた	複雑 ⇕ 単純	多い・複数 ⇕ 少ない・1つ	複数の条件 ⇕ 1つの条件	曖昧 ⇕ 明確

図 6-3　情報活用能力調査における作問時のガイドライン（抜粋）

　この作問時のガイドラインは、どのようにすれば調査問題が難しくなり、どのようにすれば簡単になるのかを示している。例えば、問題で示されている文脈（状況やシチュエーション）が生徒にとって「見慣れない」もの（学校教育を離れた職業上の課題など）であるほど問題は難しくなり、同様に情報が「複雑」で、「複数」であるほど、解答が「複数の条件」を満たす必要があり、設問が「曖昧」であるほど、問題は難しくなる。

　ここで例として、「情報活用能力調査（高等学校）」で実際に使われた大問

「バスケットボール部」の問2と問3を示す。この大問では、初めに「バスケットボール部のマネージャーが、その地区の高校の試合結果を分析し、チームが強くなる要素を考える」という文脈が示され、一連の問題が提示される。この大問の問2は図6-4のような問題である（文部科学省 2017: 83）。

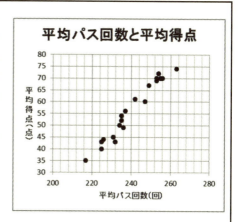

敦史さんは、地域の高校20チームによる昨年のリーグ戦の結果について、各チームのパス回数と得点の平均を調査し、散布図で表しました。この散布図から、この地域のチームの傾向を説明したものとして最も適切なものを、1から5の中から1つ選びなさい。

選択肢
1. 平均パス回数が多いチームほど、平均得点が低くなる傾向がある。
2. 平均パス回数が多くても少なくても、平均得点は変わらない傾向がある。
3. 平均パス回数が多いチームほど、平均得点が高くなる傾向がある。
4. 平均パス回数を増やすように練習すれば、平均得点は高くなる。
5. 平均パス回数を増やすように練習すれば、平均得点は低くなる。

図6-4　情報活用能力調査の問題例（「バスケットボール部」の問2）

「1つ」の散布図から言えることは何か、選択肢から選ぶ問題であり、正答は「3」の選択肢である。後述するが、この問題は高校生にとって易しい問題であった。それに対して、問3は、図6-5のようにかなり難しい問題となっている（文部科学省 2017: 84）。

問3に正答するには、「必要な練習」を取り上げ、かつ「その理由として散布図の特徴を具体的に明示しながら説明」する必要がある。なお、この問

敦史さんは、地域の高校 20 チームによる昨年のリーグ戦の結果について、各チームの勝率、スリーポイント平均本数、ブロック平均数、スティール平均数を調査し、散布図で表しました。散布図の中の赤い丸（筆者注：本書では灰色の丸）で表されている点が、敦史さんの高校です。この散布図から、敦史さんの高校がどのような練習をすれば勝率が上がりそうか、理由をあげて提案してください。

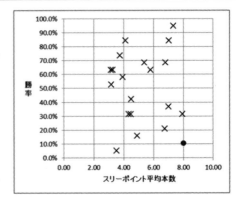

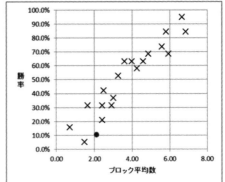

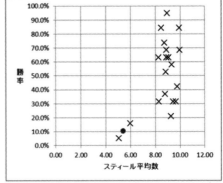

・スリーポイント
スリーポイントエリアというゴールから離れた場所からシュートすることで、普通のシュートよりも多くの得点を得ること

・ブロック
相手のシュートを防ぐこと

・スティール
相手のボールを奪うこと

図 6-5　情報活用能力調査の問題例（「バスケットボール部」の問 3）

題には完全正答と準正答があり、「ブロック」と「スティール」の両方について、先ほどの 2 つの条件を満たす解答がなされている場合は完全正答、「ブロック」と「スティール」のどちらかについて、先ほどの 2 つの条件を満たす解答がなされている場合は準正答としている。

　問 2 と問 3 は、「散布図の解釈」を問う問題であるが、情報の「量」が異なっている。問 2 では 1 つであった散布図が、問 2 では 3 つになっている。また、設問で「開示」されている事柄も、問 2 は「明確」で、選択肢も示されているのに対して、問 3 は「曖昧」であり、何を答えるのかは解答者に委ねられる。作問時のガイドラインに示されているように、問 2 は易しく、問 3 は難しい問題であり、問 2 の正答率が 89% であったのに対して、問 3 の完全正答は生徒の 10%、準正答は生徒の 22% であった（文部科学省 2017: 44-5）。

　「情報活用能力調査（高等学校）」では、この例に見られるように、難易度を決定する様々な要素を持った問題が大問単位では 25 問、小問単位では 87 問用意され、第 3 章の最初で説明した PISA 調査のように、それらを 16 の問題群に分け、20 種類の問題フォーム（コンピュータ使用型調査のため、問題冊子とは呼ばずに問題フォームと呼んでいる）として生徒に出題した（文部科学省 2017: 16）。そして調査後、生徒の解答データは項目反応理論を使って分析され、「問題の難易度」と「生徒の能力」の得点化が行われた。また、「情報活用能力調査（高等学校）」では、2 パラメータ・ロジスティックモデルが使用されているが、母集団モデルは使用されておらず、得点は PV (Plausible Value) ではなく、EAP（期待事後推定値）が用いられている（文部科学省 2017: 20）。そのため生徒の得点については、分散が過小推定され、平均点に近くなる偏り（バイアス）が生じている。

　調査の報告書では示されていないが、解答データは 1 パラメータ・ロジスティックモデルを用いた分析や、MLE（最尤推定値）も計算するとともに、それらや EAP に基づく何通りかの間隔を用いて、習熟度レベル別の生徒割合（生徒の能力分布）を計算し、各習熟度レベルに含まれる調査問題の内容も加味しながら、最終的な間隔を「80 点」とした。これは、生徒の平均得点を 500、標準偏差を 100 に変換したときの値である。そしてこれに伴って、

「問題の難易度」を算出する際の生徒の正答確率を「60%」とした。これによって、ある習熟度レベルの下限に位置する生徒が、そのレベルに含まれる調査問題に対して、約 52%の平均正答率を得ることになった。このように決められた習熟度レベルに対するレベル別の生徒の割合は図 6-6 のとおりである（文部科学省 2017: 28）

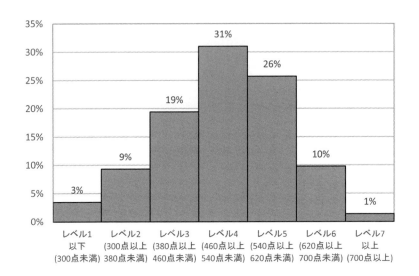

図 6-6　習熟度レベル別の生徒割合（情報活用能力調査）

　PISA 調査では調査問題で測定可能な下限をレベル 1 として習熟度レベルを決めていたが、情報活用能力調査は平均得点 500 をレベル 4 の中心にし、そこから均等に 7 つのレベルを配置している。レベル 7 以上とレベル 1 以下は、それぞれ 1%と 3%の生徒しかいない。先述のように、生徒の得点には EAP が使われており、平均得点 500、標準偏差 100 になるよう変換されているが、生徒は平均近くに偏って分布している。
　そして、各習熟度レベルに含まれる調査問題の特徴を整理し、作問ガイドラインに示された問題の内容と習熟度レベルとの間には、図 6-7 のような関係があると判断した。

レベル	文脈	複雑性	量	論理的思考	開示
7以上	見慣れない	複雑	多い・複数	複数の条件	曖昧
6					
5				単一の条件	
4	見慣れた				
3		単純	少ない・1つ		
2					明確
1以下					

図 6-7　情報活用能力調査における習熟度レベルと問題の内容との関係

あとは、問題の内容から各習熟度レベルに含まれる「生徒の能力」を特徴づけることになる。詳細については、文部科学省（2017: 26）に示されているが、ここでは文部科学省（2017: 27）に示されている概要版を**図 6-8** に示す。

レベル	生徒の特徴
7以上 / 6	見慣れない状況で、複雑な情報を複数の条件に合わせて処理できる
5	見慣れた状況で、複雑な情報を明確な条件に合わせて処理できる
4	見慣れた状況で、複数の情報を一つの条件に合わせて処理できる
3 / 2	見慣れた状況で、単純な情報を明確な一つの条件に合わせて処理できる
1以下	レベル 2 の能力を身に付けていない

出典：文部科学省（2017: 26-7）。

図 6-8　情報活用能力調査の習熟度レベルと生徒の特徴（概要）

　習熟度レベルの間隔や、それに基づく「生徒の能力」の特徴づけは、試行錯誤の連続であり、その内容に恣意的なものを感じる人も中にはいるかもしれない。そのような疑念に対しては、同様の調査を継続し、結果に一貫性が見られるかどうかを示すことで答えるほかはない。残念ながら、情報活用能力調査は、小学校、中学校、高等学校に対して、まだ 1 回しか行われておらず、継続調査を通して、習熟度レベルによる、より正確な生徒の特徴づけを目指していく必要がある。

6.2 継続調査と調査対象の拡張

第4章の「4.1　PISA調査における生徒の得点」で述べたが、PISA調査の報告書で用いられている「問題の難易度」や「生徒の能力」を表す得点は、項目反応理論で計算されたロジットがそのまま使われている訳ではない。得点は、読解力ではPISA2000年調査時点でのOECD加盟27か国の平均得点が500、標準偏差が100になるように変換されており（加盟国の全生徒の平均・標準偏差ではなく、加盟国の重みを等しくした時の、具体的には加盟国の生徒数が2000人になるよう重み付けした時の平均・標準偏差）、数学的リテラシーではPISA2003年調査でのOECD加盟30か国の平均得点が500、標準偏差が100になるように、科学的リテラシーではPISA2006年調査でのOECD加盟30か国の平均得点が500、標準偏差が100になるように変換されている。

継続調査を行い、生徒の平均得点といった「母集団の特性」の経年変化を測る場合、2つの異なる時点で行われる調査の得点を同一尺度にすることが極めて重要である。当たり前のことであるが、同一尺度でない得点はそもそも比較することができない。同じことは、調査対象を拡張する場合にも言える。調査対象を高等学校の生徒から中学校、小学校の児童生徒に広げる場合などでも、得点が同一尺度でない場合、各学校段階の児童生徒の得点を比較することができない。本書の第1章で説明した「全国学力・学習状況調査」で用いられている通過率は、調査年ごと、学校段階ごとに問題がまったく異なり、同一尺度にすることができないため、経年変化を見ることができない。また、極端に言えば、中学生の能力が小学生の能力を上回っているのかどうかについても、その結果から何かを結論づけることは難しい。

異なる2つ（もしくはそれ以上）の調査の得点を同一尺度にすることは、一般に「等化（Equating）」と呼ばれているが、PISA調査では、ある調査年度の尺度を別の調査年度の尺度に合わせることを「リンキング（Linking）」(OECD 2014b: 159)と呼んでいる。本節では、まず「等化」ないし「リンキング」を行う上で必要になる、異なる調査間の「共通部分」を担保するための「等化計画（Equating Design）」（Kolen and Brennan 2014: 12）について議論する。

そして、「共通部分」に基づいて、異なる調査の得点をどのように同一尺度に変換するのか、その方法を解説する。最後に、「リンキング」によって生じる「リンク誤差（Link Error）」（OECD 2014b: 160）をどのように評価し、推定値の標本誤差に組み込むのかを説明する。

(1) 等化計画

　継続調査を行って経年変化を見たり、調査対象を拡張して学校段階や学年間の比較を行ったりするには、異なる調査の間で得点を同一尺度にする必要がある。しかし、調査を受ける生徒（母集団）が違い、調査問題もまったく違うのであれば、「等化」は不可能である。そこで、調査を行う前に、どのように「共通部分」を作り出すのかを計画的に決めておく必要がある。これを「等化計画」と呼ぶが、Kolen と Brennan (2014) は、主なものとして「無作為集団計画 (Random Groups Design)」、「釣り合い型単一集団計画 (Single Group Design with Counterbalancing)」、「共通項目非同一集団計画 (Common-Item Nonequivalent Groups Design)」の 3 つをあげている。ここでは、これらの特徴を概観し、「無作為集団計画」や「釣り合い型単一集団計画」が異なる問題冊子や問題フォームの「等化」に適しており、継続調査や調査対象の拡張には「共通項目非同一集団計画」が適していることを明らかにする。なお、Kolen と Brennan (2014) は、問題フォームの等化について議論しているが、本書ではそれを異なる調査間の等化に当てはめて説明する。

① 無作為集団計画

　「無作為集団計画」は、母集団から無作為に 2 つ（もしくはそれ以上）の集団を抽出したり、調査対象集団を無作為に 2 つ（もしくはそれ以上）の下位集団に分割したりすることで、無作為に選ばれた「等質な集団」を作り、その集団に別々の調査を行う方法である。各集団は無作為に選ばれているため、「母集団の特性」、例えば能力の平均値や標準偏差が等しいと考えられ、「生徒の得点」は、次のように「標準得点」（平均 0、標準偏差 1）に変換することで比較可能になる。なお、この「標準得点」に 100 をかけ、500 を足

すと平均 500、標準偏差 100 の得点に変換することができ、「標準得点」に
10 をかけ、50 を足すと「偏差値」に変換することができる。

$$標準得点 = \frac{生徒の得点 - 平均得点}{標準偏差}$$

　「無作為集団計画」は、下位集団同士が「等質な集団」であることを前提
にしているため、異なる調査をほぼ同時期に行う必要があり、しかも「標本
誤差」を考えると、それぞれの調査で標本サイズをかなり大きく取る必要が
ある。しかし、PISA 調査の問題冊子や情報活用能力調査の問題フォームと
は異なり、まったく違う問題であっても同一尺度の得点を付けることができ、
調査時間（テスト時間）が短くて済むという長所がある。

② 　釣り合い型単一集団計画

　「釣り合い型単一集団計画」の前に、「単一集団計画」について説明する。
この「等化計画」は、1 つの集団に対して、2 つの調査を連続して行うもの
である。「無作為集団計画」が「等質な集団」を前提としていたのに対して、
「単一集団計画」は「共通の集団」を用いて調査間の得点を等化する。た
だし、Kolen と Brennan (2014 : 14) によれば、「単一集団計画」は実際に使わ
れることはめったにないとされている。何故なら、連続して調査を行えば、
調査参加者が疲労し、後半の調査の得点が悪くなるかもしれないし、逆に問
題に慣れて、後半の方が良くなることもあるかもしれないからである。これ
らの「順番による効果（Order Effect）」が打ち消し合うとしても、「単一集団
計画」ではその実態がわからないため、この方法は用いられていない。

　これに対し、「釣り合い型単一集団計画」は、単一集団を無作為に分割し
て下位集団を作り、それぞれの下位集団が受ける調査の順番を変えるとい
う方法である。例えば 2 つの調査 X と Y の得点を等化したいとすると、集
団を A と B という 2 つに無作為に分け、A は X、Y の順に調査を行い、B は
Y、X の順に調査を行うのである。これによって、「順番による効果」を検

6　能力調査の分析　311

証したり、「順番による効果」を打ち消したりすることも可能になる。

　「無作為集団計画」や「釣り合い型単一集団計画」は、生徒（調査参加者）の等質性や共通性を使って「等化」を行う方法であり、実のところ、第1章第3節の「(2) 大規模学力調査の設計の柱」で述べた「問題数の拡張」にとって必要な「等化計画」であるといえる。別々の調査を行っている訳ではないが、PISA 調査の問題冊子や情報活用能力調査の問題フォームにも、「釣り合い型ブロックデザイン」という形で同様の考え方が反映されており、各問題冊子や問題フォームに解答している生徒の能力が「等質」になるように問題冊子や問題フォームの割当が工夫されている。ただし、集団の能力が変化したり、別の母集団を調べたりするときには、「等質な集団」や「共通の集団」を用いることができないため、継続調査や調査対象の拡張にはこれらの「等化計画」を使うことはできない。

③　共通項目非同一集団計画

　得点を等化したい調査の間で生徒や調査参加者が異なる場合、つまり「等質な集団」や「共通の集団」ではなく、「非同一集団」の得点を等化したい場合、「**共通項目非同一集団計画**」を用いることになる。これは、2 つの調査で使われる調査問題の中に、「**共通する問題（共通項目）**」を含める方法であり、**PISA 調査でも使用されている**（OECD 2014b: 158）。

Kolen と Brennan (2014: 18) によれば、共通項目は「調査内容的にも、統計学的性質においても、調査問題全体を適切に代表する」ものにすべきであり、また、2 つの調査において「同じように働く」ようにすべきであるとされている。後者については、出題順によって解く時間が変わったり、生徒が疲労したりすることを考慮すること、問題で使われている言葉や文の配置を一切変えないことなどが重要である。「同じように働く」と言っても、調査を受ける集団の能力に違いがあれば、共通項目の調査結果（正答率、通過率、そして「問題の難易度」）は違ってくる。この違いが、「能力」の違いで生じているというには、「問題の性質」が変わらないようにしなければならない。

　PISA 調査の場合、読解力、数学的リテラシー、科学的リテラシーという

312

3 つの主要分野で経年変化を見ることができるが、これらについては、それ
ぞれ中心分野として扱われる調査年があり（例えば数学的リテラシーならば
2003 年調査と 2012 年調査）、その時に使われた調査問題の一部が「リンク問題
(Link Item、継続問題)」として、中心分野として扱われない調査年で使われ
ている（例えば数学的リテラシーでは、2003 年調査の問題からリンク問題が選ばれ、
中心分野になっていない 2006 年調査と 2009 年調査で使用され、それらが 2012 年調査
の調査問題の一部となっている）。

(2) 変換定数の計算

　「等化」ないし「リンキング」を行う場合、集団であれ、問題であれ、
共通の部分を等しいものと見なし、その共通部分を使って得点を同一尺度
に変換する必要がある。先に示した標準得点の場合は、2 つの調査の得点を
標準得点に変換しているといえる。また、経年変化を見る場合は、最新の調
査で得られた得点を基準となる調査年の得点に変換することになる。ここで
は、この変換を行う変換式と「変換定数（Shift Constant）」の求め方を説明す
る。なお、「変換定数」は、一般に「等化係数（Equating Coefficients）」（加藤
et al. 2014: 252）と呼ばれるが、本書では PISA 調査の用語法に従って「変換定
数」と呼ぶ。PISA2012 年調査では、「リンク問題」を用いて以前の得点
(PISA2009 年調査のもの) との「等化」がなされており、その手順は、次の 4 つ
の段階からなる（OECD 2014b: 159）。

　まず 1) 第 5 章第 2 節の「(2) PISA 調査での多次元項目反応モデル」で
説明したように、参加国それぞれから 500 人を抽出した標本を使い、
PISA2012 年調査における調査問題の項目パラメータ（「問題の難易度」）を
推定する。先述したように、この段階は「国際キャリブレーション」と呼ば
れる。次に 2) 調査分野ごとに、PISA2012 年調査と PISA2009 年調査の
「共通問題」（共通して使われている調査問題）の項目パラメータの平均値が
同じになるよう、PISA2009 年調査の得点尺度上に PISA2012 年調査の項目
パラメータを変換する「変換定数」を計算する。そして 3)「国際キャリブ
レーション」で推定された項目パラメータを使って、PISA2012 年調査にお

6 能力調査の分析 313

ける「生徒の能力」を推定する。最後に 4) この「生徒の能力」を「変換定数」を使って変換する。

PISA2012 調査では、たった 1 つの「変換定数」を計算することで、異なる調査年との「リンキング」、つまり得点の等化が行われている。後述するが、これはラッシュモデルを用いることで可能になっている。本書では、ラッシュモデル以外の項目反応モデルも紹介してきたため、「変換定数」を2つ使う、より一般的な形で解説する。

① Mean/Sigma 法

集団であれ、調査問題であれ、共通する部分を等しいとみなすことができれば、先に示した標準得点を介して、「変換定数」を求めることができる。例えば、2つの調査 X と Y をある「共通の集団」が受けた時、2つの調査に対するある生徒の得点を「θ_X」と「θ_Y」、調査 X の平均得点を「$\bar{\theta}_X$」、標準偏差を「S_{θ_X}」、調査 Y の平均得点を「$\bar{\theta}_Y$」、標準偏差を「S_{θ_Y}」とした時、この生徒の標準得点は以下の式で示すことができる。

$$\text{標準得点} = \frac{\theta_X - \bar{\theta}_X}{S_{\theta_X}} = \frac{\theta_Y - \bar{\theta}_Y}{S_{\theta_Y}}$$

よって、ある生徒の得点「θ_X」を「θ_Y」に変換する式は、次のような式で表すことができる。

$$\theta_Y = \frac{S_{\theta_Y}}{S_{\theta_X}} \theta_X + \bar{\theta}_Y - \frac{S_{\theta_Y}}{S_{\theta_X}} \bar{\theta}_X$$

Marco (1977: 141) は、この式から「変換定数」を A と B（第 4 章第 2 節の「(5) PISA 調査の項目反応モデル」で述べた「デザイン行列 A」と「得点行列 B」とは別のものである）として、次のように表している。

$$\theta_Y = A\theta_X + B$$

$$A = \frac{S_{\theta_Y}}{S_{\theta_X}}$$

$$B = \bar{\theta}_Y - \frac{S_{\theta_Y}}{S_{\theta_X}}\bar{\theta}_X = \bar{\theta}_Y - A\bar{\theta}_X$$

　この方法は、「共通の集団」だけでなく、「共通の問題（共通項目）」の場合にも利用することができる。項目反応理論においては、「生徒の能力」と「問題の難易度」は同一尺度になっている。そこで「変換定数」を「問題の難易度」を表す得点から求めるのである。2つの調査 X と Y に「共通の問題」がある場合（当然ながら、「共通項目非同一集団計画」のところで説明したように、「共通問題」は「調査内容的にも、統計学的性質においても、調査問題全体を適切に代表する」ものであり、かつ、2つの調査において「同じように働く」必要がある）、それぞれの調査でのある問題の難易度を「δ_X」と「δ_Y」、調査 X での共通問題の平均難易度を「$\bar{\delta}_X$」、標準偏差を「S_{δ_X}」、調査 Y での共通問題の平均難易度を「$\bar{\delta}_Y$」、標準偏差を「S_{δ_Y}」とした時、標準得点の考え方から以下の式が成り立つ。

$$\frac{\delta_X - \bar{\delta}_X}{S_{\delta_X}} = \frac{\delta_Y - \bar{\delta}_Y}{S_{\delta_Y}}$$

$$\delta_Y = \frac{S_{\delta_Y}}{S_{\delta_X}}\delta_X + \bar{\delta}_Y - \frac{S_{\delta_Y}}{S_{\delta_X}}\bar{\delta}_X$$

そして、「変換定数」の A と B は、次のように求めることができる。

$$A = \frac{S_{\delta_Y}}{S_{\delta_X}}$$

$$B = \bar{\delta}_Y - A\bar{\delta}_X$$

6 能力調査の分析 315

　このように、「問題の難易度」の平均 (Mean) と標準偏差 (Sigma の記号で表すことが多い) を使って「変換定数」を求める方法は、「**Mean/Sigma 法** (**Mean/Sigma Method**)」と呼ばれている (Kolen and Brennan 2014: 183)。2 つの調査 X と Y の共通性 (「共通の集団」、「共通の問題」) を用いて、「変換定数」の A と B を計算できたら、調査 X の生徒の得点「θ_X」や問題の難易度「δ_X」は、次の変換式で調査 Y と同一の尺度に変換することができる。

$$\theta_Y = A\theta_X + B$$
$$\delta_Y = A\delta_X + B$$

　なお、「識別力」や「当て推量パラメータ」の変換については、次の「Mean/Mean 法」の説明の中で行う。

② Mean/Mean 法

　「Mean/Sigma 法」では「問題の難易度」のみを用いたが、項目反応モデルの別の項目パラメータである「識別力」も用いて「変換定数」を推定する方法がある。2 つの調査 X と Y における生徒の得点を「θ_X」と「θ_Y」とし、X の得点を Y の得点に変換する式を次のようにおく。

$$\theta_Y = A\theta_X + B$$

　「変換定数」の A と B は、まだ不明の値である。ここで、調査 X と調査 Y に共通する調査問題「i」の 3PL モデルを考えてみる。第 4 章第 2 節の「(3) 3 パラメータ・ロジスティックモデル」で説明したように、調査問題「i」の 3PL モデルは、次の式で表される。

$$P_i(\theta) = C_i + (1 - C_i)\frac{1}{1 + exp\{-D\alpha_i(\theta - \delta_i)\}}$$

これを調査 Y の式（項目パラメータにすべて Y をつける）として、先ほどの「θ_X」を「θ_Y」に変換する式を代入すると次のようになる。

$$P_{Yi}(\theta_Y) = C_{Yi} + (1 - C_{Yi})\frac{1}{1 + exp\{-D\alpha_{Yi}(\theta_Y - \delta_{Yi})\}}$$

$$= C_{Yi} + (1 - C_{Yi})\frac{1}{1 + exp\{-D\alpha_{Yi}(A\theta_X + B - \delta_{Yi})\}}$$

$$= C_{Yi} + (1 - C_{Yi})\frac{1}{1 + exp\left\{-DA\alpha_{Yi}\left(\theta_X + \frac{B - \delta_{Yi}}{A}\right)\right\}}$$

同様に、調査 X の式も次のように表すことができる。

$$P_{Xi}(\theta_X) = C_{Xi} + (1 - C_{Xi})\frac{1}{1 + exp\{-D\alpha_{Xi}(\theta_X - \delta_{Xi})\}}$$

この時、2 つの調査に共通する調査問題「i」に同じ能力「θ_X」の者が正答する確率は同じになるため、次の式が成り立つ。

$$P_{Yi}(\theta_Y) = P_{Xi}(\theta_X)$$

これにより、項目パラメータには次のような関係が成り立つ（この項目パラメータの変換式は、「Mean/Mean法」だけでなく、「共通の問題」を用いて等化する場合の「Mean/Sigma 法」にも当てはまる）。

$$\alpha_{Xi} = A\alpha_{Yi}$$

$$\delta_{Xi} = \frac{\delta_{Yi} - B}{A}$$

$$C_{Xi} = C_{Yi}$$

これらの式を変形して、2つの調査に共通する調査問題「i」で求められる「変換定数」を次のように表すことができる。

$$A_i = \frac{\alpha_{xi}}{\alpha_{Yi}}$$

$$B_i = \delta_{Yi} - A\delta_{Xi}$$

2 つの調査に「共通の問題」が複数ある場合、それぞれの項目パラメータには誤差があり、求められる「変換定数」も異なってくる。そこで、Loyd と Hoover (1980: 180) は、調査ごとに「共通の問題」の項目パラメータの平均を求め ($\bar{\alpha}_x$, $\bar{\alpha}_Y$, δ_X, δ_Y)、「変換定数」を次のように推定することを提案した（なお、Loyd と Hoover は A と B の代わりに k と d を用いている）。

$$A = \sqrt{\frac{1}{I}\sum_{i=1}^{I}\frac{\alpha_{xi}}{\alpha_{Yi}}} = \frac{\bar{\alpha}_x}{\bar{\alpha}_Y}$$

$$B = \sqrt{\frac{1}{I}\sum_{i=1}^{I}(\delta_{Yi} - A\delta_{Xi})} = \bar{\delta}_Y - A\bar{\delta}_X$$

この方法は、「識別力」の平均 (Mean) と「問題の難易度」の平均 (Mean) を使うことから、「**Mean/Mean 法 (Mean/Mean Method)**」と呼ばれている (Kolen and Brennan 2014: 183)。Mazzeo と von Davier (2013: 250) は、PISA 調査の「変換定数」の計算方法を「Mean/Mean 法」であるとしている。PISA2012 年調査の項目反応モデルであるラッシュモデルでは、「識別力」の値がどの問題でも、どの調査でも同じになるため、「変換定数」 A は必然的に「1」になる。よって B の値は、以下のように求めることができる。

$$B = \bar{\delta}_Y - \bar{\delta}_X$$

つまり、ラッシュモデルで「Mean/Mean 法」を使う場合、生徒の得点や調査問題の難易度は、次の変換式で等化される。

$$\theta_Y = \theta_X + B$$
$$\delta_Y = \delta_X + B$$

　PISA2012 調査では、たった1つの「変換定数」が使われていると先述したが、それは2つの「変換定数」の内、**B**のみが使われているということである。このような単純な変換式が使えるのは、ラッシュモデルのメリットともいえるが、能力調査で得点を計算する際に、**2PL** モデルや **3PL** モデルを使う場合は、当然のことながら「変換定数」**A**を使用する必要がある。

　変換定数を求める方法には、「Mean/Sigma 法」、「Mean/Mean 法」の他に後述する「項目特性曲線」を用いる方法（Haebara 1980）や「テスト特性曲線」を用いる方法（Stocking and Lord 1983）などがある。Kolen と Brennan（2014: 189-191）は、変換定数の計算方法を比較した研究を紹介する中で、「**Mean/Sigma 法**」や「**Mean/Mean 法**」が「**外れ値**」（**2 つの調査で極端に項目パラメータの値が違う場合など**）の影響を受けやすいこと、そのため変換前後の項目パラメータを比較することで「外れ値」のある調査問題を特定し、それを取り除いて等化することを提案している。経年変化を見るために使用される「リンク問題」は、項目パラメータの値や問題の正答率などを別の調査年と比較し、どれを「共通の問題」として「変換定数」の計算に含めるのか（含めない場合は「別の問題」として取り扱う）を判断する必要がある。

スクリプト 6-1　　Mean/Mean 法によるリンキング

　母集団の能力が異なる 2 つの架空の調査データ（Survey 1 と Survey 2）を用いて、R 上で Mean/Mean 法によるリンキングを行う方法を説明する。2 つの架空の調査データは、生徒数が 4000 人、調査問題数が 40 問であり、この 40 問すべてが「共通の問題」となるよう、難易度が-3 から 3 まで、等間隔になっている。Survey 1 の生徒の能力は平均 0、標準偏差 1 の標準正規分布、Survey 2 は平均

6 能力調査の分析　319

0.2、標準偏差1の正規分布に従い、そこから単純無作為に4000人を取り出し、第5章の「スクリプト5-2」のシミュレーションと同様、ラッシュモデルに基づいた架空の調査データを作成する。これらのデータは、RのパッケージTAMを使って別々に「問題の難易度」（項目パラメータ）と「生徒の能力」（PVを使用）が推定され、Mean/Mean法を用いて「変換定数B」が計算される。Rのスクリプトは次のとおりである。

```
# Load library
library(TAM)

##Linking 2 surveys
N <- 4000    #number of respondents
I <- 40      #number of items

#Survey 1
theta1 <- rnorm(N, mean=0, sd=1)             #respondent ability
delta <- seq(-3,3,len=I)                     #item difficulty
prob1 <- plogis(outer(theta1, delta, "-"))
             #probabilities of correct answer
rand1 <- matrix(runif(N*I), nrow=N, ncol=I)  #random probabilities
resp1 <- 1*(rand1 < prob1)                   #simulate item responses

mod1 <- tam.mml(resp1)                        #MML
pv1 <- tam.pv(mod1, nplausible=2)$pv$PV1.Dim1 #PV

#Survey 2
theta2 <- rnorm(N, mean=0.2, sd=1)           #respondent ability
delta <- seq(-3,3,len=I)                     #item difficulty
prob2 <- plogis(outer(theta2, delta, "-"))
             #probabilities of correct answer
rand2 <- matrix(runif(N*I), nrow=N, ncol=I)  #random probabilities
resp2 <- 1*(rand2 < prob2)                   #simulate item responses

mod2 <- tam.mml(resp2)                        #MML
pv2 <- tam.pv(mod2, nplausible=1)$pv$PV1.Dim1 #PV

#mean/mean method
```

```
B_mm <- mean(mod1$xsi$xsi)-mean(mod2$xsi$xsi)

#Compute difference between Survey 1 and 2
mean(pv1)-mean(pv2+B_mm)
```

③　変換定数を用いない方法

　本書では、主に PISA2012 年調査の方法を説明してきたが、PISA2015 年
調査では、項目反応モデルがラッシュモデルからラッシュモデルと 2PL モ
デルを組み合わせた「ハイブリッド・モデル」に変わり、それと同時にリン
キングの方法も「Mean/Mean 法」から変換定数を用いない方法に変わって
いる。この方法は、TIMSS（国際数学・理科教育動向調査）でも用いられてお
り（Martin et al. 2016: 13.2）、「統合キャリブレーション（Concurrent Calibration）」
と呼ばれている（OECD 2017: 176）。統合キャリブレーションでは、2 つ以上
の調査データを 1 つのデータとして統合し、この統合データに対して項目反
応理論を用い、項目パラメータと能力を推定する。別々に算出しないため、
得点を直接比較することが可能である。

スクリプト 6-2　統合キャリブレーションによるリンキング

　　スクリプト 6-1 で用いた 2 つの架空の調査データ（Survey 1 と Survey 2）に対し
て、統合キャリブレーションを用いたリンキングの方法を説明する。Survey 1
と Survey 2 のデータを 1 つに統合し（resp3 とする）、パッケージ「TAM」を使
って、母集団モデルによる「条件付け」を Survey 1 が「0」、Survey 2 が「1」
として、「生徒の能力」（PV）を求める。R のスクリプトは次のとおりである。

```
#Concurrent calibration
resp3 <- rbind(resp1, resp2)

mod3 <- tam.mml(resp3, =c(rep(0,4000),rep(1,4000)))  #MML
pv3 <- tam.pv(mod3,nplausible=1)$pv$PV1.Dim1          #PV

#Compute difference between Survey 1 and 2
mean(pv3[1:4000])-mean(pv3[4001:8000])
```

6 能力調査の分析　321

　Tsai ら（2001: 29）によると、統合キャリブレーションは以前の調査データを再度分析に用いるため、計算時間が余計にかかることになるが、等化に伴う誤差を小さくできるとされている。ただし、Kolen と Brennan（2014: 190）によれば、統合したデータが項目反応モデルに適合する場合は別々に推定する時よりも正確であるが、項目反応理論の前提が満たされない場合（例えば、2つの調査の調査対象の能力が著しく異なる場合など）は結果が安定しないとされている。そのため Kolen と Brennan（2014: 190, 238）は、「テスト特性曲線」を用いる方法や「項目特性曲線」を用いる方法を推奨しており、統合キャリブレーションは補助的に用いることを提案している。

④　「特性曲線」を用いる方法

　Ogasawara（2001a: 47）によれば、「テスト特性曲線」を用いた変換定数の計算方法は、「Mean/Mean 法」と比べて誤差が小さく、統合キャリブレーションに近い結果が得られるとされている。「テスト特性曲線」や「項目特性曲線」を用いる変換定数の計算方法が前提としているのは、「Mean/Mean法」と同様、先に示した次の2つの式である。

$$\theta_Y = A\theta_X + B$$
$$P_{Yi}(\theta_Y) = P_{Xi}(\theta_X)$$

　「Mean/Mean法」では、2つの調査XとYに共通する調査問題「i」に能力「θ_X」（変換定数 A、B を用いて「θ_Y」に変換される）の者が正答する確率は同じになると考え、変換定数が推定されていた。だが実際の調査では、上記の等式が必ずしも成り立つとは限らない。そこで、調査 X を受けた生徒「j」（j＝1,2,…,J）の能力を「θ_{Xj}」、これを調査 Y の得点に変換したものを「θ_{Yj}^*」と表し、確率「$P_{Yi}(\theta_{Yj}^*)$」と確率「$P_{Xi}(\theta_{Xj})$」の違いを最小にする A、B の値を変換定数の推定値とする方法が考えられた。この違いの測り方によって、「項目特性曲線」を用いる方法と「テスト特性曲線」を用いる方法の2つが提案されている。

Haebara (1980: 145) は、調査 X と Y で共通する調査問題「i」 (i＝1,2,…,I) の調査 X と Y での「項目特性曲線」 (能力と確率の関数) の違いを「Q」として、次のような式で表している。

$$Q = \sum_{i=1}^{I} \sum_{j=1}^{J} \left\{ P_{Xi}(\theta_{Xj}) - P_{Yi}(\theta_{Yj}^{*}) \right\}^{2}$$

ただし計算を簡略化するため、Haebara (1980: 146) は、「θ_{Xj}」を区切ってノード「θ_{Xq}」 (xq＝1,2,…,xQ) を作り (調査 Y の得点に変換したものは「θ_{Yq}^{*}」とする) 、各ノードの相対頻度、つまり重み (「W_{xq}」とする) を使って、「Q」を次の式で近似的に求めている。

$$Q \approx \sum_{i=1}^{I} \sum_{xq=1}^{xQ} \left\{ P_{Xi}(\theta_{Xq}) - P_{Yi}(\theta_{Yq}^{*}) \right\}^{2} \cdot W_{xq} = Q_{1}$$

さらに Haebara (1980: 146-7) は、この式で示した「調査 X の得点を調査 Y に変換」した場合を「Q_{1}」とし、同様の方法で「調査 Y の得点を調査 X に変換」した場合を「Q_{2}」として、「Q_{1}」と「Q_{2}」を足した「Q^{*}」を次のように表し、これを最小にするAとBの値を「変換定数」の推定値としている。

$$\theta_{xq}^{*} = \frac{\theta_{yq} - B}{A}$$

$$Q_{2} = \sum_{i=1}^{I} \sum_{yq=1}^{yQ} \left\{ P_{yi}(\theta_{yq}) - P_{xi}(\theta_{xq}^{*}) \right\}^{2} \cdot W_{yq}$$

$$Q^{*} = Q_{1} + Q_{2}$$

なお、Haebara は、「Q^{*}」を A と B で微分し、ガウス・ニュートン法 (Gauss-Newton Method) を用いた最小化を行っている。

一方、Stocking と Lord (1983: 203-4) は、調査 X を受けた生徒「j」 (j＝1,2,

…,J）が能力「θ_{Xj}」を持つとき、調査 X と Y で共通する調査問題「i」（i=1,2,…,I）に対するこの生徒の調査 X で推定される「真の正答数（True Score）」と、同じ共通問題をこの生徒が調査 Y で受けた場合の「真の正答数」の推定値を引き算し、その 2 乗値をすべての生徒で足し合わせた値「F」を最小にする A と B の値を「変換定数」の推定値とする方法を提案した。これを式に表すと、次のとおりである。なお、「真の正答数」は、「項目特性曲線」の合計であり、能力の値が変化する際の正答数の期待値を表す曲線であるため、「テスト特性曲線」と呼ばれている。

$$\text{調査 X で推定された真の正答数} = \sum_{i=1}^{I} P_{Xi}(\theta_{Xj})$$

$$\text{調査 Y で推定された真の正答数} = \sum_{i=1}^{I} P_{Yi}(\theta_{Yj}^*)$$

$$F = \sum_{j=1}^{J}\left\{\sum_{i=1}^{I} P_{Xi}(\theta_{Xj}) - \sum_{i=1}^{I} P_{Yi}(\theta_{Yj}^*)\right\}^2$$

Haebara や Stocking と Lord が提案した「特性曲線」を用いる方法は、調査 X の生徒のみを使うのか、それとも調査 Y の生徒も使うのか、個々の推定値を使うのか、それともノードと重みを使うのか、といった点で様々な派生形が存在する（Kolen and Brennan 2014: 186-7）。ここでは、Kim と Kolen（2007: 376-8）が提案している能力分布を使ったより一般的な「項目特性曲線」を用いる方法と「テスト特性曲線」を用いる方法を紹介する。

生徒の能力の分布を「$f(\theta_X)$」（-∞から∞）とすると、Haebara の式は、次のように表すことができる。

$$Q = \sum_{i=1}^{I} \int_{-\infty}^{\infty} \{P_{Xi}(\theta_X) - P_{Yi}(\theta_Y^*)\}^2 \cdot f(\theta_X)\, d\theta_X$$

この式では積分が含まれているため、第 4 章第 3 節の「（2）周辺最尤推

定法」で述べたガウス・エルミート求積法などを使って近似的に求めること
になるが、「θ_X」を区切ってノード「θ_{Xq}」（xq=1,2,...,xQ）を作り、調査 Y の
得点に変換したものを「θ_{Yq}^*」、各ノードの重みを「W_{xq}」とすると、「Q」は
先ほどの Haebara の式と同じ形になる（ただしノードと重みの付け方が異な
る）。つまり、「Q_1」、「Q_2」、「Q^*」は、次のように表すことができる。

$$Q_1 = \sum_{i=1}^{I} \sum_{xq=1}^{xQ} \left\{ P_{Xi}(\theta_{Xq}) - P_{Yi}(\theta_{Yq}^*) \right\}^2 \cdot W_{xq}$$

$$Q_2 = \sum_{i=1}^{I} \sum_{yq=1}^{yQ} \left\{ P_{yi}(\theta_{yq}) - P_{xi}(\theta_{xq}^*) \right\}^2 \cdot W_{yq}$$

$$Q^* = Q_1 + Q_2$$

同様に、生徒の能力の分布を「$f(\theta_{Xj})$」（-∞から∞）とすると、Stocking
と Lord の式は、次のように表すことができる。

$$F = \int_{-\infty}^{\infty-} \left\{ \sum_{i=1}^{I} P_{Xi}(\theta_X) - \sum_{i=1}^{I} P_{Yi}(\theta_Y^*) \right\}^2 d\theta_X$$

こちらでも積分が含まれているため、「θ_X」を区切ってノード「θ_{Xq}」
（xq=1,2,...,xQ）を作り、調査Yの得点に変換したものを「θ_{Yq}^*」、各ノードの重
みを「W_{xq}」とすると、「F」は次のように「F_1」で近似することができる。

$$F \approx \sum_{xq=1}^{xQ} \left\{ \sum_{i=1}^{I} P_{Xi}(\theta_X) - \sum_{i=1}^{I} P_{Yi}(\theta_Y^*) \right\}^2 \cdot W_{xq} = F_1$$

上記の式で示した「調査Xの得点を調査Yに変換」した場合だけでなく、
Haebara の式と同じように、「調査 Y の得点を調査 X に変換」した場合を
「F_2」とし、「F_1」と「F_2」を足した「F^*」を次のように表すことができる。

$$F_2 = \sum_{yq=1}^{yQ} \left\{ \sum_{i=1}^{I} P_{yi}(\theta_y) - \sum_{i=1}^{I} P_{xi}(\theta_x^*) \right\}^2 \cdot W_{yq}$$

$$F^* = F_1 + F_2$$

　上記は、「項目特性曲線」を用いる点と「テスト特性曲線」を用いる点以外は、同じ方法になっており、「Q^*」もしくは「F^*」を最小にする A と B の値が「変換定数」の推定値となる。

スクリプト 6-3　　「テスト特性曲線」を用いる方法によるリンキング

　　R のパッケージ TAM には、「テスト特性曲線」を用いる方法を実行する関数「tam.linking()」が実装されている。スクリプト 6-1 で用いた 2 つの架空の調査データ（Survey 1 と Survey 2）に対して、「テスト特性曲線」を用いたリンキングを行うスクリプトは、次のとおりである。「Mean/Mean 法」とは異なり、ラッシュモデルであっても「変換定数 A」が算出される。

```
#Stocking-Lord method
link_sl <- tam.linking(list(mod1,mod2))
A_sl <- link_sl$trafo_persons$a[2]    #A
B_sl <- link_sl$trafo_persons$b[2]    #B

#Compute difference between Survey 1 and 2
mean(pv1)-mean(pv2*A_sl+B_sl)
```

（3）リンク誤差の計算

　「Mean/Mean 法」では、「変換定数」が「リンク問題」の項目パラメータを使って推定されており、この推定値が変わってくれば「変換定数」が変わり、等化された項目パラメータや能力の値も変わってくる。これは、他の等化方法にも当てはまることであり、**継続調査や異なる母集団を調査したときに、2 つの調査の得点を等化し、平均得点を比較する際は、リンキングに伴う推定誤差（等化誤差）を考慮する必要がある**。

　Kolen と Brennan（2014: 249）は、調査 X に参加した生徒 j の得点「θ_{Xj}」

を調査 Y の尺度に等化したときの得点「θ_{Yj}^*」について、その等化誤差（Standard Error of Equating）を次のように定義している。

$$\theta_{Yj}^* \text{の等化誤差} = \sqrt{\theta_{Yj}^* \text{の推定値の分散}} = \sqrt{E\left(\theta_{Yj}^* \text{の推定値} - \theta_{Yj}^* \text{の期待値}\right)^2}$$

「θ_{Yj}^*の期待値」は「θ_{Yj}^*の真の値」であるが、異なるリンク問題や異なる無作為集団で何度も「θ_{Yj}^*の推定値」を求めた際の平均値で置き換えることができる。そして等化誤差は、標本誤差と同じように、「θ_{Yj}^*」の推定値の「±等化誤差×1.96」の範囲に真の得点（「θ_{Yj}^*」の期待値）が 95%の確率で存在していることを意味している。

　ここで 2 つの調査の得点を比較する（例えば経年変化を見る）場合を考えると、個々の生徒の等化誤差よりも、全生徒の平均等化誤差（Mean Standard Error of Equating）が重要になってくる。PISA 調査では、この誤差を「リンク誤差（Link Error）」と呼んでいる。Kolen と Brennan (2014: 258) は、同じ得点の生徒集団 j（生徒個人ではない）の得点を「θ_{Yj}^*」（j=1,2,…,J）、その生徒集団の全生徒に対する相対度数（重み）を「$f(\theta_{Yj}^*)$」とするとき、リンク誤差を次のように表している。

$$\text{リンク誤差} = \sqrt{\sum_{j=1}^{J}\left\{\left(\theta_{Yj}^* \text{の推定値の分散}\right) \cdot f(\theta_{Yj}^*)\right\}}$$

　さらに Ogasawara (2000: 10) は、Kolen と Brennan の式を「θ_{Yj}^*」が-∞から∞の値を取る場合に一般化して、リンク誤差（Mean Standard Error of Equating）を次のように表している。なお、$V(\theta_Y^*)$はθ_Y^*の推定値の分散、$V(A)$と$V(B)$は「変換定数 A と B」の推定値の分散、$f_Y(\theta_Y^*)$はθ_Y^*の分布に基づく相対度数（重み）を意味している。

$$\text{リンク誤差} = \sqrt{\int_{-\infty}^{\infty} V(\theta_{Yj}^*) \cdot f_Y(\theta_Y) \, d\theta_Y}$$

「$V(\theta_Y^*)$」をθ_Xで表すと「$V(A\theta_X + B)$」となるが、これをリンク誤差の式に代入すると、次のようになる。

$$\text{リンク誤差} = \sqrt{\int_{-\infty}^{\infty} V(A\theta_X + B) \cdot f_X(\theta_X) \, d\theta_X}$$

$$= \sqrt{\int_{-\infty}^{\infty} \{V(A)\theta_X^2 + A \text{と} B \text{の共分散} \cdot 2\theta_X + V(B)\} \cdot f_X(\theta_X) \, d\theta_X}$$

θ_Xが平均0、標準偏差（分散）1の標準正規分布に従うとすると（項目反応理論では、θ_Xが標準正規分布に従うという仮説を取ることが多い、第4章3節の「(2)周辺最尤推定法」を参照）、リンク誤差は次のように表すことができる。

$$\sqrt{\int_{-\infty}^{\infty} V(A) \cdot \theta_X^2 \cdot f_X(\theta_X) \, d\theta_X + \int_{-\infty}^{\infty} (A \text{と} B \text{の共分散}) \cdot 2\theta_X \cdot f_X(\theta_X) \, d\theta_X + \int_{-\infty}^{\infty} V(B) \cdot f_X(\theta_X) \, d\theta_X}$$

$$= \sqrt{V(A) \cdot (\theta_X \text{の分散}) + (A \text{と} B \text{の共分散}) \cdot 2(\theta_X \text{の平均}) + V(B) \cdot (\text{相対度数の合計})}$$

$$= \sqrt{V(A) \cdot 1 + (A \text{と} B \text{の共分散}) \cdot 2 \cdot 0 + V(B) \cdot 1}$$

$$= \sqrt{V(A) + V(B)}$$

　PISA調査では、2回目のPISA2003年調査から「リンク誤差」が計算されているが、PISA2003年調査とPISA2006年調査で計算方法が異なっており、またPISA2015年調査からは等化方法が「統合キャリブレーション」になったことから、再度「リンク誤差」の計算方法が変わっている。本書ではPISA2003年調査、PISA2006年調査、そしてPISA2015年調査の方法をそれぞれ説明する。

① PISA2003 年調査の計算方法

PISA2012 年調査までは、項目反応モデルにラッシュモデル、変換定数の計算方法に「Mean/Mean 法」が使われていたため、2 つの変化定数のうち、A は 1 であり、その分散である「$V(A)$」は 0 となる。そのためリンク誤差は、次の式で求められる。

$$リンク誤差 = \sqrt{0 + V(B)} = \sqrt{V(B)}$$

本節の (2) の「② Mean/Mean 法」で説明したが、2 つの調査 X と Y に共通する「リンク問題」を問題 i (i=1,2,…,I) とし、それぞれの調査で推定された難易度を「δ_{Xi}」と「δ_{Yi}」、その平均を「$\bar{\delta}_Y$」と「$\bar{\delta}_X$」とすると、変換定数 B は次の式で求めることができる。

$$B = \bar{\delta}_Y - \bar{\delta}_X = \sqrt{\frac{1}{I}\sum_{i=1}^{I}(\delta_{Yi} - \delta_{Xi})}$$

つまり、B は「$\delta_{Yi} - \delta_{Xi}$」の平均である。この平均値の分散「$V(B)$」は、「$\delta_{Yi} - \delta_{Xi}$」の分散を使って、次のように求められる (I はリンク問題の数) 。

$$V(B) = \frac{V(\delta_{Yi} - \delta_{Xi})}{I} = \frac{\frac{1}{(I-1)}\sum_{i=1}^{I}\{\delta_{Yi} - \delta_{Xi} - (\bar{\delta}_Y - \bar{\delta}_X)\}^2}{I}$$

Monseur と Berezner (2007: 326) によれば、PISA2003 年調査の「リンク誤差$_{2003}$」の計算方法は、次の式によるとされており、「$V(B)$」を使った場合と一致する。

$$リンク誤差_{2003} = \sqrt{\frac{リンク問題の「難易度の差」の分散}{リンク問題の数}} = \sqrt{\frac{V(\delta_{Yi} - \delta_{Xi})}{I}} = \sqrt{V(B)}$$

6 能力調査の分析　329

　なお、この式が成り立つのは、項目反応モデルにラッシュモデルを使い、かつ変換定数の計算方法として「Mean/Mean 法」を用いている場合のみである。そして、等化された 2 つの調査の平均得点の差、例えば経年変化を見るために生徒の平均得点の差を計算する場合、その差の「標準誤差」は次のように計算することができる。

$$\text{差(経年変化)の標準誤差} = \sqrt{\left(\theta_X\text{の標準誤差}\right)^2 + \left(\theta_Y\text{の標準誤差}\right)^2 + \left(\text{リンク誤差}\right)^2}$$

　この標準誤差の計算方法は、リンク誤差の計算方法が変わっても、PISA調査において一貫して用いられている。

② PISA2006 年調査の計算方法

　PISA2003 年調査の「リンク誤差」の計算方法、つまり「$V(B)$」を使った計算方法に対し、Monseur と Berezner (2007: 326-9) は、「リンク問題」は小問単位ではなく大問ごとに選ばれているのに、リンク問題を単純無作為抽出されているように扱うのは不適切であり、大問単位でクラスター抽出（第 2 章第 1 節 (2) の「⑥ 第二段抽出」を参照）されたように扱うべきであること、さらに準正答と完全正答がある問題に対して「統合した難易度（Overall difficulties）」（筆者らの経験から見て、準正答と完全正答の難易度を平均したものと思われる）を使っているが、それでは準正答と完全正答がある問題の影響を過小評価することになると指摘している。そこでPISA2006 年調査からは、リンク問題を大問単位で扱い、準正答と完全正答がある問題については計算の中で重み付けすることで（例えば、準正答と完全正答がある問題の重みを2、それ以外を1）、その影響をリンク誤差に反映させている（OECD 2014b: 160）。

　リンク誤差の計算において、リンク問題を大問単位で扱うということは、PISA2003 年調査で用いた小問単位の分散ではなく、大問単位で分散を求める必要がある。具体的には、リンク問題となっている大問を k (k=1,…, K) と表し、大問 k に含まれる小問の難易度を「δ_{Yik}」と「δ_{Xik}」とすると、次の

式で大問 k に基づく変換定数「B_k」を求めることができる。なお、この時の i は、i=1,…,m_k で、m_k は大問 k に含まれる小問の最大正答数（ただし準正答と完全正答があるときは 2、正答のみは 1 とした時の合計数）である。

$$B_k = \frac{1}{m_k} \sum_{i=1}^{m_k} (\delta_{Yik} - \delta_{Xik})$$

そして「B_k」の平均「$\bar{B}$」を次のように求める。

$$\bar{B} = \frac{1}{K} \sum_{k=1}^{K} B_k$$

大問単位で求められるリンク誤差は、「B_k」と「$\bar{B}$」を使って、次のように表すことができる。

$$\text{大問単位のリンク誤差} = \sqrt{\frac{\frac{1}{(K-1)} \sum_{k=1}^{K} (B_k - \bar{B})^2}{K}} = \sqrt{\frac{\sum_{k=1}^{K} (B_k - \bar{B})^2}{K(K-1)}}$$

ただしこのままでは、大問に含まれる小問数や準正答と完全正答がある場合の影響を反映できていない。そこで「m_k」を使って重み付けが行われている。まず、「m_k」の平均「$\bar{m}$」を次のように求める。

$$\bar{m} = \frac{1}{K} \sum_{k=1}^{K} m_k$$

そして、「m_k」と「$\bar{m}$」を使って、PISA2006 年調査のリンク誤差「リンク誤差$_{2006}$」は、次の式で求められる。

$$\text{リンク誤差}_{2006} = \sqrt{\frac{\sum_{k=1}^{K} m_k^2 (B_k - \bar{B})^2}{K(K-1)\bar{m}^2}}$$

　この計算方法も、PISA2003 年調査と同様、ラッシュモデルかつ「Mean/Mean 法」を前提としている。このリンク誤差の計算方法は、PISA2012 年調査まで使われていた。

③　PISA2015 年調査の計算方法
　PISA2015 年調査では、リンキングに「統合キャリブレーション」が用いられているため、「Mean/Mean 法」のように変換定数が算出されず、変換定数の推定値の分散に基づくリンク誤差の計算ができない。そこで、PISA2015 年調査で行われた「統合キャリブレーション」による参加国・地域別の平均得点と各調査年の報告書で示された参加国・地域別の平均得点との差から「リンク誤差」が求められている（OECD 2017: 237）。その原理は、次のように説明されている（OECD 2017: 178）。
　まず、ある調査年における参加国 g の生徒 v の能力が、その調査年のデータから推定された場合（この能力を「$\tilde{\theta}_{v,C1,g}$」と表す）を考える。この生徒 v の真の能力を「$\theta_{v,true}$」、この参加国 g に固有の誤差を「$\hat{u}_{C1,g}$」、この生徒 v 固有の測定誤差を「$\tilde{e}_v$」とすると、次のような関係が成り立つ。

$$\tilde{\theta}_{v,C1,g} = \theta_{v,true} + \hat{u}_{C1,g} + \tilde{e}_v$$

　次に、ある調査年における参加国 g の生徒 v の能力が、別の調査年のデータも合わせた「統合キャリブレーション」で推定された場合（この能力は「$\tilde{\theta}_{v,C2,g}$」と表す）を考える。この生徒 v の真の能力を「$\theta_{v,true}$」、この参加国 g に固有の誤差を「$\hat{u}_{C2,g}$」、この生徒 v 固有の測定誤差を「$\tilde{e}_v$」とすると、次のような関係が成り立つ。

$$\tilde{\theta}_{v,C2,g} = \theta_{v,true} + \hat{u}_{C2,g} + \tilde{e}_v$$

ここで重要なのは、どちらの推定値でも真の能力「$\theta_{v,true}$」（生徒 v の真の能力は推定方法に対して不変）と測定誤差「$\tilde{e}_v$」（その調査での生徒 v の解答も推定方法に対して不変）は同じであり、それ以外の部分がその参加国 g に固有の推定方法による誤差と見なされる点である。ある調査年における参加国 g の生徒 v に対して算出された 2 つの能力の差は、以下に示すように、ある参加国 g におけるある調査年の推定値と「統合キャリブレーション」による推定値の差を意味する。

$$\tilde{\theta}_{v,C1,g} - \tilde{\theta}_{v,C2,g} = \hat{u}_{C1,g} - \hat{u}_{C2,g}$$

この式は生徒 v に基づく差であるが、この国の生徒全員の値を使って「差の期待値（平均値）$\widehat{\Delta}_{C1,C2,g}$」を求めると、次のようになる。

$$E[\hat{u}_{C1,g} - \hat{u}_{C2,g}] = \hat{\mu}_{g,C1} - \hat{\mu}_{g,C2} = \widehat{\Delta}_{C1,C2,g}$$

この式の「$\hat{\mu}_{g,C1}$」はその調査年のデータから推定された参加国 g の平均得点、「$\hat{\mu}_{g,C2}$」は別の調査年のデータも合わせた「統合キャリブレーション」後に推定された参加国 g の平均得点である。なお、「統合キャリブレーション」後の全参加国・地域の平均得点は、既に公表された調査年ごとの全参加国・地域の平均得点と等しくなるように変換されている。そのため、全参加国・地域の平均「$\widehat{\Delta}_{C1,C2,g}$」（g=1,2,...,G）は、「0」と考えられる。

$$\sum_{g=1}^{G} \widehat{\Delta}_{C1,C2,g} = 0$$

そして、この差の標準偏差、つまり「リンク誤差」は、次のように表すことができる。

$$\sqrt{V\left[\hat{\Delta}_{C1,C2,g}\right]} = \sqrt{\frac{1}{G}\sum_{g=1}^{G}\left(\hat{\mu}_{g,C1} - \hat{\mu}_{g,C2}\right)^2}$$

　以上が PISA2015 年調査での「リンク誤差」算出の原理であるが、実際に
は先の式で求められる値は使われていない。今後の継続調査で追加される調
査データによって生じる不確実性（OECD 2017a: 179）や計算に用いられる参
加国・地域の数が少ないこと（OECD 2016: 312）を考慮して、次の式で表され
る、より安定した標準偏差の推定値である「S_n 統計量」（Rousseeuw and Croux
1993: 1274）が用いられている。

$$S_n = 1.1926 \times med_i\left(med_j\left(\left|\hat{\Delta}_{C1,C2,i} - \hat{\Delta}_{C1,C2,j}\right|\right)\right)$$

　「med」は「中央値（Median）」を意味し、ある参加国・地域 i の「$\hat{\Delta}_{C1,C2,i}$」
から、ある参加国・地域 j の「$\hat{\Delta}_{C1,C2,j}$」を引いた値の絶対値をすべての参加
国・地域分求め、その中央値を算出し、その作業をすべての参加国・地域を
i として行い、その中央値を算出して「1.1926」を掛けた値が「S_n 統計量」
であり、これが PISA2015 年調査の「リンク誤差」である。
　PISA 調査の「リンク誤差」の計算方法を見てきたが、**PISA2012 年調査**
までの計算方法は、ラッシュモデルかつ「Mean/Mean 法」の場合に限定さ
れており、PISA2015 年調査の計算方法は、国際比較調査という限られた状
況でしか使えないものになっている。2PL モデルや 3PL モデルといった項
目反応モデルを使用する場合や、「Mean/Mean 法」以外の変換定数の計算
方法を用いる場合、第 3 章第 1 節の「（2）複雑な標本抽出法における標本
誤差の計算方法」で紹介したブートストラップ法や、テイラー展開を用い
た「デルタ法（Delta Method）」（線形化法に近い方法）が使われている。ブー
トストラップ法を用いた計算方法について、Tsai ら（2001）で紹介されてい
る。また、デルタ法を用いた計算方法については、Ogasawara（2000, 2001a,
2001b）で詳細な説明を見ることができる。

6.3 まとめ：分析のための準備

　本章では、調査後の分析に関わる事項について説明してきた。調査手法を解説している本書が、何故調査後の分析に用いられる「習熟度レベル」と「リンキング」について取り上げたのか。それは、これらが調査後から始めたのでは間に合わないからである。何れも調査実施前の準備が不可欠である。習熟度レベルによる分析は、調査後の得点の算出過程に密接に関わっており、調査前に何もかも決めることはできない。しかし、調査問題を準備する段階で、どのような要素が問題の難易度を決定するのか、予め考えておかなければ、調査問題を用いて能力を特徴づけることは困難である。

　リンキングないし等化については、当然ながら経年変化を見るにはリンク問題を用意する必要があり、経年変化を見ることができない最初の調査の時点で準備しておかなければ、実施すること自体が不可能である。どの問題をリンク問題として採用するか、そしてそもそもリンキングが可能であるかは、調査後に項目反応理論を用いて分析するまではわからないが、調査の設計段階でどのような等化計画を採用するのかは決めておかなければならない。

　調査を通して何を明らかにしたいか、そのためには何が必要なのか。本章で説明した事項は、能力調査を伴う大規模教育調査を始める前に知っておくべき事柄なのである。

おわりに　　日本の文脈を踏まえた調査手法とは？

　大規模教育調査を長年経験してみて感じることは、調査は理論と実践のバランスのとれた融合があって初めて成り立つものであり、調査手法とはまさに職人芸的なスキルなのではないかということである。

　いささか唐突ではあるが、筆者らの趣味である音楽、例えばピアノなどの楽器を弾く時には、ピアノの鍵盤を叩く、あるいは押すといった行為、つまり弾くという行為さえあれば音は鳴るが、それだけは音楽とは言えない。最低限、楽譜に書かれている情報の意味を理解できなければならないし、読み取った情報を正確な音階や調子、音の長さとして表現するための指の動きであったり、体の使い方ができなければならない。ピアノを演奏する者がそれらの細かな要素をバランスよく融合し、音として表現し、演奏全体を指揮者のごとくコントロールすることで音楽が生まれる。実際にピアノを弾くという行為が、楽譜に書かれた情報を音楽として成り立たせるための様々な理論によって支えられていると考えるならば、まさに調査もそうである。また、理論だけ知っていてもピアノを弾くことはできないし、発表会を目指して練習を重ね、その成果を人の前で披露するという経験によってのみ得られるものがあるという点も、調査によく似ている。

　調査に関する知識・スキルを文字情報として表現することは筆者らにとっても難しく、その全てを伝えたとは言えないまでも、本書が、調査にはグローバルスタンダードというものがあることを理解いただくきっかけになればと思っている。そしてその上で、日本の教育制度や教育事情、文化などの文脈を踏まえた調査手法を検討し、経験を蓄積し、人材を育てていくことが必要であるとも感じている。

　現在の日本の教育調査では、学校の教員に調査日当日の調査実施や解答データの収集、さらには採点までもお願いする場合があるが、調査の公平性や

質の確保、教員の負担の軽減という点から見て、できれば専門の調査員を養成し、それらの人々が調査に当たるべきだろう。さらには、教員も児童生徒も忙しく、調査のための時間を確保することが難しい日本の学校現場の実情を考慮すれば、同じような目的の調査を精査して共同で実施したり、あるいはデータを公開して、あらためて調査を行わなくてもニーズに応じた分析が行えるようにする必要があるかもしれない。そのためには、様々な教育調査を調整したり、データを蓄積したりするためのナショナルセンターのようなものが準備されなければならない。また、調査結果の政策的活用が目に見える形で示されれば、エビデンスに基づく政策の透明性が担保さ、調査に参加することの意義について理解が深まるかもしれないし、同時に、調査結果の教育的活用が目に見える形で示されれば、つまり学校や教員、児童生徒、場合によっては保護者に対するフィードバックの実施とその活かし方が示されれば、調査協力がさらに得やすくなるかもしれない。この点については、調査の専門家と政策立案者、教育現場との連携がさらに密でなければならない。その意味では、コンピュータ使用型調査が調査結果のフィードバックを迅速にし、この連携をさらに強固なものにする可能性を秘めている。さらに、調査問題、特に項目反応理論を用いて能力を測る問題を作るには、コツやセンスが必要だと筆者らは感じており、本書で取り上げたような大規模教育調査を様々な分野や教科で行っていくには、調査問題を作成できる人材を現職教員や退職教員、あるいは民間から発掘したり、研修したり、養成するなどして、人材バンクを作ることが急務である。

　コンピュータや AI の発達によって調査手法が大きく変わろうとしている。日本も乗り遅れないことが肝要である。そして、日本の文脈を踏まえた調査手法が蓄積され、発信され、評価されれば、それがグローバルスタンダードになることも可能であるが、そのためには経験の蓄積や人材の養成を急がなければならない。この分野自体が国際競争の場である。PISA 調査が生まれた当時もそうだったように、この分野は、最初にスタンダードを決めた者が主導権を握る、そんなフロンティア精神が求められる世界なのである。

　筆者らは、本書のタイトルに「解剖」という言葉を用いた。それは、「図

序-1　PISA 調査の調査プロセスと関連する研究」で示したように、これまで研究が欠落していた「調査方法」にメスを入れたからである。この解剖図を通して、初めて PISA 調査が 1 つの有機的な全体として理解されるのではないだろうか。今後の大規模教育調査の実施がこの解剖図を用いることで、また調査結果の活用もこの解剖図を踏まえることで、より生産的に、より有意義なものになることを願っている。

2019 年 8 月　裴岩　晶

篠原　真子

篠原　康正

参考文献一覧

Adams, R., Wilson, M. and Wang, W. (1997a). The Multidimensional Random Coefficients Multinomial Logit Model. *Applied Psychological Measurement*, 21 (1), 1-23.

Adams, R., Wilson, M. and Wu, M. (1997b). Multilevel Item Response Models: An Approach to Errors in Variables Regression. *Journal of Educational and Behavioral Statistics*, 22 (1), 47-76.

Adams, R. and Wu, M, L. (2007). The Mixed-Coefficients Multinomial Logit Model. von Davier, M. and Carstensen, C. H. (eds.). *Multivariate and Mixture Distribution Rasch Models*. Springer: 57-75.

Adams, R. and Wu, M, L. (eds.) (2002). *PISA 2000 Technical Report. OECD* (https://www.oecd.org/pisa/pisaproducts/PISA-2012-technical-report-final.pdf).

Adams, R., Wu, M, L. and Carstensen, C. H. (2007).Application of Multivariate Rasch Models in International Large-Scale Educational Assessments. von Davier, M. and Carstensen, C. H. (eds.). *Multivariate and Mixture Distribution Rasch Models*. Springer: 271-80.

Bates, D., Maechler, M., Bolker, B. and Walker, S. (2015). Fitting Linear Mixed-Effects Models Using lme4. *Journal of Statistical Software*, 67 (1), 1-48.

Biecek, P. (2017). PISA2012lite: Set of datasets from PISA 2012 study. R package version 1.0. (https://CRAN.R-project.org/package=PISA2012lite).

Bock, R. D. and Aitkin, M. (1981). Marginal Maximum Likelihood Estimation of Item Parameters Application of an EM Algorithm. *Psychometrika*, 46 (4), 443-59.

Bock, R. D. and Lieberman, M. (1970). Fitting a Response Model for n Dichotomously Scored Items. *Psychometrika*, 35 (2), 179-97.

Caro, D. and Biecek, P. (2017). intsvy: An R Package for Analyzing International Large-Scale Assessment Data. *Journal of Statistical Software*, 81 (7), 1-44.

Cochran, W. G. (1977). *Sampling Techniques, Third Edition*. John Wiley & Sons.

de Ayala, R. J. (2009). *The Theory and Practice of Item Response Theory*. The Guilford Press.

Dempster, A. P., Laird, N. M. and Rubin, D. B. (1977). Maximum Likelihood from Incomplete Data via the EM Algorithm. *Journal of the Royal Statistical Society*, 39 (1), 1-38.

Dippo, C. S., Fay, R. E. and Morganstein D. H. (1984). Computing Variances from Complex Samples with Replicate Weights. *Proceedings of the American Statistical Association, Section on Survey Research Methods*, 489-94.

Ebel, R. L. and Frisbie, D. A. (1991). *Essentials of Educational Measurement, Fifth Edition*. Prentice-Hall.

Efron, B. (1979). Bootstrap Methods: Another look at the Jackknife. *The Annals of Statistics*, 7 (1), 1-26.

参考文献一覧　339

Efron, B. and Tibshirani, R. (1986). Bootstrap Methods for Standard Errors, Confidence Intervals, and Other Measures of Statistical Accuracy. *Statistical Science*, 1 (1), 54-77.

舟尾暢男・高浪洋平 (2005). データ解析環境「R」. 工学社.

Genz, A., Bretz, F., Miwa, T., Mi, X., Leisch, F., Scheipl, F. and Hothorn, T. (2017). mvtnorm: Multivariate Normal and t Distributions. R package version 1.0-6. (http://CRAN.R-project.org/package=mvtnorm).

Gupta, V. K. and Nigam, A. K. (1987). Mixed Orthogonal Arrays for Variance Estimation with Unequal Numbers of Primary Selections per Stratum. *Biometrika*, 74 (4), 735-42.

Haebara, T. (1980). Equating logistic ability scales by a weighted least squares method. *Japanese Psychological Research*, 22 (3), 144–49.

濱中淳子・杉澤武俊 (2004). 都道府県学力調査の報告. 東京大学基礎学力研究開発センター (http://www.p.u-tokyo.ac.jp/coe/sympopaper/hamanaka_sugisawa.pdf).

Hamner, B. (2017). Metrics: Evaluation Metrics for Machine Learning. R package version 0.1.2. (https://CRAN.R-project.org/package=Metrics).

Harrell Jr., F. E., with contributions from C. Dupont and many others (2017). Hmisc: Harrell Miscellaneous. R package version 4.0-3. (https://CRAN.R-project.org/package=Hmisc).

服部環 (2011). 心理・教育のための R によるデータ解析. 福村出版.

袰岩晶 (2016). 大規模教育調査とエビデンスに基づく政策: PISA と「ゆとり教育」の関係について. 日本行動計量学会大会発表論文抄録集, 44, 120-1. 日本行動計量学会.

Josse, J. and Husson F. (2016). missMDA: A Package for Handling Missing Values in Multivariate Data Analysis. *Journal of Statistical Software*, 70(1), 1-31.

Judkins, D. R. (1990). Fay's Method for Variance Estimation. *Journal of Official Statistics*, 6 (3), 223-39.

加藤健太郎・山田剛史・川端一光 (2014). R による項目反応理論. オーム社.

木村拓也 (2006). 戦後日本において「テストの専門家」とは一体誰であったのか？: 戦後日本における学力調査一覧と「大規模学力テスト」の関係者一覧. 教育情報学研究, 4, 67-100.

Kish, L. and Frankel, M. R. (1970). Balanced Repeated Replications for Standard Errors. *Journal of the American Statistical Association*, 65 (331), 1071-94.

清川郁子 (1992). 『壮丁教育調査』にみる義務制就学の普及: 近代日本におけるリテラシーと公教育制度の成立. 教育社会学研究, 51, 111-135. 日本教育社会学会.

国立教育研究所 (編) (1959). 学力調査における学習指導診断の問題点: 学力水準調査最終報告書. 国立教育研究所紀要第 14 集. 国立教育研究所.

国立教育政策研究所 (編) (2017a). 平成 29 年度全国学力・学習状況調査報告書: 小学校算数. 国立教育政策研究所 (http://www.nier.go.jp/17chousakekkahoukoku/report/data/17pmath.pdf).

国立教育政策研究所 (編) (2017b). 平成 25 年度全国学力・学習状況調査　経年変化分析調査　調査結果概要. 国立教育政策研究所 (http://www.nier.go.jp/13chousakekkahoukoku/kannren_chousa/pdf/keinen_rpt.pdf).

国立教育政策研究所 (編) (2016a). 生きるための知識と技能 6: OECD 生徒の学習到達度調査 (PISA). 明石書店.

国立教育政策研究所 (編) (2016b). 平成 28 年度全国学力・学習状況調査報告書: 小学校算数. 国立教育政策研究所 (http://www.nier.go.jp/16chousakekkahoukoku/report/data/16pmath.pdf).

国立教育政策研究所 (編) (2016c). OECD 生徒の学習到達度調査 (PISA2015) のポイント. 国立教育政策研究所 (http://www.nier.go.jp/kokusai/pisa/pdf/2015/01_point.pdf).

国立教育政策研究所 (編) (2016d). 読解力の向上に向けた対応策について. 国立教育政策研究所 (http://www.nier.go.jp/kokusai/pisa/pdf/2015/05_counter.pdf).

国立教育政策研究所 (編) (2015). 平成 27 年度全国学力・学習状況調査報告書: 小学校算数. 国立教育政策研究所 (http://www.nier.go.jp/15chousakekkahoukoku/report/data/pmath.pdf).

国立教育政策研究所 (編) (2014). 平成 26 年度全国学力・学習状況調査報告書: 小学校算数. 国立教育政策研究所 (http://www.nier.go.jp/14chousakekkahoukoku/report/data/pmath.pdf).

国立教育政策研究所 (編) (2013a). 生きるための知識と技能 5: OECD 生徒の学習到達度調査 (PISA). 明石書店.

国立教育政策研究所 (編) (2013b). 平成 25 年度全国学力・学習状況調査報告書: 小学校算数. 国立教育政策研究所 (http://www.nier.go.jp/13chousakekkahoukoku/data/research-report/13-p-math.pdf).

国立教育政策研究所 (編) (2013c). 平成 25 年度全国学力・学習状況調査 (きめ細かい調査) 経年変化分析調査　調査結果概要. 国立教育政策研究所 (http://www.nier.go.jp/13chousakekkahoukoku/kannren_chousa/pdf/keinen_rpt.pdf).

国立教育政策研究所 (編) (2013d). TIMSS2011 算数・数学教育の国際比較: 国際数学・理科教育動向調査の 2011 年調査報告書. 明石書店.

国立教育政策研究所 (編) (2012). 平成 24 年度全国学力・学習状況調査小学校報告書. 国立教育政策研究所 (http://www.nier.go.jp/12chousakekkahoukoku/03shou-gaiyou/24_shou_houkokusyo_ikkatsu_2.pdf).

国立教育政策研究所 (編) (2010a). 生きるための知識と技能 4: OECD 生徒の学習到達度調査 (PISA). 明石書店.

国立教育政策研究所 (編) (2010b). 平成 22 年度全国学力・学習状況調査小学校報告書. 国立教育政策研究所 (http://www.nier.go.jp/10chousakekkahoukoku/02shou/shou_ikkatu_2.pdf).

国立教育政策研究所 (監訳) (2010c). PISA の問題できるかな？: OECD 生徒の学習到達度調査. 明石書店. OECD (2009). *Take the Test: Sample from OECD's PISA Assessments*. OECD (https://www.oecd.org/pisa/pisaproducts/Take%20the%20test%20e%20book.pdf).

国立教育政策研究所 (編) (2009). 平成 21 年度全国学力・学習状況調査小学校報告書. 国立教育政策研究所 (http://www.nier.go.jp/09chousakekkahoukoku/09shou_data/shiryou/09shou_chousakekkahoukokusho_ikkatsu_2.pdf).

国立教育政策研究所 (編) (2008a). 平成 19 年度全国学力・学習状況調査小学校報告書. 国立教育政策研究所 (http://www.nier.go.jp/tyousakekka/gaiyou_shou/19shou_houkoku.pdf).

国立教育政策研究所 (編) (2008b). 平成 20 年度全国学力・学習状況調査小学校報告書. 国立教育政策研究所 (http://www.nier.go.jp/08chousakekkahoukoku/08shou_data/houkokusho/08_shou_chousakekkagaiyou_ikkatsu.pdf).

国立教育政策研究所 (編) (2007). 生きるための知識と技能 3: OECD 生徒の学習到達度調査 (PISA). ぎょうせい.

国立教育政策研究所教育課程研究センター (編) (2005). 平成 15 年度小・中学校教育課程実施状況調査報告書: 結果の概要及び教科別分析. 国立教育政策研究所.

国立教育政策研究所 (編) (2004). 生きるための知識と技能 2: OECD 生徒の学習到達度調査 (PISA). ぎょうせい.

国立教育政策研究所教育課程研究センター (編) (2003). 平成 13 年度小中学校教育課程実施状況調査報告書: 小学校算数. 東洋館出版社.

国立教育政策研究所 (編) (2002). 生きるための知識と技能: OECD 生徒の学習到達度調査 (PISA). ぎょうせい.

久保舜一 (1956). 学力調査: 学力進歩の予診. 福村書店.

Le, S., Josse, J. and Husson, F. (2008). FactoMineR: An R Package for Multivariate Analysis. *Journal of Statistical Software*, 25(1), 1-18.

Linacre, J. M. (2009). The Efficacy of Warm's Weighted Mean Likelihood Estimate (WLE) Correction to Maximum Likelihood Estimate (MLE) Bias. *Rasch Measurement Transactions*, 23 (1), 1188-9.

Lohr, S. L. (2010). *Sampling: Design and Analysis, Second Edition*. Brooks/Cole.

Lord, F. M. (1983). Unbiased Estimators of Ability Parameters, of Their Variance, and of Their Parallel-Forms Reliability. *Psychometrika*, 48 (2), 233-45.

Loyd, B. H. and Hoover, H. D. (1980). Vertical Equating the Rasch Model. *Journal of Educational Measurement*, 17 (3), 179-93.

Lumley, T. (2017). survey: analysis of complex survey samples. R package version 3.32. (http://r-survey.r-forge.r-project.org/survey/).

Marco, G. L. (1977). Item Characteristic Curve Solutions to Three Intractable Testing Problems. *Journal of Educational Measurement*, 14(2), 139-60.

Martin, M. O., Mullis, I. V. S., and Hooper, M. (eds.). (2016). *Methods and Procedures in TIMSS 2015*. Retrieved from Boston College, TIMSS & PIRLS International Study Center (http://timssandpirls.bc.edu/publications/timss/2015-methods.html).

Masters, G. N. and Wright, B. D. (1997). The Partial Credit Model. Van der Linden, W. J. and Hambleton, R. K. (eds.). *Handbook of Modern Item Response Theory*, Springer: 101-21.

Mazzeo, J. and von Davier, M. (2013). Linking Scales in International Large-Scale Assessments. Rutkowski, L., von Davier, M. and Rutkowski, D. (eds.). *Handbook of International Large-Scale Assessment: Background, Technical Issues, and Methods of Data Analysis*, CRC Press: 229-58.

McCarthy, P. J. (1966). Replication: An Approach to the Analysis of Data from Complex Surveys. *Data Evaluation and Methods Research*, 2 (14).

Microsoft (2016). Microsoft R Open. Microsoft (https://mran.microsoft.com/open).

Microsoft and Weston, S. (2017a). foreach: Provides Foreach Looping Construct for R. R package version 1.4.4. (https://CRAN.R-project.org/package=foreach).

Microsoft and Weston, S. (2017b). doParallel: Foreach Parallel Adaptor for the 'parallel' Package. R package version 1.0.11. (https://CRAN.R-project.org/package=doParallel).

Mislevy, R. J., Beaton, A. E., Kaplan, B. and Sheehan, K. M. (1992). Estimating Population Characteristics from Sparse Matrix Samples of Item Responses. *Journal of Educational Measurement*, 29(2), 133-61.

文部科学省 (2017). 情報活用能力調査 (高等学校) 調査結果. 文部科学省 (http://www.mext. go.jp/a_menu/shotou/zyouhou/detail/__icsFiles/afieldfile/2017/01/18/1381046_02_1.pdf).

文部科学省 (2015). 情報活用能力調査 (小・中学校) 調査結果 第2章. 文部科学省 (http:// www.mext.go.jp/component/a_menu/education/detail/__icsFiles/afieldfile/2015/03/24/1356189 _02_1.pdf).

文部科学省 (2013). 教育振興基本計画.文部科学省 (http://www.mext.go.jp/a_menu/keikaku/ detail/__icsFiles/afieldfile/2013/06/14/1336379_02_1.pdf).

文部科学省 (2011). OECD 生徒の学習到達度調査 (PISA2006) の結果についてのお知らせ (2007年12月5日).文部科学省 (http://www.mext.go.jp/a_menu/shotou/new-cs/information /071205.htm).

文部科学省 (2006a). 小学校理科・中学校理科・高等学校理科指導資料: PISA 2003 (科学的 リテラシー) 及び TIMSS 2003 (理科) 結果の分析と指導改善の方向. 東洋館出版社.

文部科学省 (2006b). 小学校算数・中学校数学・高等学校数学指導資料: PISA 2003 (数学的 リテラシー) 及び TIMSS 2003 (算数・数学) 結果の分析と指導改善の方向. 東洋館出版 社.

文部科学省 (2006c). 読解力向上に関する指導資料: PISA 調査 (読解力) の結果分析と改善 の方向. 東洋館出版社.

文部科学省 (2005). 第162回国会 (常会) における文部科学大臣の所信. 文部科学省 (http:// www.mext.go.jp/b_menu/soshiki/daijin/nakayama/05021601.htm).

文部省社会教育局 (1938). 壮丁教育調査概況 昭和七年度. 文部省社会教育局.

文部省初等中等教育局 (1997). 教育課程実施状況に関する総合的調査研究調査報告書: 小 学校 算数. 文部省.

文部省初等中等教育局 (1984). 教育課程実施状況に関する総合的調査研究調査報告書: 小 学校 算数. 文部省.

文部省調査局調査課 (1957). 全国学力調査報告書 国語・数学. 文部省.

Monseur, C. and Berezner, A. (2007). The Computation of Equating Errors in International Surveys in Education. *Journal of Applied Measurement*, 8(3), 323-35.

村木英治 (2011). 項目反応理論. 朝倉書店.

永田靖 (2005). 統計学のための数学入門30講. 朝倉書店.

日本教育学会学力調査委員会 (1954). 中学校生徒の基礎学力. 東京大学出版会.

日本テスト学会 (2010). 見直そう、テストを支える基本の技術と教育. 金子書房.

参考文献一覧 343

日教組学力調査委員会 (1955). 算数・数学の学力調査: 算数・数学学力全国調査報告書. 大日本図書株式会社.

OECD (2018). *Education at a glance 2018*. OECD (https://www.oecd-ilibrary.org/docserver/eag-2018-en.pdf?expires=1555926711&id=id&accname=guest&checksum=0B158CEE0B57C01F0CE9AD464B6896E2). 矢倉美登里・稲田智子・大村有里・坂本千佳子・立木勝・三井理子 (訳), 図表で見る教育: OECD インディケータ (2018 年版). 明石書店, 2018.

OECD (2017a). *PISA 2015 Technical Report*. OECD (http://www.oecd.org/pisa/sitedocument/PISA-2015-technical-report-final.pdf).

OECD (2017b). *Annex G: Common Unique Item Parameters in Each Domain, by Countries and Languages*. OECD (http://www.oecd.org/pisa/sitedocument/Technical-Report-2015-Annex-G-Common-Unique-Item-Parameters.xlsx).

OECD (2016). *PISA 2015 Results (Volume 1): Excellence and Equity in Education*. OECD (http://www.oecd.org/publications/pisa-2015-results-volume-i-9789264266490-en.htm).

OECD (2014a). *PISA 2012 Results (Volume 1): What Students Know and Can Do, Revised Edition*. OECD (http://www.oecd.org/education/school/programmeforinternationalstudentassessmentpisa/33688233.pdf).

OECD (2014b). *PISA 2012 Technical Report*. OECD (https://www.oecd.org/pisa/pisaproducts/PISA-2012-technical-report-final.pdf).

OECD (2009a). *PISA Data Analysis Manual: SAS, Second Edition*. OECD (http://www.oecd-ilibrary.org/education/pisa-data-analysis-manual-sas-second-edition_9789264056251-en;jsessionid=3gmlc7btnfuom.x-oecd-live-03).

OECD (2009b). *PISA Data Analysis Manual: SPSS, Second Edition*. OECD (http://www.oecd-ilibrary.org/education/pisa-data-analysis-manual-spss-second-edition_9789264056275-en;jsessionid=3gmlc7btnfuom.x-oecd-live-03).

OECD (2001). *Knowledge and Skills for Life: First Results from PISA 2000*. OECD (http://www.oecd-ilibrary.org/education/knowledge-and-skills-for-life_9789264195905-en;jsessionid=1gamm44l9xv04.x-oecd-live-02).

OECD (1992). *Education at a glance: OECD indicators*. OECD.

Ogasawara, H. (2001a). Item Response Theory True Score Equatings and Their Standard Errors. *Journal of Educational and Behavioral Statistics*, 26 (1), 31-50.

Ogasawara, H. (2001b). Standard Errors of Item Response Theory Equating/Linking by Response Function Methods. *Applied Psychological Measurement*, 25 (1), 53-67.

Ogasawara, H. (2000). Asymptotic Standard Errors of IRT Equating Coefficients Using Moments. *Economic Review (Otaru University of Commerce)*, 51 (1), 1-23.

尾嶋史章 (編) (2010). 学校教育と社会的不平等に関する国際比較研究: PISA データの分析を中心に. 文部科学省科学研究費補助金研究成果報告書, 基盤研究(B), 研究課題番号 19330189.

大谷和大 (2014). 階層線形モデル、マルチレベル構造方程式モデル. 小杉考司・清水裕士 (編). M-plus と R による構造方程式モデリング入門. 北大路書店, 208-27.

越智義道 (2008). EM アルゴリズム. 小西貞則・越智義則・大森康弘. 計算統計学の方法: ブートストラップ・EM アルゴリズム・MCMC. 朝倉書店, 69-141.

Quenouille, M. H. (1948). Approximate Tests of Correlation in Time-Series. *Journal of the Royal Statistical Society*, 11 (1), 68-84.

Rao, J. N. K. and Wu, C. F. J. (1988). Resampling Inference with Complex Survey Data. *Journal of the American Statistical Association*, 83 (401), 231-41.

Rao, J. N. K., Wu, C. F. J. and Yue, K. (1992). Some Recent Work on Resampling Methods for Complex Survey. *Survey Methodology*, 18 (2), 209-17.

R Core Team (2017). R: A language and environment for statistical computing. R Foundation for Statistical Computing. R Core Team (https://www.R-project.org/).

Robitzsch, A., Kiefer, T., and Wu, M. (2017). TAM: Test analysis modules. R package version 2.8-21 (https://CRAN.R-project.org/package=TAM).

Rousseeuw, P. J. and Croux, C. (1993). Alternatives to the Median Absolute Deviation. *Journal of the American Statistical Association*, 88, 1273-83.

RStudio Team (2016). RStudio: Integrated Development for R. RStudio, Inc. (http://www.rstudio.com/).

Rubin, D. B. (1987). *Multiple Imputation for Nonresponse in Survey*. John Wiley & Sons.

Rust, K. F. (2013). Sampling, Weighting, and Variance Estimation in International Large-Scale Assessments. Rutkowski, L., von Davier, M. and Rutkowski, D. (eds.). *Handbook of International Large-Scale Assessment: Background, Technical Issues, and Methods of Data Analysis*, CRC Press: 117-53.

Rust, K. F. and Rao, J. N. K. (1996). Variance Estimation for Complex Surveys using Replication Techniques. *Statistical Methods in Medical Research*, 5: 283-310.

Rutkowski, L., Gonzalez, E., von Davier, M. and Zhou, Y. (2013). Assessment Design for International Large-Scale Assessments. Rutkowski, L., von Davier, M. and Rutkowski, D. (eds.). *Handbook of International Large-Scale Assessment: Background, Technical Issues, and Methods of Data Analysis*, CRC Press: 75-95.

西郷浩 (2003). 層別抽出のためのジャックナイフ法. 早稲田政治経済学雑誌 (352/353), 217-51.

西郷浩 (2000). 層別抽出における分散推定のための BRR 法. 早稲田政治経済学雑誌 (341), 526-55.

Samejima, F. (1997). Graded Response Model. von der Linden, W. J. and Hambleton, R. K. (eds.). *Handbook of Modern Item Response Theory*, Springer: 87-100.

志水宏吉 (2009). 全国学力テスト: その功罪を問う. 岩波書店.

志水宏吉・鈴木勇 (編著) (2012). 学力政策の比較社会学【国際編】: PISA は各国に何をもたらしたか. 明石書店.

篠原真子 (2014a). PISA が生まれた時代〜データから言えること、言えないこと: 連載 PISA が描く世界の学力マップ第 1 回. 内外教育, 6332, 4-7.

篠原真子 (2014b). 大規模国際調査のノウハウ: 連載 PISA が描く世界の学力マップ第 13 回. 内外教育, 6356, 7-9.

靜哲人 (2007). 基礎から深く理解するラッシュモデリング: 項目応答理論とは似て非はなる測定のパラダイム. 関西大学出版部.

首相官邸 (2010). 新成長戦略〜「元気な日本」復活のシナリオ〜. 首相官邸 (https://www.kantei.go.jp/jp/sinseichousenryaku/sinseichou01.pdf).

Stocking, M. L., and Lord, F. M. (1983). Developing a common metric in item response theory. *Applied Psychological Measurement*, 7 (2), 201–10.

Thissen, D. (1982). Marginal Maximum Likelihood Estimation for the One-Parameter Logistic Model. *Psychometrika*, 47 (2), 175-86.

Tille, Y. and Matei, A. (2016). sampling: Survey Sampling. R package version 2.8. (https://CRAN.R-project.org/package=sampling).

東北大学 (編) (2013). 全国規模の学力調査におけるマトリックス・サンプリングにもとづく集団統計量の推定について. 平成24年度文部科学省委託研究「学力調査を活用した専門的課題分析に関する調査研究」研究成果報告書.

豊田秀樹 (2012). 項目反応理論［入門編］, 第2版. 朝倉書店.

豊田秀樹 (編著) (2005). 項目反応理論［理論編］: テストの数理. 朝倉書店.

Tsai, T.-H., Hanson, B. A., Kolen, M. J., and Forsyth, R. A. (2001). A Comparison of Bootstrap Standard Errors of IRT Equating Methods for the Common-Item Nonequivalent Groups Design. *Applied Measurement in Education*, 14 (1), 17–30.

土屋隆裕 (2009). 概説標本調査法. 朝倉出版.

Tukey, J. W. (1958). Bias and Confidence in Not-quite Large Samples. *Annals of Mathematical Statistics*, 29, 614.

浦岸英雄 (2010). 全国学力テストはなぜ実施されたのか. 園田学園女子大学論文集, 44.

von Davier, M. and Sinharay, S. (2013). Analytics in International Large-Scale Assessments: Item Response Theory and Population Models. Rutkowski, L., von Davier, M. and Rutkowski, D. (eds.). *Handbook of International Large-Scale Assessment: Background, Technical Issues, and Methods of Data Analysis*, CRC Press: 155-74.

Warm, T. A. (1989). Weighted Likelihood Estimation of Ability in Item Response Theory. *Psychometrika*, 54 (3), 427-50.

渡辺良 (編) (2003). OECD 教育インディケータ事業の動向と評価に関する研究. 文部科学省科学研究費補助金研究成果報告書, 特別研究促進費, 研究課題番号 12800003.

Westat (2007). WesVar® 4.3 User's Guide. Westat.

Wickham, H. and Chang, W. (2017). devtools: Tools to Make Developing R Packages Easier. R package version 1.13.4. (https://CRAN.R-project.org/package=devtools).

Wolter, K. (2007). *Introduction to Variance Estimation, Second Edition*. Springer.

Wu, M. (2005). The Role of Plausible Values in Large-Scale Surveys. *Studies in Educational Evaluation*, 31, 114-128.

Wu, M. L., Adams, R. J. and Wilson, M. R. (1997). ConQuest: Multi-Aspect Test Software. Australian Council for Educational Research.

Wu, C. F. J. (1991). Balanced Repeated Replications Based on Mixed Orthogonal Arrays. *Biometrika*, 78 (1), 181-8.

安野史子 (2010). 戦後日本における全国規模テスト. 日本学術振興会科学研究費補助金挑戦的萌芽研究 研究成果報告書.

読み書き能力調査委員会 (1951). 日本人の読み書き能力. 東京大学出版部.

全国的な学力調査の在り方等の検討に関する専門家会議 (2011). 平成 23 年度以降の全国的な学力調査の在り方に関する検討のまとめ. 文部科学省 (http://www.mext.go.jp/b_menu/shingi/chousa/shotou/074/toushin/1304351.htm).

全国的な学力調査の実施方法等に関する専門家検討会議 (2006). 全国的な学力調査の具体的な実施方法等について (報告). 文部科学省(http://www.mext.go.jp/b_menu/shingi/chousa/shotou/031/toushin/__icsFiles/afieldfile/2017/10/13/1212344_001.pdf).

索 引

【A】
Ability, 156

【B】
Balanced Half-Sample Method, 107

Balanced Incomplete Block Design, 153

Balanced Repeated Replication Method, 6, 34, 97, 104

Bayesian Modal Estimate, 213

Between-Class Variance, 74

Between-Item Multidimensionality, 270

BIC, 285

Bootstrap Method, 110

BRR 法, 6, 34, 97, 104, 106-111, 115-123, 128-150

【C】
CAT, 243

Combined Model, 227

Common-Item Nonequivalent Groups Design, 309

Computer Adaptive Testing, 243

Concurrent Calibration, 320

Conditional Independence, 182

Conditioning, 227, 247

Conditioning Variables, 227

Conquest, 189, 202

【D】
devtools, 68

Dichotomous Response Data, 167

doParallel, 133

【E】
EAP, 34, 203, 214, 216

EM Algorithm, 195

EM アルゴリズム, 195-197

Equating, 160, 308

Equating Coefficients, 312

Equating Design, 308

Expected A Posteriori, 214

Explicit Stratum, 50

E ステップ, 196, 197, 200

【F】
FactoMineR, 265

Fay による修正法, 116, 117, 128, 129

Finite Population Correction, 73

First Stage Sampling, 52

Fisher's Information, 211

foreach, 133

【G】
Gauss-Hermite Quadrature, 193

Generalized Partial Credit Model, 171

Graded Response Model, 171

Guessing parameter, 164

【H】
Hmisc, 93

Hybrid Model, 284

【I】
IEA, 14, 43

Implicit Stratum, 50

Imputation Error, 99, 244

INES, 12, 13, 14

Infit, 217, 219

International Calibration, 278

intsvy, 70

Item Characteristic Curve, 157

Item Difficulty, 156

Item Discrimination, 162
Item Response Theory, 6, 154
【J】
Jackknife Method, 112
JK1, 112-114
JK2, 118
JKn, 112-114
Joint Maximum Likelihood Estimation, 185
【K】
KeyQuest, 60, 62
【L】
Latent Regression Model, 226
Latent Trait, 159
Likelihood, 181
Linearization Method, 105
Link Error, 326
Linking, 308, 319
lme4, 75
Local Independence, 182
Logit, 159
【M】
MAP, 203, 213, 214
Marginal Likelihood Function, 193
Marginal Maximum Likelihood Estimation, 193
Maximization Step, 196
Maximum a posteriori, 213
Maximum Likelihood Estimate, 181, 204
Maximum Likelihood Estimation Method, 181
Mean Standard Error of Equating, 326
Mean/Mean Method, 317
Mean/Mean 法, 315-318
Mean/Sigma Method, 315
Mean/Sigma 法, 313, 315, 318
Measure of Size, 53
Microsoft R Open, 65, 66
missMDA, 265

Mixed Coefficients, 226
Mixed Coefficients Multinomial Logit Model, 171
MLE, 203-206
MNSQ, 217
Monte Carlo Integration, 228
MOS, 53
Multidimensional Item Response Model, 179
Multiple Imputation, 228
Multiple Matrix Design, 36
M ステップ, 196-198, 200
【N】
NAEP, 225, 228
National Assessment of Educational Progress, 225
Nominal Response Model, 172
【O】
Odds, 159
OECD, i, 9
OECD 生徒の学習到達度調査, 42
1PL モデル, 162
One-Parameter Logistic Model, 162
1 パラメータ・ロジスティックモデル, 161, 162
Over-Sampling, 86
【P】
PISA ショック, 17, 18, 29
PISA 調査, i, 3, 9, 42
Plausible Value, 71, 110, 189, 203, 224, 226, 228
Point-Biserial Index of Discrimination, 217
Polytomous Response Data, 167
Population Model, 191, 224, 226
Primary Sampling Unit, 49
Probability Proportional to Size Sampling, 47
Proficiency Level, 297, 298
Pseudo Replication, 107

索 引 349

Pseudo Stratum, 118
PSU, 49
PV, 203, 226, 228, 231

〔R〕
Random Group Method, 106
Random Groups Design, 309
Replication Method, 104
Resampling, 105, 106
Response Curve, 170
Response Vector, 174
RMSE, 257
Root Mean Square Error, 257
RStudio, 66
Rtools, 66

〔S〕
Sample, 40
Sample Size, 48
Sampling, 41
Sampling Error, 71, 99
Sampling Frame, 52
Sampling Survey, 41
Scale Factor, 162
Second Stage Sampling, 59
Shift Constant, 312
Simple Random Sampling, 46
Single Group Design with
　Counterbalancing, 309
Standard Error, 71, 99, 211
Standard Error of Equating, 326
survey, 99
Systematic Sampling, 58

〔T〕
TAM, 189
Target Cluster Size, 49, 89
Target Population, 44
Taylor Series Method, 105
TCS, 49, 53
Technical Standard, 43
Test Information, 211
3PL モデル, 164

Three-Parameter Logistic Model, 164
3 パラメータ・ロジスティックモデル,
　163, 164
TIMSS, 14
2PL モデル, 162
Two-Parameter Logistic Model, 162
Two-Stage Stratified Sampling Design,
　46
2 パラメータ・ロジスティックモデル,
　162

〔U〕
Under-Sampling, 86
Unidimensional Item Response Model,
　179

〔V〕
Variance Stratum, 118

〔W〕
Weighted Likelihood Estimate, 211
Weighted Mean Square, 217
Weighting, 39
Within-Class Variance, 75
Within-Item Multidimensionality, 270
WLE, 203, 210, 211

〔あ行〕
アダマール行列, 109
当て推量パラメータ, 164
アンダーサンプリング, 86, 95
一般化部分採点モデル, 171
エビデンスに基づく政策, 10-12
オーバーサンプリング, 86
オッズ, 159
重み付き最尤推定値, 210, 211
重み付け, 39, 85-87

〔か行〕
ガウス・エルミート求積法, 193
科学的リテラシー, 18, 43
確率比例抽出, 47
学力調査, 9, 21-34
学力問題, 17, 23, 26, 28, 29
学校ウェイト修正係数, 87, 88

学校間分散, 74
学校基本ウェイト, 87, 88
学校基本調査, 40, 41
学校内分散, 74
学校不参加補正, 87, 89, 90
カナモジカイ, 22
疑似層, 118-120
疑似複製, 107
期待事後推定値, 214
きめ細かい調査, 35-37
キャリブレーション, 278
級間分散, 74
級内分散, 75
教育インディケータ事業, 12
教育課程実施状況調査, 26-28
共通項目非同一集団計画, 309, 311
局所独立, 182
均衡反復複製法, 104
系統抽出, 58
経年比較可能性, 34, 35
経年変化分析調査, 35-37
顕在的, 40
項目間多次元性, 270, 271
項目困難度, 156
項目識別力, 162
項目特性曲線, 157
項目内多次元性, 270
項目反応モデル, 152, 161-179
項目反応理論, 6, 20, 33, 152, 154, 155, 157, 159-161
国際キャリブレーション, 278
国際教育到達評価学会, 14
国際数学・理科教育動向調査, 14
国際比較可能性, 16
混合係数, 226
混合効果, 226
混合効果多項ロジットモデル, 171, 225
コンピュータ使用型調査, 19, 20, 33, 279
コンピュータ適応型テスト, 243

〔さ行〕

最終ウェイト修正係数, 87, 91
最尤推定値, 181, 203
最尤推定法, 181, 203
事後確率最大推定値, 213
事後分布, 197, 198
事前分布, 197
尺度因子, 162
ジャックナイフ法, 112, 114, 115
習熟度レベル, 298-302, 305-307
重複テスト分冊法, 36
周辺最尤推定法, 191, 193, 196, 201
周辺尤度関数, 193, 194
集落抽出, 64
主層, 50, 51
条件付き独立, 182, 183
条件付け, 247, 249-251
条件付け変数, 227, 247, 251
情報活用能力, 33, 34, 302
情報活用能力調査, 32-34, 301-307
新規問題, 153
推算値, 228
数学的リテラシー, 18, 43
生徒基本ウェイト, 87-89
生徒の学習到達度調査, i, 9, 42
生徒の能力, 155-159
生徒不参加補正, 87, 90, 91
生徒名簿, 58-63
線形化法, 104-106
全国学力・学習状況調査, 28-32
全国学力調査, 23-26
潜在回帰モデル, 226, 227, 247
潜在的, 40
潜在特性, 158, 159
全数調査, 22, 40, 41
全米学力調査, 225, 228
層, 47, 50-52
層化, 47, 50-52, 78-81
層化多段抽出, 107
層化二段クラスター抽出, 64

索　引　351

層化二段抽出法, 46, 47
壮丁教育調査, 21, 22
測定誤差, 99-101, 237, 238, 244, 246
〔た行〕
第一次抽出単位, 48, 49
第一段抽出, 47, 55-58
大規模学力調査, 9, 10, 21, 32-34, 40
対数尤度関数, 184
第二段抽出, 47, 59, 64
多項ロジットモデル, 172, 177, 226
多次元項目反応モデル, 269-271
多重代入法, 228
多段抽出, 47, 48
多値反応データ, 167
段階反応モデル, 171
単純無作為抽出, 46, 47
抽出確率, 47, 48
抽出間隔, 55
抽出台帳, 41, 52-54
調査記録用紙, 62, 63
調査実施期間, 43
調査対象, 10
調査対象母集団, 44, 45
調査モード, 18,-20
釣り合い型単一集団計画, 309-311
釣り合い型不完備ブロック計画, 153,
　154, 222
テイラー級数法, 105
デザイン効果, 81, 82, 84, 85
テスト情報量, 211, 241
テスト特性曲線, 318, 321, 323, 325
点双列相関係数, 217, 219, 220, 221
等化, 20, 160, 308
等化計画, 308-311
等化係数, 312
等化誤差, 324-326
統合キャリブレーション, 320, 321, 331,
　332
統合モデル, 227
同時確率, 180, 181, 183

同時最尤推定法, 182, 185
読解力, 18, 19, 24, 34, 153, 154
〔な行〕
二段抽出, 46, 49, 74-78
ニュートン・ラフソン法, 185, 206, 209
ネイピア数, 156
ノード, 193, 194
〔は行〕
ハイブリッド・モデル, 166, 284
反応曲線, 170, 171
反応ベクトル, 174
半標本, 107, 108
筆記型調査, 19
非復元単純無作為抽出, 73, 74
標準誤差, 71, 99-101, 211, 240, 246, 329
標準得点, 309, 310
標本, 40
標本誤差, 41, 72-81, 84, 85, 97-129
標本サイズ, 48, 49, 72-74, 76, 77, 79, 84,
　85
標本抽出, 40
標本調査, 6, 22, 41, 46, 47
フィッシャー情報量, 211
ブートストラップ法, 105, 110-112
復元単純無作為抽出, 72-74
複製法, 105, 106
副層, 50, 52
副標本法, 106, 107
不参加補正, 87
ブックレット, 153
部分採点モデル, 167, 170, 171
部分的 BRR 法, 120, 123
分散層, 118
平均 2 乗誤差の平方根, 257
平均等化誤差, 326
ベイズ最頻推定値, 213
ベイズ情報量基準, 285
ベイズの定理, 197
変換定数, 312-318

母集団, 10, 39
母集団モデル, 191, 224-228,

〔ま行〕

無作為集団計画, 309, 310
名義反応モデル, 171
モードエフェクト, 20
問題群, 153
問題冊子, 36, 152-155
問題数の拡張, 33, 36, 37, 153
問題の難易度, 155, 156
問題フォーム, 33, 36, 305
モンテカルロ積分, 228
有限母集団修正, 73

尤度, 181

〔や行〕

尤度関数, 181
読み書き能力調査, 22, 23

〔ら行〕

ラッシュモデル, 155-159
リサンプリング, 106
リンキング, 308
リンク誤差, 325-333
リンク問題, 153, 154, 155
ロジスティック関数, 156
ロジスティックモデル, 156
ロジット, 159

筆者略歴

裴岩 晶（ほろいわ・あきら）

国立教育政策研究所総括研究官。1970 年生まれ。大分県出身。早稲田大学大学院教育学研究科博士後期課程等を経て、2010 年より国立教育政策研究所。OECD-PISA2009 年調査から同研究所内プロジェクト・チームに参加。2015 年から文部科学省情報活用能力調査の協力者会議、企画推進委員会等の委員として同調査に関わる。

　〈主な業績〉

情報活用能力調査（高等学校）調査結果. 文部科学省, 2017.（共著）

Domestic and International Destination of Japan's Doctorate Holders, in: Gokhberg, L., Shmatko, N. and Auriol, L. (eds.), *The Science and Technology Labor Force*. Springer, 2016.（共著）

生きるための知識と技能 5: OECD 生徒の学習到達度調査(PISA). 明石書店, 2013.（共著）

篠原 真子（しのはら・まさこ）

国立教育政策研究所総括研究官。1963 年生まれ。秋田県出身。筑波大学大学院博士課程教育学研究科、同教育学系助手の後、文部省において OECD 事業を担当。2001 年より国立教育政策研究所。第 1 回目の OECD-PISA2000 年調査から同研究所所内プロジェクト・チームに参加（2013 年まで）。2014 年から文部科学省情報教育調査官として情報活用能力調査に関わる。

　〈主な業績〉

連載（特集）：『情報活用能力』を測るとは①〜⑤. 内外教育, 6570-6575, 2017.

連載：PISA が描く世界の学力マップ　第 1〜24 回. 内外教育, 6332-6378, 2014.

生きるための知識と技能 5: OECD 生徒の学習到達度調査(PISA). 明石書店, 2013.（共著）

篠原 康正（しのはら・やすまさ）

元文部科学省外国調査官（2000〜2017 年）。1956 年生まれ。静岡県出身。東京大学大学院教育学研究科博士課程等を経て、1995 年より文部省。イギリスを中心とした諸外国の教育動向・制度・政策分析に携わるとともに、PISA を含む OECD 教育統計関連事業の報告書の翻訳、解説などを手がける。

　〈主な業績〉

Some Aspects of the Growth of University Student Internship in Japan, in: Talbot, T. (ed.), *Global Perspective on Wok-Based Learning Initiatives*. Hershey PA, 2018.

ハーバート・リードの教育論における "discipline" について. 教育文化政策研究, 5, 2018.

PISA から見る、できる国・頑張る国 2. 明石書店, 2012.（共訳）

PISA 調査の解剖 ── 能力評価・調査のモデル

2019 年 10 月 10 日　　初　版第 1 刷発行　　　　　　　　　　〔検印省略〕
定価はカバーに表示してあります。

著者 ©袰岩晶、篠原真子、篠原康正 ／ 発行者 下田勝司　　印刷・製本／中央精版印刷

東京都文京区向丘 1-20-6　　郵便振替 00110-6-37828　　　　　　　　　発 行 所
〒 113-0023　TEL（03）3818-5521　FAX（03）3818-5514　　　株式会社 東信堂

Published by TOSHINDO PUBLISHING CO., LTD.
1-20-6, Mukougaoka, Bunkyo-ku, Tokyo, 113-0023, Japan
E-mail : tk203444@fsinet.or.jp　http://www.toshindo-pub.com

ISBN978-4-7989-1588-3 C3037
©Akira Horoiwa, Masako Shinohara, Yasumasa Shinohara

東信堂

PISA調査の解剖 ―能力評価・調査のモデル
袰岩晶・篠原真子・篠原康正 著 　三二〇〇円

大学の組織とガバナンス ―高等教育研究論集第1巻
羽田貴史 著 　三五〇〇円

検証「国立大学法人化と大学の責任」 ―その制定過程と大学自立への構想
田中弘允・佐藤博明・田原博人 著 　三七〇〇円

文部科学省の解剖
青木栄一編著 　三六〇〇円

国立大学職員の人事システム ―管理職への昇進と能力開発
渡辺恵子 　四二〇〇円

国立大学法人の形成
大﨑仁 　二六〇〇円

国立大学・法人化の行方 ―自立と格差のはざまで
天野郁夫 　三六〇〇円

教育と比較の眼
江原武一 　二六〇〇円

大学は社会の希望か ―大学改革の実態からその先を読む
江原武一 　二六〇〇円

大学の管理運営改革 ―日本の行方と諸外国の動向
杉本和弘・江原武一編著 　三六〇〇円

大学経営・政策入門 東京大学 大学経営・政策コース編
二八〇〇円

大学経営とマネジメント
新藤豊久 　二五〇〇円

大学戦略経営の核心
篠田道夫 　二四〇〇円

戦略経営III 大学事例集
篠田道夫 　三六〇〇円

大学戦略経営論
篠田道夫 　三六〇〇円

2040年 大学よ甦れ ―カギは自主的改革と創造的連携にある
田原博人・田中弘允 著 　二四〇〇円

カレッジ(アン)バウンド ―米国高等教育の現状と近未来のパノラマ
J・J・セリンゴ著 船守美穂訳 　三四〇〇円

私立大学の経営と拡大・再編 ―一九八〇年代後半以降の動態
両角亜希子 　四二〇〇円

米国高等教育の財政と経営
丸山文裕 　三二〇〇円

米国大学の経営と拡大する個人寄付
福井文威 　三六〇〇円

大学教学マネジメントの自律的構築 ―主体的学びへの大学創造二〇年史
関西国際大学編 　二八〇〇円

学修成果への挑戦 ―地方大学からの教育改革
濱名篤 　二四〇〇円

大学におけるライティング支援 ―どのように「書く力」を伸ばすか
関西大学ライティングラボ・津田塾大学ライティングセンター 編 　二四〇〇円

グローバルに問われる日本の大学教育成果
加藤真紀 　二八〇〇円

国際共修 ―文化的多様性を生かした授業実践へのアプローチ
末松和子・秋庭裕子・米澤由香子 編著 　二八〇〇円

長期学外学修のデザインと実践 ―学生をアクティブにする
喜始照宣・松村智子・河合塾教育研究開発本部 編著 　三二〇〇円

大学再生への具体像 ―大学とは何か【第二版】
潮木守一 　二四〇〇円

リベラル・アーツの源泉を訪ねて
絹川正吉 　三三〇〇円

「大学の死」、そして復活
絹川正吉 　二八〇〇円

〒113-0023　東京都文京区向丘1-20-6
※定価：表示価格（本体）＋税

TEL 03-3818-5521　FAX03-3818-5514　振替 00110-6-37828
Email tk203444@fsinet.or.jp　URL:http://www.toshindo-pub.jp/

東信堂

- 若手研究者必携 比較教育学の研究スキル ―― 山内乾史編著 ―― 一七〇〇円
- リーディングス 比較教育学 地域研究 ―多様性の教育学へ ―― 近藤弘・中矢礼美・西野節男編著 ―― 三七〇〇円
- 比較教育学事典 ―― 日本比較教育学会編 ―― 二二〇〇円
- 比較教育学の地平を拓く ―― 森下稔編著 ―― 四六〇〇円
- 比較教育学―伝統・挑戦・新しいパラダイムを求めて ―― M・ブレイ編／馬越徹・大塚豊監訳 ―― 三六〇〇円
- 比較教育学―越境のレッスン ―― M・ブレイ、O・クウォ編／馬越徹監訳 ―― 三八〇〇円
- 塾：私的補習の国際ルール ―― M・ブレイ著／森・早坂・佐間・田中・高嶋・大和訳 ―― 二〇〇〇円
- 国際教育開発の研究射程 ―「持続可能な社会」のための比較教育学の最前線 ―― 北村友人著 ―― 二八〇〇円
- 国際教育開発の再検討 ―途上国の基礎教育 普及に向けて ―― 小川啓一・西村幹子・北村友人編著 ―― 二四〇〇円
- ペルーの民衆教育 ―「社会を変える」教育の変容と学校での受容 ―― 工藤瞳著 ―― 二八〇〇円
- アセアン共同体の市民性教育 ―― 平田利文編著 ―― 三七〇〇円
- 市民性教育の研究 ―日本とタイの比較 ―― 平田利文編著 ―― 四二〇〇円
- 社会を創る市民の教育 ―協働によるシティズンシップ教育の実践 ―― 桐谷正信編著 ―― 二五〇〇円
- アメリカにおける多文化的歴史カリキュラム ―― 桐谷正信著 ―― 三六〇〇円
- アメリカ公民教育におけるサービス・ラーニング ―― 唐木清志著 ―― 四六〇〇円
- 発展途上国の保育と国際協力 ―― 浜野隆編著 ―― 三八〇〇円
- 中国教育の文化的基盤 ―― 顧明遠著／三輪千明・大塚豊監訳 ―― 二九〇〇円
- 中国大学入試研究 ―変貌する国家の人材選抜 ―― 大塚豊著 ―― 五〇四八円
- 東アジアの大学・大学院入学者選抜制度の比較 ―中国・台湾・韓国・日本 ―― 南部広孝編著 ―― 三六〇〇円
- 中国高等教育独学試験制度の展開 ―― 南部広孝 ―― 三二〇〇円
- 現代ベトナム高等教育の構造 ―国家の管理と党の領導 ―― 関口洋平 ―― 三九〇〇円
- 中国の職業教育拡大政策 ―背景・実現過程・帰結 ―― 劉文君 ―― 五〇四八円
- 中国における大学奨学金制度と評価 ―― 王帥 ―― 五四〇〇円
- 中国高等教育の拡大と教育機会の変容 ―― 王傑 ―― 三九〇〇円
- 中国の素質教育と教育機会の平等 ―― 代玉 ―― 五八〇〇円
- 現代中国初中等教育の多様化と教育改革 ―都市と農村の小学校の事例を手がかりとして ―― 楠山研 ―― 三六〇〇円
- グローバル人材育成と国際バカロレア ―アジア諸国のIB導入実態 ―― 李霞編著 ―― 二九〇〇円

〒113-0023　東京都文京区向丘1-20-6　　TEL 03-3818-5521　FAX03-3818-5514　振替 00110-6-37828
Email tk203444@fsinet.or.jp　URL:http://www.toshindo-pub.com/

※定価：表示価格（本体）＋税

東信堂

いま、教育と教育学を問い直す——教育哲学は何を究明し、何を展望するか　森田尚人・松浦良充編著　三三〇〇円

教育的関係の解釈学　坂越正樹監修　三二〇〇円

大学教育の臨床的研究——臨床的人間形成論第I部　田中毎実　二八〇〇円

臨床的人間形成論の構築——臨床的人間形成論第2部　田中毎実　二八〇〇円

人格形成概念の誕生——近代アメリカの教育概念史　田中智志　三六〇〇円

社会性概念の構築——アメリカ進歩主義教育の概念史　田中智志　三八〇〇円

空間と時間の教育史——授業時間割からみる　宮本健市郎　三九〇〇円

アメリカ進歩主義教授理論の形成過程——教育における個性尊重は何を意味してきたか　宮本健市郎　七〇〇〇円

ネオリベラル期教育の思想と構造——書き換えられた教育の原理　福田誠治　六二〇〇円

学びを支える活動へ——存在論の深みから　田中智志編著　二〇〇〇円

グローバルな学びへ——協同と刷新の教育　田中智志編著　二〇〇〇円

教育のあり方を問い直す——学校教育と社会教育　森島裕敏・松本大・編著　二九〇〇円

社会科教育の未来——理論と実践の往還　伊藤直之・梅津正美・井上奈穂編著　二八〇〇円

2040年 大学よ甦れ——カギは自律的改革と創造的連携にある　田原博人・佐藤博明 著　二四〇〇円

応答する〈生〉のために——〈力の鼓動〉から〈生きる歓び〉へ　高橋勝　一八〇〇円

子どもが生きられる空間——生・経験・意味生成　高橋勝　二四〇〇円

流動する生の自己生成——教育人間学の視界　高橋勝　二四〇〇円

アメリカ 間違いがまかり通っている時代　D・ラヴィッチ著 末藤美津子訳　三八〇〇円

教育による社会的正義の実現——〈アメリカの挑戦〉　D・ラヴィッチ著 末藤美津子訳　五六〇〇円

学校改革抗争の100年——20世紀アメリカ教育史　D・ラヴィッチ著 末藤・宮本・佐藤訳　六四〇〇円

アメリカ公立学校の社会史——コモンスクールからNCLB法まで　W・J・リース著 末藤・宮本・佐藤訳　四六〇〇円

越境ブックレットシリーズ　小川佳万・浅沼茂監訳

⓪**教育の理念を象る**——教育の知識論序説　田中智志　一〇〇〇円

①**知識論**——情報クラウド時代の"知る"という営み　山田肖子　一二〇〇円

②**知識・女性・災害**　天童睦子　続刊

〒113-0023　東京都文京区向丘1-20-6　　TEL 03-3818-5521　FAX03-3818-5514　振替 00110-6-37828
Email tk203444@fsinet.or.jp　URL·http://www.toshindo-pub.com/

※定価：表示価格（本体）＋税